Christiane Ostermeier

Die Sprachenfolge an den höheren Schulen in Preußen (1859-1931)

Ein historischer Diskurs

Christiane Ostermeier

DIE SPRACHENFOLGE AN DEN HÖHEREN SCHULEN IN PREUSSEN (1859-1931)

Ein historischer Diskurs

ibidem-Verlag
Stuttgart

Bibliografische Information der Deutschen Nationalbibliothek
Die Deutsche Nationalbibliothek verzeichnet diese Publikation in der Deutschen Nationalbibliografie; detaillierte bibliografische Daten sind im Internet über http://dnb.d-nb.de abrufbar.

Bibliographic information published by the Deutsche Nationalbibliothek
Die Deutsche Nationalbibliothek lists this publication in the Deutsche Nationalbibliografie; detailed bibliographic data are available in the Internet at http://dnb.d-nb.de.

Zugl: Dissertation, Ludwig-Maximilians-Universität München, 2012

Coverbild: © S. Hofschlaeger / PIXELIO

∞

Gedruckt auf alterungsbeständigem, säurefreien Papier
Printed on acid-free paper

ISBN-13: 978-3-8382-0447-5

© *ibidem*-Verlag
Stuttgart 2012

Alle Rechte vorbehalten

Das Werk einschließlich aller seiner Teile ist urheberrechtlich geschützt. Jede Verwertung außerhalb der engen Grenzen des Urheberrechtsgesetzes ist ohne Zustimmung des Verlages unzulässig und strafbar. Dies gilt insbesondere für Vervielfältigungen, Übersetzungen, Mikroverfilmungen und elektronische Speicherformen sowie die Einspeicherung und Verarbeitung in elektronischen Systemen.

All rights reserved. No part of this publication may be reproduced, stored in or introduced into a retrieval system, or transmitted, in any form, or by any means (electronical, mechanical, photocopying, recording or otherwise) without the prior written permission of the publisher. Any person who does any unauthorized act in relation to this publication may be liable to criminal prosecution and civil claims for damages.

Printed in Germany

Vorwort

Seit meinem ersten Fremdsprachenunterricht in der Schule begeistern mich die modernen Sprachen, die ich heute mit Leidenschaft unterrichte. Meine Lehrtätigkeit und meine persönliche Mehrsprachigkeit weckten mein wissenschaftliches Interesse an dem Zusammenspiel von verschiedenen Fremdsprachen in einem schulischen Kontext.

Den Anstoß für die Beschäftigung mit der Sprachenfolge unter historischer Perspektive gab meine Doktormutter, Frau Professor Friederike Klippel, als sie meinen Blick von der Gegenwart auf die Vergangenheit lenkte. Durch ihre fachliche und persönliche Unterstützung, durch ihr unermüdliches Engagement, ihre Fachkompetenz und ihre Geduld hat sie mich auf dem langen Weg durch die Geschichte der Sprachenfolge begleitet. Für diese wertvolle Hilfe bin ich ihr sehr dankbar.

Mein Dank gilt auch Frau Professor Angela Hahn für die Übernahme des Zweitgutachtens und für die hilfreichen Hinweise bei der Überarbeitung. Möglich gemacht wurde diese Arbeit durch die verlässliche Hilfe der MitarbeiterInnen der Fernleihe-Abteilung der Universitätsbibliothek München und der Staatsbibliothek in München sowie des Personals der Universitätsbibliothek der Justus-von-Liebig-Universität in Gießen. Danken möchte ich auch dem Lehrerbildungszentrum in München für die großzügige finanzielle Förderung meines mehrtägigen Forschungsaufenthalts in Gießen.

Die vorliegende Arbeit wurde im Wintersemester 2011/2012 von der Fakultät für Sprach- und Literaturwissenschaften der Ludwig-Maximilians-Universität München als Dissertationsschrift angenommen.

Pfaffenhofen, im Oktober 2012
Christiane Ostermeier

Inhalt

Vorwort V

Abbildungsverzeichnis XI

Einleitung 1
1. Forschungsstand 2
2. Forschungsgegenstand und Fragestellung 5
3. Methodische Überlegungen 8
   3.1 Ideengeschichtlicher Ansatz der *Cambridge School* 8
      3.1.1 Die *Cambridge School* und die neue Ideengeschichte 8
      3.1.2 Chancen und Probleme der neuen Ideengeschichte 12
      3.1.3 Die modernisierte Ideengeschichte 14
   3.2 Diskursanalyse 16
      3.2.1 Diskursbegriff 17
      3.2.2 Methodische Vorgehensweise 18
      3.2.3 Forschungsfragen 21
4. Quellen und Literatur 23

Teil I: Die Stellung der Fremdsprachen im preußischen Schulwesen von 1859 bis 1931 27
5. Das preußische Bildungswesen 27
   5.1 Das höhere Knabenschulwesen in Preußen 28
      5.1.1 Das Gymnasium 29
      5.1.2 Die realistischen Anstalten 30
      5.1.3 Die Reformschulen 34
   5.2 Die Reform des höheren Schulwesens 37
      5.2.1 Die Streitfragen der Schulreform im 19. Jahrhundert 37
          5.2.1.1 Das Berechtigungswesen 38
          5.2.1.2 Der Humanismus-Realismus-Streit 40
          5.2.1.3 Die Überfüllungskrise 44
          5.2.1.4 Alternative Schulmodelle 45
      5.2.2 Die preußischen Schulkonferenzen von 1873, 1890 und 1900 47
      5.2.3 Die Reichsschulkonferenz und die Richertsche Schulreform (1924/25) 52

6. Die Stellung der Fremdsprachen an den höheren Schulen 54
   6.1 Verständnis und Ziele der sprachlichen Bildung 55
      6.1.1 Neuhumanismus und formale Bildung................................ 55
      6.1.2 Die Neusprachliche Reformbewegung................................ 57
      6.1.3 Kulturkunde 59
   6.2 Der Fremdsprachenunterricht an Gymnasien und Realanstalten........... 61
      6.2.1 Der Unterricht in den klassischen Sprachen........................ 61
      6.2.2 Die modernen Fremdsprachen... 65
         6.2.2.1 Französisch 65
         6.2.2.2 Englisch 68
         6.2.2.3 Italienisch... 71
         6.2.2.4 Spanisch 74
   6.3 Die Sprachenfolge in den preußischen Lehrplänen 78
      6.3.1 Die Sprachenfolge im 19. Jahrhundert............................... 78
      6.3.2 Die Sprachenfolge im 20. Jahrhundert............................... 83

Teil II: Der Kampf gegen Latein – Die Sprachenfolge im 19. Jahrhundert zwischen Humanismus und Realismus 91

7. Schwerpunkte der Diskussion um die Sprachenfolge........................ 91
   7.1 Curriculare Ebene... 92
      7.1.1 Die klassischen Sprachen als traditioneller Kern der höheren
         Bildung.. 93
         7.1.1.1 Verteidigung der Vorrangstellung der alten Sprachen 93
         7.1.1.2 Infragestellung der Dominanz des lateinischen
              Unterrichts 96
         7.1.1.3 Griechisch statt Latein..................................... 99
      7.1.2 Etablierung der modernen Sprachen als ebenbürtiges
         Bildungsmittel.. 102
         7.1.2.1 Die neuen Sprachen als Kern der realistischen Bildung 103
         7.1.2.2 Der Streit um den Bildungswert der modernen
              Fremdsprachen... 106
      7.1.3 Erweiterung des Sprachangebots an höheren Schulen 111
         7.1.3.1 Die neuen Sprachen und ihre Eignung als
              Schulfremdsprachen 112
         7.1.3.2 Englisch am Gymnasium.................................. 115
      7.1.4 Veränderung der traditionellen Sprachenfolge 120

                7.1.4.1 Die neuen Sprachen als Grundlage des fremdsprachlichen Unterrichts 121
                7.1.4.2 Französisch vor Latein... 124
                7.1.4.3 Englisch als Anfangssprache 127
                7.1.4.4 Italienisch als erste Fremdsprache in Bayern 130
    7.2 Schulpolitische Ebene 132
        7.2.1 Der Reformplan nach Julius Ostendorf 133
        7.2.2 Die Einheitsschule mit Vorrang der modernen Sprachen 137
        7.2.3 Die Reformschulen als Mittel zur Flexibilisierung der Sprachenfolge 145
        7.2.4 Die Sprachenfolge als Streitthema auf den Schulkonferenzen 150
    7.3 Gesellschaftspolitische Ebene 158
        7.3.1 Die Schulfremdsprachen im Interessenskonflikt verschiedener gesellschaftlicher Gruppen 158
        7.3.2 Die Sprachenfolge zum Zweck der sozialen Differenzierung 163
8. Die Sprachenfolge im historischen Diskurs des 19. Jahrhunderts 166
    8.1 Der zeitliche und inhaltliche Diskursverlauf 167
    8.2 Die Akteure und ihre Wirkungsabsicht 168
    8.3 Argumentative Diskursstrategien 174
    8.4 Einflussfaktoren auf den historischen Diskurs 176

Teil III: Der Sprachenstreit unter den modernen Fremdsprachen – Die Sprachenfolge bis zum Ende der Weimarer Republik 181

9. Schwerpunkte des Sprachenstreits 181
    9.1 Curriculare Ebene 182
        9.1.1 Veränderung des Fremdsprachenangebots an den höheren Schulen 183
                9.1.1.1 Englisch als Pflichtfach am Gymnasium 183
                9.1.1.2 Abschaffung des Französischunterrichts 186
        9.1.2 Der Streit um die Vorherrschaft zwischen Englisch und Französisch und seine Begründungsmotive 191
                9.1.2.1 Pädagogische und methodische Begründungen 193
                9.1.2.2 Kulturkundliche Aspekte 199
                9.1.2.3 Politische und wirtschaftliche Faktoren 203
        9.1.3 Alternative Schulfremdsprachen 205
                9.1.3.1 Esperanto 206
                9.1.3.2 Spanisch als Pflichtfach 209

9.2	Schulpolitische Ebene	215
	9.2.1 Die Sprachenfolge in den Richertschen Richtlinien	215
	9.2.2 Die Vereinheitlichung der Sprachenfolge in Preußen	221
	9.2.3 Der Sprachenstreit in den Verbänden und Vereinen	228
10. Der Sprachenstreit im historischen Diskurs		238
	10.1 Der zeitliche und inhaltliche Diskursverlauf	239
	10.2 Die Akteure und ihre Wirkungsabsicht	241
	10.3 Argumentative Diskursstrategien	244
	10.4 Die Einflussfaktoren auf den historischen Diskurs	247

Teil IV: Ausblick: Die Festlegung der Sprachenfolge im Nationalsozialismus **253**

Schluss **261**

Anhang **265**

Literaturverzeichnis **281**

Abbildungsverzeichnis

Abbildung 1: Das Altonaer System (1878) 34
Abbildung 2: Das Frankfurter System (1892) 35
Abbildung 3: Der Reformplan nach Julius Ostendorf (1873) 135
Abbildung 4: Grundmodell der Einheitsschule 138
Abbildung 5: Das Einheitsschulmodell nach Nohl (1877) 139
Abbildung 6: Das Einheitsschulmodell nach Kühn (1885) 141
Abbildung 7: Das Einheitsschulmodell nach Lange (1889; 1890; 1904) 142

Einleitung

Es erscheint uns heute ganz selbstverständlich, dass Schüler an den Gymnasien und anderen höheren Schulen in Deutschland die Wahl zwischen verschiedenen Fremdsprachen haben. Neben den hauptsächlich gelehrten Fremdsprachen Englisch und Französisch umfasst das Sprachenangebot vieler Schulen auch Spanisch, Italienisch und Russisch, aber auch Sprachen der Nachbarländer wie Dänisch oder Niederländisch (Christ/de Cillia 2007:79). Mehrsprachigkeit ist an den Schulen heute die Norm und wird auch von politischer Seite aus gefordert. Gerade auf europäischer Ebene wird die Diversifizierung des Fremdsprachenangebots über die vorherrschenden Sprachen Englisch und Französisch hinaus gefördert (Christ/de Cillia 2007:78).

Der Sprachenfolge kommt heute auf mehreren Ebenen eine zentrale Bedeutung zu. Auf einer schulpolitischer Ebene spiegelt sie die Bedürfnisse und politischen Anforderungen der Zeit wider, insofern als heute mehr als zuvor in einer plurilingualen Gesellschaft und Arbeitswelt Fremdsprachenkenntnisse notwendig sind. Daneben ist sie ein wichtiges Element des Schulprofils der einzelnen Schulen, über die sich eine Schule gegenüber anderen auszeichnen kann. Schließlich spielt die Sprachenfolge in der Lernerbiographie der Schüler eine tragende Rolle, denn sie bestimmt ihren schulischen Werdegang nachhaltig.

Auch die aktuelle Fremdsprachenforschung widmete der Reihenfolge der verschiedenen Fremdsprachen in den letzten beiden Jahrzehnten verstärkt ihr Interesse. Die Mehrsprachigkeitsdidaktik untersucht die Beziehungen und Wechselwirkungen der nacheinander gelernten Fremdsprachen. Dabei stehen der Sprachenvergleich, die Transfermöglichkeiten, die sich aus der Sprachenfolge ergeben, und die Interkomprehension im Vordergrund (vgl. Martinez/Reinfried 2006; Meißner/Reinfried 1998).

In sprachenpolitischer und methodisch-didaktischer Hinsicht wurde die Sprachenfolge in der Fremdsprachenforschung bereits ausführlich untersucht und besprochen. Die historische Entwicklung der Sprachenfolge bis zur heutigen Diversifikation hingegen war bis jetzt noch nicht Gegenstand einer fremdsprachendidaktischen Untersuchung. Dabei hält der Blick in die Vergangenheit oftmals wichtige Erkenntnisse für die heutige Fremdsprachenforschung bereit:

> Historische Darstellungen zum Fremdsprachenlernen, die sich um eine epochenübergreifende Analyse bemühen, machen *erstens* deutlich, wie verwandt bisweilen ‚verstaubt' anmutende Positionen aus vorangehenden Jahrhunderten aktuellen Entwicklungen und Konzepten sind. Kenntnisse der Geschichte des Fremdsprachenunterrichts können somit als Ideengeber und Motivator für seine Weiterentwicklung in der Gegenwart dienen. [...] Daraus lässt sich *zweitens* ableiten, dass ein Blick in die Fachgeschichte nicht zwangsläufig ein Additum, sondern vielmehr ein genuiner Bestandteil des Faches selbst ist. (Gnutzmann/Königs 2010:6)

Gemäß dem von Gnutzmann/Königs (2010:6) aufgestellten Motto „Von gestern – und doch für heute und morgen relevant" will die folgende Arbeit die historischen Grundlagen der Sprachenfolge beleuchten, auf die sich das diversifizierte Fremdsprachenangebot und die Mehrsprachigkeit an den heutigen deutschen Schulen stützt.

1. Forschungsstand

Eine Untersuchung zur Sprachenfolge an den höheren Schulen in Preußen im 19. und frühen 20. Jahrhundert basiert im Allgemeinen auf zwei komplementären Forschungsbereichen, nämlich auf der historischen Bildungsforschung und auf der Fremdsprachenforschung. Dabei bildet die historische Bildungsforschung mit ihren Studien und Darstellungen zum Bildungswesen des 19. und 20. Jahrhunderts die Basis, auf der sich eine Untersuchung zur Geschichte des Fremdsprachenunterrichts aufbaut. Innerhalb der Fremdsprachenforschung sind sowohl Gesamtdarstellungen zur historischen Entwicklung des Fremdsprachenunterrichts als auch Einzeldarstellungen zu den unterschiedlichen Fremdsprachen von Relevanz.
Die Entwicklung des Bildungswesens im 19. und 20. Jahrhundert ist in zahlreichen Arbeiten gut dokumentiert. Einen wichtigen Anteil daran hat das *Handbuch der deutschen Bildungsgeschichte* geleistet, das in mehreren Einzelbänden die Geschichte des Bildungswesens ausgehend vom 15. Jahrhundert bis zur Gegenwart unter Einbeziehung der sozialen, pädagogischen und bildungstheoretischen Hintergründe umfassend darstellt. Weitere Gesamtdarstellungen haben Bruno Hamann (^{2}1993) mit seiner *Geschichte des Schulwesens* sowie Herrlitz et al. (^{5}2009) in *Deutsche Schulgeschichte von 1800 bis zur Gegenwart* vorgelegt. Unter den frühen Gesamtdarstellungen ragt bis heute Paulsens *Geschichte des gelehrten Unterrichts* (1921) heraus. Wertvolle Informationen zur Sozialgeschichte des deutschen Bil-

dungswesens liefern die Werke von Müller/Zymek (1987) und Lundgreen (1980, 1981). Daneben wurde in den schulartenspezifischen Darstellungen vor allem die Geschichte des Gymnasiums von mehreren Autoren, so von Blättner (1966), Kraul (1984) und Schmoldt (1989), gründlich untersucht. Zum Realschulwesen in Preußen ist insbesondere Schmedings *Die Entwicklung des realistischen höheren Schulwesens in Preußen* (1956) von Bedeutung. Die für den Fremdsprachenunterricht wichtigste Schulform der Reformanstalten wird jedoch in der Sekundärliteratur fast nicht berücksichtigt. Allein in der *Sozialgeschichte und Statistik des Schulsystems in den Staaten des Deutschen Reiches* von Müller/Zymek (1987) findet dieser Schultyp Beachtung.

Da die Stellung und Organisation des Fremdsprachenunterrichts an den höheren Schulen ein zentraler Aspekt der Schulreformdiskussion war, ergänzen Untersuchungen zur Schulreform die Sekundärliteratur zur Geschichte des Bildungswesens. Dabei hebt sich Balschuns Analyse zum schulpolitischen Kampf um die Monopolstellung des humanistischen Gymnasiums (1964) hervor, dessen ausführliche Aufarbeitung des Humanismus-Realismus-Streits im 19. Jahrhundert auch für den Fremdsprachenunterricht von großer Relevanz ist. Daneben beschäftigen sich Albisetti (1983), Führ (1997) und Dietrich (2008) mit der Schulreform des 19. Jahrhunderts.

Die Fremdsprachenforschung macht den zweiten Bereich aus, auf dem die folgende Untersuchung zur Sprachenfolge aufbaut. Unter den Gesamtdarstellungen zur Geschichte des Fremdsprachenunterrichts sind Rülckers *Der Neusprachenunterricht an den höheren Schulen* (1969) und Hüllens *Kleine Geschichte des Fremdsprachenlernens* (2005) sowie Flechsigs materialreiche Dissertation *Die Entwicklung des Verständnisses der neusprachlichen Bildung* (1962) zu nennen. Dass die Geschichte des Fremdsprachenunterrichts nicht an Aktualität eingebüßt hat, beweisen die Themenhefte „Geschichte des Fremdsprachenunterrichts" der Zeitschrift *Fremdsprachen Lehren und Lernen* (39/2010) sowie „Geschichte des Französischunterrichts" der Zeitschrift *Französisch heute* (42/2011).

Ergänzt werden die Gesamtdarstellungen durch sprachenspezifische Arbeiten. Gerade die Geschichte des Englischunterrichts im 19. Jahrhundert ist durch die verdienstvollen Untersuchungen von Klippel (1994) und Walter (1982) gründlich aufgearbeitet. Für das 20. Jahrhundert fehlt jedoch eine ähnlich umfassende Arbeit für den Englischunterricht. Die Sekundärliteratur zum Englischunterricht des frühen

20. Jahrhunderts beschränkt sich vielmehr auf die Kulturkunde, so geschehen bei Apelt (1967) und Raddatz (1977). Die romanischen Sprachen können bei Weitem nicht auf eine solch breite und tiefe wissenschaftliche Aufarbeitung ihrer Geschichte als Unterrichtsfächer zurückblicken. Zu den wenigen Darstellungen zur Geschichte des Französischunterrichts zählen Christ (1983) und Weller (1980). Ebenso wie für das Englische bezogen sich Untersuchungen zum Französischunterricht im ersten Drittel des 20. Jahrhunderts fast ausschließlich auf die Kulturkunde (vgl. Hinrichs/Kolboom 1977, Kroymann/Ostermann 1977, Trabant 2001). Für das Spanische sind Steinhilb (1985) und Voigt (1991, 1998) und für das Italienische Waldinger (1981) und vor allem Reimann (2004 mit Bogdanski, 2009) zu nennen. Die Geschichte der romanischen Sprachen sind in fast allen Fällen reine Überblicksdarstellungen, monographische Studien auf Quellenbasis zum Unterricht in den romanischen Sprachen wurden bis jetzt noch nicht versucht. In Bezug auf die alten Sprachen geben Fuhrmann (2001), Matthiessen (1979, 1983) und Preuße (1988) einen ausführlichen Überblick über die Entwicklung des altsprachlichen Unterrichts in Deutschland. Gesammelt finden sich Überblicksdarstellungen zu den relevanten Unterrichtsfächern im ersten Band der *Geschichte der Unterrichtsfächer* von Manzmann (1983).

Die historische Fremdsprachenforschung lässt eine Darstellung vermissen, die die Entwicklung des Fremdsprachenunterrichts ausgehend vom 19. Jahrhundert bis in das 20. Jahrhundert hinein nachvollzieht und insbesondere im ersten Drittel des 20. Jahrhunderts über eine rein inhaltlich-methodische Perspektive hinaus auch auf die schulpolitischen Entwicklungen Bezug nimmt. Daneben fehlt eine Untersuchung, die alle modernen Fremdsprachen und ihre Beziehungen untereinander als Konkurrenzfächer im höheren Schulwesen beleuchtet. Die Wechselwirkungen innerhalb der Sprachen sind sowohl für das 19. Jahrhundert, in der die modernen Fremdsprachen als Einheit den alten Sprachen gegenüberstanden, als auch für das 20. Jahrhundert, in dem sie in Konkurrenz zueinander traten, relevant. Die Brücke zwischen allen Schulfremdsprachen schlägt die Sprachenfolge, da in ihr Verbindungen, aber auch Abgrenzungen zu anderen Konkurrenzsprachen deutlich werden.

Der aktuelle Forschungsstand zeigt auf, dass bis jetzt die Sprachenfolge an den höheren Schulen noch nicht zum ausschließlichen Untersuchungsgegenstand in der Fremdsprachenforschung wurde. Es finden sich zwar Hinweise zur Entwicklung der Sprachenfolge in den Arbeiten von Aehle (1938), Lehberger (1986) und Sauer

(1968), jedoch geschieht dies eher im Sinne von Exkursen, die am Rande der eigentlichen Untersuchungen stehen. Um dieses Forschungsdesiderat zu schließen, widmet sich die folgende Arbeit der Geschichte der Sprachenfolge unter eingehender Berücksichtigung ihres historischen Diskurses.

2. Forschungsgegenstand und Fragestellung

Die folgende Arbeit nimmt sich die Sprachenfolge an den höheren Schulen in Preußen in dem Zeitraum von 1859 bis 1931 zum Untersuchungsgegenstand. Unter dem Begriff „Sprachenfolge" versteht man „die – meist chronologisch – gemeinte Reihung von Sprachen im individuellen Sprachenrepertoire von Lernenden und von Sprachen in einem konkreten Schulcurriculum" (Hufeisen 2010:297). Im vorliegenden Fall beschränkt sich das Verständnis von Sprachenfolge auf die Aufeinanderfolge der Fremdsprachen in curricularer Hinsicht und klammert die Lernerbiographie aus. Die Anzahl und die festgelegte Reihung der Fremdsprachen im Schulsystem definieren früher wie heute den Schultyp und entscheiden in Verbindung mit der Lernzeit über den Schulabschluss. Während für einen mittleren Schulabschluss meist eine Fremdsprache ausreicht, so ist die zweite Fremdsprache das entscheidende Kriterium für einen höheren Bildungsabschluss (Christ/de Cillia 2007:80). Neben diesem formalen Aspekt kommt der Sprachenfolge häufig auch eine soziale Bedeutung zu, denn die Auswahl und die Verbindung der Sprachen nimmt Einfluss auf das gesellschaftliche Ansehen der Lernenden. Dieses wird bestimmt durch den Wert, den eine Gesellschaft einer Sprache zugesteht. Die Relevanz der Sprachenfolge geht folglich weit über die reine Aneinanderreihung von Einzelsprachen in einem curricularen Kontext hinaus und muss in einen breiten Zusammenhang gestellt werden.

Die durch die jeweiligen Lehrpläne festgelegte Reihenfolge sowie das Angebot der Fremdsprachen an den höheren Schulen waren in der Vergangenheit vielen Änderungen unterworfen. Während im 19. Jahrhundert die Sprachenfolge noch ein relativ stabiles Element im preußischen höheren Schulwesen war, wurde sie im 20. Jahrhundert soweit flexibilisiert, dass eine Vielzahl unterschiedlicher Kombinationen möglich war. Auch das Angebot an Fremdsprachen erfuhr in dem Untersuchungszeitraum weitreichende Veränderungen. Dominierten im 19. Jahrhundert einige wenige Sprachen den Fremdsprachenunterricht, so brachte das 20. Jahrhundert den modernen Fremdsprachen einen unvergleichlichen Aufstieg und eine Erweiterung des Sprachenspektrums. All diese Entwicklungen gaben in beiden Jahrhunderten Anlass zu Diskussionen und ließen einen eigenen wissenschaftlichen Diskurs innerhalb des allgemeinen Diskurses um die Schulpolitik entstehen.

Die folgende Untersuchung widmet sich der Frage, welche Sprachenfolge zu welcher Zeit aus welchen Gründen angeboten wurde und wie der Diskurs zur Sprachenfolge verlief. Daraus ergibt sich eine Zweiteilung, die der Arbeit als Struktur zu Grunde liegt. Zum ersten wird die Geschichte der Sprachenfolge in ihrem situativen Kontext nachvollzogen. Dies geschieht im Rahmen der Darstellung des höheren Knabenschulwesens in Preußen und des Fremdsprachenunterrichts an den höheren Schulen in der Zeit von 1859 bis 1931 mit dem Ziel, die Sprachenfolge in ihrem institutionalisierten Rahmen zu verorten und ihre chronologische Entwicklung nachzuzeichnen. Zum zweiten wird als Schwerpunkt der Arbeit der historische Diskurs um die Sprachenfolge im 19. Jahrhundert und frühen 20. Jahrhundert analysiert. Die Untersuchung bedient sich dabei einer auf der Ideengeschichte basierenden Diskursanalyse, um den Diskurs in seinen unterschiedlichen Facetten aufzuarbeiten (vgl. 3.2). Während sich der erste Teil zum Bildungswesen und Fremdsprachenunterricht an den höheren Schulen in Preußen auf den gesamten Untersuchungszeitraum bezieht, wird der historische Diskurs getrennt nach Jahrhunderten dargestellt. Die zeitliche Markierung ist die Gleichstellung der höheren Schulen im Jahr 1900, die die Sprachenfolge und den Diskurs entscheidend veränderte.

Der zeitliche Rahmen der Arbeit wird durch wichtige schulpolitische Ereignisse gesteckt, welche übliche Hilfen zur Periodisierung in der historischen Fremdsprachenforschung sind (Hüllen 2000:32). So beginnt der Untersuchungszeitraum mit der Normierung der höheren Schulen durch die „Unterrichts- und Prüfungsordnung" von 1859, im Zuge derer die realistischen Anstalten neu klassifiziert wurden und die den Beginn des staatlich kontrollierten höheren Schulwesens in Preußen darstellte (Müller/Zymek 1987:42) (vgl. 5.1.2). Erst ein normiertes System mit Lehrplänen und Entlassungsprüfungen führte zu dem Bedürfnis, Änderungen in dem bestehenden Schulsystem durchführen zu wollen. Diese Phase der „Systembildung" (Jeismann 1987b: 163), in der zum ersten Mal die Realanstalten mit dem Gymnasium konkurrierten, markiert deshalb den Beginn des Diskurses um die Sprachenfolge. Der zweite bereits angesprochene Einschnitt ist die Gleichstellung der höheren Schultypen im Jahr 1900, die völlig neue Voraussetzungen für den

Diskurs um die Sprachenfolge schuf. Zeitlich begrenzt wird die Untersuchung durch den Ministerialerlass zur Sprachenfolge vom 27. November 1931, der die Sprachenfolge verbindlich für alle höheren Schulen in Preußen regelte und damit dem Diskurs zwar ein abruptes, aber definitives Ende setzte. Die Weiterentwicklung im Nationalsozialismus, der das deutsche Schulwesen und damit auch die Sprachenfolge neu ausrichtete, ist nicht mehr Bestandteil der eigentlichen Untersuchung, wird aber in einem Ausblickskapitel in ihren Grundzügen nachgezeichnet. In der ausführlichen Darstellung des Englischunterrichts im Nationalsozialismus durch Lehberger (1986) wurde die Zeit nach 1933, auch im Hinblick auf die Sprachenfolge, bereits umfassend beleuchtet.

Die Eingrenzung der Untersuchung auf einen deutschen Staat, nämlich auf Preußen, begründet sich zum einen dadurch, dass die Schulhoheit bis zum Nationalsozialismus bei den Einzelstaaten und nicht beim Reich lag. Zum anderen war die Entwicklung des preußischen Schulwesens durch den Modellcharakter, den Preußen im deutschen Bildungswesen hatte, prototypisch (Nipperdey 1994:452, 454). Aus diesem Grund wird Preußen als Grundlage für diese Studie zum Fremdsprachenunterricht an den höheren Schulen der Vorrang vor anderen Staaten eingeräumt. Andere deutsche Staaten werden nur bei relevanten Abweichungen vom preußischen System in Betracht gezogen.

Auf institutioneller Ebene beschränkt sich die Studie auf das höhere Knabenschulwesen in Preußen. Sie bezieht nicht die niederen und mittleren Schulen mit ein, die lange Zeit nicht normiert waren und an denen der Fremdsprachenunterricht keine tragende Rolle spielte. Auch das höhere Mädchenschulwesen wird außer Acht gelassen, da sich dieses getrennt vom höheren Knabenschulwesen entwickelte und gesondert untersucht werden muss. Der Fremdsprachenunterricht an den höheren Mädchenschulen im 19. Jahrhundert wurde außerdem bereits ausführlich von Doff (2002) aufgearbeitet. Darüber hinaus werden nur die Vollanstalten, d.h. die neunjährigen höheren Knabenschulen, und nicht die Nicht-Vollanstalten, wie die sechsjährigen Proanstalten, in Betracht gezogen. Da die Vollanstalten die prototypische Entwicklung aufzeigten und am stärksten voneinander abgegrenzt waren, ermöglicht die Analyse der Sprachenfolge allein an diesen Schulen eine umfassende Darstellung.

In Bezug auf die angebotenen Fremdsprachen untersucht die Arbeit die wichtigsten Schulfremdsprachen, nämlich die klassischen Sprachen Latein und Altgriechisch und unter den neueren Sprachen Französisch, Englisch, Spanisch und Italienisch. Nicht einbezogen werden Hebräisch, das auf dem Gymnasium im 19. und 20. Jahrhundert nur meist als Wahlfach für zukünftige Theologiestudenten unterrichtet wurde (vgl. Christ/Rang 1985d: 324, 328), sowie regional stark begrenzte Schulsprachen wie Dänisch, Polnisch oder Russisch. Diese wurden meist nur in den Randgebieten Preußens in unmittelbarer Nähe zu den jeweiligen Nachbarstaaten angeboten und waren nicht Teil des regulären Fremdsprachenangebots an den preußischen Schulen (vgl. Christ/Rang 1985c:42, 65ff, 105).

Eine historische Untersuchung macht die Verwendung einer Fachsprache notwendig, in der viele Termini heute nicht mehr gebräuchlich sind, die aber für die Untersuchung von Relevanz sind. Da in der vorliegenden Arbeit dem historischen Kontext im Sinne der Ideengeschichte (vgl. 3.1) besondere Aufmerksamkeit zukommt, werden Begriffe aus der zeitgenössischen Diskussion wie „Schulmänner" oder „Überbürdung" erläuternd übernommen. Einige davon gingen wegen ihrer Häufigkeit auch in die Sekundärliteratur zum Bildungswesen und zum Fremdsprachenunterricht des 19. und 20. Jahrhunderts ein. So dienen mittlerweile die aus den historischen Quellen stammenden Ausdrücke „Schulstreit" oder „Schulkampf" üblicherweise zur Beschreibung der Schulreformdiskussion in der zweiten Hälfte des 19. Jahrhunderts und finden sich in vielen, auch aktuellen Werken wieder (z.B. Dietrich 2008).

3. Methodische Überlegungen

3.1 Ideengeschichtlicher Ansatz der *Cambridge School*

3.1.1 Die *Cambridge School* und die neue Ideengeschichte

Die historische Entwicklung der Sprachenfolge mit dem damit verbundenen wissenschaftlichen Diskurs als Forschungsgegenstand verortet die folgende Untersuchung in mehreren geisteswissenschaftlichen Teildisziplinen. Die Arbeit als Ganzes soll einen Beitrag zur historischen Fremdsprachenforschung leisten, wobei in einem interdisziplinären Ansatz alle Einzeldidaktiken der Hauptschulfremdsprachen einbezogen werden. Eine fremdsprachendidaktische Untersuchung dehnt sich jedoch auch immer auf weitere Bezugswissenschaften aus, wie die Literatur- und Sprachwissenschaft oder die Pädagogik und Psychologie (Bausch et al. 2007:2). In der vorliegenden historischen Untersuchung dienen vor allem die historische Bildungsforschung und die Geschichtswissenschaft als Referenzdisziplinen.

Die Anbindung an historische Fachrichtungen erfordert eine Erweiterung der methodischen Vorgehensweise um einen geschichtswissenschaftlichen Forschungsansatz. In den letzten Jahrzehnten hat vor allem die neue Ideengeschichte nachhaltigen Einfluss auf die Geschichtswissenschaft ausgeübt (Lottes 2006:267), gerade weil sie methodisch als besonders innovativ gilt und eine erweiterte Forschungsperspektive ermöglicht (Overhoff 2004a:321; Asbach 2002:652). Ursprünglich angesiedelt in der angelsächsischen Politik- und Geschichtswissenschaft, fand die neue Ideengeschichte dank einer Vielzahl von Veröffentlichungen[1] Eingang in weitere Fachrichtungen auch in Deutschland, wie in die historische Bildungsforschung, die Fremdsprachendidaktik[2] oder auch in die Literaturwissenschaft oder Musik (vgl. Hellmuth/Ehrenstein 2001:149-150).

Die neue Ideengeschichte wurde vor allem von den Historikern Quentin Skinner und John Pocock – mittlerweile oft unter dem Begriff *Cambridge School*[3] subsummiert – geprägt, die aus der Kritik an der traditionellen Ideengeschichte mit Vertretern wie Friedrich Meinecke (1924) oder Arthur O. Lovejoy (1938) (vgl. Schorn-Schütte 2006:270) ein neues methodisches Vorgehen zum Verstehen von historischen Texten entwickelt hatten. Die frühere Tradition der Ideengeschichte basierte auf einem rein „textimmanent-interpretatorischen Vorgehen" (Asbach 2002:640), in dem alleine durch die Analyse des Textes, ohne dessen Einordnung in den historischen und sozialen Kontext, historische Begriffe und Ideen erklärt wurden. Diese Methodik blendet jedoch den nicht unerheblichen Einfluss des geschichtlichen Hin-

---

[1] In den letzten zehn Jahren haben viele Aufsätze (z.B. Hellmuth/Ehrenstein 2001, Asbach 2002, Palonen 2003, Overhoff 2004a) sowie die Aufnahme in Handbücher der Geschichtswissenschaft (Eibach/Lottes 2006) die ideengeschichtliche Methodologie auch in Deutschland bekannt gemacht und so deren Eingang in die deutsche Forschung forciert.

[2] Neuere Monographien nach ideengeschichtlichem Ansatz sind beispielsweise in den Fachbereichen der Geschichte der Pädagogik (Overhoff 2004b, Tröhler 2004) oder der englischen Fachdidaktik (Doff 2008) entstanden.

[3] Skinner und Pocock haben beide in Cambridge studiert; Skinner hatte dort bis 2008 eine Professur für *Modern History* inne und gab eine Vielzahl an Publikationen zur Ideengeschichte in der Reihe „Ideas in Context" aus der *Cambridge University Press* heraus. Pocock lehrte außerhalb Großbritanniens, weshalb die Anhänger der Ideengeschichte mittlerweile weltweit zu finden sind (vgl. Hampsher-Monk 2006:294; Hellmuth/Ehrenstein 2001:150-151).

tergrunds völlig aus und bedeutet somit „eine Verkürzung der wissenschaftlichen Erkenntnismöglichkeiten" (Schorn-Schütte 2006:270). Die *Cambridge School* dagegen fordert die Rückbindung der Texte an den tatsächlichen Kontext und stellt sich gegen den „ahistorisch[en]" (Asbach 2002:638), überzeitlichen Zugang zu politischen und geschichtlichen Theorien. Pocock und Skinner entwickelten Verfahren, „die die Betrachtung und Analyse politischer Ideen im eigentlich historischen Sinne möglich machen sollten" (Hellmuth/Ehrenstein 2001:153). Inspiriert durch den „linguistic turn" in der angloamerikanischen Forschung, durch den die Sprachwissenschaft als Analyseinstrument an Bedeutung gewann, wenden sie sich der „Frage nach der Textbedeutung und der Aussageabsicht des Verfassers" (Lottes 2006:268) zu, mit dem Ziel, sprachliche Äußerungen aus ihrem historisch-spezifischen Zusammenhang heraus zu rekonstruieren (Asbach 2002:641). Diese Kontextualisierung der Texte „bedeutet nichts anderes als jener Frage nach dem Zusammenhang von Ideen und Realität und der Möglichkeit ihrer wechselseitigen Prägung nachzugehen" (Schorn-Schütte 2006:272), was im Vergleich zu vorhergehenden Traditionen eine einfach erscheinende, aber tiefgreifende Neuerung darstellte, die Hampsher-Monk sogar die „Cambridge Revolution" (2006:294) nennt. Auch wenn Pocock und Skinner in dieser Grundannahme übereinstimmen, haben beide diesen Perspektivenwechsel in ihren Arbeiten unterschiedlich realisiert.

Für John Pocock[4] stand die Rekonstruktion der politischen Sprache und deren Veränderung im Vordergrund und er sah diese als die Hauptaufgabe eines Geschichtswissenschaftlers an:

> Pocock saw the primary interpretive task of the historian as that of identifying and reconstructing the languages in which politics had been discussed and their mutation over the time. (Hampsher-Monk 1998:40)

Er geht davon aus, dass es zu bestimmten Zeiträumen in der Vergangenheit unterschiedliche politische Sprachen, d.h. sprachliche „Mittel, mit denen sich eine Personengruppe oder Gesellschaft politische Phänomene intelligibel macht" (Hellmuth/Ehrenstein 2001:158), gab. Um diese zu analysieren, bedarf es einer breiten

---

[4] Wichtige Texte von John Pocock sind „Languages and their Implications" (1971), „The Reconstruction of Discourse" (1981), „The State of Art" (1985), „The Concept of a Language" (1987) (vgl. Hellmuth/Ehrenstein 2001:157).

Quellengrundlage aus verschiedenen Texten, die nicht alle zu den klassischen Standardtexten zählen, sondern zu einer „mittleren Ebene" gezählt werden können (vgl. Hampsher-Monk 2006:297; Hellmuth/Ehrenstein 2001:157; Lottes 2006:268), d.h. auch weniger bekannte Schriften oder Zeitschriftenartikel.

Als Analyseinstrumente dienen ihm die Linguistik Saussures mit ihrer Einteilung in *langue* und *parole*[5], um den Zusammenhang zwischen sprachlichen Äußerungen in der Politik und den damit verbundenen Sprechakten herauszufiltern (vgl. Asbach 2002:646; Hellmuth/Ehrenstein 2001:158), sowie der Paradigmabegriff[6] von Thomas Kuhn, um mit dessen Hilfe „zentrale Zäsuren in der politischen Theoriebildung zu markieren" (Hellmuth/Ehrenstein 2001:160).

Während sich Pocock vor allem der Untersuchung politischer Sprachen im Lauf der Zeit annahm, war Skinners Ansatz von einem Interesse an individuellen Sprechakten geprägt:

> Skinner's strategic focus was synchronic: on the performance of individual speech acts, rather than Pocock's diachronic concern with language. History was to be constructed from an analysis of successive significant innovatory (or conservative) speech acts performed by individuals in a given language or, as he sometimes called it ideology. (Hampsher-Monk 1998:42)

Um diese Sprechakte der jeweiligen Akteure zu verstehen, müssen diese nach Skinner in ihren eigentlichen Kontext zurückgeführt werden und mit den sprachlichen Konventionen der Zeit in Relation gesetzt werden (Schorn-Schütte 2006:276). Jeder Text, wie er in seinem einflussreichen Aufsatz „Meaning and understanding in the history of ideas" (1969) darlegt, muss als eine Reaktion auf den jeweiligen historischen Kontext gehen und darf nicht von diesem getrennt betrachtet werden:

> Any statement [...] is inescapably the embodiment of a particular intention, on a particular occasion, addressed to the solution of a particular problem, and thus specific to its situation in a way that it can only be naive to try to transcend (Skinner 1969:65)

---

[5] Saussure benennt mit dem Begriff „langue" das funktionelle System der Sprache mit ihren möglichen sprachlichen Äußerungen, während „parole" die konkrete Realisierung, den eigentlichen kommunikativen Akt bezeichnet (Hellmuth/Ehrenstein 2001:158).

[6] Der Paradigmabegriff nach Kuhn basiert auf der Annahme, dass „ein wissenschaftliches Paradigma, wenn sich seine Deutungskraft erschöpft hat, kollabiert und im Zuge einer ‚wissenschaftlichen Revolution' durch ein neues Paradigma ersetzt wird" (Hellmuth/Ehrenstein 2001:160).

Um dieser kontextualen Einbettung gerecht zu werden, fordert er einen integrierten Ansatz, nämlich einen ausschließlich „historical and intertextual approach" (Skinner 1988:232) und wendet sich so gegen die konventionelle Verfahren der Textualisten und Kontextualisten mit der alleinigen Text- bzw. Kontextanalyse. Es ist für das genaue Verständnis unabdingbar, den Ideenzusammenhang auf einer möglichst breiten Basis zu rekonstruieren, um danach seinen Inhalt auf Innovation und Kreativität gegenüber anderen Werken bewerten zu können (Skinner 1978: Bd. 1, XIII). Dabei legt Skinner seinen Schwerpunkt auf die sprachliche Kontextualisierung und erst dieser untergeordnet zieht er auch den sozialen Kontext in Betracht. Nur eine genaue sprachliche Analyse schließt seiner Meinung nach die Gefahr aus, dass in den Text Bedeutungen hineininterpretiert werden, die dieser zu der gegebenen Zeit nicht in sich tragen konnte (Hellmuth/Ehrenstein 2001:156-157).

Um diesen Zielen gerecht zu werden, bindet Skinner seine Methodologie an die Sprechakttheorie von John Austin (1962) an. Demnach besteht jede sprachliche Äußerung aus einem lokutionären Akt, der den Sachverhalt beschreibt, und einem illokutionären Akt, der die Absicht des Sprechers ausdrückt (Austin 2002 [1962]:112,116). Skinner überträgt das sprachwissenschaftliche Modell auf die Politik und geht davon aus, dass jeder politische Text ein doppelter Sprechakt ist. Einerseits drückt er Sachverhalte sprachlich aus, die aber andererseits in vielen Fällen auch tatsächlich ausgeführt werden oder werden sollen (Hampsher-Monk 2006:295). Unter dieser Prämisse wird die Intention hinter Texten zu dem eigentlich interessanten Untersuchungsgegenstand.

Zusammenfassend betrachtet liegt das Innovationspotential der neuer Ideengeschichte nach der *Cambridge School* vor allem auf dem Perspektivenwechsel im Verstehen von historischen Texten, nämlich von einer rein textimmanenten Herangehensweise zu einem breiten Blick auf den Text in seinem spezifischen Kontext. Diese Ausgangsbasis eröffnet einer Untersuchung nach ideengeschichtlichem Ansatz viele Möglichkeiten, birgt aber auch nicht unwesentliche Risiken.

3.1.2 Chancen und Probleme der neuen Ideengeschichte

Die neue Ideengeschichte wird zum einen wegen ihres großen Innovationspotentials geschätzt, zum anderen ist und war sie aber von Anfang an auch einiger Kritik ausgesetzt. Positiv bewertet wird die Erweiterung der Perspektive auf den Forschungsgegenstand, welche zu einem vertieften Verständnis der untersuchten Begriffe, Ideen und Theorien führt (Asbach 2002:652; Tully 1988:25). Dies liegt besonders an der Einbindung der Texte in einen breiten Kontext und Ideenzusammenhang, anhand derer die Interpretation durchgeführt wird und nicht allein text- oder kontextimmanent bleibt. Durch ein derartiges Vorgehen wird die Gefahr umgangen, vermeintlich zeitlose Ideen und Vorstellungen als Grundlage der Analyse zu verwenden und den Text so seiner eigentlichen Aussage zu berauben (Asbach 2002:652).

Der große Gewinn des streng kontextbasierten Vorgehens für historische Studien ist die Möglichkeit, innovative Ideen und Neuerungen innerhalb eines bestimmten historischen Diskurses herauszufiltern und diese in Relation zu konventionellen Äußerungen zu setzen (Asbach 2002:653; Hampsher-Monk 2006:297; Richter 1991:153). Dadurch, dass die Analyse auf eine breite Textgrundlage aus Klassikern, aber auch aus Texten „mittlerer Ebene" (vgl. 3.1.1) gestützt wird, wird der gesamte Ideenzusammenhang einer bestimmten Epoche nachgezeichnet und erlaubt eine genaue Einordnung von konservativen Ansichten eines Autors als auch das Herausfiltern von Stellungnahmen, die in ihrem historischen Kontext als sehr innovativ einzuschätzen sind. Auf diese Weise kann ein umfassendes Bild eines bestimmten historischen Zeitpunkts gezeichnet werden, aber gleichzeitig ist es auch möglich, Diskurse in einer diachronen Betrachtungsweise mit ihren Brüchen und Traditionen darzustellen.

Die Ideengeschichte der *Cambridge School* war jedoch von Anfang an auch unterschiedlichster Kritik ausgesetzt, wodurch auf die Probleme der ideengeschichtlichen Forschung aufmerksam gemacht wurde. Ein Teil der Kritik wendet sich gegen die ausschließliche Einbettung politischer Theorien in deren Kontext, ohne einen Zusammenhang zur heutigen Zeit zuzulassen. Auf diese Weise sprechen Skinner und Pocock, so ihre Kritiker, Aussagen und Handlungen in der Vergangenheit jeglichen Einfluss auf die Gegenwart ab (Hellmuth/Ehrenstein 2001:162). Dies käme jedoch einer zu starken Einschränkung der Interpretationsmöglichkeiten der zu untersuchenden Äußerungen gleich.

Eine andere Gruppe von Kritikern stellt den Rückgriff auf die Sprechakttheorie in Frage. Es wird der Einwand erhoben, dass die Untersuchung der Sprechakte keinen Aufschluss über die Beweggründe und Motivation hinter der Intention des Autors gibt, sondern nur die zur Sprache gebrachte Handlungsabsicht untersucht (Hellmuth/Ehrenstein 2001:163). Auch hier wird kritisiert, dass das Blickfeld des ideengeschichtlichen Ansatzes zu eng gefasst ist.

Ähnliche Einwände können unter dem Schlagwort „Kontextproblem" der neuen Ideengeschichte zusammengefasst werden. Diese zentrale Kritik an der *Cambridge School* hinterfragt die historische Kontextualisierung und wirft ihr vor, „aufgrund ihrer Konzentration auf den sprachlichen Kontext den politischen, sozialen und kulturellen Kontext [zu] vernachlässigen" (Hellmuth/Ehrenreich 2001:164). Es wird der zu starke Rekurs auf den sprachlichen Zusammenhang angeprangert und eine stärkere Einbindung des eigentlichen historischen Hintergrunds in die Analyse gefordert. Die neue Ideengeschichte untersucht zwar eingehend die eigentlichen Äußerungen, versäumt es aber, die zugrundeliegenden Konflikte und Interessen aufzudecken (Asbach 2002:660).

Asbach (2002) weist auf das Paradoxon hin, das in der einseitigen Kontextualisierung der Ideengeschichte liegt:

> Was den theoretischen Gehalt politischen Denkens anbetrifft, so droht aufgrund des kontextualisierten Ansatzes paradoxerweise ausgerechnet jener Gegenstand der politischen Ideen- und Theoriegeschichte verlorenzugehen, der mit seiner Hilfe doch erstmals in seiner wahren Bedeutung rekonstruiert werden sollte: die politischen Ideen und Theorien. (Asbach 2002:656)

Der diskursive Kontext alleine reicht nicht aus, um Ideen und Theorien der Vergangenheit adäquat zu situieren und zu erklären. Die Ideengeschichte läuft so Gefahr, einem „neuen Reduktionismus" (Asbach 2002:655) zu verfallen, welcher ja gerade aus der Kritik an der traditionellen Ideengeschichte von den Vertretern der *Cambridge School* vermieden werden sollte.

Zieht man die Vorteile und Probleme der neuen Ideengeschichte in Betracht, so fordert ihre Verwendung in der Fremdsprachenforschung eine gewisse Adaptation, um das Potential dieses Ansatzes gewinnbringend einzusetzen.

3.1.3 Die modernisierte Ideengeschichte

In der deutschen Rezeption der Ideengeschichte wurden die Kritikpunkte, die gegenüber dem ideengeschichtlichen Ansatz der *Cambridge School* hervorgebracht wurden, aufgenommen und in einem Neuansatz weiterentwickelt. Dabei werden verschiedene methodische Ansätze, die parallel zueinander, vornehmlich im angelsächsischen Raum und in Deutschland[7], entstanden, in ihren Grundlagen aufgenommen und neu konzipiert (Schorn-Schütte 2006:277). Auf diese Weise erhält die Ideengeschichte „inhaltlich und methodisch ein ganz neues Gesicht" (Lottes 2006: 269) und wird für verschiedene Forschungsrichtungen, wie auch für die Fremdsprachenforschung gut verwendbar.

Diese „modernisierte Ideengeschichte" (Overhoff 2004a:322) nimmt vor allem die Kritik an der fehlenden Kontextualisierung auf und fordert eine verstärkte Einbindung des historischen Kontextes in die Analyse. Man muss sich bei der Untersuchung von Ideen innerhalb eines historischen Diskurses vor Augen halten, dass „diese Ideen nicht losgelöst von den gesellschaftlichen Problemen und Strukturen ihrer Zeit entstanden sind" (Overhoff 2004a:328), sondern eng mit dem geschichtlichen Hintergrund verbunden sind und somit auch nicht von diesem getrennt werden dürfen. Denn um diese Ideen adäquat und situationsgerecht beschreiben zu können, muss der gesamte Kontext mit erfasst und darf nicht einfach auf einen rein diskursiven Zusammenhang verengt werden.

> Konkret bedeute[t] dies, dass eine modernisierte Ideengeschichte stets aufzuzeigen habe, welche Interessenslagen, gesellschaftliche Trägergruppen, Standorte, Strukturen und politische Konstellationen die Genese, Fortentwicklung und Durchsetzung neuer Ideen oder Mentalitäten tatsächlich ermöglicht haben. (Overhoff 2004a:322)

Besonders in der hier angestrebten Darstellung eines historischen Diskurses, nämlich der Diskussion um die Sprachenfolge, nimmt die Entwicklung von innovativen Ideen, deren Analyse sich die neue Ideengeschichte verpflichtet hat, eine besonders wichtige Stellung ein. Diese sollen mit Hilfe des ideengeschichtlichen Ansatzes in seiner modernisierten Form durch umfassenden Rekurs auf den in diesem Fall historischen, politischen und pädagogischen Hintergrund herausgearbeitet werden. Gerade in Streitfragen wie dem Diskurs um die Sprachenfolge wird erst die genaue Betrachtung der verschiedenen Interessengruppen und des gesellschaftspolitischen Rahmens zu aussagekräftigen Ergebnissen führen. Ein alleiniger Rückgriff auf sprachliche Zusammenhänge würde der Untersuchung nicht gerecht werden.

Wie auch Asbach (2002) aus seiner Kritik an der neuen Ideengeschichte für die Geschichte politischer Theorien und Ideen fordert, muss „ein solches Unternehmen

---

[7] In Deutschland wurde mit der Begriffsgeschichte ein der Ideengeschichte ähnlicher Ansatz entwickelt (vgl. Schorn-Schütte 2006:277).

methodisch wie auch fachlich inter- und multidisziplinär vorgehen" (Asbach 2002:663) und darf sich nicht auf wenige Teilbereiche beschränken: „‚intellectual history' muss demnach als ‚integrated history' betrieben werden" (Asbach 2002:663).

Um dieser Forderung gerecht zu werden, basiert die modernisierte Ideengeschichte ebenso wie die zugrunde liegende Ideengeschichte der *Cambridge School* ihre Analyse auf eine breite Quellenbasis und nicht auf das Studium der großen Autoren der Zeit. Die *Cambridge School* vertritt die These, dass „die Problemlösungs- und Reflexionskapazitäten einer Epoche nicht aus der gedanklichen Vogelperspektive der ‚klassischen Texte' ermittelt werden dürften, die sie hinterlassen hat" (Lottes 2006:268), sondern dass vielmehr Texte mittlerer Ebene herangezogen werden sollten.

In dieser Frage nach der konkreten Quellenauswahl aber bleiben Skinner und Pocock recht vage und geben nicht an, welche Texte genau dieser mittleren Ebene zuzurechnen sind (Lottes 1996:40; Lottes 2006:268). Diese Schwachstelle in der Konzeption der neuen Ideengeschichte (Asbach 2002:653) versucht man im modernisierten Ansatz auszugleichen. So werden eine Vielzahl von „kleinen Texten" wie Dokumente, Zeitschriften, private Aufzeichnungen, Memoiren und Briefe zu dieser mittleren Quellenebene gerechnet (Asbach 2002:652). Diese nehmen in vielen Fällen eine wichtige Schlüsselfunktion in der Interpretation ein, die in dem ausschließlichen Studium der klassischen Texte einer Zeit völlig übersehen worden wäre (Hampsher-Monk 2006:299).

Die modernisierte Ideengeschichte greift somit zentrale Elemente der Ideengeschichte auf und versucht die Schwachstellen durch eine Erweiterung des Forschungsgegenstands um den zugrundeliegenden historischen Kontext mit seiner Vielzahl von Quellen auszugleichen. Dadurch eignet sich ein ideengeschichtlicher Ansatz gut für Untersuchungen in Disziplinen, für die die Ideengeschichte nicht ursprünglich konzipiert wurde, eben wie der Fremdsprachenforschung.

3.2 Diskursanalyse

In enger Verbindung mit dem ideengeschichtlichen Ansatz steht die Diskursanalyse, die es erlaubt, den historischen Diskurs der Sprachenfolge nachzuzeichnen. Beide Konzepte gehen davon aus, dass „der Kontext […] über die Begriffsdeutung [entscheidet]" (Schalk 1997/98:104) und die Texte nicht rein immanent zu untersuchen sind. Da der Diskursbegriff aber eine Vielzahl von verschiedenen Bedeutungen aus ganz unterschiedlichen Wissenschaftsbereichen vereint, wird er im Folgenden für die hier vorliegende Arbeit aus dem Bereich der historischen Fremdsprachenforschung definiert.

3.2.1 Diskursbegriff

Von verschiedenen Seiten wird bemängelt, dass sich der Diskursbegriff zu einem „Mode- und Allerweltbegriff" (Eder 2006:9) oder einem „wenig reflektierten Passepartout" (Landwehr 2008:15) entwickelt hat, denn als „umbrella term" (Schalk 1997/98:56) findet er in unterschiedlichen Wissenschaftsbereichen, sei es in philosophischen, historischen, sprach- oder literaturwissenschaftlichen Kontexten Verwendung. Diese Vielseitigkeit macht den Diskursbegriff zu einem attraktiven wissenschaftlichen Konzept, verlangt aber auch eine genaue Definition und Abgrenzung.

In der Alltagssprache wird der Begriff „Diskurs"[8] oft bedeutungsgleich mit „Diskussion" und „Debatte" verwendet (Eder 2006:10), was jedoch seiner wissenschaftlichen Bandbreite nicht gerecht wird. In seinem Kern befasst sich ein wissenschaftlicher Diskurs mit „Untersuchungen des Sprach- und Zeichengebrauchs" innerhalb mündlicher oder schriftlicher Aussagen mit dem „Ziel, formale oder inhaltliche Strukturierungen aufzudecken" (Landwehr 2008: 15-16). Die Diskursanalyse geht somit der Frage nach, wie bestimmte Aussagen nach unterschiedlichen Kriterien systematisch strukturiert werden können. Diskurs wird folglich als Aussagen verstanden, „die sich hinsichtlich eines bestimmten Themas systematisch organisieren und durch eine gleichförmige (nicht identische) Wiederholung auszeichnen" (Landwehr 2008:92-93). Untersuchungsgegenstand sind demnach Aussagen, die zu einem bestimmten Thema in einem bestimmten institutionellen Rahmen zu einem bestimmten Zeitpunkt mit einer gewissen inhaltlichen Übereinstimmung getroffen werden.

In einem historischen Kontext geht es daher im Wesentlichen um die Frage, „welche Aussagen zu welchem Zeitpunkt an welchem Ort auftauchen" (Landwehr 2008:92). In Bezug auf die Untersuchung der Diskussion zur Sprachenfolge im 19.

---

[8] Zur Geschichte und Entwicklung des Diskursbegriffs empfiehlt sich Schalk (1997/98).

und 20. Jahrhundert sollen eben diese Aussagen, die zu bestimmten Zeitpunkten in einem vorgegebenen institutionellen Kontext von einem begrenzten Teilnehmerkreis zu der Frage der Fremdsprachen und ihrer Aufeinanderfolge gemacht wurden, rekonstruiert und systematisiert werden. Ausgehend von dem Ziel, nicht nur die Inhalte, sondern auch den Teilnehmerkreis und die institutionellen Rahmenbedingungen mit einzubeziehen, soll für die vorliegende Arbeit eine Begriffsdefinition nach Keller (2007) zu Grunde gelegt werden: Diskurs ist

> eine nach unterschiedlichen Kriterien abgrenzbare Aussagepraxis bzw. Gesamtheit von Aussageereignissen, die im Hinblick auf institutionell stabilisierte gemeinsame Strukturmuster, Praktiken, Regeln und Ressourcen der Bedeutungserzeugung untersucht werden. (Keller 2007:64)

Diese sogenannte „Wissenssoziologische Diskursanalyse" nach Keller hat folgende Ziele vor Augen:

> Der Wissenssoziologischen Diskursanalyse geht es darum, Prozesse der sozialen Konstruktion und Vermittlung von Deutungs- und Handlungsweisen auf der Ebene von institutionellen Feldern, Organisationen und sozialen Akteuren zu rekonstruieren. Im Anschluss daran untersucht sie die gesellschaftlichen Wirkungen dieser Prozesse. Es handelt sich dabei nicht um eine Methode, sondern um ein Forschungsprogramm zur Analyse der *diskursiven Konstruktion von Wirklichkeit* [...]. (Keller 2006:56)

Da die gewählte Diskursanalyse kein genaues methodisches Vorgehen vorgibt, sondern nur eine Forschungsperspektive aufzeigt, ist es unabdingbar, die genaue Vorgehensweise, die Schritte der Diskursanalyse und die Forschungsfragen zu definieren.

3.2.2 Methodische Vorgehensweise

Die hier angestrebte Untersuchung bedient sich in ihrer Methodik hermeneutischer Verfahren, denn Grundlage ist eine Vielzahl von unterschiedlichen Texten, die ausgewertet, in ihrer Bedeutung erfasst und interpretiert werden. Die reine Textanalyse wird jedoch durch die Einbindung des sozio-historischen Kontextes auf eine Diskursanalyse erweitert (Keller 2007:33). Dies geschieht auch im Sinne des ideengeschichtlichen Ansatzes, denn dieser betont die Integration des sozialen und historischen Kontextes in die Textanalyse.

In Anlehnung an verschiedene methodische Vorschläge durch Keller (2007), Landwehr (2008) und Jäger (2004) werden insgesamt fünf Schritte für die Diskursanalyse zur Sprachenfolge gewählt, nämlich die Festlegung des Diskursfeldes, die Datenerhebung, die Kontextanalyse, die Feinanalyse der Daten sowie die zusammenfassende Interpretation.

Zu Beginn der Untersuchung werden das grobe Thema, der zeitliche und örtliche Rahmen und die übergreifende Forschungsfrage bestimmt, um das Untersuchungsfeld hinreichend einzugrenzen. In dem vorliegenden Fall geht es um die Frage nach der Sprachenfolge an den höheren Schulen Deutschlands in einem Zeitraum von 1859 bis 1931 und der damit zusammenhängenden Diskussion auf curricularer, schulpolitischer und gesellschaftspolitischer Ebene.

Die Festlegung des Themas erlaubt die Zusammenstellung des Datenkorpus in einem zweiten Schritt. Es werden Texte aus unterschiedlichen Quellen und Zeiträumen herangezogen, um daraus den eigentlichen Datenkorpus zu gewinnen. Dabei wird darauf geachtet, dass die Datengewinnung breit angelegt ist und ganz unterschiedliche Textarten einschließt. Ziel ist es, im Sinne der neuen Ideengeschichte Texte einer mittleren Ebene (vgl. 3.1.1) zu finden und auszuwerten. Die Datenerhebung geschieht auf Basis der *Grounded Theory*[9] nach dem Prinzip des *theoretical sampling* (vgl. Strauss/Corbin 1996:148ff). Dabei erfolgen bereits die Sammlung und Auswahl der Daten nach festgelegten Kriterien, nämlich in diesem Fall nach Zugehörigkeit der Texte zum thematischen, historischen oder institutionellen Kontext der Geschichte der Sprachenfolge. Voraussetzung für eine erfolgreiche Zusammenstellung des Datenkorpus ist somit eine intensive Beschäftigung mit dem Untersuchungsgegenstand und eine reflektierte Herangehensweise an die Datenerhebung.

Auf die Korpusbildung folgt die Analyse des historischen, in diesem Fall insbesondere des institutionellen Kontextes. Dazu gehören die Untersuchung des jeweiligen Schulsystems, der zugrundeliegenden Lehrpläne, der schulpolitischen Rahmenbedingungen sowie des zeitgeschichtlichen Hintergrunds. Da der ideengeschichtliche Ansatz die Verbindung von Text und Kontext besonders herausstellt, ist gerade dieser Schritt der Diskursanalyse notwendige Basis für die Quellenauswertung, denn

---

[9] Die *Grounded Theory* wurde von den Soziologen Barney Glaser und Anselm Strauss entwickelt und beschreibt eine „gegenstandsverankerte Theorie", die „durch systematisches Erheben und Analysieren von Daten, die sich auf das untersuchte Phänomen beziehen, entdeckt, ausgearbeitet und vorläufig bestätigt" (Strauss/Corbin 1996:7-8). Ziel ist somit, auf Basis der untersuchten Daten eine Theorie zu erstellen.

nur über ein vertieftes Verständnis des historischen Rahmens der Texte ist eine kontextualisierte Analyse und Interpretation möglich.

Als vierter Schritt folgt die Feinanalyse der Daten, d.h. die eigentliche Informationsgewinnung. Diese beinhaltet die Situierung der jeweiligen Aussage in ihrem Ursprungskontext, die inhaltliche Ergebnissicherung sowie die formale und sprachlich-rhetorische Struktur der Texte. Dabei kann nach der Makro- und Mikrostruktur eines Textes unterschieden werden. Während die Makrostruktur die zentralen Aussagen und die Gliederung eines Textes herausstellt, fokussiert die mikrostrukturelle Untersuchung Rhetorik, Stil und Argumentation (Landwehr 2008:113-124). Dieser Analyseteil ist für die Neue Ideengeschichte besonders wichtig, denn diese griff ursprünglich auf sprachwissenschaftliche Analyseinstrumente zurück. Darauf muss aber angesichts der hier vorliegenden Datenmenge in dieser Untersuchung verzichtet werden.

Auf Grund der breiten Datenmenge ist eine Verengung des Datenkorpus bei der Feinanalyse notwendig, um möglichst detaillierte Analysen vornehmen zu können. Grundlage der Auswahl bildet wieder die *Grounded Theory* und ihre Prinzipien der minimalen bzw. maximalen Kontrastierung (Strauss/Corbin 1996:148ff). Es werden zum einen Texte ausgewählt, die relativ ähnlich sind und eine gewisse Grundaussage zum jeweiligen Thema darstellen (Prinzip der minimalen Kontrastierung). Zum anderen sind diejenigen Aussagen wichtig, die dazu völlig unterschiedlich sind und innerhalb des Datenkorpus die extremen Positionen einnehmen (Prinzip der maximalen Kontrastierung). Auf diese Weise wird das maximale Spektrum des Diskurses abgesteckt (vgl. Keller 2007:88).

In einem letzten Schritt wird eine umfassende Interpretation der vorliegenden Ergebnisse durchgeführt, in der die verschiedenen Diskursstränge zueinander in Bezug gesetzt werden, der zeitliche und inhaltliche Verlauf sowie die unterschiedlichen Akteure, ihre Positionen, Diskurskoalitionen und -strategien herausgearbeitet werden. Ausgangspunkt ist die Annahme, dass „Diskurse [...] immer in einem interdiskursiven Kontext und Bezug zu historisch diachronen und synchronen Diskursformationen [stehen]" (Keller 2007:74). In der Gesamtinterpretation werden sowohl die Zusammenhänge und Wirkungen innerhalb einer zeitlichen Epoche herausgestellt als auch übergreifende Bezüge und Diskursstränge über die beiden Jahrhunderte herausgearbeitet, um zum einen den synchronen und zum anderen den diachronen Diskursverlauf zur Sprachenfolge zu erfassen.

3.2.3 Forschungsfragen

Der Auswertung des Datenkorpus und der anschließenden Interpretation der Ergebnisse werden in Anlehnung an Keller (2007:66) und Haslinger (2006:47-48) einige zentrale Forschungsfragen zu Grunde gelegt, die die hermeneutisch-interpretative Vorgehensweise strukturieren sollen.

Die Forschungsfragen können verschiedenen Bereichen zugeteilt werden, die sich auch in der Struktur der Arbeit widerspiegeln. Zunächst geht es um den Kontext, der den situativen Rahmen des jeweiligen Diskurses bildet. In diesem Bereich stehen folgende Fragen im Mittelpunkt:

1. In welchem historischen, institutionellen und gesellschaftspolitischen Kontext ist der Diskurs zu situieren?
2. Welche schulpolitischen Entwicklungen haben in dieser Zeit stattgefunden?
3. Welche Vorgaben geben die Lehrpläne zur Sprachenfolge?
4. Welche Stellung nehmen die Fremdsprachen in der jeweiligen Zeit und auf den unterschiedlichen Schulformen ein?

In einem zweiten Teil geht es um die inhaltliche Darstellung des Diskurses zur Sprachenfolge und seine Wirkung auf das Schulwesen der Zeit, die sich durch folgendes Fragenraster leiten lässt:

1. Wann taucht ein spezifischer Diskurs auf und verschwindet wieder?
2. Was sind die Kernaussagen in der Diskussion um die Sprachenfolge?
3. Welche Argumente werden für und gegen die jeweiligen Sprachen und die geforderte Sprachenfolge vorgebracht?
4. Wie schlägt sich der Diskurs auf institutioneller, schulpolitischer und gesellschaftspolitischer Ebene nieder?
5. Welchen Medien bedient sich der Diskurs und wer sind seine Adressaten?
6. Welche Akteure besetzen mit welchen Interessen und Strategien die Sprecherpositionen?
7. Welche Bezüge enthält der Diskurs zu anderen Diskursen?
8. Welchen Machteffekt und welchen Aufmerksamkeitswert hat der Sprecherbeitrag?
9. Wie hat der Diskurs das Schulsystem der Zeit beeinflusst?
10. Welche Reformideen wurden von welchen Akteuren vorgebracht?
11. Welche Innovationen wurden tatsächlich umgesetzt?

Bei der abschließenden Interpretation geht es vor allem darum, epochenübergreifende Zusammenhänge darzulegen und die unterschiedlichen Diskursstränge in Beziehung zu setzen. Dazu sollen folgende Fragen beantwortet werden:
1. Welche inhaltlich-thematische Entwicklung hat der Diskurs genommen?
2. Wie entwickelt sich der Diskurs zeitlich?
3. Gibt es diskursive Brüche und Kontinuitäten?
4. Welche Beziehung besteht zwischen Diskurs, Akteuren und sozialer Ordnung?
5. Welche Subdiskurse haben sich entwickelt und welche Beziehung haben sie untereinander?
6. Welche Diskursstränge wiederholen sich in verschiedenen Epochen?

Es geht somit in der Untersuchung sowohl um die inhaltliche als auch die institutionelle und soziale Dimension des Diskurses, der in seinem Verlauf und inhaltlichen Schwerpunkten in einem Zeitraum von 1859 bis 1931 nachgezeichnet werden soll. Am Ende steht das Ziel, die übergreifenden Bezüge zwischen den Diskursen und deren Wirkungen sichtbar zu machen.

Die Arbeit gliedert sich in vier Teile, von denen sich der erste Teil den Forschungsfragen des ersten Bereichs annimmt, nämlich der Darstellung des Kontextes, in dem der Diskurs zu verorten ist. Dabei werden das preußische Bildungswesen sowie die Stellung der Fremdsprachen an den höheren Schulen im Untersuchungszeitraum von 1859 bis 1931 nachgezeichnet. Die beiden folgenden Teile sind das Kernstück der Arbeit, denn in ihnen wird der Diskurs nach seinen Inhalten, Zusammenhängen und Wirkungen untersucht. Da sich die Diskurse um die Sprachenfolge vor und nach 1900 deutlich unterschieden, widmet sich je ein Teil ausschließlich einer Zeitspanne. So beleuchtet der zweite Teil das 19. Jahrhundert und der dritte Teil die Zeit von 1900 bis 1931. Innerhalb dieser beiden Teilkapitel ergibt sich durch die angesetzten Forschungsfragen die gleiche Struktur. In einem ersten Schritt wird der Diskurs zur Sprachenfolge inhaltlich auf drei Ebenen, nämlich einer curricularen, einer schulpolitischen und einer gesellschaftspolitischen Ebene[10] auf Basis der Quellenanalyse dargestellt. In einem zweiten Schritt erfolgt die eigentliche Dis-

---

[10] Zur Abgrenzung der Ebenen untereinander werden Bestrebungen, die die lehrplanmäßige Stellung der Fremdsprachen betreffen, unter „curriculare Ebene" und diejenigen, die sich auf die Schulorganisation im Ganzen und die Schulpolitik beziehen, unter „schulpolitische Ebene" subsummiert.

kursanalyse, aus der sich die abschließende Interpretation der gewonnenen Ergebnisse ergibt. Die parallele Untergliederung der beiden Hauptteile erlaubt es, Zusammenhänge und Differenzen zwischen den beiden zeitlichen Diskursfeldern zu erkennen und diese in einer Gesamtinterpretation am Ende der Arbeit in Beziehung zu setzen. Ein letzter Teil widmet sich in einem Ausblickskapitel der Sprachenfolge im Nationalsozialismus, das aber nicht genuiner Teil der Diskursanalyse ist, sondern nur kurz die Weiterentwicklung nach 1931 skizziert.

4. Quellen und Literatur

Die Analyse des historischen Diskurses zur Sprachenfolge basiert auf einer Vielzahl unterschiedlicher Quellen des 19. Jahrhundert und frühen 20. Jahrhunderts. Der wichtigste Teil des Datenkorpus besteht aus Schulprogrammschriften und aus Artikeln aus pädagogischen Zeitschriften. Die Schulprogrammschriften wurden aus den gängigen Verzeichnissen[11] nach thematischem Bezug zum Thema ausgesucht. Aus den ca. 130 Einzeltexten wurden dann für die Datengewinnung nach den Prinzipien der minimalen und maximalen Kontrastierung (vgl. 3.2.2) die wichtigsten 40 Texte ausgewählt und ausgewertet. Bis zur Jahrhundertwende waren die Schulprogrammschriften das wichtigste wissenschaftliche Medium im Schulwesen, weshalb diese Texte fast ausschließlich aus dem 19. Jahrhundert stammen. Schulprogrammschriften sind Veröffentlichungen von Schulen[12] mit verschiedenen Informationen zum Schulleben (z.B. Stundenverteilung, Lehrplan, Lehrerübersicht), statistischen Daten sowie Mitteilungen an die Schüler und Eltern (Killmann 1908:252ff; Jung 1985). Daneben beinhalteten sie auch eine Abhandlung zu einem wissenschaftlichen Thema, so beispielsweise im Bereich der Fremdsprachen aus der Literatur- oder Sprachwissenschaft, aber auch aus der Fremdsprachendidaktik (vgl. Struckmann 1999). Durch den Austausch der Programmschriften unter den Schulen erhielten die

---

[11] Die wichtigsten Verzeichnisse zu den Schulprogrammschriften waren Breymann (1895-1909), Kössler (1987), Varnhagen (1893, Neudruck 1968) und Walter (1977).

[12] Ab 1824 waren alle Gymnasien in Preußen, ab 1859 auch die Realschulen dazu verpflichtet, einmal jährlich eine Schulprogrammschrift herauszugeben und diese der Öffentlichkeit und anderen Schulen zugänglich zu machen. Erst nach der Reorganisation des Programmwesens 1875 wurde die Pflicht zur Herausgabe von wissenschaftlichen Abhandlungen aufgehoben (Struckmann 1999). Zu den Schulprogrammschriften vgl. Jung 1985, Killmann 1908, Struckmann 1999, Ullrich 1908.

Schulkollegien Zugang zu den in Preußen und z.T. auch in anderen Ländern Deutschlands veröffentlichten Programmen (vgl. Struckmann 1999). Bedenkt man zudem, dass es bis zum Ende des 19. Jahrhunderts nur wenige Fachzeitschriften gab und sich die neuphilologischen Institute an den Universitäten erst im Aufbau befanden, waren die Schulprogrammschriften ein zentrales und leicht verfügbares Medium für den wissenschaftlichen Informationsaustausch unter den Lehrern und bilden somit für diese Untersuchung den Kernbestand der Quellen des 19. Jahrhunderts.

Als zweite wichtige Quelle diente eine Reihe von pädagogischen Zeitschriften[13], die einer vollständigen Durchsicht unterzogen wurden. In den Datenkorpus wurden diejenigen Artikel aufgenommen, die inhaltlich einen Bezug zur Forschungsfrage aufwiesen. In die Auswertung wurden ebenso die relevantesten 30 Texte für das 19. Jahrhundert und 80 Artikel für das 20. Jahrhundert aufgenommen. Desweiteren wurden einige inhaltlich relevante Artikel aus pädagogischen Enzyklopädien des 19. und frühen 20. Jahrhunderts, besonders aus dem *Encyklopädischen Handbuch der Pädagogik* von Rein (1903-1911) und aus der *Encyklopädie des gesammten Erziehungs- und Unterrichtswesens* von Schmid (1859-1878) in den Datenkorpus einbezogen. Ergänzt wurden die Texte durch einige Monographien.

Eine weitere wichtige Gruppe an Texten der mittleren Ebene stellen die Verordnungen und Lehrpläne des preußischen Unterrichtsministeriums, veröffentlicht im *Zentralblatt für die gesamte Unterrichtsverwaltung in Preußen*[14] dar. Daneben werden die Protokolle der Schulkonferenzen sowie der Tagungen und Versammlungen der philologischen Vereine im Untersuchungszeitraum berücksichtigt. Dazu kommen überdies Artikel aus der Tagespresse und Veröffentlichungen von Medizinern oder Juristen, um auch die Meinungen außerhalb der pädagogischen Fachkreise aufzunehmen.

Bei der Datenerhebung wurde versucht, eine möglichst breite Quellenbasis zu schaffen. Die Auswahl der Quellen geschah zum einen nach ihrer inhaltlichen Relevanz in Bezug auf die Forschungsfrage und zum anderen nach ihrem Veröffentli-

---

[13] Eine Liste der vollständig durchgesehen Zeitschriften findet sich im Literaturverzeichnis. Berücksichtigt wurden alle Jahrgänge bis einschließlich 1932.

[14] Das *Zentralblatt für die gesamte Unterrichtsverhaltung in Preußen* wurde vom Ministerium der geistlichen, Unterrichts- und Medizinal-Angelegenheiten herausgegeben. Im Folgenden wird darauf durch die Abkürzung „Zentralblatt" und unter der Angabe des jeweiligen Jahres und der respektiven Seitenzahl verwiesen.

chungszeitraum und -ort. Da sich die Untersuchung auf einen Zeitraum von 1859 bis 1931 beschränkt, wurden nur in Ausnahmefällen Texte vor 1859 und nach 1931 berücksichtigt. Zudem wurde insbesondere bei den Schulprogrammen auf den Veröffentlichungsort geachtet. Weil der Schwerpunkt auf dem preußischen Schulsystem liegt, wurden fast ausschließlich Programmschriften, die von preußischen Schulen veröffentlicht wurden, verwendet und solche anderer Länder des Deutschen Reiches nicht berücksichtigt. Eine Ausnahme bildet Bayern, dessen besondere Situation auf Grund der Abweichungen im Fremdsprachenangebot, bedingt durch den hohen Stellenwert der italienischen Sprache, getrennt zu Preußen untersucht wird.

Teil I: Die Stellung der Fremdsprachen im preußischen Schulwesen von 1859 bis 1931

Der Diskurs um die Sprachenfolge im 19. und frühen 20. Jahrhundert entwickelte sich in Abhängigkeit von den institutionellen Rahmenbedingungen, wie sie das höhere Schulwesen in Preußen zu jener Zeit vorgab. Eine genaue Analyse des Diskurses kann nur unter Berücksichtigung des preußischen Bildungswesens jener Zeit und der Stellung der Fremdsprachen an den höheren Schulen durchgeführt werden. Aus diesem Grund geht der eigentlichen Diskursanalyse eine Einführung in das Schulsystem in Preußen bis zum Ende der Weimarer Republik voraus. Dabei werden auch relevante Reformprozesse sowie die Entwicklung des Fremdsprachenunterrichts und der Sprachenfolge an den höheren Schulen in Betracht gezogen.

5. Das preußische Bildungswesen

Im 19. Jahrhundert wurde das Fundament für das bis heute gültige Schulsystem gelegt, weswegen es zu Recht als „das Jahrhundert der Bildung" (Jeismann 1987a:1) bezeichnet werden kann. Bildung und Erziehung wurden zu wichtigen Faktoren in einer Zeit, in der sich weitreichende politische, gesellschaftliche und wirtschaftliche Änderungen vollzogen.
Die Rahmenbedingungen im 19. Jahrhundert, in denen sich das Bildungswesen konstituierte, hatten sich im Vergleich zum vorhergehenden Jahrhundert grundlegend verändert. Insbesondere die Entwicklung der Industrie und der Technik ab dem zweiten Drittel des Jahrhunderts und die damit verbundenen gesellschaftlichen Umbrüche wie Landflucht, Verstädterung oder der Aufstieg des Bürgertums als neue, einflussreiche soziale Schicht wirkten im Laufe der Zeit nachhaltig auf das Bildungswesen ein (Hamann 1993:132). Die neue Gesellschaft verlangte ein an ihre Interessen und Bedürfnisse angepasstes Bildungssystem, das ihr ermöglichte, durch Bildung entweder den sozialen und wirtschaftlichen Aufstieg zu erreichen oder den bereits erlangten gesellschaftlichen Rang zu sichern (Jeismann 1987a:3).
Der Staat löste im 19. Jahrhundert die Kirche als Hauptträger im Unterrichtswesen ab. Die Einzelstaaten übernahmen nun die Schulhoheit und lenkten als Schulherren die Entwicklung des institutionalisierten Schulwesens. Durch die Einrichtung einer

Kultusbehörde – ab 1818 in Form eines Kultusministeriums (Jeismann 1987b:155) – erhielt der Staat Preußen die Oberaufsicht über die verschiedenen Schulformen[15], berief Schulkonferenzen ein, ließ Lehrpläne ausarbeiten und gab die Prüfungsanforderungen und Berechtigungen der jeweiligen Abschlüsse vor (Nipperdey 1994:454). Die Lehrer wurden als Beamte in das staatliche System aufgenommen und unterlagen dessen Ausbildungs- und Einstellungsvorgaben (Jeismann 1987a:5). Preußen wurde auf diese Weise zum Schulstaat, der sich zum Ziel setzte, ein einheitliches Schulsystem im ganzen Staatsgebiet durchzusetzen.

Im 20. Jahrhundert stand der weitere Ausbau des bis dahin konstituierten und normierten Schulsystems im Vordergrund. Verantwortlich für die weitere Expansion des Bildungswesens in den ersten beiden Jahrzehnten des 20. Jahrhunderts waren die weitreichenden gesellschaftlichen und demographischen Entwicklungen und die damit verbundene steigende Bildungsbeteiligung aller sozialen Schichten am höheren Schulwesen (Müller/Zymek 1987:121). Mehr als zuvor war sich die Bevölkerung des Zusammenhangs zwischen Bildung und sozialem Aufstieg bewusst (Zymek 1989:177). Die Zeit vor dem 1. Weltkrieg wurde so zu einer „der bedeutsamsten Ausbauphasen in der deutschen Schulgeschichte des 19. und 20. Jahrhunderts" (Zymek 1989:156).

Gleichzeitig änderten sich im 20. Jahrhundert die politischen Rahmenbedingungen für das preußische Bildungswesen. Die preußische Monarchie wurde durch ein parlamentarisch-demokratisches System abgelöst, in dem die politischen Parteien zu einem wichtigen Entscheidungsträger im Hinblick auf das Bildungswesen wurden (Führ 1970:19). Die Schulhoheit lag weiterhin bei den Ländern, jedoch gewährte die Weimarer Verfassung dem Reich mehr Entscheidungsgewalt in schulpolitischen Fragen als zuvor im Kaiserreich (Führ 1970:19). Die länderübergreifende Vereinheitlichung des Schulsystems wurde zu einem zentralen Ziel in der Schulpolitik der Weimarer Republik.

5.1   Das höhere Knabenschulwesen in Preußen

Bis zum letzten Drittel des 19. Jahrhunderts entstand in Preußen aus der Vielzahl von unterschiedlichen Arten höherer Schulen ein komplexes höheres Knaben-

---

[15] In erster Linie über die Gymnasien, erst ab 1832 über die Realschulen.

schulwesen mit zwei Grundformen: dem Gymnasium, das der Tradition der Lateinschulen folgte, und den realistischen Anstalten. Zu diesen zählten die lateintreibende Realschule 1. Ordnung, das spätere Realgymnasium, und die lateinlose Realschule 2. Ordnung, die spätere Oberrealschule, sowie verschiedene Nicht-Vollanstalten[16], wie die Höhere Bürgerschule bzw. die Realschule. Darunter fielen auch die sogenannten Proanstalten, nämlich das Progymnasium und das Realprogymnasium, welche dem gleichen Lehrplan wie die respektiven Vollanstalten folgten, jedoch keine Oberstufe anboten. Gegen Ende des 19. Jahrhunderts kamen zu den bereits bestehenden Schulformen Anstalten hinzu, die mehrere Schultypen in sich vereinten, nämlich die Reformschulen (vgl. Müller/Zymek 1987:59). Eine letzte Erweiterung erfuhr das höhere Schulwesen in den zwanziger Jahren des 20. Jahrhunderts durch zwei neue realistische Schultypen, nämlich durch die Deutsche Oberschule und die Aufbauschule (Kraul 1984:139).

5.1.1 Das Gymnasium

Das Gymnasium stellte in der Entwicklung des höheren Knabenschulwesens in Preußen die Schulform dar, die bereits im ersten Drittel des 19. Jahrhunderts in ihrer Organisation fast vollständig ausgeformt war und aus diesem Grund im Laufe der Zeit kaum noch Änderungen erfuhr. Als meist neunjährige Vollanstalt[17] war es das gesamte 19. Jahrhundert hindurch die „Regelschule der höheren Bildung" (Nipperdey 1994:454), da es als einzige Schulform die uneingeschränkte Berechtigung zum Hochschulstudium und zu allen höheren Beamtenlaufbahnen erteilte. Selbst für die Kinder, vornehmlich aus der Mittelschicht, welche kein Universitätsstudium anstrebten, war das Gymnasium lange Zeit die einzige Schulart, auf der sie, auch ohne die vollen neun Schuljahre zu absolvieren, die notwendigen Abschlüsse für den Eintritt in das Berufsleben bzw. in die Beamtenlaufbahn erwerben konnten (Nipperdey 1994:459).

Die erste staatliche Normierung erfuhr der Vorläufer des Gymnasiums, die Lateinschule, im Jahre 1812, als sich ab diesem Zeitpunkt nur jene Anstalten, an welchen akademische Lehrer unterrichteten und welche die Vorgaben zur Durchführung der Abiturprüfung erfüllen konnten, als „Gymnasium" bezeichnen und das Reifezeug-

---

[16] Unter Nicht-Vollanstalten versteht man Schulen, die weniger als neun aufsteigende Klassen anboten. Vollanstalten dagegen waren neunjährige Schulformen.
[17] Erst ab 1860 waren flächendeckend alle Gymnasien neunjährig (Müller/Zymek 1987:39).

nis ausstellen durften (Müller/Zymek 1987:38). Durch diese „Prüfungsinstruktionen" wurden zudem die Unterrichtsfächer, die Dauer der Schulausbildung und die genauen inhaltlichen Anforderungen an das Abitur vereinheitlicht (Blankertz 1982:167). Zu dieser Zeit konnten von den mehr als 400 Lateinschulen nur 91 Schulen diese Bedingungen erfüllen (Kirsch 1979:182). Mit dem Lehrplan von 1837, der, wie bereits der Entwurf von 1816, den Schwerpunkt auf die Bildungsidee der „allgemeinen Menschenbildung" von Wilhelm von Humboldt[18] legte, war das Gymnasium in seiner Konzeption voll ausgebaut und sollte sich bis in das 20. Jahrhundert hinein kaum mehr verändern (Jeismann 1987b:157).

Das Gymnasium verstand sich als Schule des Neuhumanismus und gab den klassischen Sprachen, Latein und Griechisch, den Vorrang vor anderen Fächern (Nipperdey 1994:455). Diese Ausrichtung wurde in allen Lehrplänen aufrecht erhalten und besonders im letzten Drittel des 19. Jahrhunderts in der Phase der stärkeren Ausdifferenzierung des Schulsystems und im Konkurrenzkampf mit den neu entstandenen realistischen Anstalten vehement verteidigt.

Die entscheidende Entwicklung erfuhr das Gymnasium zur Jahrhundertwende, als im Jahr 1900 alle neunjährigen höheren Schulen gleichgestellt wurden und das Gymnasium seine Monopolstellung als einzige höhere Schule mit voller Zugangsberechtigung zu allen Studien aufgeben musste (Kraul 1984:113). War das Gymnasium als altsprachliche Lehranstalt zu Beginn des 20. Jahrhunderts noch die dominierende Schulform, verlor es angesichts der Konkurrenz durch die realistischen Anstalten bis zum Ende der Weimarer Republik stetig an Bedeutung und an Schülerzahlen (Herrlitz et al. 2009:134; Lundgreen 1981:97).

5.1.2 Die realistischen Anstalten

Die realistischen Anstalten entwickelten sich im 19. Jahrhundert aus dem Bedürfnis heraus, den Knaben, vorrangig des Mittelstandes, eine auf die Anforderungen der Industrie und der Wirtschaft zugeschnittene praktische Bildung anzubieten. Ein wichtiger Faktor dabei war die Tatsache, dass sich 1812 nur ein kleiner Teil der bis dahin bestehenden höheren Schulen als Gymnasien qualifizieren konnte und die große Mehrheit dieser Schulen sich neu definieren musste. Diese orientierten sich

---

[18] Wilhelm von Humboldt stand 1809 und 1810 der Sektion für Kultus und Unterricht im preußischen Innenministerium vor und prägte mit seinen Ideen zur Bildungsreform nachhaltig den Charakter des Gymnasiums (Jeismann 1987b:154).

sodann verstärkt an Fächern mit praktischem Nutzen, wie den modernen Fremdsprachen und den Naturwissenschaften, und wurden als Bürger- oder Realschulen weitergeführt (Blankertz 1982:96; Paulsen 1921:545-546).
In den ersten Jahrzehnten des 19. Jahrhunderts vollzog sich diese Entwicklung relativ frei außerhalb des staatlichen Schulwesens. Dies bedeutete, dass die Realschulen in ihrer Anfangszeit noch nicht in Konkurrenz zum bereits normierten Gymnasium und dessen Berechtigungen standen. Erst 1832 griff der Staat Preußen regulierend in das neu entstandene System von realistischen Anstalten ein und setzte mit der „vorläufigen Instruktion über die an den höheren Bürger- und Realschulen anzuordnenden Entlassungsprüfungen", ähnlich wie beim Gymnasium, die Prüfungsanforderungen in den unterschiedlichen Fächern und die Berechtigungen fest. So erhielten die Absolventen u.a. die Berechtigungen zum einjährig-freiwilligen Militärdienst[19] und zum Eintritt in das Post-, Forst- und Bauwesen (Blankertz 1982:167; Jeismann 1987b:161). Diese Normierung stellte den Beginn des staatlichen höheren Realschulwesens in Preußen dar. Aus der Vielzahl der unterschiedlichen höheren Schulen konnten sich 57 Anstalten bis zum Jahr 1859 als berechtigte höhere Bürger- und Realschulen qualifizieren (Müller/Zymek 1987:42).
Die steigende Zahl an berechtigten und nicht-berechtigten Bürger- und Realschulen erforderte zunehmend eine weitere Klassifizierung, welche im Rahmen der „Unterrichts- und Prüfungsordnung" von 1859 in Preußen vorgenommen wurde. Die realistischen Anstalten wurden fortan in drei Typen unterteilt: die neunjährige Realschule 1. Ordnung, die neunjährige Realschule 2. Ordnung und die sechsjährige höhere Bürgerschule. Gleichzeitig wurde jede Schulform nach Dauer, Abschlussprüfungen und Berechtigungen normiert und so gegenüber den anderen Schulen abgegrenzt (Nipperdey 1994:461; Paulsen 1921:559).
Die Realschule 1. Ordnung wurde als eine neunjährige höhere Schule konzipiert, in deren Lehrplan neben den modernen Fremdsprachen und Naturwissenschaften auch Latein als Pflichtfach vorgegeben war. Ihr wurden die gleichen Berechtigungen verliehen wie dem Gymnasium, jedoch nicht die Zulassung zum Universitätsstudium (Müller/Zymek 1987:43; Schmeding 1956:59). Ausnahmen stellten das Studium der Fremdsprachenphilologien und das der Naturwissenschaften dar, die ab 1870

---

[19] Der einjährig-freiwillige Militärdienst war ein Privileg für gebildete junge Männer, über ihren Schulabschluss den eigentlich dreijährigen Militärdienst auf ein Jahr zu verkürzen (Kirsch 1979:188).

für die Abiturienten der Realschule 1. Ordnung freigegeben wurden (Albisetti/Lundgreen 1991:273; Schmeding 1956:66).

Unter dem Namen Realschule 2. Ordnung wurden zunächst diejenigen Schulen zusammengefasst, die sich 1859 nicht als Realschulen 1. Ordnung qualifizieren konnten (Paulsen 1921:563). Sie boten demnach keine neun aufsteigenden Jahre, waren meist lateinlose Anstalten und mit ihren Abschlussprüfungen konnten keine Berechtigungen erlangt werden. Die große Mehrheit dieser als Realschulen 2. Ordnung klassifizierten Schulen adaptierte in den folgenden Jahren ihr Lehrangebot, um die Genehmigung zur Umwandlung in eine Realschule 1. Ordnung oder in ein Gymnasium zu erhalten. Auf diese Weise entwickelten sich viele der ursprünglichen Realschulen 2. Ordnung zu lateintreibenden neunjährigen Schulen weiter.

In den siebziger Jahren des 19. Jahrhunderts trat eine neue Gruppe an Schulen zu den Realschulen 2. Ordnung hinzu. Im Zuge der Ausdehnung des preußischen Staatsgebietes entstanden neue Realschulen 2. Ordnung[20], die eine neunjährige Kursdauer anboten und sich bewusst gegen die Aufnahme von Latein in den Lehrplan entschieden hatten. Diese Schulen machten die eigentliche Gruppe der lateinlosen Realschulen 2. Ordnung aus (Müller/Zymek 1987:45-46).

Die höhere Bürgerschule lehnte sich an den Lehrplan der Realschulen 1. Ordnung an und umfasste als Nicht-Vollanstalt sechs Jahre. Sie entstand v.a. aus anderen, nicht-berechtigten höheren Schulen, z.B. aus Stadtschulen (Müller/Zymek 1987:44).

So entwickelte sich bis Ende der siebziger Jahre des 19. Jahrhunderts ein differenziertes System mit drei verschiedenen Vollanstalten und weiteren Nicht-Vollanstalten. Durch die Lehrpläne von 1882, die erstmals das gesamte höhere Schulwesen normierten, wurden die bestehenden Schulformen weiter vereinheitlicht und erhielten ihre endgültigen Namen. Im System der höheren Schulen bestanden nun als lateintreibende neunjährige Anstalten das Gymnasium und das aus der Realschule 1. Ordnung hervorgegangene Realgymnasium sowie die lateinlose neunjährige Oberrealschule. Diese entstand durch den Zusammenschluss der Realschule 2. Ordnung und der Provinzialgewerbeschulen und erlangte 1891 nahezu die

---

[20] Dies geschah v.a. durch Aufnahme von lateinlosen Schulen in den dem preußischen Staatsgebiet neu einverleibten Provinzen, wie Hessen-Nassau oder Frankfurt a. M., oder durch die inhaltliche Anpassung an die Berliner Gewerbeschulen (Müller/Zymek 1987:46).

gleichen Berechtigungen wie das Realgymnasium (Albisetti/Lundgreen 1991:273; Müller/Zymek 1987:49). Die jeweiligen Nicht-Vollanstalten erhielten die Bezeichnungen Progymnasium, Realprogymnasium und Realschule (7 Jahre) bzw. Höhere Bürgerschule (6 Jahre). Im Jahr 1892 wurden alle Nicht-Vollanstalten auf eine Kursdauer von sechs Jahren reduziert. Dabei wurden die Realschule und die Höhere Bürgerschule unter dem Namen „Realschule" in einer Schulform zusammengefasst (Müller/Zymek 1987:48-49).

Erst zur Jahrhundertwende wurden durch den Allerhöchsten Erlass vom 26. November 1900 alle drei neunjährigen höheren Schulen in ihren Berechtigungen gleichgestellt und konnten nun durch ihre Abiturprüfungen die uneingeschränkte Zulassung zum Universitätsstudium verleihen. Nach fast einem Jahrhundert verlor das Gymnasium seine Monopolstellung im höheren Knabenschulwesen zu Gunsten der realistischen Anstalten (Kraul 1984:113).

Dieses ausdifferenzierte höhere Schulwesen bestand nahezu unverändert im ersten Drittel des 20. Jahrhunderts weiter. Während das Gymnasium nach und nach an Bedeutung einbüßte, erfuhren die realistischen Anstalten in der gleichen Zeit einen enormen Aufschwung (Hamann 1993:212). Es stiegen nicht nur die relative Anzahl an realistischen Schulen, sondern auch die Schülerzahlen stetig an (vgl. Lundgreen 1981:98,101). Erfolgreichste Schulform im 20. Jahrhundert wurde das Realgymnasium mit seiner Unterform, dem Reformrealgymnasium, das durch seine Verbindung von alt- und neusprachlicher Bildung den Bedürfnissen der Zeit am meisten entsprach (Lundgreen 1981:97).

Das realistische Schulwesen wurde in den zwanziger Jahren des 20. Jahrhunderts um zwei weitere Schulformen erweitert. Die Deutsche Oberschule wurde 1922 als vierter neunjähriger grundständiger Schultyp gegründet. Ihr inhaltlicher Schwerpunkt lag auf den deutschkundlichen Fächern; sie ist somit als Ergebnis der Reformdiskussion um eine Verstärkung der Deutschkunde in den Lehrplänen zu sehen. Quantitativ blieb die Deutsche Oberschule im Vergleich zu den anderen Schulformen relativ bedeutungslos (Lundgreen 1981:86; Müller/Zymek 1987:126).

Im gleichen Jahr entstanden aus der Umstrukturierung der Volksschullehrerseminare die sogenannten Aufbauschulen. Sie schlossen sich an die siebenjährige Volksschule an und gaben begabten Volksschülern die Möglichkeit, nach sechs Klassen die allgemeine Hochschulreife zu erwerben. Ihre Lehrpläne folgten entweder denen der Deutschen Oberschule oder der Oberrealschule (Hamann 1993:223; Lundgreen 1981:86; Müller/Zymek 1987:126). Im Gegensatz zur Deutschen Oberschule erlangten sie eine wichtige Stellung und machten in der Weimarer Zeit fast zehn Prozent aller höheren Schulen aus (Kraul 1984:142).

5.1.3 Die Reformschulen

Als eine Sonderform der höheren Schulen bildeten sich im letzten Drittel des 19. Jahrhunderts die Reformschulen heraus. Sie vereinten über einen gemeinsamen Unterbau, d.h. einer gemeinsamen Unterstufe für alle Schüler, verschiedene Arten von höheren Schulen in einer Schulform und können als eine Form der Einheitsschule bezeichnet werden. Die Bezeichnung „Reformschule" spielte somit nicht auf reformpädagogische Zielsetzungen, wie sie im 20. Jahrhundert vorzufinden waren, an, sondern verwies lediglich einen neuen Schultyp, der jedoch Ideen aus der Reformbewegung des 19. Jahrhunderts, wie die der Einheitsschule, aufnahm (Albisetti/Lundgreen 1991:250; Müller/Zymek 1987:59).

Die erste Reformanstalt wurde 1878 in Altona vom Kultusministerium genehmigt. Sie verband über einen gemeinsamen Unterbau eine Realschule 1. Ordnung und eine sechsklassige Realschule:

Klasse		Realschule I. Ordnung (Französisch, Englisch, Latein)	Klasse
I	Realschule (Französisch, Englisch)		O I
			U I
II			O II
			U II
III			O III
			U III
Gemeinsamer Unterbau (Französisch, Englisch)			IV
			V
			VI

Abbildung 1: Das Altonaer System (1878)

In Frankfurt erfolgte 1892 zum ersten Mal eine Kombination aus einem Gymnasium und einem Realgymnasium, ebenfalls verbunden über einen gemeinsamen Unterbau:

		Klasse
Gymnasium (Französisch, Latein, Griechisch)	**Realgymnasium** (Französisch, Latein, Englisch)	O I
		U I
		O II
		U II
Gemeinsamer Unterbau (Französisch, Latein)		O III
		U III
		IV
		V
		VI

Abbildung 2: Das Frankfurter System (1892)

Beide Schulformen schlossen mit dem Abitur ab (Müller/Zymek 1987:64-65; Reinhardt 1902:332).

Die Reformschulen gewannen bis zum Ende des 19. Jahrhunderts vermehrt an Anhängern, konnten sich aber nicht als allgemein gültige Schulform durchsetzen. Auf der preußischen Schulkonferenz von 1900 wurde beschlossen, die Reformmodelle nicht auf breiter Ebene umzusetzen, jedoch wurde die weitere Erprobung befürwortet (Reinhardt 1902:333). Bis zur Jahrhundertwende stellten insgesamt 36 Anstalten in Preußen auf das Reformsystem um, wovon fünf Schulen das Altonaer System und 31 das Frankfurter System übernahmen (Reinhardt 1902:340).

Dieser schnelle Ausbau des Reformschulwesens setzte sich im 20. Jahrhundert fort. Insbesondere ihre Multifunktionalität machte die Reformanstalten für Orte mit nur einer höheren Schule, aber auch für die expandierenden Großstädte attraktiv (Müller/Zymek 1987:127). Das Modell wurde so erfolgreich, dass die Reformanstalten ab Anfang der zwanziger Jahre als eigene Schulform in den amtlichen Erlassen und den Lehrplänen von 1925 geführt und „in den Rang besonderer Schultypen gehoben" (Müller/Zymek 1987:127) wurden. Aus den Reformschulen nach dem Frankfurter Lehrplan entstanden zwei getrennte Schulformen, nämlich das Reformgymnasium und das Reformrealgymnasium. Ab 1924 gab es zwei verschiedene Varianten des Reformrealgymnasiums. Im Reformrealgymnasium neuer Art wurde Latein erst ab Untersekunda angeboten, während im Reformrealgymnasium alter Art auch weiterhin der Lateinunterricht ab Untertertia zugelassen war (Müller/Zymek 1987:127). Am Ende der Weimarer Republik gab es über 200 Reformschulen in

Preußen, wobei das Reformrealgymnasium[21] das mit Abstand erfolgreichste Reformmodell war (Führ 1970:352).

Die Entwicklung des Bildungswesens im 19. und 20. Jahrhundert kann zusammenfassend als ein Prozess von Expansion und Differenzierung interpretiert werden (Müller/Zymek 1987:121). War in der ersten Jahrhunderthälfte das Gymnasium die einzige normierte höhere Schule in Preußen, erweiterte sich das höhere Schulwesen ab 1859 um die realistischen Schulformen, die im Laufe der zweiten Hälfte des 19. Jahrhunderts an Zahl und Bedeutung stiegen. Dazu kamen Ende des Jahrhunderts die Reformschulen, die sich im 20. Jahrhundert zu einem zahlenmäßig bedeutenden Schultyp entwickeln sollten. Mit der Deutschen Oberschule und der Aufbauschule als den jüngsten Schulformen kam der Prozess der Differenzierung zum Abschluss. Quantitativ erfuhr das höhere Schulwesen im 19. und im ersten Drittel des 20. Jahrhunderts einen stetigen Ausbau. Die zunehmende Bildungsbeteiligung mittlerer und unterer Schichten und die steigende Bedeutung schulischer Ausbildung für den sozialen Aufstieg führten zu einer Expansion des höheren Schulwesens (Zymek 1989:177).

Das Ergebnis des Prozesses von Expansion und Differenzierung war eine extreme Ausdifferenzierung des Schultypenspektrums. So gab es Mitte der zwanziger Jahre des 20. Jahrhunderts allein im Knabenschulwesen eine Vielzahl unterschiedlicher Schulformen, bedenkt man, dass jeder der Hauptvollanstalten die respektive Proanstalt zugeordnet war, dass es verschiedene Typen an Reformschulen gab und dass mit der Deutschen Oberschule und Aufbauschule zwei neue Schulformen hinzukamen (Zymek 1989:172). Dieser Differenzierungsprozess führte jedoch nicht zu der gewünschten Flexibilisierung, sondern ließ das höhere Schulwesen „in einer Vielzahl nebeneinanderstehender, in sich relativ unbeweglicher Schultypen erstarren" (Hamann 1993:212).

Zu nahezu jeder Zeit der schulischen Entwicklung im Zeitraum von 1859 bis 1931 ergaben sich aus diesem Expansions- und Differenzierungsprozess inhaltliche und organisatorische Schwierigkeiten, die eine Gesamtreform des höheren Schulwesens notwendig erscheinen ließen.

---

[21] Aus dem Reformrealgymnasium entwickelten die Nationalsozialisten die Oberschule für Jungen. Nach dem 2. Weltkrieg führte das neusprachliche Gymnasium der Bundesrepublik die Tradition des Reformrealgymnasiums weiter (Kraul 1984:142; Lundgreen 1981:100).

5.2 Die Reform des höheren Schulwesens

Das preußische Bildungswesen im 19. und 20. Jahrhundert war gekennzeichnet von unterschiedlichen Reformbewegungen, die aus der Unzufriedenheit mit den jeweiligen schulischen Rahmenbedingungen entstanden. Dabei standen sowohl einzelne Teilbereiche der Schulorganisation, wie das Berechtigungswesen, als auch das Schulsystem in seiner Gesamtheit im Fokus der Debatten. Besonders in der zweiten Hälfte des 19. Jahrhunderts wurde ein erbitterter Schulkampf geführt, der in seinem Kern als Auseinandersetzung zwischen Humanismus und Realismus beschrieben werden kann, der sich aber auf fast alle Bereiche der Schulorganisation ausdehnte und zu einer breiten öffentlichen Beteiligung führte. Da eine große Schulreform im 19. Jahrhundert ausblieb, versiegten die Bemühungen um Reformen bis zur Jahrhundertwende nicht. Erst die Gleichstellung der höheren Schulen im Jahr 1900 beendete den Schulkampf.

Das 20. Jahrhundert verlief hinsichtlich der Reformbewegungen deutlich ruhiger als das 19. Jahrhundert. Erst nach dem 1. Weltkrieg wurde der Ruf nach Reformen wieder lauter. Im Gegensatz zum 19. Jahrhundert gab man sich aber nicht mehr mit Nachbesserungen des bestehenden Systems zufrieden, sondern es wurde eine umfassende Schulreform gefordert.

In beiden Jahrhunderten waren die preußischen Schulkonferenzen zentrale Plattformen für die Reformdiskussionen, aus denen sich meist neue Lehrpläne entwickelten. Obwohl sie in vielen Fällen ohne nachhaltige Ergebnisse endeten, waren sie doch Meilensteine in der preußischen Reformpolitik.

5.2.1 Die Streitfragen der Schulreform im 19. Jahrhundert

In den letzten drei Jahrzehnten des 19. Jahrhunderts dominierte eine vielschichtige Debatte um die Reform des höheren Schulwesens die Bildungspolitik der Zeit. Es ging im Allgemeinen um die Anpassung des Schulsystems an die veränderten gesellschaftlichen und wirtschaftlichen Bedingungen im Kaiserreich. Im Besonderen stand das höhere Knabenschulwesen, wie es sich ab 1870 konstituierte, auf dem Prüfstand. Vor allem die Tatsache, dass unter den unterschiedlichen Formen der höheren Schulen das Gymnasium durch seine uneingeschränkten Berechtigungen eine privilegierte Stellung einnahm, blieb bis zur Jahrhundertwende der Kernpunkt des Schulkampfes zwischen den Verteidigern des Gymnasiums und den Anhängern der realistischen Schulformen. Dieser wurde zeitweise überlagert von der Debatte um die Überfüllung der akademischen Karrieren und der Diskussion um alternative Schulmodelle. Je intensiver der Schulkampf geführt wurde, desto mehr erhöhte sich der Druck auf die staatlichen Behörden, mittels Verordnungen und Lehrplänen die erforderlichen Reformen im höheren Knabenschulwesen herbeizuführen.

5.2.1.1 Das Berechtigungswesen

Das Berechtigungswesen stand im Mittelpunkt der Schulreformdebatte und nahm maßgeblichen Einfluss auf die Entwicklung des höheren Schulwesens im 19. Jahrhundert. Es regelte über die Abschlüsse, die an den Schulen erworben werden konnten, den Eintritt in bestimmte Ämter und Berufe bzw. den Zugang zum Universitätsstudium. Dadurch wurde „das Bildungswesen immer mehr zu einer Verteilungsstelle von Sozialchancen" (Lundgreen 1980: 68), indem nun verstärkt die Bildung und der Bildungsabschluss und nicht mehr allein die Herkunft über die gesellschaftliche Stellung entschieden.

Das Berechtigungssystem entwickelte sich zu Beginn des 19. Jahrhunderts in Preußen durch die Koppelung der Anstellung von Beamten in öffentlichen Ämtern an die gymnasiale Bildung (Meyer 1977:378). Nicht zu vergessen sei, dass anfangs das Gymnasium die einzige institutionalisierte Schulform war und als solche als gesamtstaatliche Referenzanstalt diente. Im Laufe der folgenden Jahrzehnte entstand für das Gymnasium ein differenziertes System an Berechtigungen unterschiedlichen Grades, vom Einjährig-Freiwilligen-Privileg bis zum Abitur, je nach absolvierten Klassenstufen (Albisetti/Lundgreen 1991:243), welche bald auch von Handel und Gewerbe als Einstellungskriterien übernommen wurden. Die so geschaffene Abhängigkeit und die wechselseitige Einflussnahme des Bildungssystems und des öffentlichen und wirtschaftlichen Lebens waren so stark, dass das Berechtigungswesen zu einer „sekundären Institution" (Meyer 1977:382) wurde.

Das Gymnasium diente das gesamte 19. Jahrhundert hindurch als Referenzanstalt im Berechtigungswesen. Zum einen konnten durch die Absolvierung der entsprechenden Gymnasialklassen die nötigen Berechtigungen zu unterschiedlichen Ausbildungen und Hochschulstudien erworben werden, wodurch, besonders was die höheren Berechtigungen wie die Zulassung zum Hochschulstudium anging, das Gymnasium eine Sonderstellung im Schulsystem einnahm. Aus diesem Grunde durchliefen viele Kinder auch aus den mittleren Schichten die unteren und mittleren

Klassen des Gymnasiums, um die notwendigen Berechtigungen für den Einstieg in das Berufsleben, beispielsweise zur Ausbildung in einem kaufmännischen Beruf, zu erhalten. Meist zogen sie aber keinen großen Gewinn aus der humanistischen Ausbildung für ihre zukünftigen Berufe im Handel und Gewerbe (Nipperdey 1990:549). In diesem Sinne wurde das Gymnasium zum „Zwangsinstitut" (Nipperdey 1990:549) für eine Vielzahl von Schülern. Zum anderen wurden die gymnasialen Inhalte, besonders die klassischen Sprachen, zum Inbegriff der höheren Bildung und zum Maßstab für die Erteilung der unterschiedlichen Berechtigungen, was weitreichenden Einfluss auf andere höhere Schulformen hatte (Nipperdey 1990:549).

Die realistischen Schulformen hingegen konnten sich nur mit Mühe in dem vom Gymnasium dominierten Berechtigungswesen ihren Platz erkämpfen. Obgleich die Realschule 1. Ordnung bzw. das Realgymnasium durch ihre Konzeption als Lateinschule von Anfang an wichtige höhere Berechtigungen, wie z.B. zum Eintritt in Laufbahnen bei der Post und Bahn sowie in das Bau- und Bergbauwesen, verleihen durfte, blieb ihren Absolventen die uneingeschränkte Zulassung zum Hochschulstudium, mit Ausnahme des Studiums der neueren Fremdsprachen und Naturwissenschaften, bis 1900 verwehrt (Nipperdey 1990:549). Die Realschule 2. Ordnung bzw. Oberrealschule dagegen hatte einen weit schlechteren Stand, da sie als lateinlose höhere Schule erst in den siebziger Jahren integraler Teil des Berechtigungswesens wurde und auch dann nur für eine begrenzte Zahl an Laufbahnen Berechtigungen erteilen durfte (vgl. Albisetti/Lundgreen 1991:272-273).

Die Reformbestrebungen zielten nun ab den siebziger Jahren darauf ab, der ungleichen Verteilung der Berechtigungen auf die drei höheren Schulformen entgegenzuwirken, indem das Gymnasialmonopol, besonders im Hinblick auf die Studienberechtigungen, abgeschafft und die realistisch ausgerichtete Bildung der Realschulen 1. und 2. Ordnung als gleichwertige höhere Bildung anerkannt werden sollte. Die Diskussion konzentrierte sich vor allem auf die Konzeption der einzelnen Schulformen in Abgrenzung zum Gymnasium und auf die Anerkennung des Bildungswertes der realistischen Fächer. Besonders heftig und umfassend entwickelte sich auch die Debatte um die Zulassung der Realschulabiturienten zum Studium der Medizin und der Rechtswissenschaft (Nipperdey 1990:549).

Trotz reger Diskussionen in der pädagogischen Presse und auf den Schulkonferenzen über alternative Bildungskonzepte war der Konformitätsdruck auf die realistischen Anstalten ungebrochen hoch. Ungeachtet der Anforderungen der industriellen Gesellschaft im Kaiserreich blieben die klassischen Sprachen dominante Bildungsinhalte. Im Kampf um Berechtigungen brachte den Realschulen nur die Annäherung an den gymnasialen Lehrplan Erfolge ein, weshalb die neueren Sprachen und die Naturwissenschaften als Fächer der modernen Bildung nicht die Bedeutung einnehmen konnten, welche besonders von Seiten der Wirtschaft gefordert wurde (Lundgreen 1980:68f). So wurde das Berechtigungswesen zu einem der Auslöser des Humanismus-Realismus-Streits, der die Bildungsdiskussion in der gesamten zweiten Hälfte des 19. Jahrhunderts begleitete.

5.2.1.2 Der Humanismus-Realismus-Streit

Der Humanismus-Realismus-Streit beschreibt den Schulkampf zwischen den Anhängern des Gymnasiums, seines Berechtigungsmonopols und seiner Ausrichtung auf die klassischen Sprachen einerseits und den Befürwortern der Realschulen mit ihrer realistischen Bildung und ihrem Schwerpunkt auf den modernen Sprachen und Naturwissenschaften andererseits. Dieser Schulkampf setzte mit der Eingliederung der realistischen Anstalten in das höhere Schulwesen Preußens 1859 ein und dauerte bis zur Gleichstellung der drei höheren Schulformen im Jahre 1900 an (Herrmann 1991:150). Dabei gewann er im Laufe der Zeit an Schärfe und an immer mehr Anhängern, auch außerhalb der Schulen. In den siebziger und achtziger Jahren des 19. Jahrhunderts war der Streit zwischen Humanisten und Realisten besonders ausgeprägt, bis er schließlich von anderen Debatten überlagert wurde und an Intensität einbüßte.

Gründe für die anhaltende Auseinandersetzung waren einerseits die Konkurrenz sowohl auf schulpolitischer als auch auf gesellschaftlicher Ebene, die die Realschulen für die Gymnasien zunehmend darstellten (Nipperdey 1990:548) und die die Gymnasialpartei zur Verteidigung ihrer Schulform, ihrer Bildungsinhalte und ihrer Berechtigungen anregte. Andererseits war es der vom Gymnasium ausgehende Konformitätsdruck, der die Vertreter der realistischen Anstalten auf den Plan rief. Durch die Ausrichtung der Realschulen an die Bildungsinhalte des Gymnasiums, in der Absicht, mehr Berechtigungen für die Realschulabsolventen sichern zu können, wurden diese ihrer Grundkonzeption der realistischen Bildung nicht mehr gerecht. Die Verteidiger der Realschulen forderten deshalb umso mehr eine Anerkennung ihrer Bildungsausrichtung (Lundgreen 1980:68-69).

In dem Humanismus-Realismus-Streit ging es somit im Kern um den Kampf gegen die Vorherrschaft des Gymnasiums in der höheren Bildung mit der alleinigen Berechtigung zum Hochschulstudium und für die Gleichstellung der realistischen Anstalten mit dem Gymnasium. Zur Aufwertung der jeweiligen Schulform wurden die unterschiedlichen Bildungsziele und Inhalte vehement verteidigt. Die einen hielten an den klassischen Sprachen als wichtigstes Bildungsmittel fest und stellten das Gymnasium als beste Vorbereitungsanstalt für akademische Berufe heraus. Die anderen sahen in der inhaltlichen Ausrichtung auf die Naturwissenschaften und die neuen Sprachen die ideale Vorbereitung auf das moderne Leben und auf eine Vielzahl an technischen, handwerklichen, aber auch akademischen Berufen (Nipperdey 1990:549; Herrmann 1991:150-151). Auf diese Weise, so die Befürworter, seien die Realschulen ebenso geeignet, eine tiefgreifende höhere Bildung anzubieten.

An diesem „Krieg der Ideen" (Nipperdey 1990:549) waren nicht nur Lehrer und Direktoren der höheren Schulen beteiligt, sondern es schalteten sich auch immer mehr Vertreter diverser Interessensgruppen wie Ärzte oder Ingenieure ein. Auch verschiedene Vereine, die ab den siebziger Jahren von unterschiedlichen Interessensverbänden gegründet wurden, spielten eine wichtige Rolle. Nicht zu vergessen sind politische Parteien, die in dem Streit ihre Positionen bezogen. Die so zusammengesetzten Gruppen bildeten die Fronten des Schulkampfes.

Die Vertreter des Realismus bestanden vor allem aus den Lehrern und Direktoren der Realschulen, aber auch aus einer Reihe an Universitätsprofessoren, unter ihnen der Philosoph und Pädagoge Friedrich Paulsen (Nipperdey 1990:551). Unterstützt wurden sie durch technisch ausgerichtete Berufsgruppen wie den Ingenieuren, denen der Fortschritt und die neuen Wissenschaften besonders am Herzen lagen. Relativ spät, aber dafür umso nachdrücklicher schalteten sich die Technischen Hochschulen[22] mit ihrer Forderung nach Gleichberechtigung der Schulformen ein (Balschun 1964:30,32). Dazu kamen die städtischen Behörden, die als Schulträger vor allem an Orten mit Realschulen ein ausgeprägtes, auch ein finanzielles Interesse an der Entwicklung der realistischen Schulen nahmen (Nipperdey 1990:551; Balschun 1964:20,25). Auf der Ebene der Parteien waren es nur wenige Abgeordnete, die auf der Seite der Realisten zu finden waren. Tendenziell setzten sich eher liberale Volksvertreter für die realistische Bildung und die Teilnahme der Mittelschicht an

---

[22] Zu dieser Zeit gab es drei Technische Hochschulen, nämlich in Berlin-Charlottenburg, Aachen und Hannover (Balschun 1964:30).

der höheren Bildung ein[23] (Albisetti/Lundgreen 1991:234; Balschun 1964:34; Kraul 1984:99).

Diese gesellschaftlichen Gruppen organisierten sich in diversen Vereinen, um an mehr Einfluss im Schulstreit zu gewinnen. Als erster Verein konstituierte sich 1875 der „Deutsche Realschulmännerverein"[24], der nach der Oktoberkonferenz 1873 die Interessen der Realschulen weiter vertreten sollte (Dietrich 2008:74; Schmeding 1956:78). Er war mit über 3200 Mitgliedern aus der Lehrerschaft und dem städtischen Bürgertum um 1890 der größte und aktivste Reformverein (Herrlitz et al. 2009:69; Kraul 1984:87).

Weitere zwei Vereine setzten sich zum Ziel, die Schulreform voranzutreiben, wobei sie beide auf alternative Schulmodelle mit realistischer Ausrichtung drängten. Sowohl der von Friedrich Lange 1889 gegründete „Verein für Schulreform" als auch der 1890 ins Leben gerufene „Verein zur Beförderung des lateinlosen höheren Schulwesens"[25] forderten eine Abschaffung des Gymnasialmonopols und traten für eine Aufwertung anderer Schulformen, wie der Einheitsschule oder der lateinlosen Oberrealschule, ein (Dietrich 2008:77-78; 87). Aufsehen erregte der „Verein für Schulreform" im Jahr 1888 mit einer Masseneingabe an den Kultusminister Goßler mit mehr als 22000 Unterschriften, in der Lange und seine Mitstreiter eine „durchgreifende[...] Schulreform in Deutschland" (Küster/Lange/Peters 1888:260) forderten.

Als besonders aktiver Verein auf Seiten der Realisten ist der „Verein Deutscher Ingenieure" zu nennen. Dieser setzte sich für eine Stärkung der Wissenschaften und der Technik an den Schulen und für den Zugang von Realschulabiturienten zum Universitätsstudium ein. Dabei plädierte er für einen gemeinsamen Unterbau auf Basis der modernen Fremdsprachen und Naturwissenschaften für alle Schüler (Dietrich 2008:76; Kraul 1984:87).

Auf Seiten der Humanisten waren als wichtigste Gruppe die Lehrer und Direktoren der Gymnasien zu finden, von denen sich viele 1890 zum „Gymnasialverein" zu-

---

[23] Nipperdey (1990:551) hingegen sieht die Liberalen eher auf Seiten der Gymnasialkreise und ordnet dafür die konservativen Militärs als Unterstützer der Realschulen ein.

[24] Eine ausführliche Darstellung zur Gründungsgeschichte und zu den Positionen des Vereins findet sich bei Schmeding (1956:74-80).

[25] Dieser Verein wurde trotz seiner Affinität zum realistischen Schulwesen von den Anhängern des Gymnasiums als Verbündeter gesehen, denn durch seine Konzentration auf lateinlose höhere Schulen stellte er keine direkte Gefahr für die Gymnasien dar (Dietrich 2008:88).

sammenschlossen, um gegen die Beschneidung des altsprachlichen Unterrichts in den Lehrplänen von 1882 und gegen die steigende Konkurrenz der Realschulen zu kämpfen (Balschun 1964:40; Dietrich 2008:94). Unterstützt wurden sie von der Mehrheit der Universitätsprofessoren, besonders der juristischen und theologischen Fakultäten, die auf eine gymnasiale Vorbildung der Studenten drängten und sich gegen die Zulassung der Realschulabiturienten zum Hochschulstudium wehrten (Balschun 1964:52,58; Kraul 1984:90). An dem Schulkampf beteiligten sich auch die großen Standesorganisationen, insbesondere Ärzte[26] und Juristen, die in der Abschaffung des Gymnasialmonopols auf die Berechtigung zu ihren Studienfächern zu viel Konkurrenz für ihren Berufsstand und eine Gefahr für ihre berufliche und gesellschaftliche Exklusivität sahen (Kraul 1984:89; Nipperdey 1990:551). Auf politischer Ebene wurden die Vertreter des Gymnasiums vor allem von Abgeordneten konservativer Parteirichtungen unterstützt (Balschun 1964:60).

Eine mittlere Stellung nahm der „Deutsche Einheitsschulverein" ein, der 1886 auf Initiative von Ferdinand Hornemann gegründet wurde. Er trat für die Aufhebung der Dreiteilung der höheren Bildung und für die Einrichtung einer Einheitsschule für alle Schüler mit alleiniger Berechtigung zum Hochschulstudium ein. Dabei hielt er am altsprachlichen Unterricht als wichtiges Element des Fächerkanons fest, forderte aber gleichzeitig eine Neuausrichtung der höheren Schule auf realistische Unterrichtsinhalte (Dietrich 2008:91).

Der Humanismus-Realismus-Streit war ein vielschichtiger und langanhaltender Kampf zwischen zwei Interessensrichtungen, die die damalige Schullandschaft, Wissenschaft und Gesellschaft spaltete und die nur durch eine grundlegende Reform des höheren Schulwesens, wie sie erst mit der Gleichstellung der höheren Schulen 1900 und den Lehrplänen von 1901 durchgesetzt wurde, zu lösen war. Da im letzten Drittel des 19. Jahrhunderts keine tiefgreifenden Änderungen von der Kultusbehörde auf den Weg gebracht wurden, konnte dieser Kampf auch nicht beigelegt werden, zumal hinter der Diskussion um die Schulreform und der humanistischen und realistischen Bildung standes- und gesellschaftspolitische Interessen der einzelnen Gruppen standen, die den Schulstreit umso mehr anheizten. Dies wurde

---

[26] Die Ärzte hielten zwar an dem Gymnasialmonopol fest, befürworteten aber eine Erweiterung der Naturwissenschaften, die sie für eine wichtige Grundlage für das Medizinstudium hielten. Ihr Handeln war folglich eher von standespolitischen als von beruflichen Interessen geleitet (Albisetti/Lundgreen 1991:234; Kraul 1984:89).

umso mehr ersichtlich, als ab den achziger Jahren eine neue Problematik hinzutrat, nämlich die Überfüllung der akademischen Berufe.

5.2.1.3 Die Überfüllungskrise

Ab den achziger Jahren des 19. Jahrhunderts trat eine neue Problematik auf, die den Humanismus-Realismus-Streit und die Schulreformdebatte in den Hintergrund drängte, nämlich die sogenannte Überfüllungskrise. Man befürchtete zu jener Zeit, dass es mehr Abiturienten und Studenten als akademische Positionen geben und eine „Überschwemmung mit Universitätsabsolventen" (Albisetti/Lundgreen 1991:231) drohen würde.

Ursachen für diese befürchtete Überfüllung der akademischen Berufe waren der Ausbau der höheren Schulen, die ständig ansteigende Zahl an Universitätsstudenten, besonders an den philosophischen Fakultäten, und die Zulassung von Realschulabiturienten zu einigen Studienfächern (Balschun 1964:136; Kraul 1984:91). Besonders konservative Kreise sahen darin eine Gefahr für die bestehende gesellschaftliche Ordnung, denn durch den Eintritt von Kindern aus niedrigeren sozialen Schichten in akademische Berufe war eine stärkere Konkurrenz um Positionen und gesellschaftlichen Status zu befürchten. Diese neue Gruppe der akademisch gebildeten Mittelschicht wurde abwertend als das „akademische Proletariat" (Balschun 1964:136) bezeichnet.

Der Streit um die Schulreform war ab den achziger Jahren des 19. Jahrhunderts nicht mehr nur ideologisch im Sinne der Auseinandersetzung zwischen Humanismus und Realismus geprägt, sondern weit mehr als zuvor von standespolitischen Interessen beeinflusst. Die Überfüllungskrise nahm großen Einfluss auf den Fortgang der Schulreform. Neue Ziele der Bildungspolitik waren nun die Einschränkung der Bildungsmöglichkeiten für Schüler des Bürgertums und die Sicherung der sozialen Exklusivität der Schülerschaft (Albisetti/Lundgreen 1991:230-321; Herrlitz et al. 2009:71). Diese Ziele sollten über verschiedene Maßnahmen erreicht werden. Zum einen wurde das Gymnasium weiter gestärkt, indem sein Berechtigungsmonopol aufrecht erhalten wurde, und zum anderen wurden den Realgymnasien weitere Berechtigungen verwehrt und die Trennung zwischen den verschiedenen Schultypen beibehalten. Auf diese Weise sollte der Bildungsstrom kanalisiert werden:

> Während das Gymnasium besonders die soziale Reproduktion der akademischen Berufsgruppen und höheren sozialen Schichten optimal garantieren und legitimieren sollte, ließen sich unterhalb dieses Schultyps weniger berechtigende und nicht berechtigende Typen in einem konstituierenden Strukturgefüge mit stabilisierten Typenabständen einordnen. Neben der notwendigen inhaltlichen Flexibilität der Lehrpläne und Qualifikationen gewährleistete diese – über die Vergabe formaler Berechtigungen regulierte – Abstandsqualität zwischen den verschiedenen Schultypen eine nunmehr institutionalisierte Kanalisierung der sozialen Aufstiegsprozesse [...]. (Müller/Zymek 1987:57)

Diese „soziale Selektionspolitik" (Müller 1977a:288) der Kultusbehörden verhinderte ein weiteres Vorantreiben der Schulreform und ließ frühere Reformbestrebungen stagnieren. Sie tat trotz allem dem Schulkampf keinen Abbruch. Ganz im Gegenteil, er heizte sich durch die verstärkte soziale Dimension weiter auf. Gegen Ende der achziger Jahre nahmen die Aktivitäten der verschiedenen Interessensverbände weiter zu, was an der Vielzahl der Petitionen, die an die preußischen Kultusbehörden von verschiedener Seite gestellt wurden, deutlich wurde (Herrlitz et al. 2009:72). Es wurden verstärkt auch Alternativlösungen gesucht, mit denen das Schulsystem reformiert werden sollte.

5.2.1.4 Alternative Schulmodelle

Als Lösung für den festgefahrenen Schulstreit wurden von verschiedenen Seiten alternative Schulmodelle propagiert, welche durch eine Umstrukturierung des Schulsystems die alte Dreiteilung zwischen Gymnasium, Realgymnasium und Oberrealschule, je nach Ausprägung, völlig oder nur zum Teil abschaffen sollten. An Stelle der drei getrennten Schulformen sollte eine Einheitsschule treten oder wenigstens ein gemeinsamer Unterbau für die verschiedenen Schularten eingerichtet werden. Diese Vorschläge brachten vor allem der „Einheitsschulverein" (ab 1886) und der „Verein für Schulreform" (ab 1889) vor (vgl. 7.2.2).

Der Wunsch nach mehr Einheitlichkeit entstand aus der Unzufriedenheit mit dem bestehenden preußischen Schulsystem, insbesondere mit der verstärkten Typisierung in der Systembildungsphase. Gerade kleinere Städte mit nur einer höheren Schule unterstützten diese Pläne, denn sie konnten nur schwer verschiedene Schultypen an einem Standort anbieten. Auch die Sorge um die Überforderung der Schüler, damals meist als „Überbürdung" bezeichnet, an den höheren Schulen durch den frühen Beginn mit dem Lateinunterricht ließ Kritiker des Schulsystems für die Idee einer einheitlichen Schullaufbahn für alle Schüler eintreten (Albisetti/Lundgreen 1991:231-232). Der Vorschlag, eine Einheitsschule für alle Schüler statt der drei unterschiedlichen höheren Schulen zu etablieren, wurde vom „Einheitsschulverein" vorgebracht. Er sah eine Verbindung aus Gymnasium und Realgymnasium vor, in der Elemente aus beiden Schularten verschmolzen werden sollten. So sollten die klassischen Sprachen, insbesondere das Griechische, vom Gymnasium und die modernen Sprachen, das Französische und Englische, und die Naturwissenschaften von der Realschule übernommen werden (Schmeding 1956:119). Auf diese Weise wollte man sowohl einer humanistischen als auch einer realistischen Bildung gerecht werden und gleichzeitig der Überbürdung entgegenwirken (Dietrich 2008:91,93). Ein weiterer Vorteil der Einheitsschule, so der „Einheitsschulverein", sei der soziale Ausgleich zwischen den verschiedenen gesellschaftlichen Schichten. Durch Aufhebung der Spaltung der Schüler in verschiedene Schulformen könne die soziale Trennung innerhalb der Schülerschaft überwunden werden (Paulsen 1921:594).

Der „Einheitsschulverein" wurde bis zu einem gewissen Grade von den Anhängern des traditionellen Gymnasiums unterstützt, die in dem Vorschlag eine Möglichkeit sahen, das Gymnasium als einzige höhere Schule mit alleiniger Zugangsberechtigung zum Hochschulstudium zu erhalten. Differenzen ergaben sich vor allem hinsichtlich der Bildungsinhalte, denn während die Vertreter der Einheitsschule eine Kombination aus humanistischer und realistischer Bildung forderten, wollte die Gymnasialpartei keine Einbußen im altsprachlichen Unterricht hinnehmen (Dietrich 2008:93; Rethwisch 1902:19).

Der zweite Reformvorschlag wurde von Seiten des „Vereins für Schulreform" unter der Federführung von Friedrich Lange eingebracht. Hier ging es nicht mehr nur um eine Verschmelzung bestehender Schulformen, sondern um eine völlige Umgestaltung des höheren Schulwesens mit Hilfe einer „radikalen Einheitsschule" (Paulsen 1921:594). Diese sah einen gemeinsamen Unterbau von sechs Klassen mit Französisch als erster Fremdsprache vor, bevor sich die Einheitsschule in den letzten drei Stufen in verschiedene höhere Schularten, wie dem Gymnasium oder dem Realgymnasium, trennen sollte (Paulsen 1921:594; Rethwisch 1902:20). Mit diesen Plänen stimmte der „Verein für Schulreform" mit den Reformideen von Julius Ostendorf überein, der bereits auf der Schulkonferenz 1873 seinen Vorschlag zu einem gemeinsamen Unterbau auf Basis des Französischen vorstellt hatte (vgl. 7.2.1).

Langes Reformplan wurde auf der Schulkonferenz 1890 diskutiert, jedoch von der Mehrheit der Teilnehmer abgelehnt (vgl. Deutsche Schulkonferenzen 1972a:795). Die Auseinandersetzung um alternative Schulmodelle und deren Umsetzung hielt bis zur Schulkonferenz 1900 an, auf der schließlich auf Kaiserlichen Erlass hin die Erlaubnis für die Erprobung unterschiedlicher Schulversuche gegeben wurde (Müller/Zymek 1987:64). Vorher war es aber bereits möglich, einzelne Pläne zum gemeinsamen Unterbau in die Tat umzusetzen. Unter dem Namen „Reformschulen" wurden Modelle zur Verbindung von zwei Schultypen erprobt. Dies geschah zum einen bereits ab 1878 in Altona mit der Verbindung von Realgymnasium und Oberrealschule mit einem gemeinsamen Unterbau. Zum anderen erfolgte eine Kombination aus Gymnasium und Realgymnasium ab 1892 in Frankfurt nach dem sogenannten Frankfurter Lehrplan (Müller/Zymek 1987:64) (vgl. 5.1.3 und 7.2.3).

Die praktische Umsetzung dieser alternativen Schulmodelle fachte den Streit um die Schulreform immer wieder von neuem an, denn es wurde im letzten Drittel des 19. Jahrhunderts in einer Vielzahl von Schriften, Petitionen und auch auf den Schulkonferenzen über die generelle Einführung einer Form der Einheitsschule diskutiert. Eine allgemeingültige Lösung konnte in der ganzen Zeit nicht gefunden werden und so blieben die Reformbemühungen hinsichtlich einer Einheitsschule oder eines gemeinsamen Unterbaus nur auf der Ebene von Schulversuchen erfolgreich.

Die Darstellung der Streitfragen zur Schulreform im 19. Jahrhundert in ihren unterschiedlichen Ausprägungen zeigt deutlich die große Verunsicherung, die zur damaligen Zeit unter den Schulmännern, wie die Lehrer damals genannt wurden, und in der Gesellschaft herrschte. Was im Kern mit der Berechtigungsproblematik und der Auseinandersetzung zwischen humanistischer und realistischer Bildung begann, wurde durch das Hinzutreten von standespolitischen Interessen soweit verschärft, dass der Konflikt nur durch eine völlige Neugestaltung des höheren Schulwesens zu lösen war. Selbst die Vorschläge zu alternativen Schulmodellen führten zu keiner endgültigen Lösung. Erst die Gleichstellung der drei höheren Schulformen 1900 machte auf radikale Weise dem Schulkampf ein Ende.

5.2.2 Die preußischen Schulkonferenzen von 1873, 1890 und 1900

Der heftig geführte Schulkampf im letzten Drittel des 19. Jahrhunderts und die unterschiedlichen Probleme in der Bildungspolitik zwangen die Schulbehörden dazu,

Reformen zu diskutieren und auf den Weg zu bringen. Wichtige Etappen in der Reformpolitik des 19. Jahrhunderts waren die drei großen Schulkonferenzen 1873, 1890 und 1900, in deren Anschluss neue Lehrpläne verabschiedet wurden. Die erste wichtige Konferenz in der Zeit zwischen 1859 und 1931 wurde von Kultusminister Adalbert Falk einberufen und fand vom 8. bis zum 23. Oktober 1873 in Berlin statt. Es nahmen 23 Ministerialbeamte und Schulmänner teil, die über das höhere Schulwesen im Allgemeinen und vornehmlich über die Frage des Realschulwesens berieten. Dazu wurde ein Katalog von 17 Fragen zu Lehrplänen, dem Berechtigungswesen oder den unterschiedlichen Schultypen vorgelegt, über die die Teilnehmer diskutieren sollten (Dietrich 2008:55-57; Paulsen 1921:568). Ein zentraler Aspekt war die Frage, ob neben dem Gymnasium nur lateinlose Realschulen bestehen sollten oder ob auch lateintreibende Realschulen zugelassen werden sollten (Albisetti/Lundgreen 1991:234). Hier zeichnete sich bereits die Spaltung unter den Schulmännern ab, denn es traten drei unterschiedliche Ansichten zu diesem Thema hervor. Die einen plädierten für das Gymnasium als alleinige höhere Schule mit Berechtigung zum Hochschulstudium, die anderen unterstützen die Realschule 1. Ordnung, jedoch ohne eine Erweiterung ihrer Berechtigungen, und eine dritte Gruppe machte sich für die Gleichberechtigung der Realschulen mit dem Gymnasium stark (Dietrich 2008:58-59; Paulsen 1921:568-569). Trotz der langen Debatten wurden auf der Konferenz keine Beschlüsse gefasst.

Erst die neuen Lehrpläne von 1882 berücksichtigten die Ergebnisse der Konferenz. Die Diskussionen, die unter den Schulmännern über die Inhalte der Konferenz entstanden, und diverse Gutachten von Schulen, die im Anschluss eingeholt wurden, dienten als Basis für die neuen Lehrpläne. Darin wurde die Dreiteilung der höheren Schulen bestätigt. Eine Neuerung war die Umbenennung der Schulformen (Blättner 1966:224). Gleichzeitig wurde im neuen Lehrplan der Lateinunterricht an den Realgymnasien verstärkt, wodurch diese inhaltlich stärker an das Gymnasium angeglichen wurden, ohne jedoch mit mehr Berechtigungen ausgestattet zu werden (Dietrich 2008:63). Die Lehrpläne von 1882 brachten für den Schulstreit keine Lösung, ganz im Gegenteil, sie verschärften die Situation noch mehr und machten weitere Reformen notwendig.

Die Konferenz von 1890 war inhaltlich und auch von der Teilnehmerzahl her gesehen um einiges breiter angelegt. Sie fand vom 4. bis 17. Dezember 1890 in Berlin statt und wurde im Gegensatz zur Konferenz von 1873 nicht auf Initiative der Kultusbehörden angeregt, sondern in der Massenpetition des „Vereins für Schulreform" von 1888 eingefordert (Führ 1997:74). Die Allerhöchste Ordre des Kaisers Wilhelm II. trug ebenso dazu bei, Kultusminister von Goßler zu einer Schulkonferenz zu bewegen (Albisetti/Lundgreen 1991:236; Rethwisch 1902:22). An ihr nahmen 15 Ministerialkommissare aus verschiedenen Ressorts und 43 weitere Mitglieder teil, von denen die Mehrheit der Gymnasialpartei angehörte und unter denen nur wenige Vertreter der Realgymnasien und Oberrealschulen zu finden waren (Führ 1997:77; Paulsen 1921:596).

Im Vorfeld der Konferenz machte Kaiser Wilhelm II. seine Ansichten zu Erziehung und Bildung über eine „Allerhöchste Ordre" vom 1. Mai 1889 publik und gab somit die Richtung der späteren Schulkonferenz vor:

> In erster Linie wird die Schule durch Pflege der Gottesfurcht und der Liebe zum Vaterlande die Grundlage für eine gesunde Auffassung auch der staatlichen und gesellschaftlichen Verhältnisse zu legen haben. (Centralblatt 1890:703)

Die Reformer versprachen sich viel von dem Eingreifen Wilhelms II. und von der angesetzten Konferenz und hofften auf grundlegende Reformen aus dem Unterrichtsministerium (Albisetti 1983:208).

Zur inhaltlichen Vorbereitung der Konferenz wurden von den Teilnehmern Gutachten zu einem Fragenkatalog eingeholt, der Themen unterschiedlicher Art umfasste. Wichtige Aspekte waren die Organisation des höheren Schulwesens und die Frage der Beibehaltung der drei Schultypen, der gemeinsame lateinlose Unterbau sowie die Stellung des altsprachlichen und neusprachlichen Unterrichts (Deutsche Schulkonferenzen 1972a:XIIff; Dietrich 2008:117).

Zur Überraschung der Teilnehmer hielt der Kaiser zur Eröffnung der Konferenz eine programmatische Rede, in der er seine Erwartungen an die Konferenz erläuterte:

> Wer selber auf dem Gymnasium gewesen ist und hinter die Coulissen [sic] gesehen hat, der weiß, wo es da fehlt. Und da fehlt es vor Allem an der nationalen Basis. Wir müssen als Grundlage für das Gymnasium das Deutsche nehmen; wir sollen nationale junge Deutsche erziehen und nicht junge Griechen und Römer. Wir müssen von der Basis abgehen, die jahrhundertelang bestanden hat, von der alten klösterlichen Erziehung des Mittelalters, wo das Lateinische maßgebend war und ein bißchen Griechisch dazu. Das ist nicht mehr maßgebend. Wir müssen das Deutsche zur Basis machen. [...]
> Die Schulen - Ich will besonders von den Gymnasien sprechen – haben das Uebermenschliche geleistet und haben Meiner Ansicht nach eine allzustarke Ueberproduktion der Gebildeten zu Wege gebracht, mehr wie die Nation vertragen kann, und mehr, wie die Leute

> selbst vertragen können. Da ist das Wort, das vom Fürsten Bismark herrührt, richtig, das Wort von dem Abiturientenproletariat, welches wir haben. [...]
> Ich halte dafür, daß die Sache ganz einfach dadurch zu erledigen ist, daß man mit einem radikalen Schnitt die bisherigen Anschauungen zur Klärung bringt, daß man sagt: klassische Gymnasien mit klassischer Bildung, eine zweite Gattung Schulen mit Realbildung, aber keine Realgymnasien. Die Realgymnasien sind eine Halbheit, man erreicht mit ihnen nur eine Halbheit der Bildung, und das Ganze giebt [sic] Halbheit für das Leben nachher. (Deutsche Schulkonferenzen 1972a:72;74)

Die Kritik des Kaisers betraf somit die Bildungsinhalte der höheren Schulen und des Gymnasiums im Speziellen, die seiner Ansicht nach zu wenig an die moderne Zeit und an nationale Interessen ausgerichtet waren, sowie die Überfüllung durch zu viele Abiturienten. Darüber hinaus plädierte er für die Abschaffung des Realgymnasiums und schloss sich damit den Forderungen der konservativen Teilnehmer an.

Die Verhandlungen[27] der vierzehn Tage[28] dauernden Konferenz erbrachten folgende Ergebnisse: Die Teilnehmer sprachen sich mit 35 zu 8 Stimmen für die Abschaffung der Realgymnasien und für die Zweigliedrigkeit des höheren Schulwesens mit einem vollberechtigten Gymnasium und einer lateinlosen Oberrealschule aus. Abgelehnt wurde außerdem der gemeinsame lateinlose Unterbau, auch wenn Ausnahmen je nach lokalen Voraussetzungen genehmigt wurden. Die Anforderungen und Stundenzahl des altsprachlichen Unterrichts sollten außerdem als Maßnahme gegen die Überbürdung der Schüler verringert werden. Dagegen sprach man sich für die Einführung des Englischen an den Gymnasien aus (Deutsche Schulkonferenzen 1972a:795; Dietrich 2008:148-150; Führ 1997:80).

Die Lehrpläne von 1892 nahmen einige der Beschlüsse der Dezemberkonferenz, aber bei Weitem nicht alle, auf. Der altsprachliche Unterricht wurde inhaltlich und stundenmäßig reduziert, dafür wurde das Realgymnasium beibehalten. Die neuen Lehrpläne sahen sogar eine Erprobung des gemeinsamen lateinlosen Unterbaus nach dem Altonaer und dem Frankfurter Modells vor (Albisetti/Lundgreen 1991:237).

Dennoch trugen auch diese Etappen der Reformpolitik mit wenig durchgreifenden Änderungen nicht dazu bei, dem Schulstreit ein Ende zu machen, sondern sie ver-

---

[27] Zum genauen Verlauf der Konferenz siehe Albisetti (1983:208-242) und Deutsche Schulkonferenzen (1972a).

[28] Von den vierzehn Tagen waren aber nur elf tatsächliche Sitzungstage (Führ 1997:77).

schärften erneut die Auseinandersetzungen zwischen den unterschiedlichen Parteien:

> Die Lehrpläne waren nicht geeignet, den Schulkampf zu beenden und den gesellschaftlichen Druck in Richtung auf die volle Gleichberechtigung der realistischen Anstalten mit dem humanistischen Gymnasium zu verringern oder zu schwächen; sie stellten weder die Freunde noch die Gegner des humanistischen Gymnasiums zufrieden. (Dietrich 2008:163)

Es bedurfte einer letzten und entscheidenden Konferenz, um eine endgültige Lösung für den Schulkampf des 19. Jahrhunderts herbeizuführen.

Vom 6. bis 8. Juni 1900 fand die letzte der drei großen Schulkonferenzen des 19. Jahrhunderts in Berlin statt. Sie übertraf ihre Vorläufer an Konsequenz und Entscheidungsfreudigkeit bei Weitem, wie einer der Teilnehmer berichtete:

> Die Konferenz selbst stand in angenehmen Gegensatz zu der Konferenz von 1890; sie erging sich nicht in breiter akademischer Rhetorik über Stundenzahl und Lehrplanweisheit, sie fasste diesmal den Stier bei den Hörnern [...]. In drei Tagen war mehr, viel mehr erledigt als 1890 in 11 Tagen. (Matthias 1913:14, 21)

Als Gründe hierfür sind der Einfluss Friedrich Althoffs[29] in seiner Funktion als Ministerialdirektor im Kultusministerium, der Reformwille der Kultusbehörden und das Einlenken der Anhänger des Gymnasiums in der Frage der Gleichberechtigung[30] der höheren Schulen zu nennen (Albisetti 1983:263; Paulsen 1921:745). Der Teilnehmerkreis mit seinen 34 Mitgliedern hatte eine andere Zusammensetzung als die beiden anderen Konferenzen. Unter den Teilnehmern waren nur sieben Schulmänner, wovon drei die Gymnasien und vier die Realschulen vertraten. Der Rest war den Universitäten und Technischen Hochschulen sowie verschiedenen ministeriellen Ressorts zugehörig (Paulsen 1921:736).

Als Diskussionsgrundlage diente ein Katalog von 10 Fragenkomplexen, zu dem vor der Konferenz Gutachten eingeholt wurden. Dieser umfasste Themen wie den Anfang des Griechischunterrichts und dessen Ersatz durch Englisch, den Beginn des fremdsprachlichen Unterrichts, die Stellung des Lateins an den höheren Schulen sowie Fragen nach der Organisation des Schulwesens, wie der gemeinsame Unter-

---

[29] Eine umfassende Darstellung seiner Person und einer Analyse seines Wirkens im Umfeld der Junikonferenz gibt Dietrich (2008).
[30] Der Gymnasialverein beschloss einen Tag vor der Junikonferenz das Einlenken in der Gleichberechtigungsfrage, um das humanistische Gymnasium an sich zu bewahren. Die Ergebnisse wurden in der „Braunschweiger Erklärung" zusammengefasst (vgl. Dietrich 2008:272ff).

bau oder die Berechtigungsfrage (Deutsche Schulkonferenzen 1972b:20ff; Dietrich 2008:265-266). Wichtigstes Ergebnis der Schulkonferenz von 1900 war der Beschluss zur Gleichberechtigung der drei höheren Schulen. Das Gymnasium verlor so den langen Kampf um die alleinige Zugangsberechtigung zum Hochschulstudium und war nun in seinem Abschluss den neunjährigen Realschulen gleichgestellt (Führ 1997:87). Des Weiteren sprach man sich für die weitere Erprobung des gemeinsamen Unterbaus sowie für die Einführung des Englischunterrichts an den Gymnasien aus (Deutsche Schulkonferenzen 1972b:74,141).

Die Beschlüsse der Konferenz wurden durch den Kaiser in dem „Allerhöchsten Erlaß" vom 26. November 1900 bestätigt. So wurde, neben verschiedenen Bestimmungen zu den einzelnen Lehrgegenständen, die Gleichstellung der Gymnasien, Realgymnasien und Oberrealschulen beim Universitätszugang herausgestellt und die Erprobung der Reformschulen nach dem Altonaer und Frankfurter System genehmigt. Durch diesen Erlaß wurde nach fast 70 Jahren Streit um die Berechtigungen endlich eine Einigung erreicht und der lange Schulkampf beendet (Führ 1997:87). Das Gymnasium verlor zwar seine privilegierte Stellung, konnte aber seinen humanistischen Grundcharakter bewahren (Kraul 1984:113).

Die Lehrpläne von 1901, die im Vergleich zu den Lehrplänen von 1892 nur wenig Änderungen im Fächerkanon und in den Stundenzahlen mit sich brachten, setzten diese Vorgaben zu den geänderten Berechtigungen in die Praxis um und läuteten eine neue Etappe im preußischen Bildungswesen ein.

5.2.3 Die Reichsschulkonferenz und die Richertsche Schulreform (1924/25)

Die Gleichstellung der drei höheren Schulformen und die Normierung des höheren Schulwesens 1901 beendeten den Schulkampf des 19. Jahrhunderts und brachten in den ersten beiden Jahrzehnten des 20. Jahrhunderts Ruhe in die Schulreformdiskussion. Es zeichneten sich zwar wieder erste Reformbewegungen ab, aber die Gesamtorganisation des Schulwesens stand nicht auf dem Prüfstand. Aus diesem Grund erfuhr das Schulsystems bis zum Ende des Kaiserreichs keine grundlegenden Änderungen mehr (Hamann 1993:209).

Die Schulreform nahm erst zu Beginn der Weimarer Republik neuen Aufschwung (Hamann 1993:211). Strukturelle Probleme, die sich noch aus der Zeit vor dem ersten Weltkrieg ergaben, zwangen die Regierung zum Handeln (Zymek 1989:159). Seit 1918 wurde wieder, ähnlich wie im 19. Jahrhundert, auf breiter Basis der Wunsch nach einer Schulreform geäußert. Neu war in der Weimarer Republik, dass neben schulischen Vereinigungen im besonderen Maße die Parteien Einfluss auf die Schulpolitik nahmen (Schmoldt 1989:120). Zum ersten Mal fanden schulische Aspekte Eingang in die politische Ordnung Preußens. So wurden diverse Schulartikel in die Weimarer Reichsverfassung[31] von 1919 aufgenommen (Hamann 1993:214).

Zentrales Reformmotiv in der Weimarer Republik war der Einheitsschulgedanke (Müller 1985:88), der weit über die Forderungen aus dem 19. Jahrhundert hinausging und sich im 20. Jahrhundert in vielfacher Hinsicht manifestierte. Einheitlichkeit sollte hinsichtlich des Gesamtaufbaus des Schulwesens nicht nur in Preußen, sondern auf Reichsebene erreicht werden. Daneben sollte eine „nationale Einheitsschule" konfessionelle und soziale Trennungen aufheben und allen Kindern die gleichen Bildungschancen bieten (Zymek 1989:160-161). Schließlich beinhaltete die Forderung nach einer Einheitsschule auch die verbindliche inhaltliche Ausrichtung auf eine „deutsche Bildung" (Schmoldt 1981:160; Schmoldt 2001:16).

1920 wurde auf Anregung der preußischen Regierung eine Reichsschulkonferenz mit dem Ziel einberufen, auf Reichsebene über eine Schulreform zu beraten und eine Vereinheitlichung im Schulwesen auf den Weg zu bringen. Sie fand vom 11. bis 19. Juni 1920 im Reichstag in Berlin statt. Unter den 600 Teilnehmern fanden sich Vertreter aller pädagogischer Richtungen, unterschiedlicher Vereine und Verbände, aber auch Delegierte von Reich und Ländern (Führ 1970:47; Hamann 1993:219). Zentrale Themen waren im Bereich der Schulorganisation die Einheitsschule und die Lehrerbildung und in Bezug auf die Methoden und Inhalte die Staatsbürgerkunde und der Arbeitsunterricht (Führ 1970:47; Kraul 1984:129). Auch wenn einige wichtige Prozesse besonders für die Zusammenarbeit zwischen Reich und Ländern durch die Beratungen angestoßen wurden, konnte die Reichsschulkonferenz keinen verbindlichen Reformplan als Ergebnis vorlegen. Dafür waren die Interessen der Teilnehmer zu unterschiedlich. Die Konferenz blieb für die weitere Entwicklung des Schulwesens ohne nennenswerten Einfluss (Führ 1970:49; Kunz 1981:134-135).

---

[31] Zu den das Schulwesen betreffenden Artikeln der Reichsverfassung siehe Führ (1970:158ff).

Eine durchgreifende Reform erfolgte erst einige Jahre später auf Initiative des damaligen Ministerialrats im preußischen Kultusministerium Hans Richert. Da sich die angestrebte Zusammenarbeit zwischen Reich und Ländern zerschlagen hatte, strebte Preußen eine eigene Reform an (Kraul 1984:130). Auf Basis von Richerts Ideen zur Schulreform[32] sollte eine deutsche Bildungseinheit erreicht werden. Das kulturkundliche Prinzip diente dabei als „Klammer der verschiedenen Typen der Höheren Schulen" (Schmoldt 1978:442). Die kulturkundlichen Fächer wie Deutsch, Geschichte, Religion oder Erdkunde wurden zur Grundlage der höheren Bildung an allen Anstalten. Daneben konnte jede Schulform ihre spezifische Eigenart behalten. Richert ordnete allen Schultypen unterschiedliche Kulturbezirke, die sogenannten „Quellbezirke[...] der deutschen Bildung" (Denkschrift 1924:44), zu. Das Gymnasium vertrat die Antike, das Realgymnasium den modernen Europäismus, die Oberrealschule die Mathematik und die Naturwissenschaften und die Deutsche Oberschule die deutsche Kultur (Schmoldt 1978:442). Die 1925 erlassenen „Richtlinien für die Lehrpläne der höheren Schulen Preußens" (vgl. Zentralblatt 1925a) wurden eben auf diese spezifischen Aufgaben der jeweiligen Schulformen ausgerichtet (Lundgreen 1981:87). Trotz der Bedeutung der Richertschen Schulreform für Preußen kann sie nicht als Neuanfang für das höhere Schulwesen gewertet werden, denn im Grunde wurden die bestehenden Schulformen bestätigt und allein in inhaltlicher Hinsicht neu ausgerichtet. Es erfolgte keine grundlegende Vereinheitlichung, wie von den Schulreformern gefordert.

6. Die Stellung der Fremdsprachen an den höheren Schulen

Das 19. Jahrhundert brachte für die modernen Fremdsprachen an den höheren Schulen Preußens eine starke Aufwertung gegenüber den klassischen Sprachen. Sie entwickelten sich von bis dahin vernachlässigten zu letztendlich gleichberechtigten Fächern. Dies wurde endgültig durch die Gleichstellung aller höheren Schulen im Jahr 1900 ermöglicht. Durch diese Entwicklung konnten die modernen Fremdsprachen im ersten Drittel des 20. Jahrhunderts auf dieser bereits errungenen Position aufbauen und ihre Stellung innerhalb des höheren Schulwesens erweitern.

---

[32] Vgl. Hans Richerts Hauptwerke: *Die deutsche Bildungseinheit und die Höhere Schule* (1920) und *Die Neuordnung des preußischen höheren Schulwesens. Denkschrift des Preußischen Ministeriums für Wissenschaft, Kunst und Volksbildung.* (1924).

Großen Einfluss auf die Stellung der Fremdsprachen übten die verschiedenen Bildungstheorien, Reformgedanken und Bildungsziele aus, die im 19. und Anfang des 20. Jahrhunderts das Verständnis der sprachlichen Bildung prägten. Die unterschiedlichen Auffassungen über sprachliche Bildung und ihre Ziele wirkten sowohl hemmend als auch förderlich auf die Entwicklung der neueren Sprachen im höheren Schulsystem ein.

6.1 Verständnis und Ziele der sprachlichen Bildung

6.1.1 Neuhumanismus und formale Bildung

Für das gesamte 19. Jahrhundert war das neuhumanistische Bildungsdenken sowohl für das Gymnasium als auch für die Realanstalten mit ihrem jeweiligen Fächerkanon maßgeblich. Der Neuhumanismus basiert auf Ideen Friedrich August Wolfs (1783-1806), der die Entwicklung der geistigen Kräfte von innen heraus als Ziel einer neuen Menschenbildung postulierte (Hamann 1993:109). Er hielt das Studium der klassischen Sprachen, insbesondere des Griechischen, für das ideale Mittel dazu (Hüllen 2005:79). Eine Erweiterung erfuhren die Gedanken Wolfs u.a. durch Humboldt (1767-1835), der seine Bildungsideen als Leiter der Sektion für Kultus und Unterricht in Preußen in dem neugegründeten neuhumanistischen Gymnasium in die Praxis umsetzte (Hüllen 2005:80-82). Humboldt lehnte das gegen Ende des 18. Jahrhunderts mit dem Philanthropismus aufkommende Nützlichkeitsdenken ab und legte in dieser Schulform den Schwerpunkt auf die klassischen Sprachen. Die modernen Sprachen fanden in diesen Lehrplänen kaum Berücksichtigung. Sie zählten zu Beginn des 19. Jahrhunderts nicht zu den wesentlichen Unterrichtsgegenständen einer Gelehrtenschule (Hüllen 2005:83).

Der neuhumanistische Sprachbegriff sah eine fremde Sprache nicht primär als Mittel zur Verständigung, sondern vielmehr als „Begriffsschatz der Nation" (Herder) und als „bildendes Organ des Gedankens" (Humboldt) (zitiert nach Flechsig 1962:137), durch welche das Ziel der allgemeinen Menschenbildung erreicht werden konnte. Das Erlernen der alten Sprachen wurde als ideales Mittel zur formalen Bildung, d.h. zur Schulung des Gedächtnisses und Denkvermögens, gesehen. Das Prinzip der formalen Bildung wurde im 19. Jahrhundert allen Unterrichtsfächern als Hauptaufgabe zugewiesen und somit auch an den Fremdsprachenunterricht herangetragen:

[...] und während auch der humanistische Aspekt [...] einen inneren Bezug zur fremdsprachlichen Bildung besaß, war der formalbildende Gesichtspunkt ein von außen an den neusprachlichen Unterricht herangetragenes Prinzip, das sich durch Neutralität gegenüber den Bildungsinhalten auszeichnete, und das daher deren inneren Bildungssinn nicht aufzuschließen vermochte. Die lebenden Fremdsprachen hatten unter diesem Gesichtspunkt die gleiche Aufgabe zu erfüllen wie alle übrigen Unterrichtsgegenstände: auch ihnen wurde die Wirkung zugeschrieben, Mittel zur Übung von Gedächtnis, Willen, Konzentrationsfähigkeit und Denkvermögen zu sein; auch an ihnen sollten die Tugenden der Gründlichkeit, des Scharfsinns und der Ausdauer entwickelt werden. (Flechsig 1962:140)

Die formalbildenden Elemente einer Sprache sollten den Kern des alt- und neusprachlichen Unterrichts ausmachen, was bedeutete, dass im Unterricht vor allem das sprachliche System mit seiner Grammatik und seinem Wortschatz besondere Berücksichtigung fand und die mündliche Sprachproduktion wenig geschätzt wurde (Hübner 1933:15). Bei vielen Schulmännern der Zeit war „die Fertigkeit im Gebrauch der Sprachen [...] geradezu verpönt und galt ihnen als etwas der Schule Unwürdiges" (Hübner 1933:17). Dagegen wurden die traditionelle Grammatik, die auf einer abstrakten Ebene die Regeln des sprachlichen Systems analysierte, und deren praktische Anwendung in Übersetzungsübungen zum Schwerpunkt des sprachlichen Unterrichts gemacht (Mair 1981:23; Rülcker 1969:14).

Der Neusprachenunterricht wurde von Anfang an den Zielen und Methoden des Unterrichts in den klassischen Sprachen ausgerichtet (Hüllen 2005:89). Nicht zu vergessen ist dabei, dass lange Zeit hinweg Lehrer sowohl die alten als auch die neuen Sprachen gleichzeitig unterrichteten, ohne dass sie eine spezifische neuphilologische Ausbildung erhalten hätten. Erst mit der Einrichtung der Neuphilologien an deutschen Universitäten ab den siebziger Jahren[33] erhielten die angehenden Lehrer eine fachspezifische Ausbildung an Universitäten[34] und es entwickelte sich langsam eine eigene Fremdsprachendidaktik (Walter 1982:211). Dennoch darf nicht übersehen werden, dass die noch fehlenden festen Rahmenbedingungen in institutioneller und methodischer Hinsicht nicht zu einer ausschließlichen Übernahme der altsprachlichen Methodik bis zum Zeitpunkt der Emanzipation der neuen Sprachen

---

[33] Zur Geschichte der Anglistik und Romanistik in Deutschland vgl. Haenicke (1979) und Kalkhoff (2010).

[34] Vor der Eingliederung der Lehrerausbildung in den modernen Fremdsprachen in die Universitäten bestand am Berliner Friedrichs-Gymnasium von 1860 bis 1877 die Möglichkeit, sich von Ludwig Herrig sowohl in der Sprachbeherrschung als auch in der Fremdsprachendidaktik ausbilden zu lassen (Herrigs Seminar) (Klippel 2010:48).

durch die Neusprachliche Reformbewegung führten, sondern dass sich, wie Klippel (2000) aufzeigt, die modernen Fremdsprachen methodisch eigene Wege suchten. Sie waren „keineswegs [...] Knechte des altsprachlichen Unterrichts" (Klippel 2000:57), sondern nutzten das 19. Jahrhundert, um ausgehend von der altsprachlichen Methode ihre eigene Methodik zu entwickeln. Ihr Gestaltungsspielraum war durch die noch fehlenden Lehrstühle in den Neuphilologien und einer noch nicht fest definierten Fremdsprachenmethodik besonders groß (Klippel 2000:57).

6.1.2 Die Neusprachliche Reformbewegung

Die endgültige Loslösung von den alten Sprachen sowohl in ihrer Methodik als auch in ihrem Selbstverständnis als Fach erfuhren die modernen Fremdsprachen im Zuge der Neusprachlichen Reformbewegung, welche sich auf das zweite vorherrschende Bildungsverständnis des 19. Jahrhunderts zurückbesann, nämlich das realistische Verständnis der neusprachlichen Bildung (Flechsig 1962:257). Dieses gründete auf der aktiven Beherrschung der fremden Sprachen und ihrem praktischen Nutzen. Es stand zunächst auch bei der Einführung der Realschule Mitte des 19. Jahrhunderts im Vordergrund und wurde im Lehrplan für die Realanstalten von 1859 aufgenommen:

> Das Französische und Englische sind für die Realschule nicht nur als moderne Verkehrssprachen wichtig, sondern auch deshalb, weil beide Sprachen im Gebiete der Realwissenschaften eine reiche Literatur besitzen, deren Verständnis auf der Schule vorbereitet werden muß. Außerdem kommt auch der für die betreffenden Berufsarten in vielen Fällen wichtige und durch die jetzigen Communicationsmittel [sic] erleichterte Besuch Englands und Frankreichs in Betracht. (Wiese 1867:105)

Diese realistischen Grundgedanken, welche im Laufe des 19. Jahrhunderts von den humanistischen Bildungszielen anfänglich in den Hintergrund gedrängt wurden, gewannen in der zweiten Hälfte des Jahrhunderts im Zuge der veränderten Lebensumstände der Zeit wieder an Bedeutung. Die Entwicklung der Technik und der Industrie mit der damit verbundenen Zunahme an Handel und dem Ausbau der Verkehrswege erforderten ein Umdenken und gaben utilitaristischen Aspekten mehr Raum (Hamann 1993:132-133). Das Beherrschen fremder Sprachen wurde zu einer wichtigen Qualifikation für das aufstrebende Bürgertum.

Als weitere Einflussfaktoren auf die Neusprachliche Reform sind Erkenntnisse der Vorstellungspsychologie, die die praktische Anwendung der Sprache als ebenso bildend bestätigten wie die Schulung der Grammatik, die Etablierung der Phonetik als neue Wissenschaft sowie die Integration der Neuphilologien in die deutschen Universitäten zu nennen (Hüllen 2005:104-105; Rülcker 1969:15-17). Sie alle führten zu einem veränderten Selbstverständnis der neuen Sprachen und machten ihre Emanzipation von den alten Sprachen möglich. Die Wiener Thesen, die auf dem 8. Deutschen Neuphilologentag 1898 in Wien von Gustav Wendt zusammengestellt wurden, verdeutlichen die neuen Ziele des Fremdsprachenunterrichts, wie sie die Neusprachenreformer sahen. In den ersten sechs der insgesamt zwölf Thesen hieß es:

> 1. Die Beherrschung der fremden Sprache ist das oberste Ziel des Unterrichts; den Unterrichtsstoff bildet das fremde Volkstum. Die fremde Sprache ist das naturgemäße Mittel, um in dessen Erkenntnis einzudringen.
> 2. Die Unterrichtssprache ist französisch oder englisch.
> 3. Die fremde Sprache wird nicht getrieben, um daran die Muttersprache zu lernen.
> 4. Das Übersetzen in die Muttersprache beschränkt sich auf Fälle, wo formelle Schwierigkeiten dazu zwingen.
> 5. Das Übersetzen in die Fremdsprache ist gelegentlich zu üben.
> 6. An die Stelle der Grammatik wird – im Anschluß an die Lektüre – die stilistisch-idiomatische Seite der fremden Sprache betont und für die Synonymik das Verständnis geweckt.
> (zitiert nach Flechsig 1962:153)

Das Primat der gesprochen Sprache, die Reduktion der Grammatik und das induktive Lernen waren die wichtigsten Ansatzpunkte der Neusprachlichen Reform. Die sogenannte „direkte Methode", die die Fremdsprachen imitativ zu vermitteln versuchte, sollte ab 1880 schrittweise die altsprachliche Methode ablösen (Hüllen 2005:106). Wie Rülcker (1969:36) bei der Durchsicht einer großen Zahl an Programmschriften aus dem Jahr 1892 feststellte, konnte jedoch von einer flächendeckenden Einführung keine Rede sein. An nur zwanzig Schulen wurde die Reform tatsächlich umgesetzt, an weiteren 89 Schulen ließen sich teilweise Reformtendenzen erkennen und 430 Anstalten waren über die Reform scheinbar nicht informiert. Dennoch sind die von der Neusprachlichen Reform ausgehenden Auswirkungen auf das Verständnis sprachlicher Bildung für den Fremdsprachenunterricht von entscheidender Bedeutung. In Verbindung mit den veränderten Rahmenbedingungen der Zeit, der schrittweisen Emanzipation der neusprachlichen Methodik von der der klassischen Sprachen und der Etablierung der Neuphilologie als Wissenschaft verhalf sie den modernen Fremdsprachen zu einem eigenständigen Selbstverständnis als Fach. Die neueren Sprachen lösten sich von dem bis spät in das 19. Jahrhundert dominierenden neuhumanistischen Bildungsideal mit seiner Betonung der formalen Bildung und lehnten sich vielmehr an ein utilitaristisch ausgelegtes, realistisches Verständnis sprachlicher Bildung an. Auch wenn sich dieses nur an wenigen Schulen durchsetzen konnte, so gab es doch den modernen Fremdsprachen gegenüber den klassischen Sprachen einen völlig neuen Status im Fächerkanon der höheren Schulen, den sie im ersten Drittel des 20. Jahrhunderts noch weiter festigen konnten.

6.1.3 Kulturkunde

Der wirtschaftliche Aufstieg Deutschlands, der deutsche Imperialismus und in besonderem Maße der 1. Weltkrieg veränderten die Bildungsziele des Neusprachenunterrichts nachhaltig. Sie richteten sich, wie alle Fächer, an dem neuen Bildungsziel im Deutschen Kaisereich und in der Weimarer Republik aus, nämlich an der Erziehung zur Vaterlandsliebe und zum Deutschtum (Raddatz 1977:13). Zum einen sollte über ein stärker auf nationale Inhalte bezogene Fremdsprachenunterricht die politische Einheit Deutschlands unterstützen (Strehlow 2010:65) und zum anderen sollten die modernen Fremdsprachen einen Beitrag zur wirtschaftlichen Weiterentwicklung Deutschlands leisten, indem sie den Schülern Kenntnisse über das Ausland vermittelten und sie auf die Anforderungen eines expandierenden Reichs vorbereiteten (Hüllen 2005:114). Was als Realienkunde, dem Faktenwissen über fremde Länder, begann, erweiterte sich schnell zu einem Kulturunterricht, in dem ein vertieftes Eindringen in die fremden Kulturen erreicht werden sollte. Obwohl noch utilitaristische Ziele im Vordergrund standen, zeichnete sich jedoch auch in dieser Zeit bereits eine Ausrichtung auf die Nationalerziehung ab, die nach dem Krieg zur Wirkung kam. Rülcker (1969:53) spricht von einem „nationalen Utilitarismus" im Fremdsprachenunterricht vor 1914.

Daneben prägte in den ersten beiden Jahrzehnten des 20. Jahrhunderts weiterhin der Neuhumanismus den fremdsprachlichen Unterricht. Unter dem Begriff „moderner Humanismus" hielt man die Beschäftigung mit der französischen und englischen Literatur als besonders geeignet, die deutschen Schüler zu bilden (Apelt 1967:13). Hier wird die Anerkennung des Bildungswertes des Französischen und Englischen, den die beiden Sprachen bis zum Ende des 19. Jahrhunderts erreicht hatten, deutlich (Hüllen 2005:114).

Der 1. Weltkrieg markierte einen tiefen Einschnitt, nicht nur in politischer Hinsicht, sondern auch in Bezug auf den Fremdsprachenunterricht. Die Kriegserlebnisse und die Enttäuschung über die Niederlage führten zu einer Neuausrichtung der Bildung, „zu einer noch stärkeren Rückbesinnung auf die eigene Nation" (Strehlow 2010:61). Oberstes Bildungsziel wurde die Erziehung zum Deutschtum, wie im Artikel 148 der Weimarer Verfassung und später auch in den Richtlinien von 1925 festgelegt wurde (Detjen 2007:72; Raddatz 2001:85).

Auch die modernen Fremdsprachen übernahmen diese neuen Zielvorgaben und setzten sie nach dem 1. Weltkrieg in der sogenannten Kulturkunde um. Der Fokus verschob sich vom Faktenwissen auf ein „ganzheitliches, psychologisch orientiertes und [...] bewertendes Verständnis der Nationalkulturen" (Hüllen 2005:115). Im Fremdsprachenunterricht sollte die Eigenart der Zielkultur über die vermeintlich charakteristischen Eigenschaften der Engländer und Franzosen herausgearbeitet werden (Flechsig 1962:250; Hüllen 2005:117):

> Hauptziel sollte die Erkenntnis der [...] Eigenarten und Ideen werden – d.h. die alte Realienkunde wird umfunktioniert bzw. ergänzt durch eine Volkskunde im Sinne einer völkerpsychologischen Stereotypenlehre. (Apelt 2001:79)

Der Bildungsmaxime der nationalen Erziehung wurde in der Kulturkunde dadurch Rechnung getragen, dass durch den Vergleich eine vertiefte Erkenntnis der deutschen Kultur erreicht werden sollte. Über das Fremde als Folie sollte das eigene Wesen umso positiver herausgestellt werden. „Nicht Kenntnis und Achtung des anderen, sondern Überhöhung des eigenen Wesens war hier das letzte und eigentliche Ziel" (Apelt 1967:34). Gegen Ende der Weimarer Republik erfuhr die Kulturkunde in Zusammenhang mit einer einsetzenden Europaeuphorie eine Erweiterung um die Idee einer „europäischen Kultursynthese", was vor allem dem Französischunterricht zu Gute kam (Hinrichs/Kolboom 1977:174f).

Somit ergab sich für die Zeit von 1859 bis 1931 eine Vielzahl an unterschiedlichen Bildungszielen, an denen sich der Fremdsprachenunterricht ausrichtete. Im 19. Jahrhundert prägte deutlich die formale Bildung das Verständnis der sprachlichen Bildung, bis gegen Ende des Jahrhunderts verstärkt utilitaristische Aspekte an Bedeutung gewannen. In den ersten Jahrzehnten des 20. Jahrhunderts dominierte eine nationalistische Zielsetzung im fremdsprachlichen Unterricht, welche den Schwerpunkt von sprachlichen auf kulturkundliche Inhalte verschob. Gleich, welche Bildungsziele vorherrschend waren, sie nahmen alle Einfluss auf den Diskurs über die Stellung der verschiedenen Fremdsprachen im höheren Schulwesen Preußens.

6.2 Der Fremdsprachenunterricht an Gymnasien und Realanstalten

Im 19. Jahrhundert und bis weit in das 20. Jahrhundert hinein war das Angebot an Fremdsprachen an den höheren Schulen auf einige wenige Sprachen begrenzt. Kern der sprachlichen Bildung an den Gymnasien waren die alten Sprachen, Latein und Griechisch. Daneben wurden mit geringerer Stundenzahl Französisch und später auch Englisch angeboten. Andere moderne Sprachen, wie das Italienische oder Spanische, fanden sich in Preußen nicht in den offiziellen gymnasialen Lehrplänen wieder. An den Realschulen 1. Ordnung bzw. den Realgymnasien wurden neben Latein besonders die modernen Fremdsprachen, d.h. Französisch und Englisch, betrieben, während die Realschulen 2. Ordnung bzw. die Oberrealschulen ihren Fremdsprachenunterricht ausschließlich auf die neueren Sprachen ausrichteten. Das Gleiche galt für die beiden im 20. Jahrhundert neu gegründeten Anstalten, die Aufbauschule und die Deutsche Oberschule. Andere neue Fremdsprachen, wie Italienisch oder Spanisch, nahmen an den Realanstalten nur eine untergeordnete Stellung ein.

6.2.1 Der Unterricht in den klassischen Sprachen

Die klassischen Sprachen waren im Fächerkanon der höheren Schulen in Deutschland das ganze 19. Jahrhundert hindurch die zentralen Unterrichtsgegenstände. Ihre dominante Stellung wurde bis zum Ende des Jahrhunderts als selbstverständlich und notwendig für eine höhere Bildung angesehen, die zum Universitätsstudium berechtigen sollte. Erst das letzte Jahrzehnt des 19. Jahrhunderts brachte diese für lange Zeit unangefochtene Vormachtstellung ins Wanken.

Ihre Position verdanken die alten Sprachen ihrer langen Tradition als Grundpfeiler der höheren Bildung[35]. Während im Mittelalter Latein noch als Sprache der Gelehrten und des geistlichen Lebens aus praktischen Gründen an den Klosterschulen un-

---

[35] Die Geschichte des altsprachlichen Unterrichts ist ausführlich bei Matthiessen (1979 und 1983) dargestellt.

terrichtet wurde (Matthiessen 1983:144), verlagerte sich der Fokus bereits ab dem 15. Jahrhundert immer mehr auf formale Aspekte. Mit dem Humanismus erwachte das Interesse an der antiken Literatur, zu deren Studium fundierte Sprachkenntnisse von Nöten waren (Matthiessen 1979: 14). Obgleich sich im 17. Jahrhundert eine verstärkte Hinwendung zur Muttersprache und zu anderen europäischen Sprachen, wie dem Französischen, abzeichnete und der Unterricht in den klassischen Sprachen an Rückhalt verlor (Matthiessen 1983:151), gab der Neuhumanismus im 18. Jahrhundert den alten Sprachen neuen Aufschwung. Dies galt insbesondere für die griechische Sprache, die in den vorhergehenden Jahrhunderten in einem geringeren Umfang unterrichtet worden war als das Lateinische (Matthiessen 1983:152):

> Das Menschenbild des Neuhumanismus wurde beherrscht von einem besonderen Verhältnis zur Antike. Das Unbehagen an der utilitaristisch-rationalistischen Umwelt und die Sehnsucht nach einem vollkommeneren Dasein ließen das klassische Griechenland als Inbegriff höchster Humanität erscheinen. (Fuhrmann 2001:121-122)

Ziel war es nun, über die Lektüre der antiken Schriftsteller allgemeine Menschenbildung zu erreichen. Neuhumanisten wie Christian Gottlob Heyne (1729-1808) oder Friedrich August Wolf (1759-1824) brachten die sogenannte Altertumswissenschaft an die Universitäten und sicherten somit den klassischen Sprachen ihre Verankerung als wissenschaftliches Fach und ihren Status als unverzichtbares Bildungselement (Matthiessen 1983:154).

Die alten Sprachen erhielten aus diesem Grund auch in der Neuorganisation des Schulwesens unter Humboldt und Süvern zu Beginn des 19. Jahrhundert eine zentrale Stellung. Im Lehrplan von 1816 (siehe Anhang 1.1) wurden am Gymnasium 76 Wochenstunden Latein und 50 Wochenstunden Griechisch in zehn Schuljahren vorgesehen, was einem prozentualen Anteil der beiden alten Sprachen im Fächerkanon von 39,6 % entspricht (vgl. Herrlitz et al. 2009:66). Die hohe Stundenzahl war bedingt durch die Anforderungen, die die Abiturprüfungen in Latein und Griechisch an die Schüler stellten: Es wurde die praktische Verwendung des Lateins und des Griechischen sowohl schriftlich in Aufsätzen und Übersetzungen, als auch zum Teil mündlich von den Schülern verlangt (Fuhrmann 2001:149; Matthiessen 1983:160). Für diejenigen Schüler, die keine Griechischkenntnisse für ihr Berufsleben brauchten, war es möglich, sich vom Griechischunterricht befreien zu lassen. Von dieser Möglichkeit auf Dispens wurde auch häufig Gebrauch gemacht (Kraul 1984:54).

Die folgenden Lehrpläne für das Gymnasium in den Jahren 1837, 1856 und 1882 (siehe Anhang 1.1) trieben die Latinisierung der höheren Schulen konsequent voran. Die Stundenzahl in den Lehrplänen von 1837 und 1859 erhöhte sich auf 86 pro Woche und machte sodann fast ein Drittel der Gesamtstunden aus (Kraul 1984:54; Preuße 1988:8-9). 1882 wurde diese hohe Zahl auf 77 gekürzt.

Dagegen wurde das Stundenpensum für Griechisch im Vergleich zu Latein in diesem Zeitraum eher geschmälert. Die griechische Sprache verlor in den drei Lehrplänen kontinuierlich an Stunden und konnte mit 40 bis maximal 42 Wochenstunden das Niveau von 1816 nicht mehr erreichen.

Die starke Stellung der alten Sprachen auf dem Gymnasium wurde erst durch das Eingreifen des Kaisers Wilhelm II. auf der Schulkonferenz von 1890 eingeschränkt. In seiner berühmten Eröffnungsrede (vgl. 5.2.2) forderte er, dass die deutsche Sprache die Basis der gymnasialen Erziehung sein müsse und nicht mehr die altklassische Bildung, die über Jahrhunderte dominiert hatte. Er betonte, dass „nationale junge Deutsche […], nicht junge Griechen und Römer" (Deutsche Schulkonferenzen 1972a:72) erzogen werden sollten. Mit seiner Rede läutete er einen Kurswechsel für die höheren Schulen ein.

Im Lehrplan von 1892 für das Gymnasium (siehe Anhang 1.1) wurden sodann die Stunden für das Lateinische und Griechische erheblich reduziert. Nachdem die Übersetzung ins Griechische bereits seit 1882 nicht mehr Teil der Abiturprüfung war (Wilamowitz-Möllendorf 1902:161), wurde 1892 auch der lateinische Aufsatz aus den Abituranforderungen gestrichen (Matthiessen 1979:34). Der altsprachliche Unterricht passte seine Ausrichtung den kaiserlichen Forderungen an und verlagerte seinen Schwerpunkt von der formalbildenden Funktion hin zu einem historisch-politisch ausgelegten Studium der Antike mittels der Lektüre bedeutender römischer Werke (Waldeck 1902:143; Preuße 1988:25). So forderte der Lehrplan von 1892 als allgemeines Lernziel „Verständnis der bedeutenderen klassischen Schriftsteller der Römer und sprach-logische Schulung" (Centralblatt 1892:218).

Die Gleichberechtigung aller höheren Schulen im Jahr 1900 sicherte den alten Sprachen ihre vorherrschende Stellung an den Gymnasien, die jetzt in ihrer Konzeption als altsprachliche Gymnasien den Schwerpunkt auf Latein und Griechisch legen konnten, ohne die Gefahr einzugehen, andere Fächer zu vernachlässigen. Aus diesem Grund hob der Lehrplan von 1901 die Stundenzahl für Latein auf 68 Wochenstunden sogar wieder an. Inhaltlich erteilte der neue Lehrplan der formalen

Bildung eine Absage und gab als neues Unterrichtsziel die „Einführung in das Geistes- und Kulturleben des Altertums" (Centralblatt 1901:492) vor.
Die neue Ausrichtung der höheren Schulen auf eine nationale Bildung nach dem 1. Weltkrieg beeinflusste auch den altsprachlichen Unterricht, der sich ebenfalls wie die modernen Sprachen in den Dienst des Deutschtums stellte (Preuße 1988:116). Die Richtlinien von 1925 betonten den altsprachlichen Schwerpunkt des Gymnasiums, indem sie diesem als charakteristischen „Kulturbezirk" die antike Kultur zuwiesen (Denkschrift 1924:21,39ff; Kraul 1984:133). Die Erziehung zum Deutschtum sollte einerseits durch eine Kontrastierung der antiken Kultur mit der deutschen erreicht werden, und andererseits dadurch, dass der Einfluss der griechischen und römischen Kultur auf die deutsche aufgezeigt wurde (Matthiessen 1979:36). Mit den neuen Stundentafeln verlor Latein dennoch zu Gunsten einer neueren Sprache an Stunden, blieb aber mit 56 Wochenstunden das stärkste Fach. Griechisch musste mit 36 Stunden keine Einbußen hinnehmen (siehe Anhang 1.1).

Auch die Realschulen konnten sich nicht dem starken Einfluss der klassischen Sprachen, in ihrem Fall dem Lateinischen, entziehen. Ursprünglich als lateinlose Schulen konzipiert, war es ihnen nicht möglich, diese Ausrichtung lange beizubehalten. Da das lateintreibende Gymnasium im Berechtigungswesen bevorzugt wurde und da selbst für die mittlere Beamtenlaufbahn Lateinkenntnisse Bedingung waren, nahmen ab 1832 immer mehr Realschulen Latein in ihren Fächerkanon auf (Matthiessen 1983:162), wenngleich bei gegenüber dem Gymnasium reduzierter Stundenzahl (siehe Anhang 1.2). Es zeigt sich, dass gerade in der Zeit bis 1882 die Latinisierung der höheren Schulen die Realschulen 1. Ordnung ebenso betraf wie das Gymnasium und auch hier für einen deutlichen Anstieg in der Stundenzahl für Latein verantwortlich war. Trotz der relativ starken Stellung des Lateins an der Realschule 1. Ordnung bzw. am Realgymnasium berechtigte aber das realgymnasiale Abitur nicht uneingeschränkt zu einem Universitätsstudium (vgl. 5.2.1.1) und blieb weiterhin dem gymnasialen Abschluss nachgeordnet.

Dies änderte sich mit der Gleichstellung der höheren Schulen 1900. Das Realgymnasium wurde nun offiziell zu einem neusprachlich ausgerichteten Gymnasium, in dem jedoch weiterhin Latein mit 49 Stunden das stärkste Fach blieb. Erst mit der Schulreform von 1924/25 senkte sich, bedingt durch die verstärkte Ausrichtung aller höheren Schulen auf deutschkundliche Fächer, der Anteil von Latein an der Gesamtstundenzahl deutlich auf 41 Wochenstunden (siehe Anhang 1.2).

Der Blick in die Stundentafeln der höheren Schulen in Preußen zeigte, dass die alten Sprachen bis zum ersten Drittel des 20. Jahrhunderts eine zentrale Stellung in der höheren Bildung einnahmen. Im Laufe des 19. Jahrhunderts konnten die klassischen Sprachen ihre historisch begründete Vormachtstellung erweitern und sich sogar über die Gymnasien hinaus auf weitere Schulen ausdehnen. Jedoch mussten die alten Sprachen bereits gegen Ende des 19. Jahrhunderts Stunden an andere Fächer abgeben. Ab dem 20. Jahrhundert wurde die Konkurrenz durch die neueren Sprachen so groß, dass die alten Sprachen deutliche Einbußen hinnehmen mussten. Dieser Bedeutungsverlust zeigte sich aber weniger in den Lehrplänen als im schwindenden Anteil der altsprachlichen Gymnasien am höheren Schulwesen und somit an den sinkenden Schülerzahlen, die einen altsprachlichen Unterricht genossen (vgl. Lundgreen 1981:104).

6.2.2 Die modernen Fremdsprachen

6.2.2.1 Französisch

Unter den modernen Fremdsprachen, die im 19. Jahrhundert und im ersten Drittel des 20. Jahrhunderts an den höheren Schulen gelehrt wurden, nahm Französisch eine besondere Stellung ein. Die französische Sprache als Unterrichtsgegenstand war bereits zu Beginn des 19. Jahrhunderts an den Gymnasien fest etabliert und konnte sich als einzige neue Fremdsprache neben den klassischen Sprachen im höheren Schulwesen in der ersten Jahrhunderthälfte behaupten. Dorfeld (1892) gibt an, dass an den meisten preußischen Gymnasien zu Beginn des Jahrhunderts Französisch, meist als wahlfreier Unterricht, unterrichtet wurde, so dass bereits 1812 ein französischer Aufsatz als verbindlicher Bestandteil der Reifeprüfung vorgeschrieben werden konnte (Dorfeld 1892:21).

Die besondere Geltung der französischen Sprache lange vor der Konstituierung des staatlichen Schulsystems Mitte des 19. Jahrhunderts lässt sich durch ihre geschichtliche Bedeutung[36] erklären. Die Anfänge des Französischunterrichts reichen bis in das 16. Jahrhundert zurück, als die Kenntnis neuer Sprachen zu einem wichtigen Teil der Erziehung adeliger Kinder wurde. Die Unterweisung geschah zum einen

---

[36] Umfassende Darstellungen zur Frühgeschichte des Französischunterrichts finden sich bei Dorfeld (1892, 1905), Kuhfuß (1976a) und Weller (1980).

im Privatunterricht und zum anderen an Ritterakademien[37], an denen muttersprachliche Sprachmeister die Schüler in die modernen Fremdsprachen, vor allem Französisch und Italienisch, selten Spanisch und Englisch, einwiesen (Dorfeld 1905:3). Zu dieser Zeit „wurde für die Adelserziehung [...] das Erlernen der französischen Sprache weitgehend für unentbehrlich erachtet" (Flechsig 1962:7). Der Französischunterricht wurde damals hauptsächlich aus utilitaristischen Zielen heraus durchgeführt. Es stand die praktische Anwendung, besonders die Konversation, im Vordergrund und „man dachte zunächst nicht daran, eine lebende Sprache etwa nach dem Vorbild der alten Sprachen zu lernen" (Weller 1980:143), wie der Sprachunterricht später im 19. Jahrhundert vornehmlich betrieben wurde.

Im 17. und 18. Jahrhundert erfuhr der Französischunterricht dank der steigenden Geltung Frankreichs in Europa eine weitere Ausbreitung:

> Die Ausstrahlung des Französischen in den europäischen Raum und seine Anerkennung im Fächerkanon deutscher Schulen ist an die Bedingungen der politischen, gesellschaftlichen, wirtschaftlichen und geistesgeschichtlichen Entwicklung Frankreichs gebunden [...]. (Kuhfuß 1976a:323)

Ab Mitte des 17. Jahrhundert etablierte sich das Französische vermehrt als ordentliches Lehrfach an den höheren Schulen, wenn auch meist nur auf wahlfreier Ebene (Christ 1983:96). Es wurde besonders von dem aufstrebenden Bürgertum als wichtiger Gegenpol zum Latein, das als Gelehrtensprache nur einem kleinen Kreis von Privilegierten zur Verfügung stand, verstanden, und als Mittel, ihre Bildung auf andere Weise, nämlich durch die Kenntnis von modernen Sprachen zu definieren (Weller 1980:148).

Im 19. Jahrhundert konnten selbst die Ressentiments gegenüber Frankreich nach den Napoleonischen Kriegen und sogar ein zeitweiliges Verbot des Französischunterrichts auf höheren Schulen 1816 die Bedeutung des Französischen als wichtigste moderne Fremdsprache nicht schmälern (Hüllen 2005:88; Dorfeld 1905:7).

Durch das Aufkommen der Realschulen im 19. Jahrhundert gewann die französische Sprache als Teil der realistischen Fächer noch mehr an Bedeutung (Christ 1983:98). Französisch wurde als erste moderne Fremdsprache von Anfang an in die Lehrpläne der Realanstalten aufgenommen und behielt diese Vorrangstellung vor

---

[37] Die ersten Ritterakademien wurden z.B. 1559 in Tübingen (Collegium Illustre) oder 1618 in Kassel (Collegium Mauritanium) gegründet (Christ 1983:97; Weller 1980:147).

den anderen neueren Fremdsprachen bis zum Ende des Jahrhunderts bei. Dies beweisen die Stundenanteile in den Lehrplänen von 1859 bis 1901 (siehe Anhang 1.2 und 1.3), in denen Französisch mit deutlich höherer Stundenzahl als das Englische die dominierende erste moderne Fremdsprache war.

An den Gymnasien wurde Französisch im Jahr 1837 durch eine Ministerialverfügung zu einem obligatorischen, wenn auch den anderen Fächern untergeordneten Lehrgegenstand (Wiese 1867:29-30):

> Ganz ausdrücklich sprach diese Verfügung dem Französischen, und zwar ihm allein von allen Lehrgegenständen jeden geistbildenden Wert ab. Nur äußeren Gründen des praktischen Nutzens verdanke es ein geduldetes Dasein und auch ein Plätzchen in der mündlichen und schriftlichen Prüfung. (Mangold 1902:192)

In den Normallehrplänen des Gymnasiums vermehrte das Fach Französisch dank seiner steigenden Bedeutung seine Stundenzahl im Laufe des 19. Jahrhundert stetig. Wurde es im Lehrplan von 1837 in nur 12 Stunden ab Tertia unterrichtet, gewann es in den Lehrplänen von 1856 und 1882 deutlich an Stunden. Da der Beginn des gymnasialen Französischunterrichts auf die Quinta vorverlegt wurde, erhöhte sich 1856 die Wochenstundenzahl auf 17 und 1882 sogar auf 21. Die folgenden Lehrpläne 1892 und 1901 behielten eine ähnliche Stundenzahl bei (siehe Anhang 1.1).

Im 20. Jahrhundert sah sich Französisch zunehmend der Konkurrenz durch Englisch ausgesetzt. War es vor dem 1. Weltkrieg noch in der Regel die erste moderne Fremdsprache mit den größten Stundenanteilen, änderte sich die Lage nach dem Krieg drastisch (Reinfried 2008:143). Bedingt durch die Kriegserlebnisse und den Kriegsausgang geriet das Fach in eine schwere Krise, die dem Englischen Vorschub leistete (Christ 1983:99). Unter anderem als Folge daraus verlor Französisch seine Stellung als erste moderne Fremdsprache an den preußischen Schulen (vgl. 6.3.2). Trotz des Konkurrenzkampfes mit Englisch war die Nachkriegszeit eine Ausbauphase der modernen Fremdsprachen allgemein und auch des Französischen.

Die Lehrpläne von 1924 änderten wenig an der Stundenverteilung, obgleich die Gesamtstundenzahl für die Fremdsprachen durch die stärkere Einbeziehung der deutschkundlichen Fächer an allen Schulen herabgesetzt wurde. Neu war allerdings, dass die Lehrpläne nicht mehr die Stundenzahlen für die jeweilige moderne Fremdsprache festlegten, sondern die Unterscheidung nun zwischen erster und zweiter Fremdsprache trafen. Die Wochenstundenzahl hing nun davon ab, ob Französisch als erste oder zweite Fremdsprache unterrichtet wurde (siehe Anhang 1.1-1.3).

Die Geschichte des Französischunterrichts macht deutlich, dass Französisch über mehr als ein Jahrhundert die bedeutendste moderne Fremdsprache an den höheren Schulen Preußens war und lange Zeit als einzige Sprache dem weithin vorherrschenden Latein die Stirn bieten konnte. Durch den königlichen Erlass im Jahr 1900 erreichte sie nach einem langen Kampf um die Vorherrschaft der beiden Sprachen die Gleichberechtigung mit Latein.

6.2.2.2 Englisch

Im Gegensatz zum Französischen musste sich das Englische als Schulfremdsprache seinen Platz an den höheren Schulen erst erkämpfen, denn lange Zeit war es gar nicht oder nur als fakultatives Fach mit wenigen Stunden als Unterrichtsfach vorgesehen. Das Englische als Unterrichtsgegenstand stand in seiner historischen Entwicklung bis in das 20. Jahrhundert hinein immer im Schatten der dominierenden französischen Sprache, bis es sich schließlich im ersten Drittel des 20. Jahrhunderts von seiner Konkurrentin emanzipierte und diese bis zum Ende der Weimarer Republik als meist gelehrte moderne Schulfremdsprache ablöste.

Das Englische konnte im Vergleich zum Französischen nicht auf eine lange und traditionsreiche Bedeutung als Schulfremdsprache im deutschsprachigen Raum zurückblicken. Die ersten Belege für den Englischunterricht[38] finden sich erst im 17. Jahrhundert, ein Jahrhundert später als das Französische, nämlich an dem Gymnasium in Korbach (1668), der Universität Greifswald (1686) und an der Ritterakademie zu Wolfenbüttel (1687) (Aehle 1938:53; Klippel 1994:458; Schröder 1979:242). Von dieser Zeit an wurden junge Adelige im Privatunterricht oder an Ritterakademien auch in Englisch unterrichtet, wenn auch in geringerem Umfang als Französisch, Italienisch und Spanisch (Klippel 1994:54; Walter 1982:42).

Erst ab Mitte des 18. Jahrhunderts trat Englisch als neues Schulfach an den höheren Schulen in Deutschland hinzu, wenngleich an nur wenigen Schulen, in geringem Umfang und nur als fakultativer Lehrgegenstand (z.B. auf dem Collegium Carolinum zu Braunschweig ab 1745, auf dem Pädagogium zu Bützow oder am Gymna-

---

[38] Zur Frühgeschichte des Englischunterrichts empfehlen sich die Darstellungen von Aehle (1938), Fabian (1982) und Klippel (1994).

sium zum Grauen Kloster in Berlin ab 1760; vgl. Junker 1904:414). Förderlich für diese Entwicklung wirkten sich die zunehmenden Handelsbeziehungen zu England und das steigende Interesse an der englischen theologischen und philosophischen Literatur aus (Klippel 1994:257-258; Mugdan/Paprotté 1983:69).

Aus diesen Gründen war die Zielsetzung des Englischunterrichts eine andere als die des Französischunterrichts. Während Französisch vornehmlich aus gesellschaftlichen Gründen gelernt und gelehrt wurde, nämlich um die jungen Adeligen zur Konversation zu befähigen und so ihren Eintritt in die Hofgesellschaft zu ermöglichen, hatten die Englischlernenden eher utilitaristische Ziele vor Augen. Beim Englischunterricht stand zum einen die Beschäftigung mit der englischen Literatur und Philosophie im Vordergrund, weshalb für dieses Zielpublikum nicht das Sprechen als die wichtigste Fertigkeit angesehen wurde, sondern das Leseverstehen. Zum anderen benötigten Handelsleute die Sprache für ihre kommerziellen Kontakte nach England. Somit unterschied sich der Englischunterricht sowohl in seiner utilitaristischen Zielsetzung als durch sein bürgerliches Zielpublikum vom französischen Konversationsunterricht der adeligen Schichten (Hüllen 2005:66; Klippel 1994:271-272).

In der Aufbauphase bis zum ersten Drittel des 19. Jahrhunderts war Englisch zwar noch kein Kernfach, aber immer mehr höhere Schulen boten Englischunterricht an. Dies geschah zu dieser Zeit vorwiegend aus praktischen Gründen und wirtschaftlichem Interesse, weshalb die ersten höheren Schulen mit Englischunterricht, vor allem im Norden Deutschlands zu finden waren, der besonders intensiv Handel mit England betrieb, so zum Beispiel in Altona und Berlin (Walter 1982:33).

> Englisch [wurde gelehrt], wann und wo englische Sprachkenntnisse sich als wünschenswert oder gar notwendig herausstellten: für die Einführung des Unterrichts im Englischen war das konkrete wirtschaftliche Interesse des Bürgertums und der Städte ausschlaggebend, auch wenn dabei die idealen Ansprüche des neuhumanistischen Bildungskonzepts verletzt wurden. (Walter 1982:37)

Die neuhumanistische Ausrichtung der höheren Schulen durch die Humboldtsche Reform war es jedoch dann, die die weitere Ausbreitung des Englischunterrichts verhinderte. Englisch war für die Gymnasien nicht mehr vorgesehen und allein auf die realistischen Anstalten beschränkt (Walter 1982:38).

Englisch wurde 1832 mit der „vorläufigen Instruktion über die an den höheren Bürger- und Realschulen anzuordnenden Entlassungsprüfungen" zum fakultativen

Unterrichts- und Prüfungsgegenstand an den Realanstalten (Schröder 1979:249) und 1859 zur obligatorischen zweiten modernen Fremdsprache nach dem Französischen (Schröder 1979:252). In den Lehrplänen der Realschule 1. und 2. Ordnung wurde Englisch ab der Tertia unterrichtet (siehe Anhang 1.2 und 1.3). In den folgenden Lehrplanänderungen von 1882, 1892 und 1901 konnte das Englische seine Stellung als zweite moderne Fremdsprache behaupten. Während es an der Oberrealschule an Stunden gegenüber dem Französischen gewann, verlor es am Realgymnasium durch die stärkere Einbindung des Lateins, wenn auch nur geringfügig, an Wochenstunden. Dennoch änderte sich nichts an seiner etablierten, wenn auch der französischen Sprache untergeordneten Stellung an den Realschulen.

Anders sah die Situation an den Gymnasien aus, in deren Fächerkanon neben dem Latein und Französisch keine weitere moderne Fremdsprache mehr vorgesehen war[39]. Englisch wurde an vielen Schulen nur auf wahlfreier Ebene mit wenigen Stunden angeboten. An dieser Situation änderte keine der großen Lehrplanänderungen etwas: Englisch blieb weiterhin als ordentliches Fach vom Gymnasium ausgeschlossen. Allein der Lehrplan von 1892 erwähnte explizit die Möglichkeit, Englisch auf der Oberstufe wahlfrei zu belegen (vgl. Christ/Rang 1985e:41). Erst das Eingreifen von Kaiser Wilhelm II. durch seinen „Allerhöchsten Erlaß" vom 26. November 1900 verhalf dem Englischen zur Aufnahme in den gymnasialen Lehrplan:

> Besonderen Wert lege Ich darauf, daß bei der großen Bedeutung, welche die Kenntnis des Englischen gewonnen hat, diese Sprache auf den Gymnasien eingehender berücksichtigt wird. Deshalb ist [...] in den drei oberen Klassen der Gymnasien, wo die örtlichen Verhältnisse dafür sprechen, das Englische an Stelle des Französischen unter Beibehaltung des letzteren als fakultativen Unterrichtsgegenstandes obligatorisch zu machen. (Wiese 1902:31)

Das Englische wurde zwar nicht, wie vom Kaiser gewünscht, für alle Schüler obligatorisch, fand aber immerhin im Lehrplan von 1901 mit drei Stunden ab der Untersekunda als Wahlpflichtfach statt Französisch Berücksichtigung als Teil des Fächerkanons des Gymnasiums (vgl. Christ/Rang 1985e:47; siehe Anhang 1.1).

---

[39] Es gab einige Ausnahmen, die den Englischunterricht an Gymnasien zuließen: Es bestand die Möglichkeit Realklassen an Gymnasien (sog. „Bifurcationssystem") unter Einbeziehung des Englischen anzubieten (Walter 1982:48ff). Daneben konnten Schüler ab 1856 an kleinen Gymnasien in Preußen Griechisch durch Englisch ersetzen (Schröder 1979:252).

Die ersten Jahrzehnte des 20. Jahrhunderts bescherten dem Englischen einen beispiellosen Aufstieg. Dies lag zum einen an der Expansion der realistischen Schulen, an denen Englisch seit ihrer Gründung als zweite moderne Fremdsprache geführt wurde, und zum anderen an den politischen Ereignissen im Zuge des 1. Weltkrieges, der zu Ressentiments gegen das Französische führte. Englisch setzte sich nun verstärkt auch als erste Fremdsprache an den Schulen durch (vgl. 6.3.2) (siehe Anhang 7).

Die Lehrpläne von 1924 trugen der steigenden Bedeutung des Englischen Rechnung. Sie ließen zum ersten Mal die Wahl zwischen Französisch und Englisch als erster oder zweiter Fremdsprache an den Realanstalten offen und gaben nur die Stundenzahlen für die erste oder zweite neuere Sprache an. An den Gymnasien wurde Englisch, falls nicht Französisch gewählt wurde, ab 1924 als zweite Pflichtfremdsprache mit einer deutlich erhöhten Stundenzahl gegenüber 1901 unterrichtet (siehe Anhang 1.1). Dies zeigt, dass sich auch die Gymnasien der steigenden Bedeutung der neueren Sprachen nicht mehr entziehen konnten.

Das Englische als Schulfremdsprache hat somit im 19. und 20. Jahrhundert den größten Bedeutungszuwachs unter den modernen Fremdsprachen erfahren, gelang ihm doch der Aufstieg von einem auf wahlfreier Ebene verhafteten Unterrichtsgegenstand zur regulären, dem Französischen ebenbürtigen Schulfremdsprache. Dabei ist hervorzuheben, dass das Englische seinen Siegeszug vor allem den Realschulen verdankte, an denen es sich schon früh einen festen Platz im Lehrplan sichern konnte. Die dort erreichten Erfolge verhalfen der englischen Sprache letztendlich zur Aufnahme in die Gymnasien, die sich nach mehr als einem halben Jahrhundert nach Einführung des Englischen als Unterrichtsgegenstand an Realschulen dem nicht mehr widersetzen konnten. Damit blieb das Englische aber die letzte moderne Fremdsprache, die sich als obligatorischer Unterrichtsgegenstand in dem Fächerkanon der höheren Schulen etablieren konnte.

6.2.2.3 Italienisch

Die italienische Sprache als Schulfach an höheren Schulen in Deutschland hatte im Vergleich zu Französisch und Englisch eine deutlich untergeordnete Stellung inne. Wenn sie sich einen Platz im Lehrangebot einer höheren Schule erobern konnte, so blieb sie meist nur auf den freiwilligen Wahlunterricht beschränkt. Allein im Süden

Deutschlands, besonders in Bayern, war das Italienische an manchen Schulen als reguläres Unterrichtsfach im Wahlbereich eingeführt.

Dabei hatte das Italienische in seiner Geschichte[40] eine gute Ausgangsposition, gerade im Vergleich zu Englisch, um sich als Fremdsprache an den höheren Schulen zu etablieren, denn noch im 17. und 18. Jahrhundert war die italienische Sprache die wichtigste moderne Fremdsprache neben dem Französischen in Deutschland und lag in ihrer Bedeutung weit vor Englisch und Spanisch (Christmann 1992:49; Reimann 2009:15[41]). In dieser Zeit, in der die neuen Fremdsprachen im Privatunterricht oder an Ritterakademien unterrichtet wurden, fand das Italienische stärkere Berücksichtigung als das Englische (Walter 1982:42). So wurde beispielsweise auf der Ritterakademie in Erlangen 1700 Italienisch gleichwertig zu Französisch, aber vorranging gegenüber dem Englischen und Spanischen unterrichtet (Neumeister 1999:26; Reimann 2009:17). Ein Grund dafür war das hohe Ansehen der italienischen Sprache und Kultur an den Adelshöfen im 17. und 18. Jahrhundert (Waldinger 1981:44).

Analog zu den anderen modernen Fremdsprachen begann der schulische Unterricht des Italienischen erst im 18. Jahrhundert, als das Fach an einigen wenigen höheren Schulen, z.B. am Gymnasium Illustre zu Stuttgart (1687, 1780, 1797) oder Gymnasium Christianeum zu Altona (1740), meist als Wahlfach, zeitweise angeboten wurde (Neumeister 1999:27; Reimann 2009:17). Das große Interesse von Seiten deutscher Dichter und Gelehrter wie Goethe oder Humboldt an Italien förderte die Ausbreitung des Italienischen als Schulfach (Waldinger 1981:45), jedoch blieb seine Stellung weiterhin dem Französischen nachgestellt.

Die Aufnahme der italienischen Sprache an den höheren Schulen in Deutschland im 18. Jahrhundert vollzog sich regional recht unterschiedlich. Während sich besonders in Süddeutschland das Italienische schon bald neben dem Französischen behaupten konnte - es war schon in der Schulverordnung für die Kurbayerischen Lyzeen und Gymnasien 1777 als fakultatives Fach vorgesehen -, gewannen im Norden

---

[40] Zur Frühgeschichte des Italienischunterrichts empfehlen sich Christmann (1992) und Gorini (1997).

[41] Der Aufsatz von Reimann (2009) ist eine überarbeitete Fassung des Beitrags von Bodganski, Gudrun/Reimann, Daniel (2004). „‚Vom Mauerblümchen zur Orchidee'. Die Entwicklung des Faches Italienisch an deutschen Schulen". In: Becker, Norbert/Lüderssen, Caroline (Hrsg.). *Wandlungen des Italienischunterrichts*. Bamberg: C.C. Buchner. 7-35. Da es sich um eine nahezu identische Fassung handelt, wird im Folgenden nur nach Reimann (2009) zitiert.

besonders das Englische und in geringerem Umfang auch das Spanische an Bedeutung und ließen der italienischen Sprache wenig Raum (Reimann 2009:19).
Im 19. Jahrhundert konnte sich das Italienische in Preußen nicht als zweite moderne Fremdsprache neben dem Französischen etablieren, denn diese Position nahm zunehmend Englisch für sich in Anspruch, und es blieb so weiterhin in seiner Randstellung verhaftet. Sowohl auf den Realanstalten als auch auf den Gymnasien, wenn auch dort in weit geringerem Umfang, wurde das Italienische meist nur als Wahlfach angeboten (Gantter 1862:712). Der Lehrplan von 1859 spricht diese Möglichkeit für die Realschulen explizit an: „Das Italiänische [sic] kann, wo locale Verhältnisse es wünschenswert machen, als facultative Lektion auf den Lehrplan gebracht werden" (Wiese 1867:106). Der Lehrplan sah sogar vor, dass aufgrund der Handelsbeziehungen zu Italien an den Realschulen von u.a. Aachen und Crefeld Italienisch mit wenigen Wochenstunden als zusätzliche Fremdsprache unterrichtet werden konnte (Wiese 1867:44).

Auf Grund seiner untergeordneten Stellung als Schulfremdsprache fand die italienische Sprache in den offiziellen Lehrplänen Preußens keine Berücksichtigung und wurde auch kaum von der pädagogischen Presse der damaligen Zeit thematisiert, selbst in der großen Enzyklopädie von Rein (11 Bände, 1903-1911) nicht.

Auch im 20. Jahrhundert änderte sich die Situation kaum. Die italienische Sprache fristete „bis in die zweite Hälfte des zwanzigsten Jahrhunderts ein ausgesprochenes Mauerblümchen-Dasein hinter den großen Fremdsprachen Englisch und Französisch" (Reimann 2009:22). Es hatte selbst an dem allgemeinen Aufstieg der Tertiärsprachen in den zwanziger Jahren, wie es mit Spanisch und Russisch geschah, keinen Anteil (Reimann 2009:22).

Eine Sonderstellung nahm das Italienische in Bayern ein, wo es bereits im 18. Jahrhundert als Unterrichtsgegenstand angeboten wurde. So konnten Realschüler ab dem letzten Drittel des 18. Jahrhunderts an der „Hauptrealschule" in München neben Französisch auch Italienisch lernen (Fürnrohr 1991:647). Zu Beginn des 19. Jahrhunderts hatte die italienische Sprache bereits eine etablierte Stellung als zweite moderne Fremdsprache neben Französisch inne. So war es durch das Niethammersche Normativ ab 1808 an bayerischen Realschulen[42] neben Französisch mit zwei bis drei Wochenstunden in allen fünf Jahrgangsstufen Pflichtfach (Buchinger

---

[42] Der Lehrplan der Realschulen hatte nur bis 1816 Bestand, als alle Realanstalten in Höhere Bürgerschulen umgewandelt wurden (Liedtke 1993:108).

1983:89; Christ/Rang 1985e:126). Durch Umstrukturierungen im bayerischen Realschulwesen verlor das Italienische jedoch seine Position als zweite Fremdsprache und wurde zunehmend vom Englischen verdrängt. In den folgenden Lehrplänen für die Realschulen fand es keine Berücksichtigung mehr. Erst ab 1891 war es Realschülern offiziell wieder möglich, Italienisch auf wahlfreier Ebene zu lernen (Christ/Rang 1985e:88).

Auch an den Gymnasien in Bayern wurde die italienische Sprache schon ab Jahrhundertmitte als Wahlfach angeboten. So war es ab 1854 möglich, Italienisch wahlfrei zu lernen, wenn auch die Lehrpläne noch nicht explizit darauf hinwiesen (Liedtke 1993:93). Ab den Lehrplänen von 1874 wurde Italienisch offiziell als fakultatives Fach mit zwei Stunden pro Woche neben Englisch eingeführt (Christ/Rang 1985e:31; Gorini 1997:39). In Bayern konnte ab 1873 sogar die Lehramtsprüfung für das Fach Italienisch abgelegt werden (Dorner 1995:327).

Im 20. Jahrhundert setzte sich diese Entwicklung fort. Die italienische Sprache war fest in allen Lehrplänen des bayerischen Gymnasiums und der bayerischen Realschulen nach 1900 als Wahlfach verankert (vgl. Christ/Rang 1985e). Diese Sonderstellung in Bayern im Vergleich zu Preußen ist auf die räumliche Nähe und auf die lange Tradition an intensiven Handels- und Kulturbeziehungen zwischen Italien und Bayern zurückzuführen (vgl. Stauber 2010:38ff).

Das Italienische als Schulsprache war somit im 19. Jahrhundert und im ersten Drittel des 20. Jahrhunderts fast ausschließlich auf den wahlfreien Bereich festgelegt und konnte, abgesehen von seiner privilegierten Rolle in Bayern, weder mit der etablierten französischen Sprache noch mit dem „Aufsteiger" Englisch an den höheren Schulen konkurrieren.

6.2.2.4 Spanisch

Im 19. Jahrhundert nahm Spanisch unter den Schulfremdsprachen die am wenigsten bedeutsame Stellung ein. Es wurde nur an einer kleinen Zahl von höheren Schulen, v.a. in Norddeutschland, als Wahlfach unterrichtet und erschien, im Gegensatz zu den anderen Sprachen und selbst zum Italienischen, nicht in offiziellen Lehrplänen oder dem Lehrangebot einzelner Schulen. Eine Ausnahme stellten die Hansestädte dar. Die spanische Sprache blieb somit für den institutionalisierten Fremdsprachenunterricht bis in die zwanziger Jahre des 20. Jahrhunderts fast bedeutungslos, obwohl ihre Relevanz für den Handel in den deutschen Handelszentren eine stärkere Berücksichtigung hätte erwarten lassen. In seiner geschichtlichen Entwicklung war der Spanischunterricht im Gegensatz zu den anderen modernen Sprachen von Anfang an stärker praktisch ausrichtet, denn Spanischkenntnisse waren vor allem für die Kaufleute, besonders der norddeutschen Handelsstädte, von Bedeutung (Niederehe 1992:135) und wurden in weit geringerem Maße als das Französische und Italienische als wichtiger Teil der höfischen Erziehung für junge Adelige gesehen. Auch wenn Spanisch wie die anderen Fremdsprachen ebenso an den Ritterakademien, z.B. am Collegium Illustre ab 1618, und privat unterrichtet wurde, nahm es immer eine untergeordnete Stellung ein (Voigt 1991:126-127). Diese Randstellung korrelierte jedoch nicht mit seiner geschichtlichen und kulturellen Bedeutung. Trotz Spaniens Aufstieg zur einer bedeutenden Führungsmacht in Europa und der folgenden Blütezeit im 17. Jahrhundert und trotz der Faszination der Romantiker für die spanische Kultur konnte sich das Spanische nicht als Unterrichtsfach langfristig etablieren (Steinhilb 1985:9).[43]

Die eigentliche Daseinsberechtigung als Unterrichtsfach verdankte die spanische Sprache ihrer Bedeutung für den Handel mit Spanien und Südamerika, die auch ihre Aufnahme in die damaligen Bildungseinrichtungen förderte. Aus diesem Grund lag der Beginn des institutionalisierten Spanischunterrichts in den norddeutschen Hansestädten. Bereits 1778 wurde die erste bedeutende Handelsschule Deutschlands, die Handelsschule Büsch in Hamburg, gegründet, an der neben Französisch und Englisch auch Spanisch, Holländisch und Italienisch gelehrt wurden (Voigt 1998:35). An den höheren Schulen in Hamburg wurde schon 1800 die Einführung des Spanischen gefordert (Haack 1937: 69), umgesetzt wurden die Pläne aber erst 1852 durch seine Aufnahme in das Lehrangebot des Johanneums:

> Unter die Lehrgegenstände hat die Schuldeputation [...] auch die spanische Sprache aufgenommen, da dieselbe jetzt so vielfach von jungen Comptoiristen gefordert wird, daß sie unmöglich in einer Schule vernachlässigt werden konnte, deren Schüler sich zum größten Teil dem Kaufmannsstande widmen. (zitiert nach Haack 1937:70)

---

[43] Die hohe Zahl der Veröffentlichungen von Unterrichtsmitteln (hier: Grammatiken) für die spanische Sprache für deutsche Lerner im 17. und 18. Jahrhundert spricht eine andere Sprache. Würde man nach diesen gehen, zeichnet sich das Bild, das Sánchez (1992) darstellt: „Hacia finales de siglo se inicia un florecimiento de los estudios del español en Alemania, a juzgar por los numerosos libros que se publican en este país" (163). Auf der unterrichtlichen Ebene schlägt sich diese Blüte der spanischen Studien jedoch nicht nieder.

Trotz allem vermochte es die spanische Sprache nicht, sich auf lange Sicht als Schulfremdsprache zu etablieren und blieb bis zum 20. Jahrhundert ohne nennenswerte Relevanz für den schulischen Sprachunterricht. Dort, wo im Norden im 19. Jahrhundert vereinzelt Spanisch als Unterrichtsfach angeboten wurde, handelte es sich meist um Handelsklassen mit kurzen Lehrgängen von zwei oder drei Jahren und wenigen Wochenstunden. An den Realanstalten mit Spanischunterricht, z.B. in Hamburg, beschränkte sich das Angebot auf den Wahlbereich (Haack 1937:70).

In den zwanziger Jahren des 20. Jahrhunderts erfuhr der Spanischunterricht an den höheren Schulen einen bemerkenswerten Aufstieg. In den ersten beiden Jahrzehnten wurde Spanisch zwar weiterhin nur vereinzelt angeboten, die Zahl der Schulen mit Spanisch stieg aber langsam an (Voigt 1998:42). 1921 waren es in Deutschland insgesamt ca. 30 Schulen, in Hamburg allein 14, an denen Spanisch meist auf fakultativer Ebene unterrichtet wurde (Steinhilb 1985:47). Als Hauptgrund für die immer noch geringe Verbreitung des Spanischen als Schulsprache macht Haack (1937) folgende Schwierigkeit aus: „[...] für ein wirkliches Gedeihen des spanischen Unterrichts fehlte die Vorbedingung: die Gleichwertung des Spanischen mit dem Unterricht im Englischen und Französischen" (Haack 1937:71).

Der 1. Weltkrieg brachte die Wende für den schulischen Spanischunterricht. Mehr und mehr Schulen waren auf der Suche nach Alternativen zu den „Feindessprachen" Französisch und Englisch (Christ 2002:65). Die Neutralität Spaniens im 1. Weltkrieg und das dadurch unbelastete Verhältnis zwischen Deutschland und Spanien verschaffte der spanischen Sprache Eingang in das preußische höhere Schulwesen (Steinhilb 1985:38; Voigt 1989:42). Sie wurde an einer Vielzahl von Schulen meist auf fakultativer Ebene, aber auch als dritte Fremdsprache angeboten und als Abiturfach statt Französisch zugelassen (Voigt 1989:43). Die Zahl der Schulen mit Spanischunterricht stieg sehr schnell an. Waren es in Preußen 1922 noch 47 Anstalten, verdoppelte sich die Zahl innerhalb von zwei Jahren. Diese Entwicklung setzte sich fort und man zählte 1926 117 Schulen, 1928 130 Anstalten und im Jahre 1930 154 Schulen[44] allein in Preußen (Steinhilb 1985:56-58). Als Pflichtfach war es aber nur an Schulen außerhalb Preußens eingeführt, nämlich in Pforzheim (1922),

---

[44] Die Zahlen beziehen sich auf höhere Knaben- und Mädchenschulen.

Schwäbisch-Gmünd (1922), Bremen (1924), Lübeck (1924) und Hamburg[45] (1925) (Steinhilb 1985:59).

Aus diesem großen Interesse an Spanisch ergab sich das Problem, dass in Deutschland nicht genug Spanischlehrer vorhanden waren. In ganz Deutschland belief sich die Zahl der Lehrer mit Facultas für die spanische Sprache auf nur 50 Lehrkräfte (Steinhilb 1985:57), obwohl Spanisch seit 1917 ordentliches Fach für die Lehramtsprüfung war (Haack 1937:74; Schulz 1923:26). Dies war ein Grund, der sich hemmend auf die Ausbreitung des Spanischunterrichts als Pflichtfach auswirkte.

Die spanische Sprache wurde in den zwanziger Jahren auch außerhalb der Schulen verstärkt gefördert. So wurden weitere ibero-amerikanische Institute gegründet, wie 1925 in Berlin oder 1926 in Würzburg, verschiedene Universitäten boten spanische Ferienkurse an und auch die Verlage erweiterten ihr Angebot an Lehrbüchern und Materialien für den Spanischunterricht (Haack 1937:84).

Auch auf bildungspolitischer Ebene konnte sich Spanisch Gehör verschaffen. Die Tagungen des Deutschen Neuphilologen-Verbandes wurden in den zwanziger Jahren zur Plattform für Forderungen nach Einführung des Spanischen als Pflichtfach an den deutschen Schulen, was von dem damaligen Kultusminister Boelitz auf der Tagung 1924 in Berlin auch in Aussicht gestellt wurde (vgl. ADNV 1925:27f; Haack 1937: 73ff;79). Nach dem Führungswechsel im preußischen Kultusministerium 1925 versiegte die offizielle Unterstützung und ein spanischer Pflichtunterricht wurde nicht eingeführt (Haack 1937:80, 85). Spanisch wurde auch in den Richtlinien von 1925 nicht erwähnt (Steinhilb 1985:49). Ab Mitte der zwanziger Jahre verlor somit es wieder an Rückhalt und „[...] die Bewegung zugunsten des Spanischen, die trotz ihrer bemerkenswerten Breite und Intensität weder in der Schulpolitik noch in der kulturellen Diskussion definitiv Fuß fassen konnte, [ebbte] wieder ab" (Voigt 1998:45).

Blickt man zusammenfassend auf das Angebot an den modernen Fremdsprachen an den höheren Schulen Preußens, dann zeigt sich, dass zwar alle wichtigen klassischen und modernen Fremdsprachen vertreten waren, aber deren Stellung und Be-

---

[45] Hamburg stellt hinsichtlich des Spanischunterrichts einen Sonderfall dar. Spanisch war aus wirtschaftlichen Gründen deutlich stärker vertreten als in anderen Teilen Deutschlands. 1928 wurde auch ein Lehrplan für Spanisch als zweite Fremdsprache an den Realanstalten veröffentlicht (Christ/Rang IV:114ff). Eine ausführliche Darstellung zur Geschichte des Spanischunterrichts in Hamburg hat Haack (1937) vorgelegt.

deutung stark divergierte. Während im 19. Jahrhundert die klassischen Sprachen, besonders das Lateinische, den Fremdsprachenunterricht klar dominierten, konnte von den neuen Sprachen nur das Französische mit ihnen konkurrieren. Als „Aufsteiger" des 19. Jahrhunderts kann das Englische bezeichnet werden, das sich von einem wahlfreien Schulfach zur zweiten obligatorischen Fremdsprache entwickelt hat. Daneben hatten weitere Sprachen keinen Platz mehr im verpflichtenden Lehrangebot und so blieben das Italienische und Spanische auf den Wahlbereich beschränkt.

Das 20. Jahrhundert brachte den neueren Fremdsprachen einen beachtlichen Aufstieg. Sie lösten sich aus der Konkurrenz zum Lateinischen und zogen immer mehr Schüler, insbesondere an den Realanstalten, an. Gleichzeitig büßte jedoch das Französische immer mehr an seiner früheren Vorrangstellung als erste moderne Fremdsprache ein. Es bekam die Konkurrenz durch das Englische, das bis zum Ende der Weimarer Republik zur beliebtesten neueren Schulsprache wurde, und später auch durch das Spanische zu spüren. Während sich die spanische Sprache fest im preußischen Schulwesen der Weimarer Republik etablieren konnte, blieb das Italienische weiterhin fast bedeutungslos.

6.3 Die Sprachenfolge in den preußischen Lehrplänen

Die Stellung der aufgeführten Fremdsprachen an den höheren Schulen Preußens war zu einem großen Teil bestimmt durch den Rang, der ihnen durch die jeweiligen Lehrpläne zugesprochen wurde. Obwohl sich Lehrplanänderungen nur in einem begrenzten Maße und zeitlich sehr langsam vollzogen, geben gerade Umstellungen in der Sprachenfolge Aufschluss über den Bedeutungsgewinn oder –verlust der jeweiligen Schulsprachen.

6.3.1 Die Sprachenfolge im 19. Jahrhundert

Die Sprachenfolge an den höheren Schulen Preußens gab ab Mitte des Jahrhunderts immer wieder Anlass zu heftigen Diskussionen und stellte einen wesentlichen Teil des Schulstreits dar. In den Lehrplänen jedoch fanden die geforderten Änderungen meist keine Berücksichtigung und so blieb die Sprachenfolge während des gesamten 19. Jahrhunderts sowohl an den Gymnasien als auch an den Realschulen nahezu unverändert.

Bei der Darstellung der Aufeinanderfolge der Fremdsprachen im 19. Jahrhundert muss zwischen den lateintreibenden und den lateinlosen Schulen unterschieden werden[46]. Die lateinlosen Realschulen 2. Ordnung bzw. die späteren Oberrealschulen boten seit ihrer Normierung 1859 eine Sprachenfolge mit Französisch als erster und Englisch als zweiter Fremdsprache an (siehe Anhang 8). Französisch setzte in der Sexta mit sechs Wochenstunden nach den Lehrplänen von 1859, 1892 und 1901 bzw. mit acht Wochenstunden nach dem Lehrplan von 1882 ein und wurde mit relativ hoher Stundenzahl, meist mit fünf oder sechs Stunden, bis zur Prima fortgeführt. Englisch als zweite Fremdsprache folgte in der Tertia und wurde ebenso bis zum Abitur unterrichtet (siehe Anhang 1.3). Die Wochenstundenzahl mit vier oder fünf Stunden lag unter der des Französischen und markierte so deutlich die Stellung des Englischen als zweiter Fremdsprache auf der lateinlosen Realschule.

Die einzigen, wenn auch geringen Änderungen in den Lehrplänen ergaben sich hinsichtlich der Stundenzahl. Mit den Lehrplänen von 1882 erfuhren die modernen Sprachen an den lateinlosen Realschulen eine deutliche Aufwertung in ihrer Gesamtstundenzahl und erreichten auf alle Schuljahre gerechnet 56 Wochenstunden für Französisch und 26 für Englisch. Dies wurde mit dem Lehrplan von 1892 jedoch wieder revidiert. Besonders das Französische verlor an Stunden im Gesamtlehrplan, lag aber weiterhin mit 31 Stunden deutlich vor Englisch mit 18 Stunden. Auf wahlfreier Ebene konnte Italienisch als dritte Fremdsprache gelernt werden (Wiese 1867:106). An wenigen Schulen traten als dritte Fremdsprachen das Italienische bzw. das Spanische hinzu, was durch eine besondere regionale Situation begründet war. Dies war für das Italienische an einigen Realschulen wie in Aachen und Crefeld sowie für das Spanische in Altona der Fall (Wiese 1867:44).

An den lateintreibenden höheren Schulen dominierte Latein als erste Fremdsprache, das mit hoher Stundenzahl vor allen anderen Fremdsprachen unterrichtet wurde. An den Realschulen 1. Ordnung wurde durchgehend die Sprachenfolge mit Latein als erster, Französisch als zweiter und Englisch als dritter Fremdsprache angeboten (siehe Anhang 1.2 und 8). Mit zwei im Lehrplan verankerten modernen Fremdsprachen zusätzlich zum Latein wies sich die Realschule 1. Ordnung bzw. das Real-

---

[46] Da die Reformanstalten im 19. Jahrhundert eine Sonderform der höheren Schulen darstellten und bis in die zwanziger Jahre des 20. Jahrhunderts nicht in den offiziellen Lehrplänen aufgeführt wurden, finden sie in diesem Kapitel keine Berücksichtigung. Zur Sprachenfolge an den Reformschulen vgl. 7.2.3.

gymnasium als die höhere Schule aus, in der der Fremdsprachenunterricht eine bedeutende Stellung einnahm. Dieser begann mit Latein in der Sexta mit 8 Wochenstunden, das sich bis zum Abitur mit sich stetig reduzierender Stundenzahl fortsetzte und in der Prima nach den Lehrplänen von 1859 und 1892 nur noch mit drei Wochenstunden unterrichtet wurde. Die Gesamtstundenzahl blieb trotz der Lehrplanänderungen relativ konstant bei 43 bis 49 Stunden. Nur im Lehrplan von 1882 erfuhr das Lateinische am Realgymnasium eine deutliche Aufwertung auf 54 Gesamtstunden. Mit dieser Maßnahme wurde versucht, durch eine Angleichung an den gymnasialen Lehrplan im Bereich des Lateinunterrichts eine Aufwertung des Realgymnasiums und eine Gleichberechtigung im Berechtigungswesen mit den Gymnasien zu erreichen (Lundgreen 1980:68). Bereits mit dem nächsten Lehrplan 1892 wurden die Stunden um elf Wochenstunden auf 43 verringert und so auf das Niveau des Lehrplans von 1859 zurückversetzt.

Französisch als zweite Fremdsprache setzte bis zum Lehrplan von 1892 bereits ein Jahr später als Latein in der Quinta ein und wurde mit vier oder fünf Stunden wöchentlich bis einschließlich Prima unterrichtet. Erst 1892 wurde der Beginn der zweiten Fremdsprache um ein Jahr auf die Quarta verschoben, um eine zu schnelle Aufeinanderfolge der beiden Sprachen zu vermeiden, was Kürzungen in der Gesamtstundenzahl zu Folge hatte. Die Stundenzahl blieb in den Jahren von 1859 bis 1901 jedoch relativ konstant bei 31 bis 34 Stunden. Erst der Lehrplan von 1901 verringerte deren Anzahl auf 29.

Das Englische wurde an den Realschulen 1. Ordnung bzw. Realgymnasien als dritte Fremdsprache gelehrt. Es setzte erst in der Tertia mit drei bis vier Wochenstunden ein und musste ebenfalls bis zum Abitur belegt werden. In der Gesamtstundenzahl lag es mit 18 bis 20 Wochenstunden deutlich hinter den beiden anderen Fremdsprachen, erfuhr jedoch im Vergleich zu Latein und Französisch die wenigsten Änderungen in den jeweiligen Lehrplänen.

Eine erste Lockerung der Sprachenfolge auf den Realanstalten trat mit dem Lehrplan von 1892 mit folgender Anordnung in Kraft:

> Die Provinzial-Schulkollegien sind ermächtigt (…) b. an allen Realanstalten die für das Französische und Englische angesetzten Stunden gegen einander vertauschen zu lassen, vorausgesetzt, daß eine derartige Abweichung durch die Lage des Schulorts und seiner Verkehrsverhältnisse gerechtfertigt erscheint. (Centralblatt 1892:268)

Erstmals war es den Realgymnasien[47] und Oberrealschulen auf Antrag beim Kultusministerium möglich, Englisch als erste moderne Fremdsprache vor dem Französischen anzubieten. Es überrascht, dass diese bedeutungsschwere Umkehrung in einer Anmerkung zum Lehrplan versteckt, von der zeitgenössischen Presse[48] kaum rezipiert und auch nur an wenigen Schulen umgesetzt wurde. Der Wunsch nach einem Beginn mit Englisch als erster Fremdsprache war zu jenem Zeitpunkt noch nicht ausgeprägt genug (vgl. 7.1.4.3). Die Lehrpläne von 1901 bestätigten diese Ausnahmeregelung (Centralblatt 1901:541).

Die Sprachenfolge am Gymnasium war den meisten Veränderungen unterworfen, denn es konnte sich im Laufe des 19. Jahrhunderts nicht dem wachsenden Einfluss der modernen Sprachen entziehen. Die Konstante in der gymnasialen Sprachenfolge war jedoch das Lateinische als erste Fremdsprache, für das der Lehrplan eine deutlich höhere Stundenzahl vorsah als für die anderen Sprachen (siehe Anhang 1.1). Ab 1837 wurde Latein von der Sexta an mit 10 Stunden wöchentlich bis zur Sekunda angeboten. In der Prima reduzierte sich die Stundenzahl auf 8 Wochenstunden. In der Gesamtstundenzahl machte das Lateinische mit 86 Stunden den Schwerpunkt des gymnasialen Unterrichts aus. Erst die Lehrpläne von 1882 reduzierten die wöchentliche Anzahl auf neun Stunden bis zur Tertia und acht Stunden ab Sekunda, ab 1892 sogar auf nur sechs bis maximal acht Wochenstunden. Die Gesamtstundenzahl sank somit von 86 auf 77 in den Lehrplänen von 1882 bis zu 62 ab 1892. Diese Verringerung lag zum einen an dem Versuch, die beklagte Überbürdung der Schüler zu vermeiden (Christ/Rang 1985a:41) und zum anderen an einer gewissen Aufwertung der modernen Sprachen am Gymnasium:

> Die Verminderung der Stunden für das Lateinische an den Gymnasien um 15 [...] ist in erster Linie durch die unabweisbare Forderung einer Verminderung der Gesamtstunden und der Vermehrung der Turnstunden geboten gewesen. Bei den Gymnasien kam überdies noch die Notwendigkeit der Verstärkung des Deutschen, des Zeichnens und der Aufnahme des Englischen in den Lehrplan dazu. (Centralblatt 1892:272)

Zweite Fremdsprache im gymnasialen Lehrplan war seit 1856 das Französische, während vorher das Griechische diesen Platz eingenommen hatte (siehe Anhang

---

[47] Anton v. Walter (1982:64) bezieht diese Regelung nur auf die Oberrealschulen. Die Vertauschung fand aber auch an Realgymnasien, z.B. auf dem Realgymnasium in Osnabrück Anwendung (siehe Anhang 3.3).

[48] Allein Lindemann (1896) und Weidner (1894) weisen auf diese Ausnahme hin.

1.1). Es setzte bereits in der zweiten Klasse des Gymnasiums ein, wurde aber mit vergleichsweise geringer Wochenstundenzahl von zwei bis drei Stunden bis zum Abitur unterrichtet. Mit einer Gesamtstundenzahl von nur 17 Stunden machte das Französische gerade einmal 6,4% des gesamten Fächerangebots aus, während Latein im Vergleich dazu einen Anteil von 32,1% hatte (Herrlitz et al.2009:66). Erst der Lehrplan von 1882 sah eine Erhöhung der Stundenzahl auf 21 vor, die jedoch 1892 bereits wieder um 3 Stunden gesenkt wurde.

Eine weitere Änderung erfuhr die Sprachenfolge auf dem Gymnasium hinsichtlich des Beginns der zweiten Fremdsprache. Analog zu den Realgymnasien setzte ab 1892 das Französische erst zwei Jahre nach Latein in der Quarta und nicht wie vorher bereits in der Quinta ein:

> Der Beginn des Französischen an gymnasialen und demgemäß auch an realgymnasialen Anstalten auf IV zurückzuschieben, war geboten, weil erfahrungsgemäß es mit sehr großen Schwierigkeiten verknüpft ist, in den unteren Klassen in zwei aufeinander folgenden Jahren eine neue Fremdsprache anzufangen. Demgemäß ist an allen gymnasialen und realgymnasialen Anstalten vom Schuljahre 1892/93 ab das Französische in V in Wegfall zu bringen und in IV nach der neuen Lehraufgabe mit erweiterten Übungen zu wiederholen. (Centralblatt 1892:273f)

Mit dieser Veränderung wurde den Forderungen nach einer längeren Pause zwischen erster und zweiter Fremdsprache und nach der Vermeidung von einer raschen Aufeinanderfolge der Sprachen Rechnung getragen (Christ/Rang 1985a:41).

Der Platz der dritten Fremdsprache gebührte auf dem Gymnasium als höhere Schule mit Schwerpunkt auf den klassischen Sprachen dem Griechischen. Während es in der ersten Jahrhunderthälfte noch als zweite Fremdsprache vor Französisch gelehrt wurde, hatte die Änderung der Sprachenfolge im Lehrplan von 1856 zur Folge, dass es zur dritten Fremdsprache am Gymnasium wurde (siehe Anhang 1.1). Dabei wurde aber die hohe Zahl von sechs Wochenstunden beibehalten, was das Griechische stundenmäßig weiter als zweite wichtige Fremdsprache nach dem Latein auszeichnete. Die Gesamtstundenzahl belief sich auf 42 und machte so einen prozentualen Anteil von 15,7% im gesamten Angebot der Fächer aus (Herrlitz et al. 2009:66). Griechisch lag somit von seinem Anteil her weit vor Französisch, wenngleich letzteres von der Abfolge her die zweite Fremdsprache darstellte. Mit den Lehrplänen von 1882 und 1892 wurde der Beginn des Griechischen auf die Tertia verlegt, was zu einer Verringerung der Gesamtstundenzahl auf 40 bzw. 36 insgesamt führte. Es wurde aber weiterhin mit sechs bis sieben Stunden Unterricht pro

Woche angeboten. Dies zeigt, dass das Griechische als die eigentliche zweite Fremdsprache des Gymnasiums anzusehen ist.

Englisch wurde erst mit dem Lehrplan von 1892 als weitere moderne Fremdsprache und reguläres Unterrichtsfach in den gymnasialen Lehrplan aufgenommen (siehe Anhang 1.1). Es trat als vierte fakultative Fremdsprache zu den anderen hinzu. Es konnte auf wahlfreier Ebene in den letzten drei Jahren, d.h. ab der Obersekunda, mit zwei Stunden wöchentlich belegt werden. Bereits seit 1856 aber wurde das Englische im Ersatzunterricht anstelle des Griechischen angeboten. In kleinen Städten konnten diejenigen Schüler, die kein Abitur anstrebten, die Erlaubnis auf Dispensation vom Unterricht im Griechischen beantragen und stattdessen den Englischunterricht besuchen (Wiese 1867:33; 178; Christ/Rang 1985b:179). Diese Schüler lernten Englisch somit als dritte reguläre Fremdsprache statt Griechisch.

Die Sprachenfolgen der jeweiligen höheren Schulen waren trotz der Lehrplanänderungen das gesamte 19. Jahrhundert hinweg nahezu ohne Veränderungen. Es wurden zwar die Stundenzahlen oder der Beginn der jeweiligen Sprachen in manch neuen Lehrplänen angepasst, aber wesentliche Modifikationen ergaben sich nicht. Gerade weil von Seiten des Kultusministeriums nur sehr moderate Änderungen vorgenommen wurden, blieb die Diskussion um die Sprachenfolge in der gesamten zweiten Jahrhunderthälfte sehr lebendig. Die Kritiker sahen in keinem der Lehrpläne ihre Forderungen nach einer Veränderung der Sprachenfolge an den höheren Schulen erfüllt.

6.3.2 Die Sprachenfolge im 20. Jahrhundert

Erst das 20. Jahrhundert brachte einschneidende Änderungen für die Sprachenfolge an den höheren Schulen Preußens (siehe Anhang 8). Die Lehrpläne von 1901 standen aber noch in der Tradition des 19. Jahrhunderts und bestätigten im Wesentlichen die vorhergehenden Stundentafeln. Der Lehrplan der Realgymnasien sah ab 1901 nur geringe Änderungen vor. Es erhöhte sich lediglich der Stundenanteil für Latein von 43 auf 49, während der für Französisch um zwei Stunden auf 29 sank. Die Stundentafel der Oberrealschule blieb dagegen unverändert (siehe Anhang 1.2 und 1.3).

Am Gymnasium blieb es bei der Sprachenfolge Latein-Französisch-Griechisch-Englisch, wenn auch die Wochenstunden für Latein deutlich auf 68 und für Französisch um eine Stunde auf 20 erhöht wurden (siehe Anhang 1.1). Eine erste bedeutende Abänderung der Sprachenfolge wurde aber in die Lehrpläne von 1901 des Gymnasiums aufgenommen:

> Eine Abweichung von dem vorstehenden Lehrplan ist dahin gehend zulässig, daß in den drei oberen Klassen (OII, UI und OI) an Stelle des verbindlichen Unterrichts im Französischen solcher Unterricht im Englischen mit je 3 Std. tritt, das Französische aber wahlfreier Lehrgegenstand mit je 2 Std. wird. (Centralblatt 1901:474)

Englisch konnte mit dieser Ausnahmeregelung, für die eine Genehmigung beim Kultusministerium einzuholen war (Centralblatt 1901:541), als dreistündiges Wahlpflichtfach auf der Oberstufe des gymnasialen Lehrplans unterrichtet werden. Französisch wurde dann in den letzten drei Klassen in den Wahlbereich verdrängt. Die Aufnahme des Englischen als obligatorischer Unterrichtsgegenstand kann als Reaktion auf den Allerhöchsten Erlass vom 26. November 1900 gesehen werden, in dem Kaiser Wilhelm II. forderte, „daß bei der großen Bedeutung, welche die Kenntnis des Englischen gewonnen hat, diese Sprache auf den Gymnasien eingehender berücksichtigt wird" (Wiese 1902:31).

In den folgenden Jahrzehnten stieg die Bedeutung des Englischen als Schulfremdsprache weiter an, so dass verstärkt Forderungen laut wurden, an Stelle des Französischen Englisch als erste neuere Fremdsprache treten zu lassen. Bis in die zwanziger Jahre war dies nur mit Sondergenehmigung nach der Ausnahmeregelung des Lehrplans von 1892 möglich (vgl. 6.3.1). In der Praxis war aber „bis zum Jahre 1921 Englisch als 1. neuere Fremdsprache eine seltene Ausnahmeerscheinung in Preußen" (Engel 1927a:768). Engel zählte bis einschließlich 1921 nur insgesamt 10 Schulen[49] mit Englisch als erster Fremdsprache (siehe Anhang 7).

Die ersten höheren Schulen, an denen Englisch regulär als erste Fremdsprache unterrichtet werden konnte, waren die Deutsche Oberschule und die Aufbauschule. Die Stundentafeln von 1922 gaben folgende Sprachenfolgen vor:

> Als grundständige Fremdsprache kommt je nach den landschaftlichen Bedürfnissen Französisch oder Englisch in Frage. [...] Wird Englisch als grundständige Fremdsprache gewählt, so kann unbedenklich als zweite Fremdsprache eine romanische oder slawische Sprache oder Latein oder die Sprache des Grenzgebietes (z.B. Niederländisch, Dänisch

---

[49] Engel (1927a:768) führt folgende Schulen mit Englisch als erste Fremdsprache auf: Geestemünde (Realgymnasium) (ab 1887), Osnabrück (ab 1894), Emden (ab 1900), Wilhelmshaven (ab 1900), Geestemünde (Oberrealschule) (ab 1904), Plettenberg (ab 1903), Otterndorf (ab 1919), Ülzen (ab 1919) sowie zwei Anstalten in Schleswig-Holstein ab 1921.

u.a.) gewählt werden. Wo aber Französisch die grundständige Fremdsprache ist, wird in der Regel Englisch die zweite Fremdsprache sein müssen. (Zentralblatt 1922b:123)

Zum ersten Mal war somit die Wahl der ersten Fremdsprache in den Preußischen Lehrplänen nicht vorgegeben, was erstmals Englisch regulär als erste Fremdsprache zuließ. Die erste Fremdsprache erhielt an der Deutschen Oberschule maximal 46 Stunden und an der sechsjährigen Aufbauschule 30 bzw. 31 Stunden (siehe Anhang 1.5 und 1.6). Die Einführung der Deutschen Oberschule und der Aufbauschule war für einen ersten signifikanten Anstieg des Englischen als erster Fremdsprache in Preußen verantwortlich. In nahezu allen Provinzen wurden 1922 Schulen, zumeist Aufbauschulen, mit Englisch als Anfangssprache gegründet (vgl. Simon 1930:44-45) (siehe Anhang 7).

Die Vorgaben der Stundentafeln unterstrichen die besondere Bedeutung des Englischen, denn in jedem Fall musste dieses auf der Deutschen Oberschule und auf der Aufbauschule unterrichtet werden, besonders wenn Französisch als Anfangssprache gewählt wurde. Im umgekehrten Fall war Französisch nicht zwingend, im Gegenteil, es konkurrierte als zweite Fremdsprache mit Latein, anderen romanischen und sogar slawischen Sprachen.

Die zweite Fremdsprache ab der Untertertia der Deutschen Oberschule und der Aufbauschule war nicht obligatorisch, sondern ein Wahlpflichtfach mit deutlich weniger Stunden als die erste Fremdsprache (siehe Anhang 1.5 und 1.6). Gerade aus diesem Grund konnte in der Konzeption der Schulen das Sprachenspektrum auf weitere moderne Fremdsprachen ausgedehnt werden:

> Die Einführung einer zweiten Fremdsprache, die vielen aus praktischen Gründen, anderen um der Vollwertigkeit der deutschen Oberschule willen nötig erscheint, könnte den Sondercharakter der deutschen Oberschule leicht beeinträchtigten, wenn sie nicht an der Peripherie des Lehrplans ihren Platz erhält. An solcher Stelle kann sie aber in der Tat wertvoll sein, weil sie dann die Weiterbildung des Schülers im Beruf und beim Studium wesentlich fördert. Handelt es sich also nur um die Erlernung für besondere Bedürfnisse, dann erscheint bei der Wahl dieser nur „rezeptiv" zu erlernenden Sprache Wahlfreiheit erwünscht in dem Sinne, daß hier verschiedene Fremdsprachen als wahlfreie Pflichtfächer sich darbieten. Ganz gewiß wird für viele Studienfächer Latein nicht fehlen dürfen. Andere werden Englisch nicht entbehren wollen. Aber auch Russisch, Polnisch, Spanisch, Italienisch, Dänisch und anderes können je nach Lage der Dinge für verschiedene Anstalten ein Bedürfnis sein. (Zentralblatt 1922a:3)

Durch ihre Stellung als Wahlpflichtfächer, die den Kernunterricht nicht beeinträchtigten, wurden weitere neuere Sprachen in Betracht gezogen. Je nach örtlichen Bedürfnissen konnten Russisch, Polnisch, Spanisch, Italienisch, Dänisch oder auch andere Sprachen angeboten werden. Zieht man jedoch die Statistiken zum deutschen Schulwesen zum Vergleich heran, zeigt sich, dass von dieser Möglichkeit so gut wie kein Gebrauch gemacht wurde. In der Übersicht von Simon (1927) über die 1926 in Preußen vorhandenen Knabenschulen nach ihrer Sprachenfolge werden als zweite Fremdsprachen nur Latein, Englisch und Französisch aufgelistet. Nur an einer Schule in der Provinz Schleswig-Holstein wurde Dänisch nach Englisch unterrichtet (vgl. Simon 1927:37). Die Diskrepanz zwischen dem Wahlangebot und der tatsächlichen Realisierung könnte darauf zurückzuführen sein, dass die Nachfrage an den oben genannten Sprachen mit Ausnahme des Spanischen zu gering war, als dass diese in das Wahlpflichtangebot einer Schule aufgenommen werden konnten[50]. Für Spanisch waren in Preußen nicht genug Lehrer vorhanden, um Spanisch auf Wahlpflichtebene anzubieten (vgl. 9.1.3.2).

Die Möglichkeit, den Schulen die Wahl zwischen Englisch und Französisch selbst zu überlassen und somit Englisch als erste Fremdsprache offiziell zuzulassen, wie es bereits bei der Konzeption der Deutschen Oberschule und der Aufbauschule praktiziert wurde, wurde 1923 für alle höheren Schulen geschaffen. Mit dem Ministerialerlass vom 10. Februar 1923 reagierte Kultusminister Boelitz auf die wiederholten Forderungen, Englisch als erste Fremdsprache einzuführen:

> Wiederholt ist in den letzten Jahren von verschiedenen Seiten bei mir angeregt worden, an den höheren Lehranstalten und Mittelschulen an die Stelle des Französischen das Englische als erste lebende Fremdsprache treten zu lassen. [...] Ich behalte mir vor, im Zusammenhang mit der beabsichtigten allgemeinen Neubearbeitung der Lehrpläne auch über diese Frage endgültige Bestimmungen zu treffen. Während der Übergangszeit, die zur Erweiterung der Erfahrungen eine gewisse Mannigfaltigkeit erwünscht ist, erscheint es unbedenklich, wenn in dieser Beziehung in den einzelnen Landesteilen verschieden verfahren wird. Ich bin daher gern bereit, Wünschen, die auf eine weitere Einführung des Englischen als erster lebender Fremdsprache abzielen, zu entsprechen. [...] Um zu ermöglichen, daß die Vertauschung des Französischen gegen das Englische da, wo der Wunsch besteht, noch zu Ostern d. Js. durchgeführt werden kann, ermächtige ich vorübergehend

---

[50] Für die Deutsche Oberschule und die Aufbauschule macht die Preußische Statistik zum Schuljahr 1926 keine Angaben zum Wahlfachangebot in den Fremdsprachen (vgl. Preußisches Statistisches Landesamt 1931:494, 508). Zieht man jedoch die Zahlen der anderen Schularten zum Vergleich heran, so zeigt sich nur eine geringe Nachfrage an anderen Fremdsprachen wie Dänisch, Russisch oder Polnisch. Nur für das Spanische wurden im Schuljahr 1926 an vielen Schulen Wahlkurse angeboten (vgl. Preußisches Statistisches Landesamt 1931:313, 336, 431, 447, 483).

die Provinzialschulkollegien und Regierungen, dahingehende Anträge, zunächst für den ersten in Betracht kommenden Jahrgang der höheren Lehranstalten und Mittelschulen, selbständig zu genehmigen. (Zentralblatt 1923:88)

Angesichts der Tatsache, dass schon lange vorher Englisch als erste Fremdsprache gewünscht wurde, scheint der Erlass nahezu übereilt, bedenkt man, dass die Durchführung bereits kurze Zeit später, zum Ostertermin 1923 geschehen konnte. Zögerte das preußische Kultusministerium hinsichtlich der allgemeinen Einführung des Englischen als erster Fremdsprache über Jahrzehnte hinweg, schien die Umsetzung 1923 nicht schnell genug gehen zu können. Der Erlass führte Ostern 1923 zu „Massenumstellungen" (Simon 1927:36) auf Englisch als erste Fremdsprache. Auch die Zahlen der nächsten Jahre zeigen „den siegreichen Vormarsch des Englischen fast auf der ganzen Linie" (Simon 1927:36). Unter den Aufbauschulen und Deutschen Oberschulen begann die Mehrheit 1926 bereits mit Englisch. An den Reformschulen neuer Art war das Verhältnis mit 73 Schulen mit Französisch als Anfangssprache gegen 71 mit Englisch fast ausgewogen. An den gymnasialen und realgymnasialen Anstalten überwog weiterhin Französisch als erste neuere Fremdsprache an 199 Schulen, aber Englisch wurde schon an 163 Schulen angeboten. Allein an den Realgymnasien und Oberrealschulen war weiterhin Französisch vorherrschend (vgl. Simon 1927:36-37). 1926 begannen bereits 41,25% aller höheren Knabenschulen mit Englisch (Aehle 1938:17). Zur geographischen Verteilung macht Simon aus seiner Zusammenstellung folgende Beobachtungen: „Allgemein kann man sagen, daß die nördlichen und östlichen Provinzen, von Brandenburg und Berlin abgesehen, überwiegend zum Englischen übergegangen sind, während Westfalen, Hessen-Nassau und Rheinland einschl. Saargebiet noch zähe am Französischen festhalten" (Simon 1927:37).

Die Stundentafeln von 1924 und die Richtlinien von 1925 bestätigten den Erlass von 1923, indem sie nicht mehr vorgaben, an welchen Schultypen Französisch oder Englisch die erste oder zweite Fremdsprache sein sollte, sondern indem sie den Schulen die Wahl überließen. In den Stundentafeln wurde nur nach erster und zweiter Fremdsprache unterschieden (vgl. Zentralblatt 1924:286-289). Die erste Fremdsprache erhielt auf der Oberrealschule mit 40 und auf dem Realgymnasium mit 27 Stunden den höchsten Stundenanteil. Die zweite Fremdsprache hatte 22 bzw. 20 Stunden. Das Realgymnasium unterschied in seiner Stundentafel, ob Französisch oder Englisch als erste Fremdsprache gewählt wurde. War es Französisch, so bekam es die maximale Stundenzahl; war es Englisch, reduzierte diese sich auf 24 Wochenstunden. Die eingesparten drei Stunden wurden auf die für die zweite Fremdsprache vorgesehenen Stunden aufgerechnet. Eine Neuerung betraf den Lehrplan des Gymnasiums. Die vierte wahlfreie Fremdsprache fiel weg. Es war nur eine neuere Fremdsprache nach Latein vorgesehen, für die mit 15 Stunden deutlich weniger Zeit zur Verfügung gestellt wurde als noch 1901 (siehe Anhang 1.1 bis 1.3).

Die Schulreform von 1924/25 brachte eine weitere Änderung mit sich. Diese betraf das Reformrealgymnasium, das ab Anfang der zwanziger Jahre offiziell als eigene, reguläre Schulform geführt wurde (Müller/Zymek 1987:127). Diese sah durch ihre Entwicklung aus der Reformschule nach dem Frankfurter Lehrplan die Sprachenfolge Französisch-Latein-Englisch vor. Latein begann dabei als zweite Fremdsprache in der Untertertia, Englisch als dritte Fremdsprache in der Untersekunda. Die neuen Lehrpläne vertauschten Latein und die zweite Fremdsprache, so dass ab 1924 in der Regelform des Reformrealgymnasiums Latein als dritte Fremdsprache ab der Untersekunda unterrichtet wurde (siehe Anhang 1.4.2; vgl. Zentralblatt 1924:286). Als Grund gab das Ministerium in seiner Denkschrift zur Neuordnung des höheren Schulwesens das fehlende Bildungsideal des Reformrealgymnasiums an (vgl. Denkschrift 1924:43) (vgl. 9.2.1). Nach heftigem Widerstand aus Reihen der Lehrer und Verbände gegen diese Änderung genehmigte Kultusminister Becker ab 1925 auf Antrag weiterhin das Reformrealgymnasium alter Art. Die ursprüngliche Reformschule nach dem Frankfurter Lehrplan wurde nun zur „Ausnahmeform des Reformrealgymnasiums" (Zentralblatt 1925b:113). Latein erhielt die in der Regelform für die zweite Fremdsprache vorgesehenen Stunden und die dritte Fremdsprache die des Lateins (siehe Anhang 1.4.3).

Die Mannigfaltigkeit der Sprachenfolgen, die von Bonitz in seinem Erlass von 1923 noch erwünscht war, wurde zu einem großen Problem im preußischen Schulwesen. Durch die Freiheit in der Gestaltung der Sprachenfolge, die die Lehrpläne den Schulen gewährten, entstand eine unvergleichliche „Bildungszerrissenheit" (Engel 1927b:11) im höheren Schulwesen. Während es im Schuljahr 1925 noch 24 unterschiedliche Formen höherer Knabenschulen waren, gab es im Schuljahr 1926 bereits 37 verschiedene Typen, entstanden aus der Vielfalt an Kombinationsmög-

lichkeiten der Fremdsprachen[51] (Aehle 1938:17-18; Simon 1927:37) (siehe Anhang 9)[52]. Dieses „Sprachenwirrwarr", wie die zeitgenössische Presse die damalige Situation betitelte (z.b. Krüper 1931:55; Niewöhner 1928:592), war ein Grund für eine erneute heftige Diskussion um die Sprachenfolge und für Forderungen von verschiedenen Seiten nach Vereinheitlichung des höheren Schulwesens.
Erst 1931 wurde von offizieller Seite ein Versuch unternommen, eine einheitliche Regelung zu finden. Dies geschah durch den Ministerialerlass vom 27. November 1931, der folgende Regelung zur Sprachenfolge an den grundständigen höheren Schulen aufstellte:

> 1. Von Ostern 1932 ab ist an allen grundständigen höheren Schulen das Französische die erste neuere Fremdsprache. Zu Ostern 1932 haben demnach auch die Schulen, die bisher mit dem Englischen als Fremdsprache beginnen, das Französische in den neu zu errichtenden Sexten, die Schulen, die mit Latein anfangen, allgemein das Französische in den neuen Quarten einzuführen.
> 2. Bei Beginn der zweiten neueren Fremdsprache können die Schulen sich entscheiden, welche Sprache Hauptsprache werden soll (Realgymnasium, Reformrealgymnasium der Regelform, Oberrealschule, Oberlyzeum jeder Form), bzw. welche Sprache sie verstärkt betreiben wollen (Reformrealgymnasium mit Latein von U III ab, realgymnasiale Studienanstalt, Deutsche Oberschule für Knaben und Mädchen). [...] (Zentralblatt 1931:342)

Damit wurde Französisch verbindlich als erste neuere Sprache an den grundständigen höheren Schulen festgelegt. Dieser sogenannte Grimme-Erlass[53] setzte somit den Erlass von Bonitz aus dem Jahre 1923 außer Kraft. Der Kompromiss, der dem Englischen als nunmehr zweite moderne Fremdsprache weiterhin eine zentrale Stellung an den Schulen ermöglichen sollte, war die Unterscheidung zwischen erster Sprache und Hauptsprache. Auch wenn Französisch erste Fremdsprache war, konnte Englisch ab der Untertertia mit verstärkter Stundenzahl betrieben werden (Sauer 1968:23). Das Gleiche galt für den Französischunterricht an der Oberrealschule, zu dessen Gunsten das Englische Stunden abgeben konnte (siehe Anhang 4).
Es ist zu beachten, dass die Vereinheitlichung der Sprachenfolge nicht das Gymnasium betraf. Das Gymnasium und das Reformgymnasium wurden von der neuen

---

[51] Bis zum Schuljahr 1929 sank die Zahl der Schultypen wieder leicht auf 35 (vgl. Simon 1929:754) (siehe Anhang 6).
[52] Im gesamten Deutschen Reich gab es allein an den Knabenschulen sogar 78 unterschiedliche Formen der Sprachenfolge (vgl. Lehberger 1986:72).
[53] Benannt nach dem damaligen Kultusminister Adolf Grimme.

Regelung ausgenommen und mussten als verpflichtende erste neuere Fremdsprache Englisch anbieten (Grimme 1931:223).

Da der Grimme-Erlass zu einer Zeit durchgesetzt wurde, in der die Mehrheit der Schulen, nämlich 57,6% im Jahr 1931, mit Englisch begann (Aehle 1938:22), war der Protest von unterschiedlichster Seite extrem groß. Der Sprachenstreit fand nicht, wie intendiert, ein Ende, sondern entfachte sich umso stärker.

Die „Vereinbarung der Länder über den Unterricht in lebenden Sprachen an den höheren Schulen" von 1932, die eine reichseinheitliche Sprachenfolge festlegen sollte, übernahm die Regelung des preußischen Ministerialerlasses:

> 1. In allen höheren Schulen, die in der Sexta mit einer lebenden Fremdsprache beginnen, ist Französisch die Anfangssprache.
> 2. In höheren Schulen mit Latein als grundständiger Fremdsprache ist Französisch die erste lebende Fremdsprache.
> 3. Es bleibt den Ländern überlassen zu entscheiden, welche der lebenden Fremdsprachen nach Umfang und Art ihres Betriebs Hauptsprache sein soll.
> 4. Abgesehen von der Deutschen Oberschule beginnt in allen Schularten, in denen nicht Latein die grundständige Fremdsprache ist, die zweite Fremdsprache in der Untertertia.
> [...]
> 6. Die Länder werden diese Vereinbarung spätestens im Schuljahr 1933/34 einführen.
> (Christ/Rang 1985c:29)

Damit wurde auch für das Deutsche Reich Französisch als erste Fremdsprache festgelegt[54]. Einige Länder schlossen sich der Vereinbarung jedoch nicht an. Sachsen, Hamburg, Mecklenburg-Schwerin, Braunschweig, Oldenburg, Bremen, Lübeck und Mecklenburg-Strelitz behielten weiterhin Englisch als erste Fremdsprache bei (Aehle 1938:28; Christ/Rang 1985c:29). Somit war eine reichseinheitliche Regelung gescheitert.

Für das deutsche Bildungswesen blieb die Ländervereinbarung ohne Konsequenzen, denn auf Grund der Machtübernahme durch die Nationalsozialisten wurde sie nie umgesetzt (Lehberger 1986:73). Erst im Nationalsozialismus wurde eine reichseinheitliche Sprachenfolge durchgesetzt, die schließlich die Vielfalt der höheren Schulen in der Weimarer Republik und den Sprachenstreit beendete.

---

[54] Auf der Reichsschulauschusssitzung vom 27.-29. April 1922 sprachen sich die Vertreter der Unterrichtsverwaltungen der Länder noch für Englisch als erste Fremdsprache aus (vgl. *Deutsches Philologenblatt* 39/1931:541).

Teil II: Der Kampf gegen Latein – Die Sprachenfolge im 19. Jahrhundert zwischen Humanismus und Realismus

7. Schwerpunkte der Diskussion um die Sprachenfolge

Die Sprachenfolge an den höheren Schulen Preußens blieb während des 19. Jahrhunderts in den jeweiligen Lehrplänen nahezu unverändert. Nur allmählich änderte sich die Stellung der verschiedenen Schulfremdsprachen im Laufe des 19. Jahrhunderts, aber gerade aus diesem Grund waren die Organisation des fremdsprachlichen Unterrichts, die fremdsprachlichen Bildungsziele und die Abfolge der Schulfremdsprachen zentrale Themen im schulpolitischen Diskurs.

Der Diskurs über die Fremdsprachen im Allgemeinen und über die Sprachenfolge im Besonderen verlief auf verschiedenen Ebenen der preußischen Bildungspolitik. Auf schulimmanenter Ebene wurden konkrete Bildungsziele des fremdsprachlichen Unterrichts, die Stellung der jeweiligen Sprachen in den Lehrplänen und unterschiedliche Sprachenfolgen diskutiert. Dieser Diskurs, an dem sich vor allem die Lehrer der jeweiligen Schulformen und Fächer über Schulprogrammschriften beteiligten, war auf einer curricularen Ebene (vgl. 7.1) verhaftet, denn er wollte über eine Veränderung der Lehrpläne auf die Organisation des fremdsprachlichen Unterrichts im höheren Schulwesen Preußens einwirken.

Als weitere Diskursebene trat die schulpolitische Ebene hinzu (vgl. 7.2), auf der Vorschläge zur Umgestaltung des höheren Schulwesens auf Basis einer Änderung der Sprachenfolge erörtert wurden. Dies geschah nicht mehr allein durch Veröffentlichungen von Schulmännern, sondern auch durch deren aktive Beteiligung an der Bildungspolitik Preußens, beispielsweise in Form von Eingaben an den Kultusminister oder durch die Teilnahme an den Schulkonferenzen. Ziel war es hier, konkreten Einfluss auf die Gestaltung des höheren Schulwesens zu nehmen und nicht mehr nur allein Lehrplanveränderungen herbeizuführen.

Der Diskurs zur Sprachenfolge ging im 19. Jahrhundert sogar weit über eine rein schulpolitische Diskussion hinaus und dehnte sich in zunehmendem Maße auch auf eine gesellschaftspolitische Ebene aus (vgl. 7.3), auf der sich unterschiedliche außerschulische Interessensverbände formierten, um Stellung zur Sprachenfrage im höheren Schulwesen zu beziehen. Dabei spielten insbesondere standespolitische Interessen eine entscheidende Rolle.

Im Folgenden sollen nun die inhaltlichen Schwerpunkte der Diskussion um die Sprachenfolge auf ihren verschiedenen Ebenen nachgezeichnet werden[55]. Dabei finden sowohl die Argumente der Altphilologen zur Stellung der klassischen Sprachen als auch die der Neuphilologen in Bezug auf die modernen Schulfremdsprachen Englisch, Französisch, Italienisch und Spanisch Berücksichtigung. Da der gesamte Diskurs in einem spezifisch institutionellen und bildungstheoretischen Rahmen verankert ist, ist es unvermeidbar, dass sich bei der Darstellung der einzelnen Diskussionsthemen inhaltliche Überschneidungen ergeben, denn viele Argumente wurden von unterschiedlichen Diskursteilnehmern gleichermaßen verwendet.

7.1 Curriculare Ebene

In der gesamten zweiten Hälfte des 19. Jahrhunderts wurden Forderungen auf curricularer Ebene sowohl von Seiten der Altphilologen als auch der Neuphilologen gestellt, mit denen sie entweder den bisherigen Stand des jeweiligen Fachs verteidigten oder für Änderungen im Lehrplan kämpften. Während sich die Altphilologen um die Verteidigung der klassischen Sprachen als Kern der höheren Bildung und um die Beibehaltung ihrer privilegierten Stellung in den Lehrplänen der höheren Schulen bemühten, forderten die Neuphilologen die Etablierung der modernen Sprachen als ebenbürtiges Bildungsmittel, indem sie deren Vorteile und Bildungsgehalt unter Beweis stellten. Neben der direkten Auseinandersetzung zwischen den alten und neuen Sprachen stand das Sprachangebot der höheren Schulen im Allgemeinen auf dem Prüfstand, denn innerhalb der Neuphilologie war man sich nicht einig, welche Schulfremdsprache die geeignetste war und welche als obligatori-

---

[55] In diesem Teil der Untersuchung stehen die inhaltlichen Schwerpunkte im Vordergrund, weshalb die Quellen nach inhaltlichen Aspekten ausgewertet wurden. Obwohl sich der Diskurs zur Sprachenfolge im 19. Jahrhundert in verschiedene zeitliche Phasen gliedern lässt (vgl. 8.1), werden Belege vorrangig nach Themenbezug und nicht nach zeitlicher Zuordnung aufgenommen. So werden bei denjenigen Schwerpunktthemen, die zeitlich nicht streng abgesteckt sind, sondern Teil des generellen Schulkampfes sind, Quellen aus der zweiten Hälfte des 19. Jahrhunderts gleichberechtigt verwendet. Diese Vorgehensweise erscheint für das 19. Jahrhundert sinnvoll und notwendig, da die Hauptdiskursinhalte und Argumentationslinien insgesamt nur wenige Änderungen erfahren.

sches Schulfach eingeführt werden sollte. Die eigentliche Diskussion über die Sprachenfolge drehte sich um die Veränderung der traditionellen Sprachenfolge mit Latein als erster Fremdsprache auf dem Gymnasium und den Realgymnasien bzw. Französisch auf den Realschulen. Im Rahmen dieses Diskurses wurden verschiedene Reformvorschläge zur Neugestaltung der Sprachenfolge zur Diskussion gestellt.

7.1.1 Die klassischen Sprachen als traditioneller Kern der höheren Bildung

Die klassischen Sprachen wurden traditionell als Kern der höheren Bildung angesehen (vgl. 6.2.1). Die Altphilologen hielten die Vorrangstellung des Lateinischen auf dem Gymnasium und Realgymnasium für gegeben und sicher, so dass sich die große Mehrheit der Realschullehrer für Latein erst ab 1870, der Gymnasiallehrer sogar erst ab 1880 in den Schulstreit einmischte[56], nämlich als deutlich wurde, dass die neueren Sprachen immer mehr an Einfluss gewannen und zu einer ernstzunehmenden Konkurrenz wurden. Dies hatte zur Folge, dass die Verteidigung der Stellung der klassischen Sprachen auf den höheren Schulen in Preußen zu einem der zentralen Themen des Schulkampfes zwischen humanistischer und realistischer Bildung wurde, welche die Kontrahenten aber nicht ohne Gegenwehr aufnahmen.

7.1.1.1 Verteidigung der Vorrangstellung der alten Sprachen

Der Lehrplan der höheren Schulen Preußens legte in seiner Konzeption und Stundentafel den Schwerpunkt auf die klassischen Sprachen (vgl. 6.2.1 und 6.3.1). Der Anteil der alten Sprachen auf dem Gymnasium lag mit mehr als 40% und auf dem Realgymnasium mit immerhin ca. 15 bis 19 % (vgl. Herrlitz et al. 2009:66) deutlich über dem jeder anderen Fächergruppe. Diese privilegierte Stellung, die die Altphilologen in der zweiten Hälfte des 19. Jahrhunderts zunehmend bedroht sahen, galt es gegenüber Angriffen zu verteidigen.

---

[56] Die Unterschiede in der aktiven Teilnahme der Lateinlehrer an Realschulen und Gymnasien an dem Diskurs um die Stellung des Lateinischen an den höheren Schulen lässt sich an der Publikationsfrequenz der Schulprogrammschriften und Zeitschriftenartikel ablesen. Die Beobachtungen aus der Durchsicht der hier verwendeten Quellen zum Lateinunterricht an den Realschulen und Gymnasien decken sich mit denen, die Kuhfuß (1976b) für Französisch und von Walter (1982) für Englisch angestellt haben.

Das Hauptargument der Altphilologen stützte sich auf die Theorie der formalen Bildung, bei der die Entwicklung der geistigen Kräfte der Schüler im Vordergrund stand. Es ging nicht vornehmlich um angeeignetes Wissen, sondern um die Beschäftigung mit auf geistiger Ebene herausfordernden Inhalten. Sie hielten demnach die klassischen Sprachen für das beste Mittel, um den Geist der Schüler sowohl auf dem Gymnasium als auch auf dem Realgymnasium zu fördern, denn, da es sich um tote Sprachen handelte, sei das Erlernen des Lateinischen und Griechischen eine reine Denkarbeit, die keine praktische Anwendung im Sinne der modernen Sprachen verlangte. So war man überzeugt, dass das, „[w]as allein bleibt beim Studium toter Sprachen, [...] das Objectivste an der Sprache, das Gedankenmässige, der reine Denkinhalt [ist]" (Keller 1899:42).

Die differenzierte Formenlehre und der breite Wortschatz schule das Gedächtnis (Seyffart 1870:9; Zelezinger 1887:9), insbesondere wenn sich die Schüler mit unbekannten Formen und Wörtern auseinandersetzten, sich all diese einprägen und reproduzieren mussten (Winzenz 1862:12). Überdies basierten die klaren und logisch aufgebauten Strukturen der klassischen Sprachen auf einer strengen Gesetzmäßigkeit, an der die Lernenden ihre Logik und ihre geistigen Fähigkeiten verbessern könnten (Kalberg 1888:8). Dies sei besonders durch die eigene Anwendung in den Übersetzungsübungen möglich.

> Diese Bewegungen im Geiste haben weitgreifende Folgen und erzielen den hauptsächlichsten Gewinn, der aus dem Sprachstudium zu ziehen ist, so fruchtbringend, wie ihn keine andere Disciplin darzubieten vermag. Aber gerade die classischen Sprachstudien sind es, denen wir einen so hohen paedagogischen Wert zuerkennen müssen, nicht aber die modernen. Das mühsame Suchen nach der richtigen Vocabel bringt im Laufe der Zeit eine rechte Gymnastik des Geistes mit sich. (Zelezinger 1887:23)

Man ging davon aus, dass eine Sprache umso bildender auf die Schüler wirke, je komplexer ihr Formengehalt war. Allein aus diesem Grund wurde dem Griechischen ein höherer Bildungsgrad zugesprochen als dem Lateinischen (vgl. 7.1.1.3) und den modernen Sprachen von vielen Philologen das Potential zur formalen Bildung abgesprochen (vgl. 7.1.2.2).

Ein zweites zentrales Begründungsmotiv, das für die alten Sprachen vorgebracht wurde, war die Nutzung von Synergieeffekten für das Lernen von modernen Fremdsprachen. Die Altphilologen wiesen darauf hin, dass das Lateinische als erste Fremdsprache eine ideale Grundlage für das Sprachenlernen allgemein sei. Da durch den lateinischen Anfangsunterricht bereits die Struktur und Grammatik einer Sprache den Schülern näher gebracht würde, und zwar auf der Basis einer formal sehr komplexen Sprache im Vergleich zu den neueren Sprachen, so würde es den Schülern wesentlich leichter fallen, im Anschluss Englisch oder eine der romanischen Tochtersprachen zu erlernen (Hoffmann 1902:4). Besonders im Bereich des Wortschatzes könnten die Schüler von dem hohen Transferpotential zwischen den alten und neuen Sprachen profitieren:

> Das Lateinische [ist] eine Ruine [...], die neueren Sprachen ein zu erbauendes Haus; wer die Ruine benutzen kann, nämlich der Kenner des Lateinischen hat es leichter, als wer die Ruine nicht benutzen kann, nämlich der Nichtkenner [...]. (Langensiepen 1852:899)

Dieser Vorteil ergebe sich insbesondere aus der Verwandtschaft vieler europäischer Sprachen mit Latein. Eine gründliche Vorbildung durch das Latein erleichtere somit das Erlernen weiterer Sprachen und erspare Zeit und Mühe. Deshalb solle die Jugendzeit des Schülers sinnvoll genutzt werden, in der er sich noch mit mehr Leichtigkeit Sprachen aneignen kann als Erwachsener (Langensiepen 1852:907, 909).

Mit der Verbindung zwischen dem Lateinischen und den modernen Fremdsprachen wurde versucht, besonders die Neuphilologen anzusprechen und die Vorteile des Lateinischen für deren Fächer herauszustellen. Auch hier zeigt sich deutlich, dass die Vertreter der alten Sprachen in der zweiten Hälfte des 19. Jahrhunderts nicht mehr passiv auf ihrer privilegierten Stellung abwarten konnten, sondern sich aktiv um die Verteidigung ihrer Fächer bemühen mussten, wenn auch durch die fast schon paradoxe Begründung des Wertes der klassischen Sprachen über die Bedeutung für die modernen.

Ein letzter Aspekt, auf den sich die Verteidiger der klassischen Sprachen immer wieder beriefen, war ihr Reichtum an Literatur und der hohe bildende Wert, der der Lektüre zuerkannt wurde. Durch die Beschäftigung mit der römischen und griechischen Literatur könnten die Lernenden in die Gedankenwelt der antiken Schriftsteller eintauchen und so ihren Geist durch neue Ideen aus unterschiedlichen Gegenstandsbereichen bereichern (Keller 1899:42). Es wurde zwar zugegeben, dass das Erbe der antiken Welt in Hinblick auf die Wissenschaften nicht mehr zeitgemäß sei, jedoch gelte der Einfluss der Dichtung, Kunst und Philosophie über viele Jahrhunderte hinweg. Durch die Kenntnis der klassischen Literatur sei es den Schülern möglich, sich zentrales Wissen über grundsätzliche politische und philosophische Themen anzueignen und die „Ideen über Regierung und Gesetz, Moral- und Geistesphilosophie" (Kalberg 1888:9) der alten Griechen und Römer aufzunehmen. Ohne dieses Wissen sei die Entwicklung der Menschheit und die moderne Welt nicht zu verstehen:

> Die Hauptsache aber ist: ohne nähere Kenntnis des Altertums ist ein tiefergehendes Verständnis des Entwicklungsganges der menschlichen Kultur unmöglich. Wer nur das näher kennt, was die Neuzeit erreicht hat, ist zwar zu wissenschaftlicher Mitarbeit in diesen hochbedeutenden Dingen befähigt, aber ihm fehlt der freie Überblick über das Ganze; er kann die Erzeugnisse unserer Kultur mit denen einer ebenfalls hochentwickelten Vorzeit nicht vergleichen, er unterliegt leicht den Vorurteilen, welche das lebhafte Streben der Gegenwart unwillkürlich erzeugt. (Hoffmann 1902:2).

Besonders dieser historisch-politische Aspekt der klassischen Literatur wurde nach 1890 umso wichtiger, als sich die Bildungsziele in Preußen auf eine staatsbürgerliche Erziehung ausrichteten und sich von dem reinen Formalismus abwandten (Preuße 1988:12,24). Als zentrales Ereignis ist die Rede von Kaiser Wilhelm II. am Ende der Schulkonferenz von 1890 zu nennen, in der er eine Erziehung zu jungen Deutschen und nicht zu Römern und Griechen forderte (vgl. 6.2.1). Die Begründung der Bedeutung der alten Sprachen für die höheren Schulen musste sodann stärker an die neuen Bildungsziele angepasst werden. In der Zeit nach der Schulkonferenz wurde nun umso mehr herausgestellt, dass die Gedankenwelt der antiken Welt die ideale Basis für die geforderte staatsbürgerliche Erziehung sei (Preuße 1988:26). Dazu wurden verstärkt Veröffentlichungen von Seiten der Altphilologen herausgegeben, in denen das Altertum auf politische, wirtschaftliche und soziale Aspekte untersucht wurde (Preuße 1988:27).

Gerade durch das inhaltliche Umdenken in der Verteidigungsstrategie für die alten Sprachen zeigte sich die Unsicherheit innerhalb der Altphilologie und deren Bangen um ihren Status als vorrangiges Mittel zur höheren Bildung. Trotz allem, „es gelang also immer wieder, die Inhalte des altsprachlichen Unterrichts dem anzupassen, was jeweils gefordert war oder als opportun galt" (Preuße 1988:12). Dies zeigte sich auch deutlich in den veränderten Begründungsmotiven.

7.1.1.2 Infragestellung der Dominanz des lateinischen Unterrichts

Die Gegner der klassischen Sprachen hingegen zweifelten immer mehr die Dominanz des lateinischen Unterrichts an, die an den Gymnasien und lateintreibenden Realschulen in der zweiten Hälfte des 19. Jahrhunderts weiterhin Bestand hatte und die weitere Ausbreitung des fremdsprachlichen Unterrichts an den höheren Schulen behinderte. Erst die erfolgreiche Infragestellung des Umfangs und Werts des Lateinunterrichts konnte den Weg für die modernen Sprachen freimachen. Aus diesem Grund beinhaltete der Kampf für die neueren Sprachen immer einen Kampf gegen die übermächtigen alten Sprachen.

Der Hauptvorwurf, der gegen das Lateinische vorgebracht wurde, war dessen fehlende Modernität. Dies zeigte ein Blick in die Geschichte des Faches. Die Zielsetzung der Lateinschulen des Mittelalters bestand vor allem in einem sicheren praktischen Gebrauch der klassischen lateinischen Sprache, denn bis in die frühe Neuzeit war das Lateinische als Sprache der Gelehrten in Wort und Schrift noch im Gebrauch. Aber bereits ab dem 17. Jahrhundert verlor Latein als Gelehrtensprache an Bedeutung, so dass es im 19. Jahrhundert vornehmlich zu Studienzwecken, aber nicht mehr aus praktischen Gründen gelehrt wurde. Seine ursprüngliche Legitimation hatte es also bis zum diesem Zeitpunkt verloren (Matthiessen 1979:17-18).

Die Gegner der klassischen Sprachen nahmen diese Entwicklung in ihre Argumentation auf und brachten vor, dass Latein keinen praktischen Nutzen mehr für die Schüler, insbesondere für die Realschüler hatte, die kein Universitätsstudium absolvieren wollten (Bratuscheck 1870:9-10). Sie kritisierten, dass, obwohl nur ein Teil der Schüler höherer Schulen in ihren akademischen Studien, zum Beispiel der Theologie oder der Medizin, tatsächlichen Nutzen aus ihren Lateinkenntnissen ziehen konnte, alle Schüler der lateintreibenden höheren Schulen von Anfang ihrer Schullaufbahn an bis zum Abitur in vielen Wochenstunden Latein lernen mussten anstatt sich anderen, im späteren Leben relevanteren Inhalten, wie den Naturwissenschaften oder den modernen Sprachen, widmen zu können (Konizer 1872:10; Wedewer 1848:11).

Daran schloss sich an, dass viele Gegner des altsprachlichen Unterrichts die Beschäftigung mit der Antike für nicht mehr zeitgemäß und gewinnbringend hielten. Dadurch, dass die Kulturentwicklung bereits vor Jahrhunderten abgeschlossen war, könnten sich die Schüler nicht mehr in die Gedankenwelt der Antike eindenken und diese sprachlich und inhaltlich erfassen (Konizer 1872:10; Lachmund 1883:5). Da aber, wie von den Altphilologen behauptet, nur durch die Beschäftigung mit der Literatur ein tiefes Verständnis der fremden Kultur erreicht werden könne, könnten diese hochgesteckten Ziele auch durch jahrelangen Unterricht nicht erreicht werden. Mangels ausreichender sprachlicher Mittel würden die Lernenden selbst am Ende der Schulzeit die literarischen Texte nie in ihrer Gesamtheit verstehen und so sei eines der wichtigsten Ziele des altsprachlichen Unterrichts gar nicht erreichbar. Es wurde gefordert, die inhaltlichen Aspekte der antiken Kultur den Schülern über Übersetzungen näher zu bringen und die gewonnene Zeit anderen Bildungsgegenständen zu widmen (Lachmund 1883:3).

Ein weiteres zentrales Argument war die Überforderung der Schüler durch das schwerpunktmäßige Betreiben des Lateinischen auf den Gymnasien und Realgymnasien, das Bonitz als „Latinitätsdressur" (zitiert in Paulsen 1921:540) bezeichnete. Es wurde nach Meinung der Kritiker zu viel Wert auf die formalen Elemente des Lateinischen gelegt, die Schüler mussten eine Vielzahl an Formen und Regeln über viele Jahre hinweg ohne ein tieferes Verständnis auswendig lernen und reproduzieren. Dies belaste das Gedächtnis unnötig und ließe den Geist der Lernenden verkümmern (Lachmund 1883:14). Redivivus nannte den Lateinunterricht sogar „Menschenquälerei" (Revidivus 1886:49), bei dem die geistigen Kräfte der Schüler entschlafften und das Gehirn „einem ausgekochten Schwamme" (Redivivius 1886:55) gleiche. Obwohl diese Meinung sicherlich eine der extremsten war, teilten doch die meisten Gegner des altsprachlichen Unterrichts die Meinung von Schmeding: „Ganz sicher stehen die Resultate nicht annähernd im Verhältnis zu der darauf verwandten Mühe und Zeit" (1882:67).

Es wurde von vielen Seiten bemängelt, dass der jahrelange lateinische Unterricht zu keinen befriedigenden Ergebnissen führte:

> Ist es nicht entsetzlich, dass unsere Jugend acht und neun Jahre über zwei toten Sprachen zubringen muss, um keine der beiden sprechen oder schreiben und nur eine notdürftig lesen zu können? (Vogt 1886:74)

In diesem Zusammenhang wurde betont, dass die Inhalte des lateinischen Unterrichts den Schülern auch gerafft näher gebracht werden könnten und die eingesparte Zeit anderen Fächern zugeteilt werden könnte (Wedewer 1848:15).

Schließlich griffen die Kritiker des Lateinischen auch eines der zentralen Argumente für die klassischen Sprachen an, nämlich deren Vorteile für den späteren Unterricht in den modernen Fremdsprachen. Es wurde vorgebracht, dass die Grundlage, die durch den vorausgehenden Unterricht in Latein geschaffen wird, zwar eine gewisse Hilfe bringt, aber nicht in dem Maße, wie von den Befürwortern behauptet wurde. So stellte Clemens Nohl (1893) die überschätzte Rolle der alten Sprachen für die neuen heraus:

> Zu den Vorzügen der altsprachlichen Unterrichts zählte man nun auch den, daß ihre Kenntnis die Erlernung der neueren fremden Sprachen fast zu einem Kinderspiel mache; und da niemand, auch nicht der Lehrer der alten Sprachen gerne von sich sagen lässt, dass er unnütze Arbeit tue, so machen unsere „Humanisten" auch von diesem Selbstlob fröhlichen Gebrauch. Da die meisten unter ihnen mit den neueren Sprachen nur geringe oder gar keine irgend nennenswerte Bekanntschaft gemacht haben, so glauben sie wohl selbst, daß, wer Latein könne, in kürzester Zeit auch Französisch und Englisch zu erlernen imstande sei. (Nohl 1893:65)

So wurde versucht, diese weitverbreitete Meinung als „Aberglaube" und „eine der hohlen Redensarten" (Nohl 1893:65) von Altphilologen zu entlarven. Die neueren Sprachen seien hinsichtlich ihrer sprachlichen Struktur ebenso komplex wie das Lateinische und könnten auch ohne die lateinische Grundlage erfolgreich erlernt werden (Nohl 1893:60,62).

Im Streit zwischen Neuhumanisten und Neuphilologen wird deutlich, dass in der zweiten Hälfte des 19. Jahrhunderts die breite Zustimmung für das Lateinische als Schwerpunkt der höheren Bildung auf den lateintreibenden Realschulen und auf den Gymnasien nicht mehr generell vorhanden war und die Gegner die von den Befürwortern vorgebrachten Argumente für die klassischen Sprachen verstärkt in Frage stellten. Dahinter stand die „Lateinfrage" (Wiegand 1882:2) als eines der Kernprobleme im Humanismus-Realismus-Streit, die insbesondere in den siebziger und achtziger Jahren des 19. Jahrhunderts im Realschulkontext diskutiert wurde. Es ging um die mögliche weitere Latinisierung der Lehrpläne der höheren Schulen (Preuße 1988:8), der die Neuphilologen durch ihre Argumentation Einhalt gebieten wollten. Gegen Ende des 19. Jahrhunderts gerieten die alten Sprachen zunehmend unter Druck, denn zum einen machten ihnen die neueren Sprachen als realistische Fächer Konkurrenz und zum anderen entzog ihnen die Neuausrichtung im Bildungswesen auf nationale Inhalte, wie vom Kaiser Wilhelm II. auf der Schulkonferenz von 1890 gefordert, die formal-sprachliche Grundlage, auf der viele der Argumente gestützt worden waren (Matthiessen 1979:34; Preuße 1988:16). Diese Entwicklungen brachten die alleinige Vorherrschaft des Lateinischen und Griechischen sichtlich in Gefahr.

7.1.1.3 Griechisch statt Latein

In Folge der Entwicklungen im höheren Schulwesen des späten 19. Jahrhunderts, insbesondere durch den Aufstieg der modernen Fremdsprachen, der Überbürdungsproblematik und der Neuausrichtung der höheren Schulen auf nationale Bildungsziele, ging die „Doppelherrschaft des Lateinischen und Griechischen" (Wespy 1924:728) verloren. Dies führte dazu, dass nun innerhalb der Altphilologen der Streit entbrannte, welche der beiden klassischen Sprachen Vorrang haben sollte. Obgleich die Diskussion um die Vorherrschaft unter den alten Sprachen das gesamte 19. Jahrhundert hindurch geführt wurde, verschärfte sich die Auseinandersetzung auf Grund der schulpolitischen Entwicklungen in den letzten beiden Jahrzehnten des 19. Jahrhunderts, als deutlich wurde, dass es möglicherweise nur Platz für eine alte Sprache auf den Gymnasien geben könnte. So kam die Frage auf, ob in diesem Fall nicht allein das Griechische auf den Gymnasien unterrichtet werden sollte (vgl. John 1904:26).

Einige Altsprachler forderten die Priorität des Griechischen, wie sie der Neuhumanismus postuliert hatte, auch in der zweiten Hälfte des 19. Jahrhunderts für die Gymnasien ein. Die Vertreter des Neuhumanismus sahen im antiken Griechenland den „Inbegriff höchster Humanität" (Fuhrmann 2001:121) und hielten das Studium der alten Griechen für die beste Bildung des Menschen (Matthiessen 1979:25-26). In dieser Tradition verankert erachteten einige Altphilologen des späten 19. Jahrhunderts die griechische Sprache weiterhin als das „beste Bildungsmittel" (Zelezinger 1887:12), das mit größerer sprachlicher Schärfe und ihrem Reichtum an Formen den Geist der Schüler besser schule als das Lateinische. Es sei „doch offenkundig, dass dieselbe in ihren grammatischen Formen unvergleichlich reicher und mannichfaltiger [sic] als die lateinische ist" (Wenzlaff 1873:483). Durch seine Logik in Aufbau und Struktur, behaupteten einige, bereite es den Schülern sogar weniger Schwierigkeiten als Latein (Kalberg 1888:13).

Darüber hinaus hob man die besondere Qualität der griechischen Literatur hervor, mit der man zudem der Vorrang des Griechischen vor dem Lateinischen untermauerte, denn sie wurde als „originell und viel wertvoller als die römische" (Kalberg 1888:13) Literatur angesehen. Als Beispiel für den literarischen Wert wurde Homers Odyssee angegeben, die als „klassische[...] Darstellung eines idealen Knabenalters" (Kohl 1905:690) eine für junge Schüler besonders geeignete Lektüre sei. Diese „jugendliche Frische der griechischen Schriftsteller" (Zelezinger 1887:26) finde sich jedoch nicht in der römischen Literatur.

Trotz der weitverbreiteten Meinung, dass die griechische Sprache und Literatur „das wichtigste, vielseitigste und reichste Element der antiken Cultur" (Bäumlein

1862:65) sei und dem Griechischen somit grundsätzlich Vorrang vor dem Lateinischen gebühre, waren die Forderungen nach dem Ersatz des Lateinischen durch das Griechische als erste Fremdsprache auf wenige Ausnahmen begrenzt. Nach Jäger ist diese Meinung „doch nur eine vereinzelte Gelehrtengrille" (1898:130). Die Mehrheit der Altphilologen teilte die Meinung von Konizer (1872:15): „Bei einer Wahl aber zwischen Lateinisch und Griechisch kann es keinen Augenblick zweifelhaft sein, daß wir jenem den Vorrang geben müssen". Es wurde betont, dass es für Schüler gewinnbringender sei, Latein zu lernen und im Fall des Falles eher auf das Griechische zu verzichten, denn durch seine einfacheren und regelmäßigeren Formen sei es leichter zu erlernen (John 1904:26), überfordere die Schüler weit weniger als die komplexe griechische Sprache und sei durch ihre „weitgreifende Bedeutung für das Französische und Englische" (Konizer 1872:15) ein sinnvolleres Unterrichtsfach. Diese Begründungen zeigen deutlich, dass im Streit zwischen Griechisch und Latein in der zweiten Hälfte des 19. Jahrhunderts für die Befürwortung des Lateinischen als die wichtigere alte Sprache für die höheren Schulen vor allem praktische Gründe ausschlaggebend waren:

> Die ideellen Gesichtspunkte aber werden überwogen durch die praktischen Verhältnisse, daß das Latein die Grundlage auch für die neueren Sprachen und überhaupt die beste Grundlage für die grammatische Schulung bildet und bedeutend leichter zu lernen ist als die griechische. (Kohl 1905:690)

Der Streit um den Vorrang einer der beiden klassischen Sprachen ist zwar im Vergleich zum Kampf zwischen den alten und den neuen Sprachen in den pädagogischen Schriften im letzten Drittel des 19. Jahrhunderts ein eher untergeordnetes Diskursfeld, an dem sich auch nur wenige Schulmänner beteiligten. Er zeigt aber die steigende Unsicherheit der Altphilologen gegen Ende des 19. Jahrhunderts. Durch die schrittweise Zurückdrängung der alten Sprachen zugunsten anderer Lehrgegenstände bangten die Vertreter des Neuhumanismus um den Einfluss ihrer Fächer in den höheren Schulen, den sie über Jahrhunderte ohne Schwierigkeiten hatten aufrecht erhalten können. Es zeichnete sich ab, dass sich nicht beide klassischen Sprachen in dem bisher dagewesenen Umfang im Lehrplan des Gymnasiums halten konnten, sondern verstärkt durch Französisch und Englisch verdrängt werden würden. Aus diesem Grund wurde zwar diskutiert, ob in diesem Fall nicht dem Griechischen Priorität eingeräumt werden sollte, ernsthafte Forderungen wurden aber nur zu Gunsten des Lateinischen vorgebracht.

Die Befürworter des Griechischen hofften trotz allem auf einen möglichst langen Bestand im Lehrplan der Gymnasien:

> [...] aber so viel wissen wir, dass mit dem Griechischen nicht nur ein Aussenwerk, sondern die Burg des Humanismus fällt. Unsere Aufgabe ist es, diesen jetzt besonders bedrohten Punkt, so lang es möglich ist, gegen seine Feinde, aber auch gegen manche Freunde mit Wort und Tat zu schützen. (John 1904:33)

Als dritte Fremdsprache hatte das Griechische weniger die Konkurrenz des Lateinischen zu befürchten als die des Englischen.

7.1.2 Etablierung der modernen Sprachen als ebenbürtiges Bildungsmittel

Auf Seiten der Neuphilologen ging es nicht, wie bei den klassischen Sprachen, um die Verteidigung einer bereits errungenen Position, sondern um die Etablierung der neueren Sprachen im Fächerkanon aller höheren Schulen und deren Akzeptanz als wichtige und vor allem ebenbürtige Bildungsmittel. Dabei berief man sich auf zwei unterschiedliche Begründungsmotive, nämlich auf Nutzen und Bildung (Klippel 1994:294). Während Mitte des 19. Jahrhunderts noch das Argument der Nützlichkeit der modernen Fremdsprachen starkes Gewicht hatte, stützte sich die Argumentation in der zweiten Hälfte des 19. Jahrhunderts stärker auf den Bildungswert des Französischen und Englischen. Denn nur durch den Beweis, dass die modernen Sprachen ebenso bildend und wertvoll für die Schüler höherer Lehranstalten sind wie die alten, konnten sie sich gegenüber Latein und Griechisch behaupten und ihre Stellung in der höheren Schulbildung ausweiten. Mit der Neusprachlichen Reformbewegung gegen Ende des 19. Jahrhundert verlagerte sich die Begründung aber wieder stärker auf den Nutzen der Fremdsprachen (Flechsig 1962:186).

Die Beweisführung basierte so zum einen auf der Bedeutung der neueren Sprachen als Kern der realistischen Bildung, die besonders für die Realanstalten ein zentrales Bildungsziel war und in der der praktische Nutzen einen hohen Stellenwert einnahm. Zum anderen war es im Streit um die Vorherrschaft der verschiedenen Sprachen notwendig, den Bildungswert der neueren Sprachen zu beweisen. Da bis zur Neusprachlichen Reform die formale Bildung vornehmlich als das Ziel der sprachlichen Bildung, insbesondere auf den Gymnasien, angesehen wurde, mussten sich die modernen Sprachen diesem Zweck anpassen, um in Konkurrenz zu Latein und Griechisch bestehen zu können:

> Die lebenden Fremdsprachen hatten [...] die gleiche Aufgabe zu erfüllen wie alle übrigen Unterrichtsgegenstände: auch ihnen wurde die Wirkung zugeschrieben, Mittel zur Übung von Gedächtnis, Willen, Konzentrationsfähigkeit und Denkvermögen zu sein; auch an ihnen sollten die Tugenden der Gründlichkeit, der Scharfsinns und der Ausdauer entwickelt werden. (Flechsig 1962:140)

Obwohl bei der offiziellen Eingliederung der Realschulen in das höhere Schulwesens Preußens 1859 realistische Ziele, die gerade auch für die Fremdsprachen galten, im Vordergrund standen (vgl. Lehrplan von 1859 in Wiese 1867:105), wirkte sich der Konformitätsdruck, der von den Gymnasien und ihrer formalbildenden Zielsetzung ausging, auch auf die Fremdsprachen an den Realschulen aus. Durch die stärkere Einbindung der sprachlich-formalen Bildung in den Fremdsprachenunterricht der Realschulen, wie auch im Lehrplan von 1882 bereits explizit für das Französische an der Oberrealschule gefordert (Centralblatt 1882:264), erhofften sich die Realschulmänner eine Aufwertung ihrer Schulform gegenüber dem Gymnasium und eine Erweiterung der Berechtigungen (Lundgreen 1980:68f). Dennoch wurde auch weiterhin die Bedeutung der Fremdsprachen als realistische Bildungsfächer in die Argumentation integriert, in verstärktem Maße im Zuge der neusprachlichen Reformbewegung, die der sprachlich-formalen Bildung eine Absage erteilte und ihre Zielsetzungen auf praktische Fertigkeiten ausrichtete (Hüllen 2005:106).

7.1.2.1 Die neuen Sprachen als Kern der realistischen Bildung

Die Bedeutung der modernen Sprachen als Kern der realistischen Bildung neben den Naturwissenschaften war im gesamten 19. Jahrhundert eines der zentralen Argumente für die Begründung des Neusprachenunterrichts. Es wurde zum einen bei der Aufnahme des Französischen und des Englischen als Schulsprachen in die Lehrpläne der ersten Jahrhunderthälfte vorgebracht, zum anderen wurde es im Zusammenhang mit der Neusprachlichen Reform im letzten Drittel des 19. Jahrhunderts wieder verstärkt in den Blickpunkt gerückt, um die weitere Ausbreitung der modernen Fremdsprachen, besonders des Englischen, an allen höheren Schulen zu forcieren (Flechsig 1962:170f).

In der ersten Hälfte des 19. Jahrhunderts, als Französisch und Englisch als moderne Fremdsprachen in die Lehrpläne der höheren Schulen aufgenommen wurden, stand der praktische Nutzen der neueren Sprachen im Vordergrund (Klippel 1994:294). Ihre Vorteile wurden, wie der Lehrplan von 1859 herausstellte, in ihrer „Nützlichkeit für das weitere praktische Leben" (Wiese 1867:30), in der „reichen Literatur" und in ihrer Funktion als „Communikationsmittel" (Wiese 1867:105) hinsichtlich beruflicher und privater Kontakte nach England und Frankreich gesehen. Diese Begründungen schlossen sich an die Tradition des Fremdsprachenlernens im 18. Jahrhundert an, in dem der Nutzen der neueren Sprachen ausschlaggebendes Motiv für deren Erwerb war. So erwarben die Lernenden damals Kenntnisse in den modernen Sprachen hauptsächlich zur Kommunikation mit Sprechern des Ziellandes oder zur Vorbereitung einer Reise in fremde Länder (Klippel 1994:295).

Viele Befürworter der modernen Fremdsprachen hoben, trotz des verstärkten Rückgriffs auf sprachlich-formale Ziele in der zweiten Hälfte des 19. Jahrhunderts, in ihrer Beweisführung immer auch ihren praktischen Nutzen als lebende Sprachen hervor, da die neueren Sprachen, im Gegensatz zu Latein oder Griechisch, mündlich und schriftlich aktiv angewandt werden konnten[57] (z.B. Brauneck 1872:13). Dies gab den Schülern eine völlig andere Motivation, Sprachen zu erlernen, als sie das vom altsprachlichen Unterricht her kannten.

Ein weiteres typisches Argument, das sich auch in den Lehrplänen wiederfand, so z.B. im Lehrplan von 1859 für die Realschulen (Wiese 1867:105), war der Verweis auf die Verbindungen zu anderen Ländern. Die praktische Anwendung der neuen Sprachen erlaubte den Kontakt zu fremden Ländern und Kulturen, in diesem Fall zu England und Frankreich. Die technische Entwicklung und die verbesserten Verkehrs- und Kommunikationswege im 19. Jahrhundert machten einen Austausch mit anderen Ländern für viele Menschen überhaupt erst möglich und rückten das Ziel der Kommunikation weit stärker in den Fokus als in den Jahrhunderten davor:

> Allerdings sind die Vorteile, welche eine allgemein verbreitete praktische Beherrschung der neueren Sprachen in Wort und Schrift für den internationalen Austausch materieller und geistiger Güter bietet, in die Augen springend. Die moderne Organisation der Arbeit [...], die Ausbreitung des Fachzeitschriftenwesens, die Erleichterung des internationalen Verkehrs durch die Entwicklung des Postwesens, der Eisenbahn und Dampfschiffahrt, der Telegraphie und Telefonie; die Rückwirkung des vermehrten Austausches auf quantitative und qualitative Steigerung der Produktion – alles dies macht den Besitz der neueren Sprachen dem Gelehrten, dem Kaufmann, dem Verkehrsbeamten, dem Journalisten von Tage

---

[57] Es ging in der Zeit jedoch nicht um die reine Gesprächsfähigkeit, denn diese wurde für die höhere Knabenbildung als „Geplapper" abgetan und galt nicht als erstrebenswertes Lernziel (z.B. Zelezinger 1887:8-9). Vielmehr ging es in der Anwendung mehr um schriftliche Aufgaben und Übersetzungen, durch die das bewusste Verstehen der Sprache und ihrer Regelhaftigkeit gesichert werden sollten (Klippel 1994:439).

zu Tage unentbehrlicher. Eine erhöhte Bedeutung für uns Deutsche haben die neusprachlichen Studien in jüngster Zeit wieder gewonnen durch die Ausdehnung unseres überseeischen Handels und die Fortschritte unserer Industrie, welche sich fortwährend neue Absatzgebiete erobert. (Mühlefeld 1888:161-162)

Das Beherrschen von modernen Fremdsprachen war für fast alle Berufsgruppen notwendig geworden, denn der Austausch auf internationalem Niveau entwickelte sich in der Zeit in den unterschiedlichsten Bereichen.

Die Neuphilologen betonten die Verbindungen in Kultur, Wissenschaft und Technik zwischen den europäischen Ländern. Da sich ihrer Ansicht nach England und Frankreich als moderne Kulturvölker im Gegensatz zu den alten noch weiter entwickelten und für Deutschland eine Vorbildfunktion hatten, waren französische und englische Sprachkenntnisse von zentraler Bedeutung (Lachmund 1883:5; Pfundheller 1876:170). Nur durch aktive Sprachbeherrschung könnten die jungen Leute in Kontakt zu Engländern und Franzosen treten und von deren Kenntnissen in technischen und wissenschaftlichen Bereichen profitieren (Deventer 1870:4). Sprachkenntnisse waren nun also nicht mehr nur für Gelehrte wichtig, sondern auch für Ingenieure oder Journalisten. Außerdem erlaubten sie die Rezeption der englischen und französischen Literatur, die für die Jugend von hohem geistigem und sittlichem Wert galt (z.B. Ewald 1889:13; Wegener 1900:2).

Noch bedeutender als die wissenschaftlichen und kulturellen Kontakte wurden die Handelsbeziehungen zwischen Deutschland und anderen Ländern weltweit und insbesondere in Europa angesehen, die realistische Bildungselemente für viele junge Leute zu einem notwendigen Teil ihrer höheren Schulbildung machten. Neben Qualifikationen im Handel und Gewerbe waren Kenntnisse in den beiden Weltsprachen der damaligen Zeit, Französisch und Englisch, für die zunehmenden internationalen Beziehungen in der zweiten Hälfte des 19. Jahrhunderts von grundlegender Bedeutung. Deutschland unterhielt in jener Zeit Handelsbeziehungen u.a. zu Frankreich und England, exportierte deutsche Rohstoffe und Waren und wurde zu einer der großen Handelsmächte Europas und der Welt (Nipperdey 1990:276). Gerade für Deutschland als aufstrebende Handelsmacht waren gut ausgebildete junge Leute eine wichtige Investition in die Zukunft. Fremdsprachenkenntnisse wurden zu einer der wichtigsten beruflichen Qualifikationen für das Bürgertum.

Diese neuen wirtschaftlichen Entwicklungen wurden in die Beweisführung der Neuphilologen aufgenommen und vor allem für die Propagierung des Englischen als Schulfremdsprache, auch auf dem Gymnasium, verwendet. Die weltweite Verbreitung der englischen Sprache und ihre Bedeutung als Handels- und Verkehrssprache sowie als zukünftige Weltsprache machte sie zu einem unerlässlichen Bildungsmittel auf den höheren Schulen (z.B. Brauneck 1872:13; Gantter 1860:113):

> Denn wie wichtig seit dem Jahre 1870 die Kenntnis der englischen Sprache für unser gesamtes Verkehrsleben geworden ist, zeigt sich täglich in verstärktem Masse. Seit jener Zeit haben sich die Beziehungen des deutschen Handels und der deutschen Industrie in ungeahnter Weise über die ganze Erde ausgebreitet; von Jahr zu Jahr sind die Berührungen mit den englisch redenden Ländern zahlreicher und ausgedehnter geworden; das Bedürfnis nach jungen Leuten, welche im stande [sic] sind, die Korrespondenz mit England und seinen Kolonieen [sic] zu führen oder selbst als Kaufleute, Techniker oder Landwirte hinausgehen, ist in steter Zunahme begriffen, besonders seitdem Deutschland eigene Kolonieen [sic] erworben, seine Handelsflotte ausserordentlich vermehrt hat und nun daran geht, auch das für den Handel so notwendige Bollwerk einer starken Kriegsflotte zu schaffen. (Wegener 1900:2)

Die Betonung der Vorteile der Fremdsprachen als realistische Bildungselemente im ausgehenden 19. Jahrhundert durch die Befürworter der neueren Sprachen führte letztlich zum Erfolg, denn die höheren Schulen konnten sich nicht auf Dauer den Interessen des Bürgertums und der Politik im Kaiserreich verschließen (Walter 1982:37). In wirtschaftlicher und politischer Hinsicht war der praktische Wert und nicht die sprachlich-logische Schulung durch die modernen Fremdsprachen ausschlaggebend. Aus diesem Grund wurde das Englische 1901 auf Anweisung des Kaisers wegen seiner hohen wirtschaftlichen Bedeutung auch auf dem Gymnasium zum Wahlpflichtfach (Walter 1982:46; Zapp/Schröder 1983:9) (vgl. 7.1.3.2).

7.1.2.2 Der Streit um den Bildungswert der modernen Fremdsprachen

Die Begründung, dass die neueren Sprachen zentral für die realistische Bildung der Jugend sind und eine Vielzahl von Vorteilen durch ihre praktische Anwendung aufweisen können, war in dem Streit zwischen den alten und neuen Sprachen jedoch bei Weitem nicht ausreichend. Da das Verständnis sprachlicher Bildung im 19. Jahrhundert zu großen Teilen auf dem Kriterium der formalen Bildung basierte (vgl. 6.1.1) und die neueren Sprachen mit dem „Odium der Unwissenschaftlichkeit behaftet [waren]" (Mair 1981:18), mussten sich die Neuphilologen an die vorherrschende altsprachlich geprägte Bildungstheorie anpassen, um zu erreichen, dass die modernen Fremdsprachen als gleichwertige Bildungsmittel anerkannt wurden (Flechsig 1962:140; Klippel 1994:437).

Die Verteidiger der neuen Sprachen betonten in Analogie zur Beweisführung der Altphilologen deren Wert als Bildungsmittel für die Schüler der höheren Schulen. Die Schulung der geistigen Kräfte könne durch sie ebenso erreicht werden wie durch Latein oder Griechisch, besonders da es mehr darum gehe, Gesetzmäßigkeiten und Strukturen in fremden Sprachen zu durchdenken als sich nur eine möglichst große Anzahl an Formen einzuprägen (Ewald 1889:22; Hummel 1879:5). Das Französische und Englische würden eben diese Möglichkeit bieten:

> Ich erinnere nur, um das eine oder andere Kapitel der Grammatik zu streifen, an den Gebrauch des sächsischen Genitivs, an die feine Distinktion zwischen z.B. the king's portrait und the portrait of the king, an den Doppelplural bei peas-pease, brothers-brethren, dies-dice u.a., an den Gebrauch des Dativs und Genitivs abweichend vom Deutschen, I have hurt my knee, ich habe *mir* am Knie weh gethan, the barber has cut his hair, der Barbier hat *ihm* die Haare geschnitten [...]. (Ewald 1889:22-23)

Darüber hinaus würden der logische Aufbau sowie die syntaktischen Strukturen des Französischen (z.B. Sallwürk 1903:677; Zelezinger 1887:18), aber auch des Englischen (z.B. Brauneck 1872:8; Gantter 1860:116; Franken 1874:4) den Geist ausreichend schulen. Beide Sprachen würden in ihrer Syntax einen großen Reichtum an Ausdruckweisen und Strukturen aufweisen, die den alten Sprachen in nichts nachstehen: „Es unterliegt keinem Zweifel, dass die Syntax der französischen und der englischen eine ebenso reiche Gliederung, logische Schärfe und strenge Gesetzmäßigkeit zeigt, wie die Syntax der classischen Sprachen" (Hummel 1879:12). So zum Beispiel biete das Englische eine Vielzahl von Gerund- und Partizipkonstruktionen, die für die Lernenden eine gewisse Schwierigkeit darstellen.

> Auch spielen die aus dem Lateinischen und Griechischen reproducierten Participial-Constructionen, die unserer Muttersprache von Haus aus fremd sind, im Englischen bekanntlich eine Hauptrolle [...]. (Brauneck 1872:9-10)

Auch das Französische weise im Bereich des Zeitensystems und in seinen periphrastischen Strukturen eine große Bandbreite an Formen auf:

> Das Französische hat also einen ganz respectablen Reichtum an Formen aufzuweisen, ja auf dem Gebiete der Conjugation ist die formale Ausdrucksfähigkeit der französischen Sprachen fast noch reichhaltiger als die der lateinischen: es hat 10 Tempora gegenüber den 6 der letzteren und die periphrastischen Bildungen sind ebenso reichlich vorhanden. (Lachmund 1883:13)

Gerade das Englische würde in der Verwendung von Präpositionen gegenüber anderen Sprachen eine besondere Schwierigkeit für die Lernenden darstellen und somit besonders bilden:

> Vor Allem aber darf ich nicht versäumen, auf eine crux grammatica der englischen Sprache Erlernenden hinzuweisen, auf das schwierige Kapitel in der englischen Syntax: „Vom Gebrauch der Präpositionen." Die Anschauungsweise des englisches Volkes weicht hier so sehr von der anderer Völker, auch von der unsrigen ab, daß der deutsche Schüler eine längere Reihe von Jahren nöthig hat, um im Stande zu sein, beim Schreiben die jedesmal richtige Präposition zu treffen. (Brauneck 1872:9)

Mit diesen Beispielen betonten Neuphilologen wie Franz Hummel (1879), dass die Vorurteile gegenüber den neuen Sprachen hinsichtlich ihres sprachlichen Baus nicht zutreffend sind und die romanischen Sprachen nicht als „Entartung der classischen lateinischen Schriftsprache" (Hummel 1879:13) gesehen werden durften, sondern als Weiterentwicklung und Vervollkommnung.

In dem Streit um den Bildungswert der neueren Sprachen mussten sich die Neuphilologen häufig dem Vorwurf stellen, dass die modernen Fremdsprachen auf Grund ihrer Formenarmut keine formale Bildung erlauben und somit in ihrem Bildungswert weit hinter dem der alten Sprachen zurückstehen würden (Winkler 1861:2). Sie seien „arm an äußerlich unterschiedlichen Formen" (Hausdörffer 1854:14), würden zu wenig Flexionsendungen, nur ein reduziertes oder überhaupt kein Kasussystem und wenig grammatische Besonderheiten im Allgemeinen aufweisen und würden so die geistigen Kräfte der Schüler nicht genug herausfordern. Zur vermeintlich wissenschaftlichen Beweisführung wurden detaillierte Formenanalysen betrieben, bei denen der Formenbestand nach den verschiedenen grammatischen Kategorien untersucht wurde (z.B. Mähr 1877:7ff; Winkler 1861:3ff). So wurde zum Beispiel die Anzahl der Adjektivendungen unter den verschiedenen Sprachen ermittelt. Winkler (1861) zählte für das Griechische „9 Zeiten", davon „31 Modis und 7 Particip", für das Lateinische „6 Zeiten mit 7 Modis und 1 Particip" und für das Französische nur „4 Zeiten mit 8 Modis und 2 Particip" (Winkler 1861:6-7). Das Englische könne man nicht mit den anderen Sprachen vergleichen, denn es bilde die meisten Formen analytisch und nicht synthetisch wie Latein oder Französisch. Auch hinsichtlich der Deklination stünden die romanischen Sprachen den alten Sprachen nach: „Während im Griechischen und Lateinischen 3 Geschlechter vorkommen, finden sich in den Tochtersprachen in Folge der Einbuße von Endformen nur 2 Geschlechter" (Mähr 1877:7). Durch die so gewonnenen Ergebnisse wurden dann der höhere Bildungswert der alten Sprachen und das Fehlen der formalbildenden Elemente in den modernen Sprachen bewiesen.

Diese Formanalyse ging sogar soweit, dass man die Anzahl der verwendeten Wörter in identischen Sätzen, die in die verschiedenen Sprachen übersetzt wurden, ermittelte. Die Sprache, in diesem Fall das Lateinische, die mit der geringsten Anzahl an Wörtern folgenden Satz wiedergeben könnte, wurde als die bildendste Sprache ausgemacht:

> Nur ein Beispiel aus dem in Tertia gelesenen Cäsar:
>> Caesar primum suo deinde omnium ex conspectu remotis equis, ut aequato omnium periculo spem fugae tolleret, cohortatus suos proelium commisit. Caes. b.g. I,25
>
> Welche neue Sprache vermag diese wenigen Worte mit derselben Kürze und Schärfe wiederzugeben? Wir würden wörtlich übersetzend etwa sagen: Nachdem Cäsar zuerst sein eigenes, dann auch die Pferde Aller aus dem Gesichtskreise hatte entfernen lassen um, wenn die Gefahr Aller gleich geworden, die Hoffnung auf Flucht zu benehmen, ermahnte er die Seinigen und begann das Treffen. Französisch: César ayant fait éloigner et son cheval et ceux de tous les autres, afinque, si le peril etat égal pour eux tous, toute espérance de fuite fût ôtée, commença la bataille après avoir encouragé les siens. Italienisch: Cesare avendo fatto rimovere, si il suo cavallo come quei die suoi, accioche, se fosse uguagliato il pericolo per loro tutti, ogni speranze di fuggíta fosse tolta, diéde la battaglia dopo aver essortato i suoi.
>
> Die blosse Vergleichung der Zahl der Wörter gibt einen deutlichen Beweis selbst für den der betreffenden Sprachen Unkundigen, wie unverhältnismässig kurz mit 20 Worten im Lateinischen gesagt worden, wozu ich im Deutschen, Französischen, Italienischen 37, 36, 35 Worte gebraucht habe, obschon ich möglichst kurz und wortgetreu übersetzt. (Winkler 1861:10)

Die Gegner des französischen und englischen Unterrichts auf höheren Schulen teilten nach diesen Analysen vielfach die Meinung von Hausdörffer: „Aus solchen Sprachen kann der Zögling das gesunde Leben des Geistes im Sprachorganismus nicht kennen lernen und anschauen" (Hausdörffer 1854:14).

Die Neuphilologen waren sich der allgemeinen Geringschätzung, die den neuen Sprachen von Seiten der Vertreter der klassischen Sprachen entgegengebracht wurde, bewusst und bemühten sich umso mehr um die Verteidigung des Französischen und Englischen auf allen höheren Schulen:

> Es ist von jeher die Weise der altclassischen Philologie gewesen, auf andere Studien mit Verachtung herabzublicken. Zumal die neuern Sprachen haben dies empfinden müssen. Gehüllt in die weiten Falten ihres classischen Mantels, weiß diese Philologie über solche ärmliche Volkssprachen wie das Französische und Englische mit ignorierendem Achsel-

zucken hinwegzusehen als über kleinliche Studienobjekte kleinlicher Geister. (Andenmatten 1876:14)

Dieser Geringschätzung und den vorgebrachten Vorwürfen hielten die Befürworter des neusprachlichen Unterrichts entgegen, dass der Formenbestand der neueren Sprachen umfassend genug sei, um bildend auf die Schüler wirken zu können (z.b. Hummel 1879:14,16; Lachmund 1883:16). In ähnlich detaillierten Analysen wurden die Formen des Französischen und Englischen mit denen des Lateinischen und Griechischen verglichen. So hätte das Französische vier Modi, das Lateinische hingegen nur drei, und ebenso wie Latein vier Bedingungsfälle (Hummel 1879:12). Außerdem würden die Konjugationsformen und Tempora des Französischen (Lachmund 1883:13) sowie seine Ableitungssilben die des Lateinischen an Zahl übersteigen. Durch kleine Änderungen im Stamm bilde das Französische mehr neue Wörter: „z.B. canalis – canal, chenal, cheneau" (Hummel 1879:9) als es das Lateinische könnte. Manche Formen seien im Französischen sogar stärker ausgebildet als im Lateinischen, wie der Vergleich des Artikelgebrauchs zeigt: „z.B. panis: pain, le pain, un pain, du pain" (Hummel 1879:6).

Ein weiteres wichtiges Bildungselement der modernen Sprachen, so deren Fürsprecher, stellt deren breiter Wortschatz dar, der sich sowohl beim Französischen als auch beim Englischen durch Sprachmischung ergeben hat und somit eine Weiterentwicklung der ursprünglichen Sprachbasis darstellt. Besonders das Französische gelte als „lebensvolle organische Weiterbildung derselben lateinischen Sprache" (Legerlotz 1878:20), dessen Vokabular die Möglichkeit zu einer vertieften Auseinandersetzung biete. Auch die englischen Wörter haben sich aus einer Verbindung von germanischen und romanischen Elementen ergeben und gewährten dem Lernenden eine reiche Basis für seine Geistesbildung (Gantter 1860:115). Dieser Vorteil ergebe sich auch aus der großen Anzahl an Synonymen und idiomatischen Ausdruckweisen, denn das Erlernen der feinen Unterschiede wirke sehr fördernd für die geistige Entwicklung der Schüler (Brauneck 1872:10; Hummel 1879:6).

Nicht zu vergessen sei, dass im Gegensatz zu den alten Sprachen mehr Aufmerksamkeit auf die Aussprache und die Orthographie beim Aneignen des fremdsprachlichen Wortschatzes gelegt werden müsse (Hummel 1879:15,19; Zelezinger 1887:19). Das Einprägen der richtigen Lautung und des davon abweichenden Wortbildes erfordere ein gründliches Sprachstudium und sei ein formalbildendes Element, das die alten Sprachen nicht in diesem Umfang aufweisen könnten.

Die Gegner kannten im Allgemeinen die vorgebrachten Bildungselemente der neuen Sprachen nicht an und versuchten diese durch Gegenargumente zu entkräften. Während der Wortreichtum des Englischen eher anerkannt wurde, wurde gegen das Französische vorgebracht, dass es im Vergleich zu den germanischen Sprachen nur eine weit geringere Anzahl an Wörtern aufweise und diese Wörter auf Grund ihrer Aussprache und Orthographie schwer zu erlernen wären (Graevell 1897:366). Darüber hinaus würde ihr Bildungswert dadurch vermindert, dass sie der deutschen Muttersprache und den anderen neueren Sprachen, vor allem innerhalb der Gruppe der romanischen Sprachen, in Aufbau und Struktur zu ähnlich seien:

> Je mehr mithin die verglichene Sprache von den Gesetzen der Muttersprache abweicht und auf weniger verwandten Anschauungen beruht, desto mehr erfordert sie Aufmerksamkeit, Fleiß und Ernst, und in desto höherem Grade wirkt sie sodann auf die Entwicklung der Denkkraft. Angenommen die Muttersprache (was bei romanischen Sprachen so ziemlich der Fall ist) beruhte mit der zu erlernenden in der Laut-Formenlehre und Syntax auf gleichen Prinzipien und unterschiede sich nur durch andere Vokabeln; wie würde da der Zögling seine durch die Grammatik der Muttersprache abstrahierten Sprachgesetze erweitern oder beleuchten? (Winzenz 1862:5)

In diesem Streit zwischen den neusprachlichen und altsprachlichen Parteien um den Bildungswert der jeweiligen Sprachen wird deutlich, dass sich beide Gruppen ähnlicher Argumente und Beweisstrategien bedienten, die stark auf das Kriterium der formalen Bildung beschränkt waren. Die vielen Versuche, den jeweiligen Bildungswert unter Beweis zu stellen und diesen zu einem entscheidenden Kriterium für das Sprachenangebot an den höheren Schulen zu machen, konnten keinen durchschlagenden Erfolg bringen, denn in dieser breiten und inhaltlich sehr offenen Diskussion war es möglich, eine Vielzahl von nahezu beliebigen Inhalten und Aspekten in die Beweisführung mit aufzunehmen und gleichzeitig die Argumente der Gegner zu entkräften. Auch wenn der Streit um den Bildungswert einen Schwerpunkt der Diskussion bildete, zeigt sich doch, dass es letztendlich praktische Gründe waren, die eine Entscheidung für eine stärkere Berücksichtigung der neuen Sprachen auch auf den Gymnasien bewirkten.

7.1.3 Erweiterung des Sprachangebots an höheren Schulen

In der Diskussion um die Fremdsprachen und ihre Sprachenfolge an den höheren Schulen im 19. Jahrhundert ging es nicht nur allein darum, den Wert der jeweiligen Sprache zu beweisen und so ihre Stellung im Fächerkanon zu sichern bzw. zu verbessern, sondern auch um den Wert der einzelnen Sprachen in Konkurrenz zueinander. Etablierte moderne Schulfremdsprachen waren das Englische und vor allem das Französische (vgl. 6.2.2), deren Bedeutung für die höhere Bildung im Allgemeinen anerkannt war und die feste Bestandteile der Lehrpläne der jeweiligen Schulen waren. Jedoch bestand beim Englischen noch Nachholbedarf im Vergleich zum Französischen, da es dem Französischen als erste moderne Fremdsprache deutlich untergeordnet war und besonders auf dem Gymnasium nur eine unbefriedigende Position als fakultatives Fach innehatte.

Andere neue Sprachen dagegen, wie das Italienische und Spanische, mussten sich mit einer Randstellung begnügen, denn sie waren in dem Lehrangebot der Schulen kaum vertreten. Aus diesem Grunde gab es immer wieder Forderungen, wenn auch lokal begrenzt, das Sprachenangebot der höheren Schulen zu erweitern und weitere moderne Fremdsprachen in deren Fächerkanon aufzunehmen.

7.1.3.1 Die neuen Sprachen und ihre Eignung als Schulfremdsprachen

Eine Frage, die im Rahmen der Diskussion um die Sprachenfolge und um die Erweiterung des Sprachenangebots immer wieder aufgeworfen wurde, war, welche Sprachen sich überhaupt als Schulfremdsprachen eigneten und den Schülern angeboten werden sollten. Die Klärung dieser Frage war eine wichtige Grundlage für die eigentliche Debatte über die Aufeinanderfolge der Fremdsprachen.

Von verschiedener Seite wurde die Eignung als Schulfremdsprache darin gesehen, dass es sich um eine Sprache eines der großen europäischen Kulturvölker handeln müsse. Begründet wurde diese Einschränkung damit, dass nur europäische Sprachen einen direkten Einfluss in Europa hätten und für Deutschland von Bedeutung seien (Winkler 1861:2). Zur Auswahl standen deshalb nicht außereuropäische Sprachen wie das Arabische oder Chinesische, denn sie waren den Europäern „zu fern" und „zu fremd" (Zelezinger 1887:12), sondern nur europäische Sprachen wie Englisch, Schwedisch, Französisch, Spanisch, Italienisch oder Portugiesisch. Diese breite Auswahl reduzierten viele Schulmänner auf diejenigen Sprachen, die damals für Deutschland von Wert galten, nämlich das Französische, Englische, Italienische oder Spanische (vgl. Beutler 1872:62; Mösch 1870:5; Sallwürk 1903:677-678).

Welche nun von diesen Sprachen die Eignung zur Schulfremdsprache besaß, wurde von verschiedenen Kriterien abhängig gemacht: zum einen von der politischen und geschichtlichen Bedeutung des jeweiligen Landes und zum anderen von den sprachlichen Elementen und dem formalbildenden Potential der jeweiligen Sprachen. Als drittes Kriterium zog man die fremdsprachliche Literatur in Betracht. Bei der spanischen Sprache als mögliche Schulfremdsprache wurde anerkannt, dass Spanien eine reiche Geschichte besaß, denkt man beispielsweise an die Eroberung durch die Araber, oder dass das Land unter den Habsburgern im 16. und 17. Jahrhundert eine einflussreiche politische und kulturelle Macht in Europa war (vgl. Edelmayer 2004:145ff; Guichard 2004:77ff). Aus diesem Grund wurden die spanische Sprache und Mode im 16. Jahrhundert „tonangebend [...] in Europa" (Beutler 1872:63). Kritisch angemerkt wurden jedoch die abgeschiedene geographische Lage Spaniens am Rande Europas sowie sein „religiöser Fanatismus" (Beutler 1872:63), der auf die spanische Inquisition anspielte.

Sprachlich, so bestand meist Übereinstimmung, könne das Spanische als romanische Sprache einige bildende Elemente aufweisen, denn es habe die lateinischen Wurzeln durch seine geographische Randposition am reinsten von allen romanischen Sprachen bewahrt:

> Spaniens territoriale Abgeschlossenheit, seine religiös scharfe Absonderung im Mittelalter von anderen Ländern, haben von seiner Sprache Neuerungen und Umwandlungen ferne gehalten. Bei der geringen Bedeutung, welche die alte celtiberische Sprache für die sich entwickelnde Sprache der Bildung hatte, war es nur der maurische Einfluss, welcher sich vollständig geltend machen konnte. Diese maurischen Klänge verleihen aber der spanischen Sprache jene Weichheit, jene südliche Glut, die bei ihrer sonstigen Steifheit der Formen, äußerst wohlthuend wirkt. (Mösch 1870:12)

Seine arabischen Elemente, die es im Zuge des jahrhundertelangen Zusammenlebens zwischen Arabern und Spaniern aufnahm, machten das Spanische innerhalb der europäischen Sprachfamilie zu einer besonderen Sprache (vgl. Beutler 1872:63). Sie wurde sogar „zu den schönsten des romanischen Sprachstammes" gezählt (Engelhardt 1851:7).

Dagegen wurde ihre Literatur weit weniger als ihre Sprache geschätzt. Beutler (1872:63) und Mösch (1870:32) waren der Meinung, dass diese arm an klassischen Werken sei und nur Cervantes und Calderón als große Autoren aufzuweisen hatte. Engelhardt (1851:7) sah das Problem aber eher darin, dass die Werke der spanischen Schriftsteller nur wenigen in Deutschland bekannt waren und so der Eindruck entstand, als ob es keine große spanische Literatur gäbe. Letztlich wurde das Spanische trotz seiner Vorzüge als mögliche Schulsprache für die höheren Schulen Deutschlands ausgeschlossen, da es nach Ansicht vieler Schulmänner im Vergleich zu anderen Sprachen „zu entlegen" (Zaubitz 1871:6) oder „nicht lohnend" (Beutler 1872:63) war. Trotz allem waren einige Neuphilologen davon überzeugt, dass das Spanische als Schulsprache in den folgenden Jahrzehnten an mehr Einfluss gewinnen würde:

> Doch wir dürfen nicht übersehen, [...] daß [die spanische Sprache] [...] bei dem durch die neuesten Beförderungsmittel ungemein erleichterten und gesteigerten Verkehr der Nationen in der Folge auch bei uns wieder zu größerer Bedeutung gelangen dürfte, als sie gegenwärtig hat, [...]. (Engelhardt 1851:7)

Im 19. Jahrhundert sollte sich diese Hoffnung jedoch nicht mehr erfüllen, denn die anderen neuen Sprachen dominierten in Deutschland in und außerhalb der Schulen. Das Italienische war eine weitere romanische Sprache, deren Eignung als Schulfremdsprache überprüft wurde. Als erstes Argument wurde die steigende politische und handelspolitische Bedeutung Italiens für Deutschland vorgebracht (Beutler 1872:63). Italien war bereits in der Vergangenheit ein wichtiger Handelspartner und würde seine Bedeutung als Handelsmacht durch den Bau des Suezkanals 1869 weiterhin ausbauen. Aus diesem Grund hatte das Italienische eine große Bedeutung als Handelssprache in Europa und der Welt. Gerade in den südlichen Teilen Deutschlands bestand reger Kontakt zu Italien (vgl. Stauber 2010:38ff) und so war es nicht verwunderlich, dass die meisten Befürworter des Italienischen aus Bayern stammten, wie zum Beispiel Gutbier (1854) oder Mösch (1870).

Darüber hinaus galt das Italienische gegenüber anderen Sprachen als besonders schön und klangvoll (Beutler 1872:63). Aber nicht nur ihre Schönheit, sondern auch ihr Formenbestand mache die italienische Sprache für Schüler lohnend. Sie könne, so ihre Verteidiger, auf formaler Ebene eine Vielzahl von formalbildenden Elementen aufweisen. Besonders durch die Bewahrung der lateinischen Formen, durch die sie eine „Brücke zwischen dem Alterthum und der Neuzeit" bildet (Gantter 1862:716) biete die italienische Sprache hinsichtlich der Grammatik und Syntax eine breite Formenfülle. Dies mache sie zu einer guten Grundlage für die formale Bildung und das Erlernen weiterer romanischer Sprachen (Sallwürk 1903:679).

Außerdem besitze das Italienische, besonders im Vergleich zum Spanischen und Französischen, eine reiche und bekannte Literatur: „Ihre Literaturschätze würden dem Lernenden seine Mühe reichlich lohnen [...]. Wer kennt nicht Dante, Petrarka, Tasso, Aristot, Metastasio?" (Beutler 1872:63). Gerade ihre Literatur würde sie zu einer würdigen Schulfremdsprache neben Französisch und Englisch machen und ihr Eingang „in die Trias der europäischen Hauptliteraturen" verleihen (Gantter 1862:713). Obwohl sich viele Schulmänner einig waren, dass das Italienische grundsätzlich als Schulfremdsprache einen hohen Wert besaß und in Zukunft durch die verbesserten Verkehrswege an mehr Bedeutung gewinnen würde (Schäfer 1873:3), erkannte man im Allgemeinen die Vorrangstellung des Französischen an, welche kaum mehr Platz für das Italienische an den höheren Schulen ließ (Liebl 1867:12; Ostendorf 1873a:12). Andere erachteten die italienische Sprache an den Schulen für weniger wichtig als das Englische und Französische (Kraenkel 1872:28) und waren der Ansicht, dass man den anderen Sprachen den Vortritt lassen sollte.

Auch wenn die Eignung und der Nutzen des Spanischen und Italienischen als Schulfremdsprachen grundsätzlich anerkannt wurden, galten doch das Französische und Englische als die gängigen Fremdsprachen, die an den höheren Schulen Deutschlands gelehrt wurden. In der Mehrheit der Schriften des 19. Jahrhunderts verstanden die Autoren unter dem Terminus „neue Sprachen" nur das Englische und Französische (vgl. Lachmund 1883:5; Hummel 1879:4). Beide Sprachen waren bereits etablierte Schulsprachen und mussten kaum mehr um ihre grundsätzliche Daseinsberechtigung an den höheren Schulen kämpfen. Allein die Konkurrenz zum Lateinischen und Französischen verhinderte noch für das Englische die Aufnahme in den Gymnasiallehrplan. Das Englische und Französische wurden wegen ihrer Bedeutung als Weltsprachen, ihres praktischen Wertes und ihrer reichen Literatur (vgl. 7.1.2) im Allgemeinen als wichtige moderne Fremdsprachen anerkannt. Der Vorzug, den man dem Französischen und Englischen vor dem Italienischen und Spanischen einräumte, bedeutete aber gleichzeitig, dass für weitere moderne Sprachen an den höheren Schulen kein Platz mehr vorhanden war. Es wurde zwar verschiedentlich in die Diskussion eingebunden, ob nicht andere moderne Sprachen ebenso nützlich und bildend wären, jedoch gab es in der Praxis kaum Spielraum für die Erweiterung des Sprachenangebots an den höheren Schulen. Es wurde allein die Aufnahme des Englischen in das gymnasiale Fächerangebot als realistische Möglichkeiten diskutiert.

7.1.3.2 Englisch am Gymnasium

Die Bedeutung des Englischen für die höhere Schulbildung wurde in der zweiten Hälfte des 19. Jahrhundert von vielen Seiten grundsätzlich anerkannt, solange der

Englischunterricht als obligatorisches Fach auf die Realanstalten beschränkt war. Da diesen Schulen eine realistische Bildung mit Schwerpunkt auf den modernen Fremdsprachen zu Grunde lag und diese von Beginn an Teil der Konzeption der Realanstalten waren (vgl. 7.1.2.1), wurde die Vorrangstellung des Französischen und Englischen im Allgemeinen akzeptiert. Englisch wurde bereits 1859 als Pflichtfach an den beiden Realschularten eingeführt (siehe Anhang 1.2 und 1.3) (Wiese 1867:39). Man berief sich damals vor allem auf die verschiedenen praktischen Vorteile des Englischen, von seiner Bedeutung als Verkehrssprache über den praktischen Nutzen bis zur vielseitigen englischen Literatur (vgl. 7.1.2).

Auf den Gymnasien hingegen war das Englische kein reguläres Fach, sondern wurde nur auf fakultativer Ebene oder im Ersatzunterricht[58] für das Griechische angeboten (vgl. 6.2.2.2). Gründe für diese untergeordnete Stellung waren zum einen die Dominanz der klassischen Sprachen in den Stundentafeln, die den modernen Sprachen nur wenig Platz ließen, und zum anderen die Geringschätzung des Englischen als gymnasiales Bildungsmittel, welches nicht „Teil des theoretischen Gesamtkonzepts sprachlicher Bildung an Gymnasien war" (Klippel 1994:290). Dennoch wurden besonders gegen Ende des 19. Jahrhundert Stimmen laut, die die Einführung des Englischen als ordentliches Schulfach an den Gymnasien forderten. Dies geschah vor allem im Rahmen der Schulkonferenzen (vgl. 7.2.4) und nur in geringem Maße in den Schulprogrammschriften[59]. In der pädagogischen Presse wurde meist nur die Einführung des Englischen als wahlfreier Unterrichtsgegenstand in den gymnasialen Lehrplan besprochen (z.B. Hamann 1895; Jelinek 1894). Als einer der wenigen Schulmänner des 19. Jahrhunderts plädierte Deventer (1870) für die Einführung von Englisch als obligatorischer Unterrichtsgegenstand[60].

---

[58] Ab 1856 konnten Schüler an kleinen Gymnasien in Preußen Griechisch durch Englisch ersetzen (Schröder 1979:252).

[59] In der „Bibliographie der Programmschriften zum Englischunterricht" von Anton v. Walter (1977) sind bei der Durchsicht aller aufgeführten Programmschriften in Bezug auf das Englische als Unterrichtsgegenstand des Gymnasiums für das 19. Jahrhundert gerade einmal vier Titel aufgeführt, nämlich Deventer 1870, Jelinek 1894, Hamann 1895 und Rambeau 1885. Die Zahl der Programmschriften aus den Realschulen beläuft sich hingegen auf 45 Titel, obgleich dreimal mehr Lehrer an Gymnasien tätig waren als an Realschulen. Erklärt werden kann diese Diskrepanz damit, dass das Englische an den Gymnasien nicht als reguläres Fach eingeführt war (Walter 1980:215) und somit weit weniger thematisiert wurde.

[60] Der eigentliche Diskurs um die Stellung des Englischen als Pflichtfach am Gymnasium setzte erst mit dem Lehrplan von 1901 ein (vgl. 9.1.1.1).

Zur Untermauerung ihrer Forderungen nach Einführung des Englischunterrrichts am Gymnasium mussten die Befürworter den Beweise erbringen, dass auch das Englische den Bildungszielen des Gymnasiums entsprach (Klippel 1994:437) und einen Gewinn für diese Schulform darstellte. Durch die Erweiterung des Lehrangebots durch das Englische versprachen sie sich eine neue Ausrichtung der Gymnasien. Die formale Bildung, die im Allgemeinen den Schwerpunkt bildete, könne so durch realistische Inhalte ergänzt werden:

> Natürlich würde der Charakter des Gymnasiums im Ganzen derselbe bleiben, es würde nach wie vor bei Weitem das Hauptgewicht auf die formale Bildung gelegt, und diese besonders durch dieselben Unterrichtsgegenstände wie jetzt angestrebt werden. Andererseits aber würde man sich durch die Aufnahme des Englischen mehr den Bedürfnissen des praktischen Lebens anbequemen und sich dadurch mehr der Realschule nähern, in welcher mehr materielle Bildung, als auf dem Gymnasium gegeben werden soll [...]. (Deventer 1870:13)

Durch diese Erweiterung wäre das Gymnasium nicht mehr wegen der Vorrangstellung der klassischen Sprachen als „veraltetes Institut" (Deventer 1870:13) angreifbar, sondern man würde die Kritiker besänftigen und mehr Befürworter finden. Die Aufnahme des Englischen würde zeigen, dass sich auch das Gymnasium an die Bedürfnisse der Zeit anpasst und sich nicht gegen den Fortschritt versperrt (Deventer 1870:3; Jelinek 1894:3).

Die neuen Entwicklungen im Verkehr und in der Industrie im 19. Jahrhundert trugen verstärkt zu einem Austausch unten den Gelehrten zwischen Deutschland, England und Amerika bei. Deshalb, so wurde betont, sei das Englische nicht nur für Realschulabiturienten von Bedeutung, sondern auch für Gymnasiasten, von denen sich ja weit mehr gelehrten Berufen zuwenden würden und deshalb das Englische sogar noch häufiger brauchten als die Realschulabsolventen:

> Nehmen wir aber an, auf der Realschule fänden Kaufleute, Techniker und ähnliche Berufsklassen ihre Vorbereitung, auf dem Gymnasium hingegen die, welche sich den Fakultätsstudien widmen und betrachten, welche von beiden Klassen das Englische am besten anwenden könne. Ingenieure, Architekten, manche Kategorien von Fabrikanten, Kaufleute machen Reisen nach England oder Amerika um sich in ihrem Fache auszubilden. [...] Wir heben nur hervor, was sich wohl nicht leugnen läßt, daß nur ein verhältnismäßig kleiner Theil, der auf Realschulen vorgebildeten Leute im späteren Leben für seinen Beruf wirklich Gebrauch von der englischen Sprachen zu machen hat und stellen die Behauptung auf, daß die Gymnasiasten später häufiger in den Fall kommen, sie kennen zu müssen. (Deventer 1870:6).

Da das Englische im 19. Jahrhundert als Handels- und Verkehrssprache immer mehr an Bedeutung gewann, wurde dessen Kenntnis verstärkt auch von den Gymnasiasten gefordert. Eine Sprache, die weltweit von vielen Millionen Menschen gesprochen wurde (Schwarz 1901:3) und sich im 19. Jahrhundert zu einer Weltsprache entwickelt hatte, konnten selbst die Verteidiger der alten Sprachen nicht mehr ignorieren. Viele der Befürworter des Englischen beriefen sich in diesem Zusammenhang auf die einflussreichen Sprachstudien Jacob Grimms zur englischen Sprache, der diese als zukünftige Weltsprache erachtete und ihren großen Wert unter Beweis stellte (Grimm 1985 [1851]:53).

Das zentrale Begründungsmotiv für die Legitimierung des Englischen an den Gymnasien war, obgleich die praktische Verwendbarkeit englischer Sprachkenntnisse in der zweiten Jahrhunderthälfte und besonders gegen Ende des Jahrhunderts wieder vermehrt Anerkennung fand (Walter 1980:181), weiterhin sein Bildungswert in Bezug auf Wortschatz, Aussprache und Orthographie sowie Literatur. Auffällig ist, dass dabei nur in einem sehr geringen Maße die formalbildenden sprachlichen Elemente, die im Bildungsstreit normalerweise eine große Rolle spielten, in die Beweisführung aufgenommen wurden. Es scheint, als ob den Verfassern der wenigen Schriften zum gymnasialen Englischunterricht bewusst war, dass der begrenzte Formenbestand des Englischen nicht mit dem des Lateinischen, Griechischen oder sogar Französischen konkurrieren konnte und dass dieses Argument in einem gymnasialen Umfeld somit wenig Beweiskraft hatte. Wurden tatsächlich grammatische und formale Beispiele angebracht, so wurden eher die Möglichkeit des Sprachvergleichs zu den anderen Fremdsprachen und der dadurch erreichte tiefere Einblick in die Strukturen der jeweiligen Sprachen hervorgehoben (Deventer 1870:9; Hamann 1895:5, 7). Anstelle rein formaler Belege stützten sich die Befürworter vielmehr auf Elemente, die charakteristisch für das Englische sind und sich bei den anderen Sprachen nicht in der Weise oder dem Umfang finden lassen, wie den großen germanisch-romanischen Wortbestand, die schwierige Aussprache und Orthographie sowie die vielseitige Literatur.

Als ein wichtiges Bildungselement wurde der Wortschatz des Englischen ausgemacht, durch den gerade Gymnasialschüler, die Kenntnisse im Lateinischen, Griechischen und Französischen besaßen, Einblicke in die sprachliche Entwicklung des Englischen und der anderen Sprachen erhalten konnten. Insbesondere die Idiomatik sowie die Mischung aus germanischen und romanischen Elementen seien für Gymnasiasten besonders gewinnbringend (Deventer 1870:9; Hamann 1895:7). Der Wert des Englischen auf dem Gymnasium wurde außerdem darin gesehen, dass seine schwierige Aussprache und Orthographie bildend für die Schüler seien. Da sich die Aussprache und die Schreibung der englischen Wörter deutlich unterscheiden und nur bis zu einem gewissen Grade durch Regeln erfasst werden können, stelle das Englische gerade für Gymnasiasten, die andere Sprachen stark regelbezogen erlernten, eine besondere Herausforderung dar (Jelinek 1894:7-8). Die Erlernung des Englischen verlange in dieser Hinsicht den Rückgriff auf andere Strategien als beim Lateinischen, wie beispielsweise ein imitatives Lernen der Aussprache. Aber genau diese Schwierigkeit erlaube „die Pflege genauer Auffassung und Wiedergabe lautlicher Abschattungen" (Sallwürk 1903:677) und wirke somit besonders bildend.

Nicht zu vergessen sei, dass das Englische den Gymnasialschülern eine reiche Literatur von „hohe[m] geistige[n] und sittliche[n] Wert" (Wegener 1900:2) bieten könne:

> Die englische Literatur bietet einen unerschöpflichen Reichtum. Die Poesie der Engländer offenbart ein warmes und tiefes Gefühl, ihre Prosa eine scharfe und getreue Auffassung psychologischer Vorgänge bei reiner sittlicher Anschauung; dadurch wird die englische Lektüre außerordentlich wichtig für die Jugend. (Sallwürk 1903:677)

Besonders die angesprochene moralische Unbedenklichkeit mache die englische Literatur zu einer gewinnbringenden Ergänzung zu Werken in anderen Sprachen. Durch die Vertiefung in die Werke großer englischer Autoren, insbesondere Shakespeare, „der größte und überlegenste Dichter der neuen Zeit" (Grimm 1985 [1851]:53), könnten die Schüler ihren „ästhetischen Sinn" (Franken 1874:4) schärfen und neue Gedanken aufnehmen. Gerade die Gymnasiasten, so Hamann (1895) hätten ein ausgeprägtes Interesse an Shakespeares Werken: „Unsere Gymnasiasten würde es arg verstimmen, wollte man ihnen den grossen Britten [sic] vorenthalten" (1895:4). Darüber hinaus erlaube die Beschäftigung mit der englischen Literatur einen Vergleich mit der deutschen, mit dem Ziel Verwandtschaften, beispielsweise in thematischer Hinsicht, wie es bei Mythen und Sagen der Fall ist, oder den wechselseitigen Einfluss herauszuarbeiten (Deventer 1870:12).

Das Englische sei, so dessen Befürworter, aber nicht nur zur Lektüre der Originalliteratur notwendig, sondern sei gerade auch für die Wissenschaft unerlässlich, denn viele wichtige Werke aus allen Bereichen, sei es aus der Theologie, Medizin oder den Naturwissenschaften, wurden im 19. Jahrhundert auf Englisch und nicht mehr auf Latein verfasst (Deventer 1870:4; Sallwürk 1903:677). In dieser Hinsicht seien es, so die Argumentation, gerade die Gymnasialschüler, die in ihren späteren Studien und Berufen Englischkenntnisse brauchten. Deventer (1870:4-5) führt einige dieser zentralen wissenschaftlichen Schriften und Autoren an, darunter Naturwissenschaftler wie Benjamin Franklin, James Watt, Charles Darwin oder Philosophen wie John Locke und David Hume. Sie stimmten darin überein, dass fast jede Wissenschaft auf das Englische angewiesen sei und diese Sprache deshalb nicht aus den Gymnasien ausgeschlossen werden dürfe.

Es wird deutlich, dass von den Befürwortern des englischen Gymnasialunterrichts eine Vielzahl von unterschiedlichen Argumenten hervorgebracht wurde, um die Vorteile des Englischen für die Schüler der Gymnasien zu beweisen. Auffällig ist, dass bei dieser Diskussion sehr wenig auf rein formale Kriterien zurückgegriffen wurde, sondern vielmehr englische Besonderheiten wie die Aussprache und Orthographie oder der praktische Nutzen, sei es im Hinblick auf den Handel oder die Literatur, herausgestellt wurden. Es zeigt sich, dass die Beweisführung in diesem schwierigen Fall, nämlich der Etablierung des als unwissenschaftlich geltenden Faches Englisch auf der Schulart mit dem höchsten wissenschaftlichen Anspruch, komplex und überzeugend sein musste.

7.1.4 Veränderung der traditionellen Sprachenfolge

Die Überzeugung der Neuphilologen, dass die neuen Fremdsprachen gegenüber den alten ein ebenbürtiges Bildungsmittel sowohl für die Realanstalten als auch für die Gymnasien darstellten, führte verstärkt zu der Forderung, die traditionelle Sprachenfolge Latein, Französisch, Griechisch bzw. Englisch an den höheren Schulen aufzugeben. Stattdessen sollte nach Ansicht einiger Schulmänner der fremdsprachliche Unterricht grundsätzlich mit einer neuen Sprache beginnen und sollten die klassischen Sprachen erst in höheren Klassen als neues Fach hinzutreten. Dies stieß jedoch auf Widerstand bei den Altphilologen, welche die privilegierte Stellung des Lateinischen als erste Fremdsprache vehement verteidigten.

Bei der Frage nach dem Beginn des fremdsprachlichen Unterrichts mit einer modernen Fremdsprache wurde auch die Wahl der am besten geeigneten neuen Sprache diskutiert. Dabei wurden vielbeachtete Vorschläge sowohl für das Französische als erste Fremdsprache als auch für das Englische als Anfangssprache gemacht. In Bayern wurde sogar das Italienische als erste Fremdsprache in Erwägung gezogen.

7.1.4.1 Die neuen Sprachen als Grundlage des fremdsprachlichen Unterrichts

> Ich neige mich von Jahr zu Jahr entschiedener zu der Ansicht, daß, ehe drei Menschenalter vergehen, die Knaben unseres Volkes ihren Sprachsinn nicht mehr zunächst an der lateinischen, sondern an einer der neueren Sprachen schärfen werden. (Ostendorf 1866:13)

Mit dieser frühen Vision einer veränderten Sprachenfolge auf den höheren Schulen in Preußen entfachte der Schulreformer Julius Ostendorf[61] eine rege Diskussion um die Aufeinanderfolge der jeweiligen Schulfremdsprachen. Viele Schulmänner, wie Völker (1887) oder Sallwürk (1875), schlossen sich seiner Meinung an und befürworteten ebenso den Beginn des fremdsprachlichen Unterrichts mit einer lebenden Sprache.

Durch Ostendorfs Vorstoß geriet die traditionelle Sprachenfolge immer mehr in Kritik:

> Da die Frage, mit welcher Sprache der fremdsprachliche Unterricht zu beginnen habe, vor allem eine pädagogische ist, so will ich hier kurz darauf eingehen. Da steht denn von vornherein fest, daß die gegenwärtige Reihenfolge, in welcher die fremden Sprachen gelehrt werden, die schlechteste ist, welche es geben kann. Sie hat die einzige Entschuldigung für sich, daß sie historisch geworden ist; nur aus diesem Grunde hat sie sich bis heute aufrecht erhalten. (Kühn 1885:17)

Es wurde, wie Kühn es auch äußerte, kritisiert, dass das Lateinische nur durch seine lange Tradition, nicht aber aus pädagogischen Gründen den Platz als erste Fremdsprache immer noch aufrecht erhalten konnte. Die Entscheidung für den Beginn mit dem Lateinischen beruhe eben nicht auf den guten Leistungen und Ergebnissen, die die Schüler in den Anfangsjahren in Latein erzielten, wie man vermuten könnte, sondern allein auf der Verpflichtung an gewisse Traditionen. Aus diesem Grund müsse die vorherrschende Sprachenfolge als „pädagogische Unnatur" (Völcker 1889:10) entlarvt werden. „Die Quälerei der 9-12-jährigen Jungen mit dem ihnen durchaus fremdartigen Latein" (Stengel 1888:585) müsse ein Ende finden.

Ostendorf und seine Anhänger forderten, dass die modernen Sprachen die Grundlage des Fremdsprachenlernens sein sollten, denn der Unterricht in den neuen Spra-

---

[61] Julius Ostendorf (1823-1877) war ein einflussreicher Schulmann und Reformer in seiner Zeit. Mehr zu seiner Biographie und seinen Reformgedanken bei Ostermeier (2008).

chen entspreche wesentlich mehr der altersgemäßen Entwicklung der neun- bis zehnjährigen Jungen als der der klassischen Sprachen. Gerade da es sich um lebende, gesprochene Sprachen handle, die praktisch angewandt werden können, zeigten die Schüler meist großes Interesse und Freude (Lattmann 1888:4; Ostendorf 1873a:8), was eine wichtige Grundlage für späteres Sprachenlernen lege. Dies treffe besonders dann zu, wenn nach der Reformmethode, in der die praktische Anwendung stärker in Betracht gezogen wird als nach traditioneller Grammatik-Übersetzungsmethode, unterrichtet würde:

> [Mich haben] [...] die neueren Erörterungen über die erstrebte Methode des französischen Anfangsunterrichts überzeugt, daß ein solches methodisches Verfahren gerade für den frühesten und ersten Sprachunterricht das angemessenste sei, und deshalb die neuere Sprache dem Latein vorauszugehen habe. (Lattmann 1888:4)

Außerdem stünde den Schülern die Möglichkeit offen, später einmal selbst in das Land zu reisen und ihre Sprachkenntnisse aktiv anzuwenden. Die klassischen Sprachen dagegen, zeichnen sich durch eine Abstraktheit aus, die die jungen Schüler wenig anspreche (Weißenfels 1888:605).

Gerade die Ausspracheschulungen des Anfangsunterrichts kämen dem natürlichen Lernen der Schüler wesentlich mehr entgegen:

> Fragen wir uns wieder, was der Natur des Kindesalters angemessen ist. Ihr entspricht es, die sinnliche Seite einer Sprache zu beobachten. Gerade indem der Knabe dies thut, gewöhnt er sich an Aufmerken überhaupt; indem der die Laute einer fremden Sprache hört und sie nachzuahmen sucht, bildet er nicht blos die Organe des Gehöres und der Sprache, sondern auch seinen Sinn für Nettigkeit, Klarheit und Schönheit. So werden Aussprache-Uebungen, die in einem späteren Alter leicht Langeweile erzeugen, für den neunjährigen Knaben zu einem heilsamen Mittel der Zucht, und wirken nützlich auch auf die Aussprache im Deutschen ein, wie sie denn auch eine naturgemäße Fortsetzung des deutschen Elementar-Unterrichts sind. (Ostendorf 1873a:8-9)

Die Ausspracheschulung wurde deshalb als besonders kindgerecht angesehen, weil dabei imitativ, ähnlich wie beim Erstsprachenerwerb, gelernt werden konnte. Außerdem seien auch die Sprachorgane der Knaben in diesem Alter noch wesentlich flexibler, um sich an die fremden Laute zu gewöhnen und diese gut nachzuahmen (Kühn 1885:19). Dies mache den Unterricht in den modernen Sprachen für jüngere Schüler besonders lohnend.

Desweiteren, so die Befürworter des Beginns des fremdsprachlichen Unterrichts mit einer neuen Sprache, hielten die modernen Fremdsprachen für die jungen Schüler passendere Lehr- und Lernmittel bereit als das bei den alten Sprachen der Fall sei. Deren Elementarbücher basierten meist auf klassischen Autoren und seien für diese Altersklasse wenig interessant. In den modernen Fremdsprachen dagegen könnten schülernahe Themen behandelt werden:

> Ganz anders ist es, wenn der fremdsprachliche Unterricht mit einer modernen Fremdsprache begonnen wird. Da letztere eben eine lebende Sprache ist, und für alle jene Gegenstände und Thätigkeiten, welche dem Knaben in seiner Muttersprache bekannt geworden sind, entsprechende Ausdrücke hat, so kann das Elementarbuch in ihr auf ganz naturgemäße Art verfahren. (Ostendorf 1873a:24)

So könnten im Anfangsunterricht Themen wie „Familie", „Schule", „Gewerbe und Handel" oder „Ackerbau" behandelt werden, die weitaus mehr mit der Erfahrungswelt der Schüler übereinstimmen als antike Stoffe. Auch im fortgeschrittenen Unterricht biete die neusprachliche Literatur einen einfacheren Zugang als klassische Werke, für deren Verständnis umfassendes Hintergrundwissen notwendig sei (Ostendorf 1873a:26).

Der Beginn des fremdsprachlichen Unterrichts mit einer neuen Sprache, so Ostendorf, würde außerdem dem pädagogischen Leitsatz „Vom Leichten zum Schweren" Rechnung tragen, denn vor den formal und inhaltlich anspruchsvollen klassischen Sprachen würde zuerst eine leichtere moderne Fremdsprache gelernt werden (Ostendorf 1873a:39). Die erste Fremdsprache lege bereits die sprachlichen Grundlagen und erleichtere das Erlernen der schwierigeren alten Sprachen (Ostendorf 1873a:40,57). Auf diese Weise entstünden auch dem Latein- und Griechischunterricht große Vorteile, denn durch die Vorkenntnisse der Schüler fiele ihnen das Lernen wesentlich leichter und es könne schneller und erfolgreicher fortgeschritten werden (Zitscher 1892:5).

Die neuen Sprachen weisen sich somit nach Meinung einiger Schulmänner als ideale Anfangssprachen aus, die sowohl auf sprachlich-formaler Ebene als auch in Bezug auf die Einstellung und Motivation der Schüler gegenüber Fremdsprachen eine gute Basis für weitere Fremdsprachen legen könnten. Uneinig waren sich die Neuphilologen jedoch in der Frage, welche der modernen Fremdsprachen sich am besten für diese Aufgabe eigne. Diskutiert wurden das Französische, Englische oder Italienische als erste Fremdsprache an den höheren Schulen.

7.1.4.2 Französisch vor Latein

Die frühsten Vorschläge zur Veränderung der Sprachenfolge an allen höheren Schulen betraf das Französische als erste Fremdsprache. Bereits 1856 wurde von Zandt in Erwägung gezogen, die traditionelle Reihenfolge mit Latein als erster Fremdsprache vor Französisch umzukehren und das Französische als Basis des Fremdsprachenunterrichts auch auf dem Gymnasium zu verwenden (Zandt 1856:32). Für die lateintreibenden Realschulen stellte Bratuscheck 1870 die Forderung auf, das Französische vor Latein zu lehren:

> Ich glaube gezeigt zu haben, dass der französische Unterricht [...] vollständig geeignet ist, als Grundlage der gesamten Sprachbildung zu dienen, und dass das Latein hierzu nicht geeignet ist. Es handelt sich darum, die Schule von toten Formen zu befreien, welche den jugendlichen Geist in seinen ersten Regungen lähmen. (Bratuscheck 1870:60)

Es war jedoch erst der Vorschlag von Julius Ostendorf in seiner vielbeachteten Schrift „Mit welcher Sprache beginnt zweckmäßigerweise der fremdsprachliche Unterricht?" (1873), dem Französischen den Vorzug einzuräumen, der auf breiter Ebene die Diskussion um die Sprachenfolge anstieß. Sowohl in Schulprogrammschriften und den pädagogischen Zeitschriften als auch auf den preußischen Schulkonferenzen wurde dieser Vorstoß diskutiert[62]. Diese Debatte, bei der der Reformvorschlag von Ostendorf als einer der wenigen als realistische und umsetzbare Möglichkeit diskutiert wurde, zog schulpolitisch weite Kreise. Gründe dafür, dass die Forderung, den fremdsprachlichen Unterricht mit dem Französischen zu beginnen, nicht wie so viele andere Vorschläge nur in der Theorie verhaftet blieb, sondern für die Praxis diskutiert wurden, sind wohl darin zu sehen, dass das Französische eine bereits seit langer Zeit etablierte Fremdsprache war und sein Wert für die höhere Schulbildung für die lateinlosen Schulen auf breiter Ebene akzeptiert war. Seine oftmals angesprochene Funktion als Basis des Fremdsprachenunterrichts wurde sogar im Lehrplan der Oberrealschule von 1882 verankert:

> Die Aufgabe, durch den grammatischen Unterricht in einer fremden Sprache die Grundlagen sprachlich-formaler Bildung bei den Schülern herzustellen, ist an den Realgymnasien

---

[62] An dieser Stelle ist anzumerken, dass die Diskussion um das Französische als erste Fremdsprache in enger Verbindung zur Frage nach der Einheitsschule stand, denn in der Mehrheit der Reformvorschläge zur Einheitsschule wurde das Französische als erste Fremdsprache vorgeschlagen (vgl. 7.2.2).

im Wesentlichen durch den lateinischen Unterricht zu erfüllen; an den Ober-Realschulen fällt diese Aufgabe dem Unterrichte im Französischen zu. (Centralblatt 1882:264)

Die Befürworter des Französischen als erste moderne Fremdsprache an allen höheren Schulen nahmen diese zentrale Funktion als Basis des Sprachunterrichts allgemein in ihre Argumentation auf. Sie versuchten zu beweisen, dass den Schülern durch den Beginn mit dem Französischen mehr Vorteile entstehen würden als durch das Lateinische als Anfangssprache. So wurden zum einen die allgemeinen Vorzüge angesprochen, die in allen modernen Fremdsprachen als Anfangssprachen gesehen wurden, wie der altersgemäße Unterricht, der Bezug zur Lebenswelt der Knaben, die hohe Motivation und die Progression vom Leichten zum Schweren (vgl. 7.1.4.1). Zum anderen wurden insbesondere spezifische Gründe für Französisch angeführt.

Französisch eigne sich von allen modernen Sprachen am besten als Anfangssprache, weil es durch seine Verwandtschaft mit dem Lateinischen einen breiten Formenbestand aufweise und so gut auf die darauffolgende schwierigere Sprache vorbereiten könne. Die „einfache, aber doch nicht zu einfache Formenlehre" (Weißenfels 1888:607) mit ausreichend komplexen Strukturen biete den idealen Einstieg in das Sprachenlernen und überfordere die jungen Schüler nicht. Dadurch sei das Französische wesentlich einfacher und erfolgreicher zu unterrichten als Latein (Lattmann 1888:5; Ostendorf 1873a:17).

Die sprachliche Ähnlichkeit zwischen Französisch und Latein biete außerdem eine gute Vorbereitung auf den späteren Lateinunterricht. Da im französischen Unterricht bereits die Grundlage in grammatischen, syntaktischen und lexikalischen Strukturen geschaffen werde, würde das Erlernen der komplexeren alten Sprache wesentlich vereinfacht und beschleunigt (Ostendorf 1873a:29-30). Denn alle Vorteile, die das Lateinische als erste Fremdsprache dem Französischen als nachfolgende Sprache biete, gelten gleichermaßen in umgekehrter Abfolge: „Alles, was man aus dem Lateinischen für das Verstehen des Französischen gewinnt, das gewinnt man auch aus dem Französischen für das Lateinische" (Zandt 1856:32).

Die Schulmänner, die sich gegen den Beginn mit einer modernen Fremdsprache aussprachen, ließen eben diese für das Französische vorgebrachten Vorzüge nicht gelten und hielten allein das Lateinische für eine sinnvolle Anfangssprache. Dabei betonten sie die Bedeutung der sprachgeschichtlichen Progression vom Lateinischen zum Französischen. Den Schülern sollten zuerst die Ursprungssprache gelehrt werden, damit sie sich danach die von Latein abgeleiteten französischen Wörter und Formen leicht erschließen konnten (Zelezinger 1887:16). Außerdem sei der Bildungswert des Lateinischen wesentlich höher als der des Französischen (vgl. 7.1.1.1) und allein aus diesem Grund müsse man Latein den Vorzug geben.

Die Kritiker sahen in dem späten Beginn des Lateinischen als zweite Fremdsprache eine Gefahr für den Erfolg des lateinischen Unterrichts, denn zum einen sei durch den verkürzten Lehrgang kein vertieftes Verständnis mehr bei den Schülern zu erreichen (Hoffmann 1902:3) und zum anderen würden sich ältere Schüler wesentlich weniger gegenüber der Antike öffnen als jüngere. So forderte Weißenfels (1888): „Und zwar muß der fremdsprachliche Unterricht damit begonnen werden, ehe sich die verwandte Seele des Knaben der antiken Jugendlichkeit geschlossen [sic] hat" (Weißenfels 1888:613).

Es fällt auf, dass das Französische als erste Fremdsprache mit weniger ausgefeilten Argumenten verteidigt wurde als der Beginn mit einer neuen Sprache allgemein. Die große Neuerung in der Diskussion war nämlich die Forderung nach einer modernen Sprache als Anfangssprache und weniger der Beginn mit dem Französischen im Speziellen. Unter den modernen Fremdsprachen galt im 19. Jahrhundert, besonders in den frühen Jahren der Reformdiskussion um 1870, Französisch als einzige tatsächliche Alternative zu Latein. Es ging noch nicht so sehr um die Abgrenzung zu anderen Sprachen als vielmehr um die Umkehrung der Sprachenfolge Latein-Französisch. Andere Sprachen, nämlich das Englische oder das Italienische, wurden noch nicht ernsthaft in Betracht gezogen, da sie nicht weit genug verbreitet waren, um eine Reform für ganz Preußen zu tragen.

Auch Ostendorf traf die Entscheidung für das Französische als Anfangssprache erst zweitrangig nach seiner Forderung nach dem Beginn des fremdsprachlichen Unterrichts im Allgemeinen:

> Wo daher nicht besondere Verhältnisse es rathsam erscheinen lassen, den fremdsprachlichen Unterricht mit dem Englischen zu beginnen, werden deutsche Schulen sich zweckmäßigerweise für das Französische entscheiden. (Ostendorf 1873a:12)

Auch wenn Ostendorf bereits das Englische als Möglichkeit in Betracht zog, trat es erst einige Jahre später in der Diskussion um die Sprachenfolge als potentielle erste Fremdsprache hinzu und machte die Reformdebatte des 19. Jahrhunderts umso komplexer.

7.1.4.3 Englisch als Anfangssprache

Das Englische als erste Fremdsprache an den höheren Schulen, namentlich an den Realanstalten, wurde vermehrt ab dem letzten Drittel des 19. Jahrhunderts in Betracht gezogen. Dies geschah zu einer Zeit, in der die englische Sprache als Schulsprache, auch auf dem Gymnasium, immer mehr Befürworter fand und ihre Stellung an den höheren Schulen ausgebaut werden sollte. An den Realanstalten wurde sie zu einer ernstzunehmenden Konkurrenz für die erste Fremdsprache Französisch und auch die Gymnasien konnten das Englische nicht mehr völlig ignorieren.

Die ersten Vorschläge zum Beginn des fremdsprachlichen Unterrichts mit dem Englischen wurden bereits vor 1855 gemacht, als das höhere Schulwesen, insbesondere im Bereich der Realschulen, noch wenig einheitlich war und somit noch mehr Raum für Neuerungen zuließ, als das ab 1859 nach der Vereinheitlichung durch die „Unterrichts- und Prüfungsordnung" möglich sein sollte (vgl. 5.1.2). Einige Schulmänner forderten, das Englische als erste Fremdsprache für alle Schüler höherer Schulen im Rahmen einer Einheitsschule verbindlich zu machen und Französisch und Latein erst in den höheren Klassen zu unterrichten (Hauschild 1854; Klopp 1848; Rothert 1849; Voigtmann 1847). Die damals vorgebrachten Gründe waren identisch mit den Argumenten, die auch noch viele Jahre später für das Englische angeführt wurden. Diese vereinzelten frühen Forderungen fanden jedoch keine Berücksichtigung in der Neuordnung des höheren Schulwesens 1859 und lösten auch nur in geringem Maße eine Diskussion um die Sprachenfolge aus. Es scheint allgemein akzeptiert gewesen zu sein, dass in dem damals bestehenden System das Französische als die erste moderne Fremdsprache gelehrt wurde und die Sprachenfolge nicht beeinflussbar war.

Die ernsthafte Debatte um das Englische als erster Fremdsprache wurde erst einige Jahrzehnte später geführt. So wurden ab 1885 und verstärkt ab 1890 Stimmen laut, die für das Englische eintraten. Diese Forderungen blieben jedoch auf die Realschulen beschränkt, denn auf dem Gymnasium wurde in diesem Zeitraum erst die Einführung des Englischen als Pflichtfach diskutiert (vgl. 7.1.3.2). Von einem Beginn des gymnasialen Fremdsprachenunterrichts mit Englisch konnte noch keine Rede sein.

Als eines der zentralen Argumente wurde die naturgemäße Aufeinanderfolge der Sprachen vom Deutschen über das Englische zum schwierigeren Französisch und Latein angeführt (Borgmann 1889:6; Kühn 1885:18; Lindemann 1896:4; Weidner

1894:6). Diese „homogene Stufenfolge" (Voigtmann 1847:376) erlaube es dem Schüler, sich in einer pädagogisch sinnvollen Progression von einer einfacheren Sprache zu komplexeren vorzuarbeiten, ohne durch zu umfangreiche Formen, wie sie das Französische oder Lateinische aufweisen, überfordert zu werden. Dies käme im besonderen Maße schwachen Schülern zu Gute, die auf diese Weise mehr Erfolge erzielen könnten:

> Einer der obersten Grundsätze in der Pädagogik aber lautet: Erst das Leichtere und dann das Schwerere. Das Französische aber ist, besonders in seiner Formenlehre, ganz außerordentlich viel schwerer als das Englische; ein zehnjähriger Knabe von nur mittlerer Begabung erliegt unter der Mannigfaltigkeit der französischen Formen. (Lindemann 1896:4)

Das Englische biete sich als Anfangssprache ganz besonders an, denn durch seine Verwandtschaft mit dem Deutschen liege es deutschen Schülern viel näher als andere Sprachen und könne so viel besser in das Sprachenlernen einführen als andere Sprachen (Lellmann 1876:7). Darüber hinaus sei der englische Formenbestand wesentlich einfacher als der anderer Sprachen. Die jungen Schüler hätten so weniger Probleme, sich die Deklinations- und Konjugationsformen anzueignen, besonders da diese in vielen Fällen große Ähnlichkeit mit dem Deutschen aufweisen (Borgmann 1889:5; Lindemann 1896:4; Weidner 1894:6).

Daraus ergibt sich, so die Befürworter des Englischen, dass die Knaben mit viel mehr Freude und Motivation die erste Fremdsprache erlernen, als sie das mit dem Französischen tun würden. Das Englische als leichtere Sprache führe besonders die schwächeren unter ihnen zu mehr Erfolgen in den ersten Jahren auf der Realschule (Eilker 1897:88; Weidner 1894:6).

Ein weiterer wichtiger Vorteil wurde in der Aussprache gesehen, die von den jungen Schülern wesentlich besser erlernt werden könne als zu einem späteren Zeitpunkt (Kühn 1885:19). Gerade die Aussprache stelle im Englischen eine besondere Herausforderung für den Lernenden dar und müsse gut eingeübt werden. Durch das „aufgeben [sic] und zerrütten [sic] aller Lautgesetze" (Grimm 1985 [1851]:53) sei dem Englischen seine Gesetzmäßigkeit in der Lautung genommen worden. Dies verleihe dieser Sprache eine „harte und bittere Schale" (Lellmann 1876:9), die von den Schülern aufgebrochen werden müsse, was jungen Schülern mit ihrem „biegsame[n] Sprachorgan" (Kühn 1885:19) weit besser als älteren Knaben gelinge.

Auch in der Diskussion um die Wahl der ersten Fremdsprache wurde auf die wirtschaftliche Bedeutung des Englischen als Weltsprache verwiesen. Gerade für die

Realschulabsolventen besonders in den Handelsstädten Norddeutschlands, war Englisch weit wichtiger als das Französische:

> Für die Nordküste unseres Vaterlandes ist das Englische von so ungleich größerer Bedeutung als das Französische, daß man darüber kaum ein Wort zu verlieren braucht. Das ist ja auch der Grund gewesen, weshalb sogar die Hamburger Volksschulen in ihren oberen Klassen Englisch lehren. Rechnet man dazu, daß die weitaus überwiegende Mehrzahl der Realschüler, sei es nun, daß sie die Schule absolvieren oder nicht, sich dem Kaufmannsstande widmet, der unter dem weitestgehenden Einfluß des Englischen steht, so wird man trotz der schweren Bedenken, die man gegen eine Sprache haben muß, die dem Deutschen nicht fern genug steht, um dem Anfangsunterrichte des Schülers die nötige geistige Nahrung zu geben, doch immer wieder auf dieselbe zurückkommen. (Weidner 1894:9)

So erklärt es sich auch, dass das Englische als erste Fremdsprache an Realschulen zuerst in den norddeutschen Städten Geestemünde (1887), Cuxhaven (1891) und Osnabrück (1894) eingeführt wurde (Hoche 1892:266; Sörgel 1908:5-6). Während Geestemünde und Cuxhaven Englisch als Anfangssprache nur an den sechsjährigen Realschulen anboten, war die Reformschule von Osnabrück die erste Vollanstalt mit Englisch als erster Fremdsprache (siehe Anhang 3) (vgl. 7.2.3). Alle drei Schulen mussten für die Veränderung der Sprachenfolge die Genehmigung vom preußischen Kultusministerium einholen (Sörgel 1908:5-6). Die Vertauschung der beiden Sprachen wurde auch im Lehrplan von 1892 vorgesehen, in dem es hieß, dass es möglich war, „an allen Realanstalten die für das Französische und Englische angesetzten Stunden gegen einander vertauschen zu lassen" (Centralblatt 1892:268). Voraussetzung für eine derartige Abänderung waren aber die besondere Lage der Schule und die dortigen Verkehrsverhältnisse, so dass diese Ausnahmeregelung nur auf die norddeutschen Regionen zutraf. Obwohl diese Lehrplanänderung ein bedeutender Schritt für das Englische als Schulsprache war, machten im 19. Jahrhundert nur die oben genannten Schulen von dieser Möglichkeit Gebrauch.

Die vorgebrachten Argumente der Kritiker des Englischen als erster Fremdsprache waren die gleichen, auf die sich die Gegner der neuen Sprachen auch im dem allgemeinen Streit um den Bildungswert der neuen Sprachen beriefen (vgl. 7.1.2.2), nämlich die Formenarmut des Englischen, durch die keine formale Bildung bei den Schülern zu erreichen sei, oder die Regellosigkeit der Grammatik und Aussprache, die die Schüler eher verwirre (Günzel 1887:V; Vollbrecht 1851:144,150). Aus diesen Gründen, so behaupteten sie, eigne sich das Englische in keinster Weise als Anfangssprache, denn durch sie könne man die Schüler nicht in die Grammatik und Struktur einer neuen Sprache einführen. Es ist zu betonen, dass der Vorschlag, den modernen Fremdsprachenunterricht auf den Realschulen mit dem Englischen beginnen zu lassen, als einer der wenigen tatsächlich in die Praxis umgesetzt und in den Lehrplänen verankert wurde, wenn auch regional stark auf Norddeutschland begrenzt. In Süddeutschland, insbesondere in Bayern, wurde die Möglichkeit mit Englisch an den Realschulen zu beginnen kaum diskutiert, dagegen plädierten einige Schulmänner für das Italienische als Anfangssprache.

7.1.4.4 Italienisch als erste Fremdsprache in Bayern

Der Vorschlag, das Italienische als erste Fremdsprache an den höheren Schulen einzuführen, wurde vor allem von Schulmännern aus Bayern gemacht. Als Schulfremdsprache war das Italienische allein in Bayern Teil des Lehrplans der höheren Schulen und hatte zwar eine untergeordnete, aber auf fakultativer Ebene auf Realschulen und Gymnasien im Vergleich zu den anderen Teilen Deutschlands eine etablierte Rolle (Christ/Rang 1985e:31,88) (vgl. 6.2.2.3).

Einige, meist bayerische Fremdsprachenlehrer regten an, den fremdsprachlichen Unterricht mit dem Italienischen beginnen zu lassen, denn unter den neuen Sprachen sei das Italienische für diese Aufgabe am besten geeignet (Gutbier 1854:9; Gutbier 1860:154; Mösch 1870:29; Ostendorf 1873a:12). Gutbier (1860) begründete diese Auswahl mit folgenden Worten:

> Ich dagegen bin der Ansicht, dass da, wo die italienische Sprache gelehrt wird, diese nächst der Muttersprache auftreten sollte [...], nämlich wegen ihres Formenreichthums und der grossen Verwandtschaft mit der französischen. Dazu kommt, dass die Schüler, welche noch zu Studium der lateinischen Sprache sollten übergehen wollen, durch das Studium der italienischen Sprache nicht nur im Besitze einer grosser Kenntniss lateinischer Wörter sind, sondern auch leicht zu vielen lateinischen Sprachformen überführt werden können. (Gutbier 1860:154-155)

Als zentrales Argument für die Vorrangstellung des Italienischen wurde seine Verwandtschaft mit dem Latein und den anderen romanischen Sprachen vorgebracht, durch die eine gute Grundlage für das weitere Sprachenlernen erreicht werden könne. „Italien hat das römische Idiom trotz aller Völkervermischungen am reinsten und treuesten bewahrt" (Gantter 1862:716), weshalb sein Formenbestand und sein Wortschatz viele Ähnlichkeiten mit dem Lateinischen aufwiesen. Aus diesem

Grund könne das Italienische als Anfangssprache gut auf den späteren lateinischen Unterricht vorbereiten:

> [...] [E]ignet sich die lateinische Sprache nicht zur Anfangssprache, so werden wir uns wenigstens nach einer umsehen, die ihr zunächst steht und zwar von der also mit Knaben von elf und zwölf Jahren am naturgemäßesten zur lateinischen übergegangen werden kann. Daß diese Sprache keine andere als die italienische sein kann, bedarf keines Beweises, indem es bekannt ist, daß sie Neunzehntel der lateinischen Wörter enthält, daß sie fast alle ihre Wort- und Sprachformen aus der lateinischen Sprache hat, nur in einer einfacheren Gestalt. (Gutbier 1854:9)

Die italienische Sprache hätte somit den Vorteil, die Schüler an ähnliche Formen wie des Lateinischen heranzuführen, sie aber nicht zu überfordern, denn die sprachlichen Formen des Italienischen seien „einfach, bestimmt und deutlich" (Ostendorf 1873a:12) und so bestens geeignet, um in die erste Fremdsprache einzuführen. Trotz der Einfachheit der Formen im Vergleich zum Lateinischen biete das Italienische noch genug sprachliche Mittel, um den Geist der Schüler ausreichend zu schulen und ihm genügend Bildungselemente zu bieten. Dies träfe sowohl in der Formenlehre als auch in der Syntax zu:

> Die große Freiheit der Inversion und der logischen Gruppierung sowohl der einzelnen Theile eines Redeglieds, als auch der Glieder eines Satzes und der Sätze einer Periode, die ebenfalls von keiner anderen modernen Sprache ermöglichte Mannigfaltigkeit und Virilität der römischen Participialconstruction, giebt der italienischen Sprache eine Kraft der Beredtsamkeit, der logischen Schärfe und des dichterischen Schwungs, welche nachzuahmen die deutsche Sprache beinahe zu schwerfällig ist. (Gantter 1862:721)

Aber nicht nur die sprachlichen Elemente wirkten auf die Schüler bildend und doch motivierend zugleich, sondern auch die italienische Aussprache und Orthographie. Da der Lautbestand des Italienischen für deutsche Sprecher kaum Schwierigkeiten aufwerfe, da jeder Buchstabe einem Laut zugeordnet werden kann (Gantter 1862:721) und die italienischen Wörter ganz nach dem Grundsatz „Schreibe wie du sprichst" (Mösch 1870:29) zu Papier gebracht werden, biete sich diese Sprache gerade für junge Lerner besonders gut an.

Alle diese Vorteile hätten zur Folge, dass die Schüler das Italienische mit Freude und Leichtigkeit lernten und dabei schnell Fortschritte machten. Dies wirke sich positiv auf ihre Lernmotivation aus und ließe sie später folgende Sprachen, wie zum Beispiel das Lateinische, mit mehr „Lust und Liebe" (Gutbier 1854:40) lernen.

Trotz der vielfältigen Argumente für das Italienische blieb der Vorschlag, den fremdsprachlichen Unterricht mit dem Italienischen zu beginnen, auch in Bayern unberücksichtigt. Somit wird deutlich, dass zwar von vielen Seiten Veränderungen der traditionellen Sprachenfolgen an den höheren Schulen angeregt wurden und dabei jeweils das Französische, Englische oder Italienische als erste moderne Fremdsprache an allen höheren Schulen vorgeschlagen wurden; das Lateinische konnte aber seine Vormachtstellung im gesamten 19. Jahrhundert in den Lehrplänen der lateintreibenden Schulen verteidigen. Auf curricularer Ebene konnten die Befürworter der neuen Sprachen und einer veränderten Sprachenfolge ihre Forderungen nicht durchsetzen und so blieben fast alle Reformvorschläge vorerst unberücksichtigt.

7.2 Schulpolitische Ebene

Die Sprachenfolge fand nicht nur auf curricularer, sondern auch auf schulpolitischer Ebene Berücksichtigung. Die Auswahl und Reihenfolge der Sprachen waren zentrale Aspekte im Schulstreit des 19. Jahrhunderts und untrennbar mit den Diskussionsschwerpunkten in der Reformpolitik verbunden, wie mit der Dreigliedrigkeit des höheren Schulsystems, der Überfüllungskrise oder der Neugestaltung der Lehrpläne. Auch wenn die Inhalte sich eigentlich auf die Organisation der höheren Schulen und nicht explizit auf die Sprachenfolge konzentrierten, waren die Fremdsprachen in vielen Fällen Teil, wenn nicht sogar Kern des Streits. Da sich die verschiedenen höheren Schulen über ihre Bildungsinhalte und somit auch über ihr Angebot an Fremdsprachen definierten, war die Sprachenfolge nicht nur auf curricularer Ebene von großer Bedeutung, sondern auch in der preußischen Schulpolitik des 19. Jahrhunderts.

Die Aufeinanderfolge der Fremdsprachen wurde in den Reformplänen verschiedener Schulmänner thematisiert. Einer der ersten und einflussreichsten Pläne zur Umgestaltung des höheren Schulwesens auf Basis einer veränderten Sprachenfolge war der von Julius Ostendorf, welcher als wichtige Grundlage späterer Reformvorschläge gesehen werden kann. Spätere Reformer nahmen seinen Gedanken des gemeinsamen Unterbaus auf und propagierten zum einen eine Einheitsschule mit Vorrang der neueren Sprachen vor den alten und zum anderen eine neue Schulform mit neusprachlicher Ausrichtung, die sogenannten Reformschulen. So ergab es sich auch, dass die Sprachenfolge auf den drei Schulkonferenzen der zweiten Hälfte des 19. Jahrhunderts explizit zur Sprache kam und zur Diskussion stand. Ging es im vorangegangenen Kapitel vornehmlich um die pädagogische Diskussion über die Vor- und Nachteile der einzelnen Sprachen, soll im Folgenden die Rolle der Sprachenfolge in der Schulstruktur herausgestellt werden. Als zentraler Aspekt verschiedener Reformvorschläge und als Thema auf den Schulkonferenzen war die Sprachenfolge nicht mehr in der Theorie verhaftet, sondern wurde als Möglichkeit zur Schulreform in der Praxis verhandelt.

7.2.1 Der Reformplan nach Julius Ostendorf

In seiner Schrift „Das höhere Schulwesen unseres Staates"[63] (1873b) stellte Julius Ostendorf einen konkreten Plan zur Umgestaltung des höheren Schulsystems auf, bei dem er sich von zwei Zielen leiten ließ. Zum einen wollte er eine stärkere Berücksichtigung der unterschiedlichen gesellschaftlichen Schichten und Berufsgruppen in der höheren Schulbildung und zum anderen eine Stärkung der modernen Fremdsprachen erreichen (Ostendorf 1873b:48-49).

Ausgangspunkt für seine Überlegungen war die Kritik am bestehenden Schulsystem, das seiner Ansicht nach nicht mehr zeitgemäß war:

> Das gesamte Schulwesen in unserem Staate, soweit es über die Elementarschule hinausgeht, leidet eben an schweren Mängeln. Die Ursache liegt darin, dass man seit manchen Jahrzehnten, statt entschlossen dem Schritte der Zeit zu folgen und das Schulwesen nach den Lebensverhältnissen umzugestalten, fortwährend nur Einzelheiten ausgebessert, hinzugesetzt, weggenommen, mit einem Worte, dass man Flickarbeit getrieben hat. (Ostendorf 1873b:45)

Das Festhalten an überkommenen Traditionen zeige sich seiner Meinung nach vor allem im altsprachlichen Unterricht, der immer noch den Schwerpunkt der höheren Bildung darstellte, auch wenn die klassischen Sprachen im 19. Jahrhundert nicht mehr den Nutzen für die Schüler hatten wie in vorausgegangenen Jahrhunderten (Ostendorf 1873b:7,9). Ostendorf sah darin eine „einseitige Bildung" (1872:12), die

---

[63] Diese Schrift ist als Ergänzung zu zwei früheren Darstellungen zu sehen, in denen Ostendorf seine Leitgedanken bereits formuliert hatte, nämlich *Volksschule, Bürgerschule und höhere Schule. Rede gehalten am 9. April 1872 bei der Einführung als Direktor der Realschule zu Düsseldorf* (1872) und „Mit welcher Sprache beginnt zweckmäßigerweise der fremdsprachliche Unterricht?" (1873a).

den Schülern sowohl auf dem Gymnasium als auch auf der Realschule 1. Ordnung vermittelt wurde. Besonders die Schüler des Mittelstandes müssten eine Bildung erwerben, von der sie später in ihrem beruflichen Leben nicht profitieren konnten. Die Bildungsinhalte der höheren Schulen waren nicht auf die Bedürfnisse des modernen Lebens ausgerichtet. Dies lag in den Augen Ostendorfs auch an der Zweiteilung des Schulwesens in eine Volksschule und verschiedene höhere Schulen, in der jedoch keine passende Schule mit mittlerer Bildung für den Mittelstand zu Verfügung stand. Somit waren diese Schüler gezwungen, trotz anderer Interessen und beruflicher Ziele, eine der höheren Schulen wenigstens teilweise zu durchlaufen. Dies hielt Ostendorf für „die Grundursache aller Übel" (1872:14), die es zuerst zu beseitigen galt.

Als weiteres Problem des bestehenden Schulsystems machte Julius Ostendorf den Fremdsprachenunterricht der höheren Schulen aus. Es kritisierte, dass das Gymnasium und die Realschule 1. Ordnung den fremdsprachlichen Unterricht in der Sexta mit Latein begannen und mit einer hohen Stundenzahl bis zum Abitur weiterführten. Er hielt das Lateinische als Anfangssprache in Anbetracht der Tatsache, dass zu diesem Zeitpunkt die Schüler erst neun oder zehn Jahre alt waren, für wenig sinnvoll, denn als tote Sprache sei es viel zu wissenschaftlich und für die Knaben viel zu fremdartig, als dass sie davon profitieren konnten (Ostendorf 1873a:17; 1873b:11). Darüber hinaus würde die vorherrschende Methodik mit ihrem Schwerpunkt auf Grammatik keine guten Ergebnisse einbringen und die Schüler überfordern.

Als ungünstig erweise sich auch die schnelle Abfolge der Fremdsprachen in den Lehrplänen von 1856 und 1859 (Ostendorf 1873b:12). Französisch als zweite Fremdsprache setzte an den lateintreibenden Schulen bereits in der Quinta, ein Jahr nach Latein, ein. Griechisch folgte auf dem Gymnasium ein weiteres Jahr später in der Quarta (siehe Anhang 1.1 und 1.2). Ostendorf sah darin einen Missstand, denn nach pädagogischen Gesichtspunkten sollte erst eine Fremdsprache sicher beherrscht werden, bevor zu nächsten übergegangen wird, was besonders bei den ersten Fremdsprachen Latein und Französisch völlig außer Acht gelassen wurde. Auf diese Weise entstünde „eine heillose Vermengung beider Sprachen, Verwirrung und Unsicherheit" (Ostendorf 1873b:13). Er forderte deshalb, den fremdsprachlichen Unterricht mit einer modernen Sprache, nämlich mit dem Französischen zu beginnen (vgl. 7.1.4.2), um dann progressiv nach dem Grundsatz „vom Leichten zum Schweren" zum Lateinischen überzugehen.

Julius Ostendorf kam in seiner Kritik an den höheren Schulen zu dem Schluss, dass das bestehende System neu gestaltet werden müsse, um alle Missstände zu beseitigen:

> Es sind große Übel, die mir aus der gegenwärtigen Organisation unseres Schulwesens hervorzugehn scheinen: es kann daher auch nur eine vollständige Reorganisation sein, wovon ich Heil erwarte. (Ostendorf 1872:13)

Sein Reformplan, der in seiner Grundkonzeption auf Entwürfen von Süvern und Schleiermacher basierte (Hengesbach 1934:445), sah eine Einheitsschule vor, die aus einer Elementarschule, einer Mittelschule und einer höheren Schule (Bürgerschule oder Gymnasium) bestehen sollte (Ostendorf 1873b: 59-63):

Volkschule		Bürgerschule		Gymnasium			Schuljahr
				altklassische Abteilung (Latein – Frz –Griechisch)	neusprachliche Abteilung (Latein – Frz – Englisch)	mathematisch-naturwissenschaftliche Abteilung (Latein – Frz)	13
							12
							11
							10
							9
			Fortsetzung der Mittelschule (evtl. Englisch)	Unterklassen des Gymnasiums (Latein)			8
							7
		Fortsetzung der Elementarschule (evtl. 1 FS)		Mittelschule (Französisch)			6
							5
							4
				Elementarschule			3
							2
							1

Abbildung 3: Der Reformplan nach Julius Ostendorf (1873)
(erstellt nach Lattmann 1874; Ostendorf 1873b)

Diese drei Schulformen, die gestaffelt aufeinander folgten, sollten alle Schüler gleich welchen sozialen Hintergrunds durchlaufen. Sie konnten dann je nach beruflichen Zielen die einzelnen Schulformen verlassen oder ihre Schullaufbahn in einer der höheren Schulen fortsetzen.

Die erste Stufe stellten die drei Klassen der Elementarschule dar, in der alle Schüler die gleichen Grundlagen erhalten sollten. Diejenigen, die nur eine elementare Schulausbildung anstrebten, konnten weitere drei Klassen anschließen und auf diese Weise eine sechsklassige Volksschule absolvieren. Ostendorf sah sogar vor, dass diese Schüler, wenn auch nicht verpflichtend, eine fremde Sprache lernen sollten (Ostendorf 1873b:60).

Alle anderen Schüler sollten nach der Elementarschule in die Mittelschule wechseln, in der sie Französisch als erste Fremdsprache erlernen würden. Nach den drei Klassen der Mittelschule ergab sich eine weitere Gabelung: Diejenigen, die einen mittleren Abschluss anstrebten, konnten weitere drei Jahre an der Mittelschule verbleiben und so insgesamt die sechsklassige Bürgerschule durchlaufen. Als zweite optionale Fremdsprache sollte das Englische möglich sein. Der Rest der Schüler mit dem Wunsch, das Abitur abzulegen, konnte nach der Mittelschule auf das Gymnasium wechseln. Erst an dieser Stelle sollte als zweite Fremdsprache Latein hinzutreten. Nach zwei Jahren in den Unterklassen gabelte sich das Gymnasium in den oberen Stufen in drei Abteilungen: eine altklassische, eine neusprachliche und eine mathematisch-naturwissenschaftliche Abteilung. Vorteile dieser Gabelung waren zum einen die Möglichkeit für die Schüler, je nach Interessensgebiet eine Ausbildungsrichtung wählen. Zum anderen ermöglichte sie eine Erweiterung des gymnasialen Fächerangebots, ohne dass das Gymnasium in einem dieser Fächer an Niveau einbüßte. Die neusprachliche Abteilung des Gymnasiums würde laut Ostendorfs Plan die Sprachenfolge Französisch-Latein-Englisch anbieten, während in der altsprachlichen Ausbildungsrichtung das Griechische zu Französisch und Latein hinzutreten sollte.

Diese Organisation des Schulwesens machte es Ostendorf möglich, seine beiden Ziele einzuhalten. Zum einen wurden durch die Aufteilung in verschiedene, aufeinanderfolgende Schularten die unterschiedlichen Bedürfnisse der gesellschaftlichen Schichten berücksichtigt und zum anderen wurde eine Stärkung der modernen Fremdsprachen erreicht. Für die Schüler der Mittelschule bzw. Bürgerschule sollte das Französische die einzige verpflichtende Fremdsprache bleiben, obgleich eine Erweiterung mit Englisch als zweite Fremdsprache angedacht war. Nur das Gymnasium sollte Latein als obligatorische zweite Fremdsprache einführen. In den oberen Klassen erlaubte der Plan Ostendorfs eine Flexibilisierung der Sprachenfolge durch die Gabelung in verschiedene Abteilungen. Er wollte so sicher stellen, dass sowohl die neuen als auch die alten Sprachen ausreichend Berücksichtigung auf den höheren Schulen fanden, ohne die eine oder andere Ausbildungsrichtung aus dem Gymnasium auszuschließen.

Aus heutiger Perspektive erscheint der umfassende Plan Ostendorfs in seiner Konzeption sehr ausgewogen und modern, der das Potential gehabt hätte, viele der Probleme des Schulsystems des 19. Jahrhunderts zu lösen. Obgleich einige Schulmänner Ostendorfs Reformplan für beachtenswert hielten (z.B. Lattmann 1874:199), wurde er von der breiten Mehrheit, aber auch von der Schulverwaltung abgelehnt: „Bei seinen Lebzeiten schienen die von ihm empfohlenen Neuerungen den verantwortlichen Leitern der Schulverwaltung gewagt, zu gewagt" (Hengesbach 1834:446). Erst nach seinem Tod 1877 wurden Teile des Reformplans an den Reformschulen nach den Altonaer und Frankfurter Lehrplänen erprobt und umgesetzt.

Mit seinen bildungspolitischen Visionen bereicherte Julius Ostendorf jedoch die Schulpolitik nachhaltig und hinterließ seinen Kollegen eine Vielzahl von Ideen und Plänen für die Umgestaltung des höheren Schulwesens. Noch zu seinen Lebzeiten, aber auch nach seinem Tod dienten seine Vorschläge zur Reorganisation des Schulsystems und zur Stellung der modernen Fremdsprachen als Anregung für weitere Reformpläne.

7.2.2 Die Einheitsschule mit Vorrang der modernen Sprachen

Weitere Pläne zur Umgestaltung des höheren Schulwesens unter Änderung der Sprachenfolge wurden im Zusammenhang mit der Diskussion um die Einführung einer Einheitsschule oder eines gemeinsamen Unterbaus vorgelegt. Zeitlich lagen diese Vorschläge nach dem Reformplan von Julius Ostendorf, auf den viele von ihnen inhaltlich und strukturell aufbauten. Allen ist gemein, dass sie eine höhere Schule für alle Schüler, meist mit einem gemeinsamen Unterbau und verschiedenen Ausbildungsrichtungen in den Oberklassen, vorsahen, die den neuen Sprachen als Anfangssprachen Vorrang vor den klassischen einräumte und das Latein auf spätere Jahre verlagerte.

Es ging bei diesem Typ von Einheitsschule nicht um das Modell von Hornemann und des „Einheitsschulvereins", bei dem nur eine Verschmelzung von Realgymnasium und Gymnasium unter Beibehaltung der klassischen Sprachen, aber mit Erweiterung mit den modernen Sprachen und den Naturwissenschaften angestrebt wurde (vgl. 5.2.1.4). Vielmehr forderten die Reformer einen radikalen Umbau des höheren Schulwesens und die Einrichtung eines neuen Systems mit nur einer höheren Schule für alle Schüler[64].

Diese Forderungen wurden ab 1880 mit stetig steigender Zahl an Befürwortern von Schulmännern, von Vereinen, in Fachzeitschriften und in Eingaben an den Kultusminister und durch Massenpetitionen, wie der des „Vereins für Schulreform" mit über 22.000 Unterschriften (Messer 1901:7), unterstützt. Eine Eingabe wurde sogar direkt an Kaiser Wilhelm II. gerichtet[65] (Zitscher 1892:4). Zeitgenossen wie Ewald sahen darin eine „tiefgehende Bewegung" (1889:5), die sich innerhalb der Schulreform entwickelt hatte. Bis zum Jahre 1889 waren bereits über 300 Vorschläge zur Einheitsschule im Kultusministerium eingegangen (Ebinger 1890:9).

Die einflussreichsten Reformvorschläge[66], auf die in der pädagogischen Presse immer wieder Bezug genommen wurde, waren, abgesehen von dem Reformplan von Julius Ostendorf, die von Clemens Nohl mit seiner Schrift „Ein neuer Schulorganismus" (1877), von Karl Kühn, vorgestellt in „Die Einheitsschule, eine Forderung des praktischen Lebens" (1885), sowie die des „Vereins für Schulreform" unter Federführung von Friedrich Lange, welcher in seiner „Denkschrift zur Begründung eines Vereins für Schulreform" (1889), seiner „Eingabe des Vereins für Schulreform an den Herrn Unterrichtsminister von Goßler" (1890) und *Reines Deutschtum* (1904) sein Schulkonzept erläuterte.

Alle Einheitsschulmodelle gingen von folgendem Grundmuster aus:

Gymnasium (alte Sprachen)	Realanstalt (neue Sprachen und Naturwissenschaften)
Gemeinsamer Unterbau (mit Französisch oder Englisch als 1. Fremdsprache, evtl. 2. moderne Fremdsprache)	

Abbildung 4: Grundmodell der Einheitsschule

---

[64] Zur genauen Unterscheidung der beiden Formen von Einheitsschulen vgl. 5.2.1.4. Mehr dazu auch bei Dietrich (2008:77-81; 88-93) und Paulsen (1921:593-595).

[65] Der Oberbürgermeister Reuscher zu Brandenburg a.H. richtete eine Immediat-Eingabe an Kaiser Wilhelm II., in der er um die Unterstützung für die Reformpläne zur Einheitsschule bat (Zitscher 1892:4).

[66] Weitere Pläne haben beispielsweise Redivivus (1886), Vollhering (1883) oder Zitscher (1892) vorgelegt.

Alle Schüler sollten zusammen in den ersten drei bis sechs Klassen in einem gemeinsamen lateinlosen Unterbau unterrichtet werden. Der Fremdsprachenunterricht sollte in diesen Klassen auf den modernen Sprachen aufbauen und entweder mit dem Französischen oder mit dem Englischen beginnen. Erst nach Absolvierung des gemeinsamen Unterbaus sollte eine Teilung der Schüler in zwei verschiedene höhere Schulformen erfolgen. Die eine sollte eine gymnasiale Ausrichtung mit Schwerpunkt auf den alten Sprachen erhalten und die andere eine Realanstalt mit den neuen Sprachen und den Naturwissenschaften als Hauptfächer werden. Als Sprachenfolge ergab sich im Grundmodell Französisch als erste und Englisch als zweite Fremdsprache oder umgekehrt. Danach folgten in den drei letzten Klassen Latein und Griechisch im gymnasialen Zweig. Für diejenigen Schüler, die die Schule früher verlassen wollten, sollten verschiedene Berechtigungen den Einstieg in das Berufsleben ermöglichen.

Clemens Nohl stellte 1877 in seiner Schrift „Ein neuer Schulorganismus" einen frühen Einheitsschulplan auf, den er auf einer dreijährigen „Allgemeinen Mittelschule" und den daran anschließenden höheren Schulen, Realschule und Gymnasium, gründete:

		Klasse
Gymnasium (Latein, Griechisch, Französisch, Englisch)	**Realschule** (Französisch, Englisch)	O I
		U I
		O II
		U II
		O III
		U III
Allgemeine Mittelschule (Französisch, Englisch)		IV
		V
		VI

Abbildung 5: Das Einheitsschulmodell nach Nohl (1877) (erstellt nach Nohl 1877)

Nach den Plänen Nohls sollten alle Schüler gemeinsam die „Allgemeine Mittelschule" in drei Jahren durchlaufen. In dieser Zeit sollte die Basis für die daran anschließenden höheren Schulen gelegt werden. Dies sollte dadurch sichergestellt werden, dass alle Schüler in den gleichen Lehrgegenständen unterwiesen wurden und alle die beiden modernen Fremdsprachen, Französisch und Englisch, erlernen sollten (Nohl 1877:53,55). Diese seien einfach genug, so dass alle Schüler die ersten drei Jahre erfolgreich absolvieren können. Englisch sollte als zweite Fremdsprache bereits nach einem Jahr in der Quarta zum Französischen hinzutreten. Nohl hielt diese schnelle Aufeinanderfolge für sinnvoll, da das Englische als leichte

Sprache den Schülern wenige Schwierigkeiten bereitete (Nohl 1877:68). Auf diese Weise könnten alle bereits im gemeinsamen Unterbau Kenntnisse in den neueren Sprachen erlangen.

Die im Sprachunterricht in der Mittelschule erreichten Ergebnisse könnten so eine Entscheidungshilfe sein, welche der beiden höheren Schulen für die Knaben geeigneter wäre. Die begabten Schüler könnten nach Abschluss der „Allgemeinen Mittelschule" auf das Gymnasium übertreten und sich dort verstärkt den alten Sprachen widmen. Die anderen könnten sich auf der Realschule ausschließlich mit den neueren Sprachen beschäftigen[67] (Nohl 1877:64).

Auf dem Gymnasium sollten die neueren Sprachen zurücktreten, um den alten Sprachen eine hohe Stundenzahl zur Verfügung zu stellen. Dadurch, dass der Unterbau nur drei Jahre umfasste, könnten die alten Sprachen auf dem Gymnasium intensiv behandelt werden. In den Modellen mit sechsklassigem Unterbau würden Latein und Griechisch nach Ansicht Nohls nicht vertieft genug unterrichtet (Nohl 1891:5). Ihnen käme auf dem Gymnasium jedoch eine wichtige Stellung zu, da „die Kenntnis der alten Sprachen zur wissenschaftlichen Betreibung der neueren durchaus unentbehrlich sind" (Nohl 1891:5). Aus diesem Grund sah sein Reformplan Latein als dritte Fremdsprache ab Untertertia und nach weiteren zwei Jahren Griechisch als vierte Fremdsprache vor (Nohl 1877:96; Nohl 1891:4). Er rechtfertigte die gekürzte Stundenzahl in den modernen Fremdsprachen damit, dass seiner Meinung nach die Schüler, die mit fundierten Kenntnissen aus der Mittelschule in das Gymnasium übertraten, die wenigen Unterrichtsstunden in Englisch und Französisch intensiv nutzen würden und so ebenso viel Gewinn daraus ziehen würden wie bei einer hohen Wochenstundenzahl (Nohl 1877:96). In einer revidierten Fassung seines Schulmodells reduzierte er die vorgesehene Stundenzahl für die alten Sprachen deutlich und legte auch für das Gymnasium mehr Gewicht auf die neueren Sprachen (Nohl 1893:70).

Das Einheitsschulmodell nach Kühn (1885) nahm sich die Kritik an der bestehenden Sprachenfolge als Ausgangspunkt (vgl. 7.1.4.1). Er hielt die Sprachenfolge mit Latein, Französisch und Englisch auf dem Realgymnasium für eine „monströse Reihenfolge" (Kühn 1885:19), die es abzuschaffen gelte, und schlug eine für Deut-

---

[67] Als dritte Möglichkeit sah Nohl vor, dass diejenigen Schüler, die nach Abschluss der „Allgemeinen Mittelschule" in den Beruf übertreten wollten, in einem weiteren Jahr die Berechtigung zum Einjährigen Militärdienst erlangen konnten (Nohl 1877:65).

sche „naturgemäße Reihenfolge" (1885:18) vor: Englisch, Französisch, Lateinisch und Griechisch. Als Begründung für das Englische als erste Fremdsprache führte er an, dass es „von allen Kultursprachen die stärkste Verbreitung" und als Weltsprache „eine erhöhte Bedeutung" (Kühn 1885:21) für die Deutschen habe. Als Alternative zog er auch einen Beginn mit dem Französischen statt dem Englischen in Betracht. Latein könnte in dem gemeinsamen Unterbau ab der Untertertia fakultativ zur Vorbereitung auf die oberen Klassen erlernt werden.

Kühn forderte außerdem, dass zwischen den jeweiligen Sprachen mindestens zwei Jahre liegen sollten. Auf diese Weise sollte sowohl der Progression vom Leichten zum Schweren Rechnung getragen als auch eine Überforderung der Schüler vermieden werden (Kühn 1885:17-18).

In einem Schaubild lässt sich Kühns Plan zur Einheitsschule folgendermaßen darstellen:

			Klasse
Humanistisches Gymnasium (Latein, Griechisch, Französisch)	**Neusprachliches Realgymnasium** (Englisch, Französisch, Latein)	**Mathematisch-naturwissenschaftliches Realgymnasium** (Mathematik, Naturwissenschaften, Latein)	O I
			U I
			O II
Mittelschule (Englisch, Französisch)			U II
			O III
			U III
			IV
			V
			VI

Abbildung 6: Das Einheitsschulmodell nach Kühn (1885) (erstellt nach Kühn 1885)

Nach der gemeinsamen Mittelschule würde sich nach Kühns Vorschlag das höhere Schulwesen in drei Schultypen mit jeweils unterschiedlicher inhaltlicher Ausrichtung trennen, nämlich in ein humanistisches, ein neusprachliches und ein mathematisch-naturwissenschaftliches Gymnasium. Er machte jedoch nur für die gymnasiale Abteilung genauere Angaben zur Stundenverteilung. Da diese auf die Universität vorbereiten sollte, müsste der Schwerpunkt mit ca. 18 bis 20 Stunden auf den alten Sprachen liegen, wobei das Griechische den größten Stundenanteil für sich beanspruchen sollte, damit die Schüler in den drei Jahren Autoren wie Homer, Xenophon, Plato, Sophokles lesen könnten (Kühn 1885:24-25). Englisch sollte auf dem Gymnasium nicht mehr fortgeführt werden und Französisch nur noch als Lektürekurs mit einer Wochenstunde. In der neusprachlichen Abteilung lag der Schwerpunkt auf den neueren Sprachen und im naturwissenschaftlich ausgerichteten Realgymnasium auf der Mathematik und den Naturwissenschaften. In beiden Abteilungen sollten diese Fächergruppen durch einige Stunden Latein ergänzt werden (Kühn 1885:24).

Der letzte, viel diskutierte Reformvorschlag kam von Seiten des „Vereins für Schulreform"[68], der explizit zum Zweck der Propagierung einer Umgestaltung des höheren Schulwesens mittels einer einheitlichen Mittelschule gegründet worden war (Messer 1901:13):

> Wir verstehen unter der einheitlichen Mittelschule folgendes: Die ersten sechs Jahreskurse der jetzigen neunklassigen Schulen (Gymnasium, Realgymnasium und Oberrealschulen) erhalten fortan den gleichen Lehrplan und werden zu selbständigen Mittelschulen zusammengefasst, während die drei letzten Jahreskurse (von Ober-Sekunda bis Ober-Prima) etwa unter denselben Namen wie bisher als Gymnasium, Realgymnasium und Oberrealschulen getrennt fortbestehen und die Reife für die Universität wie für die technische Hochschule verleihen. (Lange 1890:6)

Die Struktur der Einheitsschule nach Lange sieht somit folgendermaßen aus:

			Klasse
Gymnasium (Latein, Griechisch)	**Realgymnasium** (Französisch, Englisch)	**Oberrealschule** (Französisch, Englisch)	O I
			U I
			O II
Mittelschule (Französisch, Englisch, Naturwissenschaften; Latein und Griechisch fakultativ)			U II
			O III
			U III
			IV
			V
			VI

Abbildung 7: Das Einheitsschulmodell nach Lange (1889; 1890; 1904)
(erstellt nach Lange 1889; 1890; 1904)

Ähnlich wie die Modelle von Nohl und Kühn sah Langes Plan einen gemeinsamen Unterbau mit Schwerpunkt auf den modernen Sprachen und den Naturwissenschaften vor. Alle Schüler sollten auf diese Weise eine „abgerundete Bildung" (Lange 1890:6) erhalten, ohne dass sie sich zu früh für eine Bildungsrichtung entscheiden

---

[68] Die Gründung des Vereins war eine Reaktion auf die ablehnende Haltung des Ministers Goßler und des Abgeordnetenhauses auf die Massenpetition für eine Schulreform mit 22.409 Unterschriften, welche von Lange als Redakteur der „Täglichen Rundschau" 1887 ins Leben gerufen wurde. Um seine Pläne zu forcieren gründete er am 4. April 1889 den „Verein für Schulreform" sowie die „Zeitschrift für die Reform der höheren Schulen" (Messer 1901:7, 13).

mussten. Erst in den letzten drei Klassen sollte eine Trennung in die verschiedenen Schulformen erfolgen:

> Die unteren und mittleren Klassen erhalten ihren natürlichen Mittelpunkt in den neueren Sprachen und in den mathematisch-naturwissenschaftlichen Fächern; Sekunda und Prima des Gymnasiums werden hauptsächlich den alten Sprachen gewidmet. In den unteren und mittleren gemeinsamen Klassen erhalten die Schüler ihre Vorbildung für das Leben überhaupt, in den oberen Klassen besonders für die Hochschulstudien. (Lange 1890:14)

Der Fremdsprachenunterricht baute auch hier auf den modernen Fremdsprachen auf, mit Französisch als erster und Englisch als zweiter Fremdsprache (Lange 1890:17). Die Gymnasialklassen sollten sich dagegen auf Latein und Griechisch konzentrieren, um in kurzer Zeit trotzdem ein hohes Niveau zu erreichen (Lange 1890:14). Um den Einstieg in die alten Sprachen zu erleichtern, sollte fakultativ ab Untertertia Latein und ab Sekunda Griechisch auf der Mittelschule belegt werden können (Lange 1890:6). Diese Sprachenfolge würde nach Ansicht des „Vereins für Schulreform" zwei entscheidende Vorteile bringen. Zum einen könnte durch diese Aufteilung eine Verbindung zwischen humanistischer und realistischer Bildung erreicht werden und die Einseitigkeit, die auf den höheren Schulen im bestehenden System herrschte, überwunden werden. Dies würde eine „innere Aussöhnung unter den gebildeten Ständen" (Lange 1889a:486) zur Folge haben und den Schulstreit beenden. Zum anderen würde eine angemessene Stundenzahl auf die englische Sprache entfallen, die auf Grund ihrer Weltgeltung zu einem bedeutenden Bildungsgut geworden war:

> Durch eine solche Entlastung der unteren Klassen würde es auch ermöglicht werden, ein Fach in gebührender Weise zu betreiben, dessen Kenntnis heute wohl kaum noch jemand entbehren kann, der darauf Anspruch macht, auf der Höhe der Bildung zu stehen; das ist Englisch. In Handel und Gewerbe, in Technik, Wissenschaft und Kunst, auf allen Gebieten, wo das Leben thatkräftig pulsiert, berühren sich tausendfach die geistigen und materiellen Interessen der beiden großen Völker, und wenn Deutschland eine Weltmacht sein will, dann müssen seine Kinder die Weltsprache verstehen, und das ist vorerst noch Englisch. (Lange 1890:11)

Die Reformer um Lange waren sich bewusst, dass eine derartige Umgestaltung des höheren Schulwesens eine schwierige Aufgabe darstellte, weshalb sie in einem ersten Schritt in ihren Eingaben an den Reichskanzler Bismarck (1888) und an den Kultusminister Goßler (1888 und 1889) um Unterstützung und um Erlaubnis zur Erprobung des Unterrichtsversuchs baten. Die Reaktionen auf den Reformplan waren im Allgemeinen ablehnend. Während Bismark dem Verein eine Antwort schuldig blieb[69], verteidigte der Kultusminister bei einer Sitzung des preußischen Abgeordnetenhauses 1889 das humanistische Gymnasium mit folgenden Worten:

> Ich erkenne durchaus an, daß es Bildungsarten und Bildungsformen gibt, die unserer humanistischen ganz gleichwertig sind [...]. Aber diese Einzelfälle können niemals für allgemeine Maßnahmen der Unterrichtsverwaltung bestimmend sein; es entscheidet auch hier der Durchschnitt, und im großen und ganzen steht die Unterrichtsverwaltung noch heute auf dem Standpunkt: es würde ein Unglück für die Nation sein, wenn man frühzeitig, ohne die sichersten und reichsten Erfahrungen, an den stetesten Grundlagen rütteln wollte, auf welchen das humanistische Gymnasium erwachsen ist. (Verhandlungen 1889:425)

Trotz der ablehnenden Haltung von Seiten der Behörden gegenüber der Einheitsschule verteidigte die Reformpartei ihre Pläne zur Umgestaltung des höheren Schulwesens und zur Stärkung der modernen Fremdsprachen mit einer Vielzahl von Argumenten, die sich sowohl in allen Reformvorschlägen als auch in der allgemeinen Diskussion um die Stellung der Fremdsprachen an den höheren Schulen in ähnlicher Weise wiederfinden[70]. Aus diesem Grund sollen die wichtigsten Aspekte nur kurz skizziert werden.

Für den Beginn des fremdsprachlichen Unterrichts mit den modernen Fremdsprachen vor den alten Sprachen, so die Reformer, spreche die Einhaltung des pädagogischen Prinzips der Progression vom Leichten zum Schweren (Kühn 1885:17; Lange 1890:17; Nohl 1877:53). Auf diese Weise könnten die neuen Sprachen das spätere Erlernen der alten gut vorbereiten und erlaubten schnelle Fortschritte in den höheren Klassen in den alten Sprachen (Nohl 1893:62). Durch die praktische Anwendbarkeit legten die Schüler mehr Interesse und eine höhere Motivation an den Tag als beim altsprachlichen Unterricht, besonders da gerade die jungen Schüler mit den Schwierigkeiten des Lateins überfordert seien (Lange 1890:14; Nohl 1977:62). Der späte Beginn des Lateins würde vielen Schülern, die vor dem Abitur in den Beruf wechseln wollten, die Möglichkeit geben, völlig auf das Latein zu verzichten und sich praktische Kenntnisse für ihren späteren Beruf anzueignen. Auf

---

[69] Bismark soll sich dazu folgendermaßen geäußert haben: „Handelsminister habe ich schon werden müssen, soll ich nun auch noch Kultusminister spielen?" (Messer 1901:11). Zur Eingabe vgl. Lange (1889b).

[70] Eine detaillierte Darstellung der Argumente, die für und gegen die Einheitsschule vorgebracht wurden, findet sich bei Messer (1901:16-32).

diese Weise könne zum einen der Überbürdung der Schüler und zum anderen der Überfüllung der gelehrten Berufe entgegengewirkt werden (Lange 1889a:482,485). Wenn mehr Schüler nur die Mittelschule absolvierten und so den höheren Schulen fernblieben, würde sich die Zahl der Studierenden vermindern und gleichzeitig eine „Beseitigung des gelehrten Proletariats erreicht werden" (Lange 1890:16). Im Allgemeinen lösten die Vorschläge zur Einheitsschule und zum lateinlosen gemeinsamen Unterbau ein großes Echo in der pädagogischen Presse und in den Tageszeitungen, aber auch auf politischer und bildungspolitischer Ebene aus. Eine Vielzahl von Schriften[71] nahm sich des Themas an und unterstützte oder verwarf die Reformpläne. Von verschiedener Seite gingen Petitionen an das Abgeordnetenhaus oder an den Unterrichtsminister ein, in denen Fürsprecher der Einheitsschule und Befürworter der alten Ordnung um Unterstützung baten. Eine der bekanntesten Petitionen war die „Heidelberger Erklärung" des „Gymnasialvereins" aus dem Jahr 1888, die als Gegenreaktion auf die Masseneingabe des „Vereins für Schulreform" von einer Gruppe von Heidelberger Professoren initiiert wurde und die mit 4241 Unterschriften für den Erhalt des humanistischen Gymnasiums eintrat (Messer 1901:11; Uhlig 1988). Die Diskussion um die Einheitsschule erreichte auch das Abgeordnetenhaus, das sich in einer ihrer Sitzungen 1889 des Themas der Reform der höheren Schulen annahm (vgl. Verhandlungen 1889). Die entscheidenden Auseinandersetzungen zur Frage der Schulreform und zur Stellung der modernen Fremdsprachen fanden jedoch auf den drei Schulkonferenzen der zweiten Hälfte des 19. Jahrhunderts statt.

7.2.3 Die Reformschulen als Mittel zur Flexibilisierung der Sprachenfolge

Der Einheitsschulgedanke wurde an den Reformschulen nach den Altonaer und den Frankfurter Lehrplänen in die Praxis umgesetzt (vgl. 5.1.3). Beide Schulmodelle basierten auf einem gemeinsamen Unterbau, den alle Schüler zusammen durchliefen. Erst nach drei Jahren im Altonaer Modell bzw. nach fünf Jahren im Frankfurter System teilte sich die Schule in die verschiedenen mittleren und höheren Schulen auf.

---

[71] Eine Liste mit Verfassern, die sich für oder gegen den lateinlosen Unterbau einsetzten, stellte Messer (1901:16-17) zusammen.

Die Besonderheit der Reformschulen lag, neben der Verwirklichung der Einheitsschule im Unterbau, in der „Liberalisierung der Sprachenfolge" (Albisetti/Lundgreen 1991:250). Da sich die Schulen außerhalb des regulären höheren Schulwesen konstituierten, konnten sie bei der Gestaltung des fremdsprachlichen Unterrichts neue Wege gehen und von der im 19. Jahrhundert typischen Sprachenfolge Latein-Französisch-Englisch abweichen.

Beide Reformschultypen ließen den fremdsprachlichen Unterricht im gemeinsamen Unterbau mit einer modernen Fremdsprache, nämlich dem Französischen beginnen[72]. Sie setzten so die Forderungen einiger Reformer, insbesondere von Julius Ostendorf, nach einer stärkeren Berücksichtigung der neueren Sprachen in die Praxis um. Die Gründungsväter beider Anstalten, die Direktoren in Altona und Frankfurt, Ernst Schlee und Karl Reinhardt, betonten den Einfluss von Ostendorf bei der Konzeption ihrer Lehrpläne (Schlee 1896:5; Reinhardt 1902:332). Schlee ließ sich 1870 sogar vor Ort bei einem Besuch an Ostendorfs Realschule in Lippstadt von dessen Reformideen überzeugen und verwirklichte diese an der Altonaer Realschule. Er kam durch den Austausch mit seinem Kollegen zu der Überzeugung, dass „der französische Unterricht in didaktischer und pädagogischer Hinsicht dem Alter der Schüler in den unteren Klassen mehr entspricht als der lateinische" (Schlee 1896:5).

Der Altonaer Lehrplan (1878) bot als erste höhere, lateintreibende Lehranstalt in Preußen die Sprachenfolge Französisch-Englisch-Latein an (siehe Anhang 2.1). Das Französische begann als erste Fremdsprache mit sechs Wochenstunden und blieb in den ersten beiden Jahren die einzige Fremdsprache, bis in der Quarta das Englische mit vier Stunden hinzutrat. Die Realschule behielt diese Sprachenfolge bei, während auf der Realschule 1. Ordnung ab der Tertia Latein in sechs Wochenstunden gelehrt wurde. Die lateinische Sprache erhielt die höchste Stundenzahl aller Fächer, um den späten Beginn auszugleichen und nach sechs Jahren das gleiche Niveau zu erreichen wie auf einer regulären Realschule 1. Ordnung (Schlee 1896:7).

Der Frankfurter Lehrplan (1892) sah hingegen eine andere Sprachenfolge vor (siehe Anhang 2.2). Ebenso wie in Altona setzte in der ersten Klasse im gemeinsamen Unterbau das Französische mit sechs Stunden ein, blieb aber drei Jahre lang die einzige Fremdsprache. Erst in der Untertertia kam die zweite Fremdsprache hinzu,

---

[72] Zur Umsetzung dieser Neuerung in der Praxis hinsichtlich Methoden und Unterrichtsmaterialien vgl. Ostermeier 2012.

in diesem Fall das Lateinische. Die Stundenzahl für Französisch wurde auf die Hälfte reduziert und ermöglichte so, dass der Schwerpunkt des sprachlichen Unterrichts mit zehn Wochenstunden auf das Lateinische gelegt werden konnte. Mit der Trennung in die verschiedenen höheren Schulformen erfolgte auch eine Aufteilung in unterschiedliche Ausbildungsrichtungen. Das humanistische Gymnasium bot als dritte Fremdsprache das Griechische mit ähnlich hoher Stundenzahl wie das Lateinische an, das neusprachliche Realgymnasium Englisch mit sechs bzw. vier Wochenstunden (Knabe 1908:358).

Im Frankfurter System wurde das pädagogische Prinzip des „Nacheinander" statt des „Nebeneinander" (Reinhardt 1892:11) verwirklicht, auf das Reinhardt bei der Erstellung des Lehrplans viel Wert gelegt hatte. In der Sprachenfolge der regulären höheren Schulen, an denen die Fremdsprachen in sehr kurzem Abstand aufeinanderfolgten, sah er ein problematisches „Nebeneinander" der unterschiedlichen Sprachen. Dieses sei für die Schüler eher „ein Hindernis, als eine Förderung" (1892:13), denn das gleichzeitige Erlernen verschiedener Sprachen sei für viele Schüler sehr verwirrend. Aus diesem Grund konzipierte er eine gestaffelte Sprachenfolge:

> Die erste fremde Sprache, die der Knabe lernt, muß für mehrere Jahre die einzige sein, mit der er sich befaßt. Sie muß ihm auf möglichst empirischem, natürlichem Wege beigebracht werden. [...]
> Die zweite Sprache wird also nicht vor dem Beginn des dreizehnten Lebensjahres einsetzen. Sie muß, um zur Geltung zu kommen, mit einem gewissen Übergewicht auftreten, alle übrigen Aufgaben müssen vor dieser eine Weile zurückstehen. Zwei Jahre sind mindestens notwendig, um diesen Aneignungsprozeß zum Abschluß zu bringen.
> Die dritte Sprache wird gleichfalls mit möglichst großer Stundenzahl, besonders im Anfang bedacht werden müssen. (Reinhardt 1892:13-14)

Für Reinhardt war es wichtig, dass von den Schülern in den jeweiligen Sprachen sichere Kenntnisse erreicht wurden, bevor sie eine zweite oder dritte Sprache begannen. Dabei schloss er sich dem Plan von Ostendorf an, der ebenso den Beginn der zweiten fremden Sprache nach drei Jahren vorsah (Reinhardt 1902:332) (vgl. 7.2.1). Neu war auch, dass der stundenmäßige Schwerpunkt immer auf der neu zu erlernenden Sprache lag, wie die Wochenstundenzahl bei Französisch als erster, Latein als zweiter und Englisch als dritter Fremdsprache aufzeigt. So konnten trotz eines späteren Beginns der unterschiedlichen Sprachen im Vergleich zu den regulären höheren Schulen die gleichen Ergebnisse bis zum Abitur erreicht werden (Reinhardt 1892:14).

Sowohl nach dem Altonaer als auch nach dem Frankfurter Lehrplan begann der fremdsprachliche Unterricht mit der französischen Sprache. In Übereinstimmung mit den Befürwortern des Französischen als erster Fremdsprache, insbesondere mit den Thesen von Ostendorf (vgl. 7.1.4.2), war auch für die Reformanstalten ausschlaggebend, dass Französisch als einfach genug galt, um die jungen Schüler an das Fremdsprachenlernen heranzuführen, aber dennoch in lexikalischer und grammatischer Hinsicht komplex genug war, um auf spätere Fremdsprachen, besonders auf das Lateinische, vorzubereiten (Reinhardt 1902:335). Auch das große Interesse der Schüler und die altersgerechte Methodik wurden als Gründe angeführt (Reinhardt 1892:21; Schlee 1896:5).

Dadurch, dass es an den Reformschulen nicht mehr das Lateinische war, das als erste Fremdsprache die Grundlagen für das Sprachenlernen legte, sondern die französische Sprache, hatte diese eine wichtige Funktion inne. Im französischen Anfangsunterricht wurde das grammatische und lexikalische Gerüst für alle weiteren Sprachen auf der Reformschule aufgebaut, welche so an das Vorwissen aus dem Französischen anschließen und schnell gute Ergebnisse erzielen konnten (Reinhardt 1892:25).

Die Befürworter der Reformschulen sahen aus diesem Grund den späten Beginn des Lateins nicht als Nachteil, sondern als Vorteil für die Schüler. Dank der sprachlichen Vorbildung durch das Französische konnten diese mit weniger Mühe und in kürzerer Zeit ebenso gute Kenntnisse erwerben wie ihre Altersgenossen auf dem Gymnasium oder dem Realgymnasium (Herforth 1905:1; Votsch 1894:4). Aus der veränderten Sprachenfolge, so die Reformer, könnten somit sowohl die modernen Sprachen als auch das Lateinische ihren Vorteil ziehen.

Das Englische konnte sich im Altonaer System eine besondere Stellung sichern. Als zweite moderne Fremdsprache wurde es noch vor Latein unterrichtet. Auf der Kasseler Novemberkonferenz 1901, auf der Vertreter der Reformschulen zu Verhandlungen zusammenkamen, legte Schlee seine Gründe für den Vorrang des Englischen vor Latein dar. Er machte insbesondere die lokale Situation in Hamburg-Altona geltend, wo der Handel mit englischsprachigen Ländern Englischkenntnisse für viele Berufe unabdingbar machte. Deshalb sollten gerade die Schüler, die die Reformschulen nicht bis zum Abitur durchliefen, sondern sie bereits in der Tertia oder Sekunda verließen, ausreichend gut die Sprache erlernt haben, um sie in ihrem späteren Beruf verwenden zu können (Liermann 1903:21).

Es wurde sogar der Vorschlag gemacht, Englisch als erste Fremdsprache an den Reformschulen einzuführen (Walter 1898:681). Begründet wurde dies mit der Verwandtschaft mit dem Deutschen, den leicht zu erlernenden sprachlichen Strukturen oder seiner Bedeutung als Welt- und Wissenschaftssprache (Schlee 1897:137) (vgl. 7.1.4.3). Die ersten Reformschulen, die Englisch als erste Fremdsprache anboten, waren Osnabrück (ab 1894) und Geestemünde (1904)[73]. Die Stundenzahlen für die Fremdsprachen wichen etwas von dem Altonaer Lehrplan ab (siehe Anhang 3.1 und 3.3).

Die Reformschule in Altona wies als weitere Besonderheit einen im Lehrplan aufgeführten Unterricht im Spanischen auf. In Schlees Reformplan, den er 1876 den Schulbehörden zur Genehmigung vorschlug, war als dritte moderne Fremdsprache an der Realschule ohne Latein in den letzten beiden Jahren Spanisch mit je zwei Stunden vorgesehen (Schlee 1896:12). Auch in den im Jahresbericht vom Schuljahr 1877/1878 abgedruckten Lehrplänen für die ursprüngliche Realschule, die ab 1878 durch das neue Modell abgelöst wurde, sowie für die geplante Reformschule war das Spanische als zweistündiges reguläres Fach aufgeführt (Schlee 1878:11,13). In dem endgültigen Lehrplan, der vom Kultusministerium 1878 genehmigt wurde, war jedoch keine dritte Fremdsprache an der Realschule mehr eingeplant. Erst 1903 wies der Lehrplan das Spanische, wenn auch nur als wahlfreies Fach, erneut auf (Liermann 1903:139; Christ/Rang 1985e:179).

Trotz der Tradition, die das Spanische bereits vorher an der Altonaer Realschule hatte, verlor es bei der Umstellung auf das Reformsystem seine Stellung als reguläres Unterrichtsfach. Es ist aber anzunehmen, dass es auf fakultativer Ebene weiter angeboten wurde, da es in späteren Lehrplänen wieder explizit erwähnt wurde. Darüber hinaus war es an vielen Schulen üblich, dass das Spanische wie auch das Italienische in Privatunterricht erlernt wurde (Ziehen 1899:219).

Die Sprachenfolge nach den Altonaer und Frankfurter Lehrplänen macht deutlich, dass die Reformschulen erfolgreich neue Wege im Fremdsprachenunterricht des 19. Jahrhunderts beschritten und ihre eigenen Lösungen im Sprachenstreit gefunden

---

[73] Englisch war bereits ab 1887 nach Antrag beim Kultusministerium als erste Fremdsprache in Geestemünde genehmigt (Eilker 1897:86; Sörgel 1908:5). Diese Sprachenfolge wurde bei der Umstellung auf das Reformsystem beibehalten.

hatten. Die beiden Modelle fanden viele Befürworter, nicht nur allein unter den Schulmännern. Es fanden regelmäßig Besuche von interessierten Beobachtern statt, die sich die Neuerungen in der Praxis ansehen wollten (Ziehen 1904:991). Auch die Kultusbehörden brachten den Reformschulen und den dort erreichten Leistungen ihre Anerkennung entgegen. Die Abschlussprüfungen in Altona und Frankfurt bewiesen, dass das Niveau in den Fremdsprachen, darunter auch in Latein, den Kenntnissen der Altersgenossen auf den regulären Schulformen entsprach (Schlee 1896:16; Wiese 1902:26). Bis 1900 übernahmen 26 Schulen den Reformlehrplan, davon vier den Altonaer und 22 den Frankfurter Lehrplan[74] (Reinhardt 1902:338-339).

7.2.4 Die Sprachenfolge als Streitthema auf den Schulkonferenzen

Die Entwicklungen auf schulpolitischer Ebene, sei es im Rahmen von theoretischen Reformplänen oder bei bereits umgesetzten Reformprojekten wie den Reformanstalten, spiegelten sich auf den drei preußischen Schulkonferenzen in den Jahren 1873, 1890 und 1900 wider. Die Schulkonferenzen dienten als Plattform für Debatten über aktuelle Themen und ermöglichten den direkten Austausch zwischen den Akteuren des Schulstreits. Aus diesem Grund ist es verständlich, dass die verhandelten Fragen, die vorgebrachten Argumente und ein großer Teil der Teilnehmer die gleichen waren wie im Schulkampf, der in der pädagogischen Presse ausgetragen wurde. Neu war aber, dass versucht wurde, innerhalb des Teilnehmerkreises eine Einigung herbeizuführen, und dass über konkrete Beschlüsse eine direkte Einflussnahme auf die Organisation des Schulwesens möglich war. Allen drei Konferenzen folgten Lehrpläne, die bis zu einem gewissen Grad diese Beschlüsse aufnahmen (vgl. 5.2.2).

Auf der Schulkonferenz von 1873 standen die Organisation des höheren Schulwesens allgemein und weniger die Einzelfächer im Vordergrund. Es ging hauptsächlich um die Gestaltung der Realschulen in Abgrenzung zum Gymnasium und um Änderungen im Berechtigungswesen (vgl. Protokolle 1874:2-3). Die Sprachenfolge war auf dieser Schulkonferenz kein zentrales Thema, eben weil sich die Teilnehmer in ihren Debatten vorrangig der Gesamtorganisation widmeten und in den siebziger

---

[74] Eine Liste mit allen Reformschulen und ihrem Gründungsjahr findet sich bei Knabe (1908:359-361).

Jahren des 19. Jahrhunderts die Stellung des Lateins als erste Fremdsprache an den lateintreibenden Schulen noch kaum hinterfragt wurde. Es wurde sogar eine Verstärkung des Lateinunterrichts auch an den Realschulen empfohlen (Protokolle 1874:21).

Es war Julius Ostendorf, der die Sprachenfolge auf der Schulkonferenz von 1873 zum Thema machte, indem er folgende Thesen in die Verhandlungen einbrachte:

> a. Es ist pädagogisch richtiger, den fremdsprachlichen Unterricht mit einer neueren Sprache, als mit dem Lateinischen zu beginnen.
> b. Eine den Verhältnissen und Bedürfnissen der Gegenwart entsprechende, daher auch befriedigende Organisation des höheren Schulwesens ist undenkbar, so lange in Gymnasien und Realschulen I.O. der fremdsprachliche Unterricht mit dem Lateinischen beginnen muß.
> c. Die Bestimmung, daß in Gymnasien und Realschulen I.O. der fremdsprachliche Unterricht mit dem Lateinischen beginnen muß, gefährdet die Entwicklung der politischen und sozialen Zustände unseres Volkes.
> d. Daher ist zwar nicht anzuordnen, wohl aber zu gestatten, daß der fremdsprachliche Unterricht in allen öffentlichen Schulen mit einer neueren Sprache beginne.
> (Ostendorf 1874a: 102-103)

Ostendorf trat entschieden für eine Umgestaltung des höheren Schulwesens ein und forderte in Übereinstimmung mit seinen im Vorfeld der Konferenz veröffentlichen Schriften, dass der fremdsprachliche Unterricht an allen lateintreibenden Schulen mit Französisch beginnen müsse (vgl. 7.1.4.2 und 7.2.1). In seinem Vortrag wiederholte er seine Argumente, die seiner Ansicht nach für das Französische als Anfangssprache sprachen, nämlich der einfache Formenbestand, das große Interesse der Schüler an einer neueren Sprache oder die schülernahen Inhalte (Centralblatt 1874:84-86).

Seine Pläne entfachten eine hitzige Debatte unter den anwesenden Schulmännern und wurden von einigen zwar als anerkennenswert und durchdacht gewürdigt (Centralblatt 1874:89), von der großen Mehrheit aber abgelehnt:

> Alle diese Fragen treten in ein anderes Licht, und ihre Beantwortung muss anders ausfallen, wenn meine vorher erwähnten Thesen richtig, als wenn dieselben blosse Hirngespinnste sind. Daher war es nur natürlich, dass auch diejenigen, welche in jenen Thesen blosse Theorie sahen, doch nicht umhin konnten, sich immer wieder mit ihnen zu beschäftigen. Ich hatte die Genugthuung, sie vielfach mit grosser Lebhaftigkeit angegriffen zu sehen, während andere Redner ihnen wenigstens für die Organisation der Realschulen eine gewisse Berechtigung zuerkannten. (Ostendorf 1874b: 12)

Ostendorf war sich bewusst, dass seine These zu große Neuerungen beinhaltete, als dass sie auf der Schulkonferenz breiten Zuspruch erhalten würde, aber er war mit der Debatte, die seine Pläne auslösten, sehr zufrieden. In Übereinstimmung mit den Reaktionen auf Ostendorfs Schriften wurden auch auf der Schulkonferenz diverse Gründe angeführt, die gegen das Französische als Anfangssprache sprachen. Zum einen brachten die Kritiker „ethische und patriotische Einwände" (Ostendorf 1874b:13) vor. Kurz nach dem deutsch-französischen Krieg von 1870/71 sei es nach Jägers Worten eine „moralische Unmöglichkeit" (Centralblatt 1874:88), den fremdsprachlichen Unterricht mit dem Französischen beginnen zu lassen, denn die Beschäftigung mit der Feindessprache würde die jungen Schüler zu sehr beeinflussen (Ostendorf 1874b:13). Auch Wiese sprach sich auf Grund des „revolutionären Charakter[s]" (Ostendorf 1874b:13) der Sprache gegen das Französische aus. Zum anderen waren es pädagogische und didaktische Einwände, auf die sich die Kritiker beriefen. So sah man Probleme im späten Beginn des Lateinunterrichts oder auch in der schwierigen französischen Aussprache (Centralblatt 1874:89-90; Ostendorf 1874b:14,16).

Es war nicht verwunderlich, dass Ostendorfs Vorschlag so vehement abgelehnt wurde, denn er war der erste Reformplan unter Veränderung der Sprachenfolge, der einem breiten Publikum vorgestellt wurde. Die Mehrheit der Schulmänner war zu jener Zeit noch nicht offen für derartig gravierende Änderungen in der Gestaltung des Fremdsprachenunterrichts. Diese Tatsache war auch Ostendorf bewusst. Aus diesem Grund ging es ihm zu diesem Zeitpunkt auch weniger um die tatsächliche Umsetzung seiner Reformpläne, sondern vielmehr um den Beginn eines Umdenkens im Hinblick auf die Sprachenfolge. Ihm war klar, dass eine langfristige Umgestaltung des Schulwesens nur langsam geschehen würde (Ostendorf 1874b:17). Einen ersten Schritt dazu leistete die Entscheidung von Regierungsrat Wiese:

> [Es] wurde zugegeben, daß der vorgelegte Plan wohldurchdacht und von seinem Urheber so gerechtfertigt sei, daß jedenfalls ihm selber gestattet werden könne, ihn auszuführen und die Probe zu machen. (Centralblatt 1874:89)

Ostendorfs Einsatz für die Schulreform wirkte noch lange nach und so wurden seine Bemühungen um eine Veränderung der Sprachenfolge auf den folgenden Schulkonferenzen weiter vorangetrieben.

Die Schulkonferenzen von 1890 und 1900 setzten sich in Bezug auf die Sprachenfolge mit den gleichen Forderungen auseinander. Zum einen stand erneut der gemeinsame Unterbau mit der Priorität des Französischen vor dem Lateinischen auf der Tagesordnung. Zum anderen wurde die Kürzung der Wochenstunden in den alten Sprachen auf dem Gymnasium zu Gunsten der Einführung eines fakultativen Englischunterrichts verhandelt (Deutsche Schulkonferenzen 1972a:XIIf; Deutsche Schulkonferenzen 1972b:20). Im Vergleich zur Oktoberkonferenz von 1873 diskutierten die Teilnehmer der folgenden Schulkonferenzen die Sprachenfolge zeitlich und inhaltlich deutlich umfassender. Dies lag besonders daran, dass gegen Ende des 19. Jahrhunderts der Reformwille hinsichtlich des Fremdsprachenunterrichts wesentlich stärker ausgeprägt war als noch ein Jahrzehnt zuvor, dass die alten Sprachen und ihre privilegierte Stellung innerhalb des höheren Schulwesens nicht mehr die allgemeine Zustimmung aller Teilnehmer erhielten und dass aus diesem Grund Reformpläne mehr Aussicht auf Erfolg hatten.

So wurde 1890 und 1900 erneut die Frage erörtert, ob für alle höheren Schulen ein gemeinsamer Unterbau eingerichtet und der fremdsprachliche Unterricht mit Französisch begonnen werden sollte. Dieses Mal war es nicht der Vorstoß eines einzelnen Konferenzteilnehmers, der die Sprachenfolge in die Debatte einbrachte, wie es 1873 Julius Ostendorf gemacht hatte, sondern der Vorschlag zur Änderung der Aufeinanderfolge der Fremdsprachen war ein Punkt des Fragenkatalogs (Deutsche Schulkonferenzen 1972a:20; Deutsche Schulkonferenzen 1972b:XIIf). Die Diskussion um die Anfangssprache in einem gemeinsamen Unterbau knüpfte an die Verhandlungen von 1873 an, mit dem Unterschied, dass an den Reformschulen bereits erste praktische Versuche unternommen worden waren und sich somit mehr Befürworter fanden als noch 13 Jahre zuvor. So betonte Schulze 1890, dass „heute [...] verstärkte Gründe für die Durchführung des Ostendorf'schen Gedankens vor[liegen]" (Deutsche Schulkonferenzen 1972a:154). Viele Teilnehmer hoben die Vorteile des Französischen als Anfangssprache hervor und wiederholten viele von Ostendorfs Argumenten. So könne laut Schlee, Rehrmann oder von Seckendorff der Unterricht im Französischen den Geist der Schüler ebenso bilden und ihr logisches Denken fördern wie Latein (Deutsche Schulkonferenzen 1972a:105,146; Deutsche Schulkonferenzen 1972b:72). Außerdem sei es nach Ansicht Reinhardts möglich, das pädagogische Prinzip „vom Leichten zum Schweren" umzusetzen und methodisch dem jungen Alter der Schüler Rechnung zu tragen (Deutsche Schulkonferenzen 1972b:48). Latein dagegen sei als Anfangssprache ungeeignet, weil es die Schüler überfordere, so die Auffassung von Rehrmann, Schulze oder Schlee (Deutsche Schulkonferenzen 1972a:146, 152, 168). Dies läge, so Frick, auch an den falschen Methoden und schlechten Übungsbüchern, die durch unsinnige Beispielssätze und einem „Satzragout von allen möglichen, beim Schüler völlig unbekannten Namen" (Deutsche Schulkonferenzen 1972a:126) die Schüler verwirrten. Im Grunde verdanke das Lateinische seine Stellung nur seiner langen Tradition, denn es sprächen keine pädagogischen Gründe für den Beginn mit Latein (Deutsche Schulkonferenzen 1972a:127-128).

Die vorgebrachten Argumente stimmten mit denen der pädagogischen Schriften der Zeit überein, wenn auch die Debatte auf den Schulkonferenzen eher global und wesentlich weniger detailreich war als in der schriftlichen Auseinandersetzung um die Fremdsprachen. Ein weiterer Unterschied zum Diskurs außerhalb der Konferenzen ist auch in der Teilnahme verschiedener Vertreter anderer Fachrichtungen zu sehen. So meldeten sich Mediziner, Architekten, Angehörige des Militärs oder Vertreter des Gewerbes zu Wort. Sie alle sprachen sich gegen eine zu starke Konzentration auf die alten Sprachen, für eine Verstärkung der neueren Sprachen und für einen Beginn mit Französisch aus (Deutsche Schulkonferenzen 1972a:113, 116, 141, 147).

Die Gegenpartei, die sich für den Erhalt des Lateinischen als Anfangssprache einsetzte, brachte die typischen Argumente des Schulstreits an. Sie betonte die Bedeutung von Latein zur Geistesbildung und zur Einführung in wissenschaftliches Denken, wie Schwalbe (Deutsche Schulkonferenzen 1972b:58), oder verwies wie Bischof Klopp auf den praktischen Nutzen von Lateinkenntnissen in Bezug auf den Fachwortschatz in der Wissenschaft oder für das Theologiestudium (Deutsche Schulkonferenzen 1972a:133). Darüber hinaus würdigten Diels und Uhlig den lateinischen Anfangsunterricht, der mit seinen Inhalten viele Schüler begeistere (Deutsche Schulkonferenzen 1972a:85; Deutsche Schulkonferenzen 1972b:50). Jäger machte darüber hinaus deutlich, dass in seinen Augen nur durch Latein als erste Fremdsprache die geeigneten Schüler für das Gymnasium ausgewählt werden könnten (Deutsche Schulkonferenzen 1972a:135).

Letztlich setzen sich in beiden Konferenzen die Gegner des gemeinsamen Unterbaus durch. In beiden Fällen wurden die Anträge auf dessen allgemeine Einführung abgelehnt, Versuche wurden aber weiterhin befürwortet (Deutsche Schulkonferenzen 1972a:795; Deutsche Schulkonferenzen 1972b:73-74).

Die zweite Frage zur Sprachenfolge, die auf beiden Konferenzen besprochen wurde, war die Erweiterung des fakultativen Englischunterrichts auf dem Gymnasium auf Kosten des altsprachlichen Unterrichts. So stand zur Debatte, die Stundenzahl für die alten Sprachen zu kürzen (Deutsche Schulkonferenzen 1972a:20) oder den Beginn des Griechischunterrichts auf eine höhere Stufe zu verschieben (Deutsche Schulkonferenzen 1972b:X). Die eingesparten Stunden könnten so dem Englischen zugute kommen. 1900 wurde sogar diskutiert, Englisch statt Griechisch auf dem Gymnasium wahlfrei zu unterrichten (Deutsche Schulkonferenzen 1972b:X).

Englisch als Unterrichtsfach auf dem Gymnasium fand auf beiden Konferenzen breite Unterstützung. Viele Teilnehmer sprachen sich dafür aus, dort, wo es noch nicht geschehen war, Englisch als Wahlfach in den Fächerkanon des Gymnasiums aufzunehmen und, wie Münch es formulierte, sein „kümmerliches Dasein" (Deutsche Schulkonferenzen 1972b:134) zu beenden. Untermauert wurde diese Forderung mit utilitaristischen Aspekten, wie der Nützlichkeit von Englischkenntnissen zur Verständigung im Ausland (Deutsche Schulkonferenzen 1972b:131) oder bei der Ausübung vieler unterschiedlicher Berufe (Deutsche Schulkonferenzen 1972a:180). Daneben wurde immer wieder auf die Bedeutung des Englischen als Weltsprache für ein Deutschland, das sich als Kolonial- und Weltmacht verstand, hingewiesen (Deutsche Schulkonferenzen 1972a:179; Deutsche Schulkonferenzen 1972b:138). So resümierte Hornemann: „Alles dieses zwingt uns, das Englische in der allgemeinen Bildung schon gegenwärtig als Macht zu bezeichnen" (Deutsche Schulkonferenzen 1972a:179).

Gerade für das Englische setzten sich viele der außerschulischen Teilnehmer ein und betonten den Wert der englischen Sprache für ihren jeweiligen Fachbereich. Neben Vertretern des Gewerbes und der Industrie wie Lüders (Deutsche Schulkonferenzen 1972a:246) oder Böttinger (Deutsche Schulkonferenzen 1972b:95) sprachen sich insbesondere Angehörige des Militärs und der Marine für einen verstärkten Englischunterricht am Gymnasium aus. An dieser Stelle kamen vor allem militärpolitische Zielsetzungen zur Sprache, denn nur durch ausreichende Englischkenntnisse könnte Deutschland, so Major Fleck und Kapitän Truppel, an den Entwicklungen im Bereich der Waffentechnik teilnehmen oder sich im Falle eines Krieges mit den Verbündeten verständigen (Deutsche Schulkonferenzen 1972a:226; Deutsche Schulkonferenzen 1972b:132).

Einigen Konferenzteilnehmern ging der Vorschlag der Verstärkung des wahlfreien Englischunterrichts nicht weit genug, weswegen sie forderten, Englisch auf dem Gymnasium verpflichtend zu machen. So waren es 1890 beispielsweise Hornemann, Volkmann, Schottmüller oder Göring (Deutsche Schulkonferenzen 1972a:181, 196 201, 264) bzw. 1900 Diels (Deutsche Schulkonferenzen 1972b:138), die sich für einen obligatorischen Englischunterricht stark machten.

Selbst einige Altphilologen unterstützten den Vorschlag, Englisch zwar nicht verpflichtend, aber immerhin wahlfrei auf den Gymnasien einzurichten. Bedeutende Vertreter der klassischen Sprachen, wie Paulsen, Uhlig oder von Wilamowitz-Möllendorf räumten den großen Nutzen von Englischkenntnissen in der damaligen Zeit ein (Deutsche Schulkonferenzen 1972a:233, 256; Deutsche Schulkonferenzen 1972b: 89). Jedoch waren sie mehrheitlich gegen Stundenkürzungen im altsprachlichen Unterricht auf dem Gymnasium. Besonders der Vorschlag auf der Konferenz von 1900, Englisch wahlfrei statt des Griechischunterrichts auf dem Gymnasium zuzulassen, stieß auf breite Ablehnung. Wilamowitz-Möllendorf kommentierte den Vorschlag mit folgenden Worten:

> Zu dem Vorschlage, das Englische gegen das Griechische wahlfrei zu machen – eine Ungeheuerlichkeit! – möchte ich nur das eine sagen: es ist mir gewesen, als käme jemand und wolle mir ein paar Ohrfeigen geben. (Deutsche Schulkonferenzen 1972b:89)

Für die Altphilologen war es nicht hinnehmbar, dass der Griechischunterricht an den Gymnasien derartige Einschnitte erfahren sollte. Während sich auf der Konferenz von 1890 nur wenige gegen den Englischunterricht stellten, war die Gegenwehr zehn Jahre später deutlich größer, denn jetzt war nicht mehr nur von einer Stundenreduzierung die Rede, sondern von einer gänzlichen Abschaffung des verpflichtenden Griechischunterrichts zu Gunsten des Englischen. Dies würde nach Ansicht der Altphilologen das Gymnasium zerstören (Deutsche Schulkonferenzen 1972b:92), denn so wäre es weder eine humanistische noch eine realistische Bildungsanstalt, also kein reines Gymnasium mehr (Deutsche Schulkonferenzen 1972b:77). Latein und Griechisch müssten, so Harnack, zusammen unterrichtet werden, denn sie bildeten „den Ursprung unser Kultur" (Deutsche Schulkonferenzen 1972b:80).

Auf Grund der Gegenwehr aus den Reihen der Altphilologen wurde der Antrag auf der Konferenz von 1900, Englisch am Gymnasium obligatorisch zu machen, abgelehnt. Dennoch wurde Englisch am Gymnasium befürwortet. Auf der Konferenz von 1890 erging der Beschluss, dass die „Einführung des Englischen in den Gymnasien [...] zu empfehlen [ist], fakultativ oder obligatorisch, je nach den örtlichen Verhältnissen" (Deutsche Schulkonferenzen 1972a:795). 1900 wurde dieser Beschluss nochmals bestätigt, indem für die Möglichkeit gestimmt wurde, dass „den einzelnen Gymnasien gestattet sein [soll], den Unterricht in der englischen Sprache für alle Schüler bestimmter Klassen obligatorisch zu machen" (Deutsche Schulkonferenzen 1972b:141). Somit zogen sich die Teilnehmer durch diese recht offenen Beschlüsse aus der Verantwortung, eine klare Linie für den Englischunterricht am Gymnasium vorzugeben.

Die Schulkonferenzen waren ein wichtiges Signal für die Reformpolitik, denn gerade durch die Einbeziehung außerschulischer Vertreter wurde die steigende Bedeutung der Fremdsprachen im letzten Drittel des 19. Jahrhunderts offiziell bestätigt. Wurde 1873 eine Änderung der Sprachenfolge zu Gunsten des Französischen nur am Rande verhandelt, waren die Vorschläge zum gemeinsamen Unterbau und zum Beginn des fremdsprachlichen Unterrichts mit Französisch zentrale Fragen der beiden folgenden Konferenzen. Obgleich in keinem der Fälle Französisch als erste Fremdsprache an allen höheren Schulen befürwortet wurde, zeigten die Verhandlungen jedoch eine steigende Akzeptanz der Reformschulen nach den Altonaer und Frankfurter Lehrplänen. Die Teilnehmer plädierten sowohl 1890 als auch 1900 für eine Erweiterung der Reformanstalten.

In Bezug auf das Englische zeigte sich auf den Schulkonferenzen deutlich sein Bedeutungszuwachs im letzten Drittel des 19. Jahrhunderts. War von Englisch als gymnasiales Schulfach 1873 noch gar keine Rede, wurde es 1890 und 1900 in die Debatte mit einbezogen und bedrohte auf der letzten Konferenz sogar den obligatorischen Griechischunterricht auf dem Gymnasium. Die Konferenzen können als Wegweiser für die Lehrpläne von 1901 gesehen werden, in denen Englisch ab der Tertia als Wahlpflichtfach am Gymnasium aufgenommen wurde (Christ/Rang 1985e:47) (siehe Anhang 1.1).

Trotz einiger Erfolge blieben auf schulpolitischer Ebene viele Reformideen unberücksichtigt. Die Schulkonferenzen stellten zwar eine wichtige Plattform für den Austausch über neue Pläne und Konzepte dar, sie waren aber in ihren Beschlüssen nicht immer so reformfreudig, wie es viele Reformer gewünscht hätten. Es waren allein die Reformschulen, die sich mit ihrer außergewöhnlichen Konzeption einer Einheitsschule mit Vorrang der modernen Sprachen vor den alten erfolgreich im preußischen Schulsystem etablieren konnten. So war auch auf schulpolitischer Ebene schwierig, Änderungen der Sprachenfolge an den höheren Schulen in die Praxis umzusetzen.

7.3 Gesellschaftspolitische Ebene

Die Diskussion um die Sprachenfolge blieb in der zweiten Hälfte des 19. Jahrhunderts nicht nur auf die schulische Ebene beschränkt, sondern dehnte sich auf breite gesellschaftliche Kreise aus, die sich von den Entwicklungen in der Schulpolitik betroffen fühlten. Es waren nicht mehr nur alleine Schulmänner und Politiker, die über eine Schulreform und die Stellung der Fremdsprachen im höheren Schulwesens Preußens diskutierten, sondern es schalteten sich auch verschiedene Berufsstände in die Debatten ein.

Eine Neuerung stellte im 19. Jahrhundert die Organisation der unterschiedlichen gesellschaftlichen Gruppen in verschiedenen Berufsständen dar. Der „Individualismus" wurde zu Gunsten einer „Gruppensolidarität" (Müller 1977b:80) abgelöst, die sich dadurch ausdrückte, dass sich das Bürgertum zu unterschiedlichen Verbänden und Vereinen zusammenschloss, um seine Interessen durchzusetzen. Die gesellschaftspolitische Diskussion gestaltete sich nicht mehr nur auf individueller, sondern auch auf verbandspolitischer Ebene. Aus diesem Grund waren es insbesondere Vereine, über die sich betroffene gesellschaftliche Gruppen zu der Schulreform und den Schulfremdsprachen äußerten.

7.3.1 Die Schulfremdsprachen im Interessenskonflikt verschiedener gesellschaftlicher Gruppen

Die Schulreform erregte in der zweiten Hälfte des 19. Jahrhunderts viel öffentliches Aufsehen. Stellungnahmen von Schulmännern und anderen Betroffenen wurden in Fachzeitschriften, aber auch in der Tagespresse veröffentlicht. Im Kern ging es um die Berechtigungsfrage der höheren Schulen. Zur Diskussion stand in erster Linie, ob das Gymnasium das Monopol auf das Hochschulstudium behalten sollte oder ob auch die anderen höheren Schulformen Berechtigungen zu allen oder bestimmten Studiengängen verleihen sollten. Es war somit der alte Streit zwischen humanistischem Gymnasium und realistischen Realanstalten, der dieses Mal nicht von Schulmännern geführt wurde, sondern von Berufsständen. Ausgehend von dieser zentralen Frage kamen, ähnlich wie in der schulischen Diskussion, weitere Aspekte hinzu, wie der Wert der jeweiligen Bildungsinhalte für das anschließende Studium oder den späteren Beruf, oder die Bedeutung der unterschiedlichen Fremdsprachen für die verschiedenen beruflichen Gruppen.

Die Gründe für die Teilnahme der Berufsstände an der schulpolitischen Debatte waren vielschichtig. Zum einen spielten die Unzufriedenheit mit der einseitigen gymnasialen Ausbildung und der Wunsch nach der besten Vorbildung für das jeweilige Fach eine Rolle. Zum anderen kamen aber auch standespolitische Interessen hinzu, die dem Streit mehr Intensität verliehen. Die Fremdsprachen spielen darin erneut eine entscheidende Rolle.

Einer der ersten Berufsverbände, der sich für die Schulreform und die Umgestaltung des fremdsprachlichen Unterrichts an den höheren Schulen Preußens einsetzte, war der „Verein deutscher Ingenieure"[75], der 1856 mit dem Ziel gegründet wurde, eine einheitliche nationale Erziehung für alle Kinder auf den Weg zu bringen und auf diese Weise einen gewissen sozialen Ausgleich zu erreichen (Dietrich 2008:76; Herrlitz et al. 2009:69). Er kritisierte in vielfachen Aktionen und Schriften, dass die gymnasiale Ausbildung mit ihrem Schwerpunkt auf den alten Sprachen keine geeignete Vorbereitung auf die Anforderungen der modernen Zeit böte. So hieß es beispielsweise auf der 27. Hauptversammlung des Vereins 1886:

> Der auf die Vergangenheit, auf der Erlernung der lateinischen und griechischen Sprache beruhende und damit im wesentlichen nur für das Studium der Philologie und Theologie zweckmäßig angeordnete Lehrplan des Gymnasiums giebt [sic] nicht eine den Bedürfnissen der Gegenwart entsprechende allgemeine Ausbildung. (VDI 1899:22-23)

Der Verein forderte eine völlige Umgestaltung des höheren Schulwesens mit der Gleichberechtigung aller höheren Schulen auf Basis eines gemeinsamen Unterbaus (VDI 1899:15-16). Ziel war es vor allem, die humanistischen Bildungsinhalte zu Gunsten der Mathematik und Naturwissenschaften zu reduzieren, um eine adäquate schulische Vorbildung für das technische Studium zu ermöglichen.

Der „Verein deutscher Ingenieure" setzte sich darüber hinaus auch für eine veränderte Stellung der modernen Fremdsprachen ein. Das Französische und Englische statt Latein und Griechisch sollten im gemeinsamen Unterbau zusammen mit den

---

[75] Für ausführliche Informationen zum „Verein deutscher Ingenieure" vgl. Ludwig, Karl-Heinz (1981) (Hrsg.). *Technik, Ingenieure und Gesellschaft: Geschichte des Vereins Deutscher Ingenieure 1856-1981*. Düsseldorf: VDI-Verlag.

Naturwissenschaften die Basis für die höhere Schulbildung legen (VDI 1899:23-24). Selbst in technischen Berufen seien Fremdsprachenkenntnisse von Vorteil und als ergänzende Bildungsmittel zu dem technischen Wissen der Ingenieure notwendig. Besonders die englische Sprache als Weltsprache sei für die beruflichen Kontakte weltweit, aber auch für die Lektüre der Fachliteratur eine notwendige Qualifikation für Ingenieure (Ruge 1891:492). Des Weiteren müssten sich gerade die aufstrebenden Industriezweige Deutschlands an die modernen Verhältnisse anpassen und auch auf internationalem Niveau gut agieren können, wozu die neueren Sprachen eine wichtige Grundlage darstellten. Nur auf diese Weise könne Deutschland seine Weltmachtstellung weiter ausbauen (vgl. Balschun 1964:29). Aus diesen Gründen räumte die Mehrheit der Ingenieure den modernen Fremdsprachen Vorrang vor den klassischen Sprachen ein.

Wesentlich intensiver und inhaltlich gegensätzlicher als die technischen Berufsgruppen diskutierten die Mediziner die Bedeutung der Sprachen für ihren Beruf. Die Debatte, ob die Ausbildung in den klassischen oder in den modernen Sprachen hilfreicher für das Studium der Medizin und den Beruf des Arztes sei, ist im Zusammenhang mit der übergeordneten Diskussion um die Zulassung der Realschulabiturienten zum Medizinstudium zu sehen. Dieser Vorschlag, der bereits in den achziger Jahren gemacht wurde, rief heftige Reaktionen unter den Medizinern hervor und führte zu einer Spaltung der Ärzte in zwei Lager. Die einen verteidigten die gymnasiale Bildung und damit das alleinige Monopol auf das Medizinstudium; die anderen sahen in der realistischen Bildung des Realgymnasiums die bessere Ausbildung und forderten eine Öffnung des Studiums für Realschulabsolventen. Auf inhaltlicher Ebene ging es dabei, neben dem Wert der Naturwissenschaften, vor allem um die Stellung der Fremdsprachen.

Die große Mehrheit der Ärzte wehrte sich gegen die mögliche Zulassung der Realschulabiturienten zum Medizinstudium und verteidigte das Gymnasium als ideale Vorbereitungsanstalt, wie die Ergebnisse von Umfragen (Albisetti/Lundgreen 1991:234) oder Gutachten der deutschen Ärztevereine (vgl. Woffildo 1880) aufzeigten. Sie brachten vor, dass die naturwissenschaftliche Ausrichtung des Medizinstudiums als Ausgleich humanistische Bildungselemente benötigte (Woffildo 1880:93). Diese machten den Kern der Allgemeinbildung eines Arztes aus, der über eine breite Bildung und nicht nur über gute Kenntnisse in seinem Fachbereich verfügen sollte. Es reiche völlig aus, sich die Naturwissenschaften erst an der Universität anzueignen:

> Was nun speziell das Studium der Medizin betrifft, so ist für dasselbe dem humanistischen Gymnasium ohne Zweifel der Vorzug zu geben. Der Mediziner soll vor allem ein allseitig gebildeter Mensch sein. Sein wissenschaftlicher und praktischer Beruf ist durchaus naturwissenschaftlich und er hat Gelegenheit genug, auf der Universität sich naturwissenschaftlich und auch mathematisch hinlänglich auszubilden, wenn er will. (Riffel in Anon. 1900a:174)

Die klassischen Sprachen seien aber nicht nur für die allgemeine Bildung des Arztes wichtig, sondern auch für dessen medizinische Aus- und Fortbildung. Latein und besonders Griechisch seien unentbehrlich für das Verständnis der Fachterminologie, denn die meisten Ausdrücke leiteten sich aus den klassischen Sprachen her (Eulenburg 1878/1879:74; Merkel in Anon. 1900a:173; Riffel in Anon. 1900:174). Außerdem erlaubten gute Sprachkenntnisse in Latein und Griechisch die Lektüre klassischer wissenschaftlicher Fachliteratur, wie Hippokrates, in der Originalausgabe, was ein tieferes Verständnis ermögliche als Übersetzungen (Eulenburg 1878/1879:74; Riffel in Anon. 1900a:174; Fischer in Anon. 1900a:168).

Es zeigt sich, dass viele Ärzte nicht nur das Gymnasium und seine klassische Ausbildung im Allgemeinen verteidigten, sondern in besonderem Maße die Vorzüge des Griechischen hervorhoben. Es scheint, als ob gerade durch den Rückgriff auf das einzige Fach, das am Realgymnasium nicht angeboten wurde, das Gymnasialmonopol unantastbar gemacht werden sollte. Die Befürwortung des Lateinunterrichts allein wäre nicht ausreichend gewesen, denn es wurde auch am Realgymnasium unterrichtet. So blieb als vermeintlich ausschlaggebender Faktor nur das Griechische übrig, auch wenn Zweifel an dessen Nutzen für den Ärztestand erhoben wurden.

Die Gegenpartei unter den Ärzten ließ diese Argumente nicht gelten und trat für das Realgymnasium und seine realistischen Bildungsinhalte ein. Sie warf ihren Kontrahenten vor, den Bildungswert der klassischen Sprachen zu überschätzen (Fick 1878:659; Woffildo 1880:122). Es sei dagegen wesentlich hilfreicher für das Medizinstudium und den Beruf des Arztes, fundierte Kenntnisse in den Naturwissenschaften und den neuen Sprachen zu haben, denn nur dadurch erhalte dieser Zugang zu dem aktuellen, internationalen Wissensstand im Bereich der Medizin:

> Der Mediziner braucht tüchtige Kenntnisse in der Mathematik, in den Naturwissenschaften, besonders in Physik, außerdem aber heutzutage die lebenden Sprachen, zum mindesten Französisch und Englisch, nicht nur und hauptsächlich zum Studium der ausgezeichneten medizinischen Litteratur [sic] des Auslandes, besonders der Amerikaner und Franzosen, sondern auch zur Ausbildung auf ausländischen Universitäten und zur Ausübung der Praxis an großen Verkehrsplätzen. Überhaupt ist heute für jeden Gebildeten unumgänglich notwendig die Fertigkeit im Gebrauch der französischen und englischen Umgangssprache. (Langsdorff in Anon. 1900a:172)

Nur durch ausreichende Kenntnisse im Französischen und Englischen könne der Arzt die einflussreiche ausländische Fachliteratur lesen und sich auch an Universitäten außerhalb Deutschlands ausbilden lassen. Dies mache die modernen Sprachen für den Beruf des Mediziners wesentlich lohnender als die alten (Konizer 1872:10). Der dritte Berufsstand, der sich in den Schulreformstreit einmischte, wenngleich später und weniger öffentlich als die anderen Verbände, waren die Juristen. Erst nach einer Petition aus Frankfurt 1898, in der die Zulassung der Realschulabsolventen zum Jurastudium gefordert wurde, zeigten sie mehr Interesse an der Debatte (Balschun 1964:47; Führ 1997:84). Jedoch waren auch sie in ihrer Meinung gespalten. Die einen gaben dem humanistischen Gymnasium und die anderen dem Realgymnasium ihren Vorzug.

In den öffentlichen Meinungsbekundungen wurden die realistischen Bildungsinhalte der Realgymnasien als sinnvolle Vorbereitung auf das Studium und den Beruf des Juristen verteidigt. Die neuen Sprachen, so argumentierten einige Juristen, gehörten mittlerweile zur allgemeinen Bildung, die alle Gelehrten vorweisen können sollten (Fuisting in Anon. 1900b:191). Das Erlernen des Lateins und der modernen Sprachen reiche außerdem zur Geistesbildung auf einer höheren Schule vollkommen aus. Griechisch sei somit für Juristen nicht mehr notwendig:

> Allein diese sprachlich logische Bildung, die möglichst scharfe Fassung der Begriffe und der für sie geprägten Ausdrücke, kann nach langjährigen Erfahrungen kundiger Beobachter durch den sachgemäßen Betrieb des Lateinischen und Französischen in vollem Umfange erreicht werden. Insbesondere vermag der grammatische Aufbau der französischen Sprache mit ihrer klaren, durchsichtigen Syntax auf diesem Gebiete alles dasjenige zu ersetzen, was dem Gymnasiasten in sprachlicher Beziehung das Griechische bietet. (Adickes 1900:179)

Das Französische und Englische seien darüber hinaus in der Praxis für den Juristen brauchbarer als die alten Sprachen. Zum einen seien Fremdsprachenkenntnisse „bei Patentstreitigkeiten, der Entscheidung gewerblicher Fragen, der Anwendung fremder Rechte" (Adickes 1900:180) notwendig, um die richtigen Entscheidungen treffen zu können. Zum anderen benötige sie der Jurist, um sich in ausländische Rechtsquellen und aktuelle Fachliteratur einzulesen (Dühring 1884:98; Schicker in Anon. 1900b:189). Aus diesen Gründen sei den modernen Sprachen als Teil der Ausbildung auf dem Realgymnasium Vorzug vor dem humanistischen Gymnasium zu geben.

Dagegen setzten sich die Befürworter der gymnasialen Ausbildung als Zulassungsvoraussetzung für das Jurastudium für die traditionelle Bildung über Latein und Griechisch ein: „Der angehende Jurist [...] muss sich einigermaßen in Rom zu Hause fühlen. Und nicht bloß in Rom, sondern auch in Athen!" (Gierke 1900:183). Die Antike als Höhepunkt aller Kultur müsse von allen Gelehrten rezipiert worden sein, um die höchst mögliche Ausbildung zu erhalten (Birkmeyer in Anon. 1900b:197). Manche befürchteten sogar, dass „der Wegfall einer gründlichen klassischen Vorbildung [...] den Niedergang der deutschen Rechtswissenschaft" bedeuten würde (Fischer in Anon.1900b:197).

Ähnlich wie die Mediziner griffen auch die Juristen die Notwendigkeit der Griechischkenntnisse für ihren Beruf auf, obwohl die Argumente dieses Berufsstandes noch weniger überzeugend waren als die der Ärzte, die sich wenigstens noch auf die Fachterminologie berufen konnten. Auch für sie war der Griechischunterricht das einzige Ausschlusskriterium, mit dem sie sich gegen die Realgymnasiasten und deren praktische Ausbildung stellen konnten.

Die Diskussion um die Stellung der Fremdsprachen durch die Fachverbände zeigt einmal mehr, dass es nicht unbedingt um die inhaltliche Relevanz der Fremdsprachen ging, sondern darum, bestimmte Schulformen aus den unterschiedlichsten Gründen zu unterstützen oder anzulehnen. Es ist augenfällig, dass es sich um Berufe handelt, die im Grunde keinen großen Vorteil aus den erlernten Sprachen ziehen konnten und dennoch so vehement ihre Vor- und Nachteile verteidigten. Dies lässt vermuten, dass hinter dem Interessenskonflikt der verschiedenen gesellschaftlichen Gruppen andere Gründe steckten, als in der vordergründigen Diskussion vorgebracht wurden.

7.3.2 Die Sprachenfolge zum Zweck der sozialen Differenzierung

In dem Interessenkonflikt zwischen den einzelnen beruflichen Gruppen werden die Hintergründe des Schulstreits und der Diskussion um die Sprachenfolge wesentlich deutlicher als auf der schulpolitischen Ebene. Hinter den vorgebrachten pädagogischen Gründen, weshalb die eine oder andere Sprache wichtiger für den jeweiligen Berufsstand sei, steckten im Kern standespolitische Interessen (Paulsen 1921:725). Die Anerkennung der neuen Sprachen und Naturwissenschaften als den klassischen Sprachen gleichwertige Bildungsmittel bedeutete in letzter Konsequenz die Gleichberechtigung aller höheren Schulen und den Wegfall des Gymnasialmonopols. Die Folge davon wäre ein verstärkter Zudrang von Kindern des Bürgertums, die oftmals eher die Realanstalten als die Gymnasien besuchten, auf die Universitäten und auf die gelehrten Berufe (Herrlitz et. al. 2009:81) (vgl. 5.2.1.3). Gegen diese als Bedrohung empfundene Situation wehrten sich die gelehrten Berufsstände, wie die Mediziner und Juristen, aber auch die Altphilologen vehement, denn mehr Konkurrenz bedeutete in ihren Augen eine Abwertung ihres Berufes und ihres Standes (Paulsen 1921:687). Da sich der Unterschied zwischen dem Gymnasium und den Realanstalten vor allem über die Fremdsprachen definieren ließ, wurden diese zu einem zentralen Aspekt des Schulstreits. Die klassischen Sprachen wurden als „Damm gegen das Aufstreben des Bürgertums" (Matthiesen 1979:29) gesehen, denn nur wer Latein und Griechisch lernte, konnte das Gymnasium bis zum Abitur durchlaufen und die Berechtigung zu den traditionellen gelehrten Berufen erlangen. Die klassischen Sprachen waren also die Bedingung für den Eintritt in den Gelehrtenstand. Die Sprachenauswahl und Sprachenfolge wurden somit zu einem Kriterium der sozialen Differenzierung.

Die Sprachenfolge Latein-Griechisch am humanistischen Gymnasium, über die sich die höheren Schichten seit jeher ihren Stand sichern konnten, sollte auch weiterhin, trotz der zunehmenden Konkurrenz der modernen Sprachen und Naturwissenschaften auf den Realanstalten und deren Schüler aus den niedrigeren und mittleren Schichten, verteidigt werden. Da es sich bei den Verteidigern mehrheitlich um Vertreter des Gelehrtenstandes handelte, war die Front dementsprechend hart:

> [...] groß, sehr groß ist die Macht, welche für Beibehaltung der alten Sprachen kämpft: die Macht der Gewohnheit, des Hergebrachten, die Macht derer, deren Stellung in der Gesellschaft abhängt von der Geltung der griechisch-lateinischen Bildung, die nicht zu unterschätzende Macht jener, deren Gelderwerb an das Fortbestehen des bisherigen Unterrichtssystems gebunden ist, und vor allem die Macht der Routine bei denen, welche die Schule leiten und in der Schule lehren. (Thum 1885:106)

In den Augen der Gelehrten stellte die Aufgabe der klassischen Bildung als Voraussetzung für gelehrte Studien eine Gefahr für ihren eigenen Stand dar, denn durch diese Vorbildung und das daran angeschlossene Studium differenzierten sie sich von anderen Ständen. Dies galt aber nicht nur für Berufe wie den Arzt oder den Juristen, sondern auch für die Universitätsprofessoren oder die Gymnasiallehrer, die sich weiterhin sozial von ihren Kollegen an den Technischen Hochschulen oder auf den Realanstalten absetzen wollten.

Dabei war ihnen auch wichtig, dass alle gelehrten Berufe die gleichen, strengen Zugangsbeschränkungen hatten und nicht einer davon auch von Realschulabiturienten absolviert werden konnte. Vor allem die Mediziner sahen ihr Studium von der Zulassung der Realschüler bedroht, während für die Fächer wie Jura und Theologie[76] die Öffnung für die Realschulabsolventen erst später oder gar nicht gefordert wurde.

> [...] [Es ist] für den Mediziner ein erheblicher Nachteil, wenn er schon durch sein Studium von andern höheren Berufsarten geschieden wird, wie von Theologie und Jurisprudenz. Er soll sich mit allen Vertretern höherer geistiger Interessen auf gleichem Boden bewegen können. (Kocher in Anon. 1900a:169)

Um den gleichen Status aller gelehrten Berufe zu erhalten, wurde insbesondere das Griechische als zweite alte Sprache für das entscheidende Kriterium zur sozialen Differenzierung gehalten:

> Denn wenn man ohne Griechisch zu allen Universitätsstudien zugelassen werden könnte, so würde sich bei einer ganzen Anzahl von Eltern unbegabter und träger Schüler der bezeichneten Gymnasien der dringende Wunsch einstellen, ihre Söhne ohne das „schwierige" Griechisch [...] nach dem Reifeschein streben zu lassen; und auf die Dauer würde sich schwerlich eine Regierung solchen Wünschen widersetzen können. (Uhlig 1894:177)

Insbesondere die Ärzte und die Juristen betonten offen die Bedeutung des Griechischen und die Notwendigkeit der klassischen Bildung für ihre soziale Stellung (Birkmeyer in 1900b:197; Woffildo 1880:124). Nur auf diese Weise könnten „mit-

---

[76] Das Studium der Theologie bildete immer eine Ausnahme, denn es stand außer Zweifel, dass für das Fachstudium Kenntnisse in den klassischen Sprachen unabdingbar waren. Dies war auch der Grund, weshalb auch nach der Gleichstellung der höheren Schulen 1900 weiterhin ausschließlich das humanistische Gymnasium zum Theologiestudium berechtigte (vgl. Albisetti/Lundgreen 1991:273).

telmäßige Köpfe [...], die mit den alten Sprachen nicht fertig werden" (Woffildo 1880:124) von den gelehrten Studien ausgeschlossen werden. Dem Sprachangebot an den höheren Schulen kam somit eine gesellschaftliche Funktion zu. Die unterrichteten Fremdsprachen hatten nicht nur pädagogische Zwecke, sondern ihnen wurde von verschiedenen gesellschaftlichen Gruppen eine soziale Zielsetzung angeheftet. Die modernen Fremdsprachen sollten eher von Kindern aus niedrigen und mittleren Ständen an den Realanstalten erlernt werden, damit diese auf ihre praktischen Berufe vorbereitet wurden; die klassischen Sprachen hingegen wurden von den höheren Ständen für sich reserviert, um ihnen die alleinige Zugangsberechtigung zu gelehrten Berufen zu erhalten. Diese Meinung, die von vielen im 19. Jahrhundert geteilt wurde, machte es den modernen Fremdsprachen schwer, sich gegen die Lobby der Befürworter der alten Sprachen durchzusetzen, zumal noch so gute pädagogische Gründe nicht gegen die standespolitischen Interessen der führenden gesellschaftlichen Schichten ankommen konnten.

8. Die Sprachenfolge im historischen Diskurs des 19. Jahrhunderts

Der historische Diskurs um die Sprachenfolge im 19. Jahrhundert war, wie die inhaltliche Analyse der Quellen ergeben hat, äußerst vielschichtig und doch konstant in seiner Argumentation und seinen Diskursstrategien. Er kann als eine Facette des Schulstreits des 19. Jahrhunderts gesehen werden, hatte aber trotzdem seine eigene Dynamik und Schwerpunkte. Der zeitliche und inhaltliche Verlauf war von der allgemeinen Entwicklung in dem höheren Bildungswesen in Preußen abhängig, zeigte aber hinsichtlich der Sprachenfolge und der jeweiligen Einzelsprachen spezifische Prozesse auf. Auf den Diskurs nahmen auch unterschiedliche Akteure Einfluss, die durch ihre divergierenden Meinungen und Positionen die Diskussion vorantrieben. Diese richteten sich je nach Intention in verschiedenen Medien an einen bestimmten Adressatenkreis, der sich im Laufe der Zeit deutlich erweiterte. Der historische Diskurs wurde aber nicht nur durch seine aktiven Teilnehmer bestimmt, sondern auch von äußeren Einflussfaktoren, die oft weitreichende Konsequenzen für das Schulsystem und die Fremdsprachen hatten. Diese Faktoren in ihrer Gesamtheit erlauben es, den Diskurs zur Sprachenfolge zusammenzufassen und im Sinne einer Diskursanalyse (vgl. 3.2) zu rekonstruieren

8.1 Der zeitliche und inhaltliche Diskursverlauf

Der zeitliche und inhaltliche Verlauf des Diskurses zur Sprachenfolge kann über das Gegensatzpaar „Kontinuität" und „Bruch" beschrieben werden (vgl. 3.2). Blickt man auf die gesamte Entwicklung im Untersuchungszeitraum von 1859 bis 1900, so lässt sich eine diskursive Kontinuität ausmachen, die von dem Humanismus-Realismus-Streit getragen wird (vgl. dazu auch 5.2.1.2). Die Diskussion um die Sprachenfolge im 19. Jahrhundert mit ihren Subdiskursen war in ihrem Kern ein Streit zwischen Humanismus und Realismus, im hier untersuchten Zusammenhang zwischen den alten und den neuen Sprachen. Im Mittelpunkt stand immer die Frage, welche Sprache oder welche Sprachenkonstellation besser geeignet für die höhere Bildung war. Dabei standen Englisch und Französisch in Konkurrenz zu Latein und Griechisch. In seinen groben inhaltlichen Positionen erfuhr der Diskurs zur Sprachenfolge im Laufe der zweiten Hälfte des 19. Jahrhunderts keine Änderung, wohl aber eine Ausdifferenzierung, die über das Aufdecken der diskursiven Brüche ersichtlich gemacht werden kann. Für das 19. Jahrhundert beschreibt der Begriff „Bruch" nicht den tatsächlichen Abbruch des Diskurses, sondern eine inhaltliche Neuausrichtung.

Blickt man auf die Anfangsphase in den sechziger und siebziger Jahren des 19. Jahrhunderts, in der die Auseinandersetzung zwischen humanistischer und realistischer Bildung ihren Anfang nahm, so war die erste „Bruchstelle" der Vorstoß von Julius Ostendorf, der 1873 durch seine Forderung, den fremdsprachlichen Unterricht mit einer neueren Sprache beginnen zu lassen, als einer der ersten die Umkehrung der traditionellen Sprachenfolge Latein-Französisch in die Debatte einbrachte (vgl. 7.1.4.1, 7.2.1 und 7.2.4). Durch die Vorstellung seiner Reformidee auf der Schulkonferenz von 1873 erhielt sein Vorschlag eine Breitenwirkung, die noch viele Jahre zu beobachten war (vgl. 7.2.3 und 7.2.4).

Eine weitere Ausdifferenzierung erfuhr der Diskurs zur Sprachenfolge durch die Einheitsschuldebatte, deren Beginn am Ende der siebziger Jahre anzusetzen ist. Die eigentliche Hochphase war aber die Zeit von 1885 bis 1890, in der sich die Befürworter der Einheitsschule aktiv für ihre Belange einsetzten. In diesen Zeitraum fällt auch die Gründung des „Einheitsschulvereins" (1886) und des „Vereins für Schulreform" (1889) (vgl. 7.2.2). Die Einheitsschuldebatte kann insofern als „Bruch" gesehen werden, als durch sie die Diskussion um die Sprachenfolge um konkrete Reformpläne erweitert wurde und die modernen Fremdsprachen in den Mittelpunkt der Schulreform rückten. Die Umkehrung der Sprachenfolge zu Gunsten der modernen Fremdsprachen wurde nun als realistische Möglichkeit zur Umgestaltung des höheren Schulwesens verhandelt.

Die Schulkonferenz von 1890 war der letzte wichtige Einschnitt, der den Schulkampf und die Diskussion um die Sprachenfolge entscheidend beeinflusste. Die fehlenden durchgreifenden Entscheidungen und Reformen im höheren Bildungswesen nach der Konferenz und die Beibehaltung des Gymnasialmonopols führten zu einer Ausdehnung des Diskurses über die Schule hinaus auf weitere Berufsstände, wie die Mediziner und Juristen (vgl. 7.3). Die Diskussion um die Sprachenfolge wurde so zu einer gesamtgesellschaftlichen Debatte. Eine inhaltliche Erweiterung erfuhr diese nicht nur durch die Beteiligung außerschulischer Interessensgruppen, sondern auch durch die politischen, wirtschaftlichen und fremdsprachenmethodischen Entwicklungen gegen Ende des 19. Jahrhunderts (vgl. 8.4).

Der einzige tatsächliche diskursive Bruch wurde durch die Gleichstellung der drei höheren Schulen auf der Schulkonferenz von 1900 herbeigeführt. Sie brachte den jahrzehntelangen Streit zwischen Humanismus und Realismus zum Abschluss und beendete auch den Diskurs um die Sprachenfolge. Die neuen Sprachen hatten dadurch die lang umkämpfte Gleichberechtigung mit den alten erlangt, was die Frage nach dem Vorrang der einen oder anderen Sprache obsolet machte. Erst in den zwanziger Jahren des 20. Jahrhunderts entstand wieder ein völlig neuer Diskurs um die Sprachenfolge (vgl. Teil III).

8.2 Die Akteure und ihre Wirkungsabsicht

Die Dynamik des Diskurses zur Sprachenfolge ging von der Teilnahme einer großen Anzahl an unterschiedlichen Akteuren aus. Sie waren es, die Vorschläge einbrachten, neue Ideen verwarfen, Gegengründe fanden oder Altes verteidigten. Ihre Beiträge in den verschiedenen Publikationsmedien machten aus einer Debatte einen schulpolitischen Diskurs, der sich über Jahrzehnte entwickelte.

Da die Debatte um die Sprachenfolge eine Facette des Schulkampfes der zweiten Hälfte des 19. Jahrhunderts war, reihen sich auch die Diskursteilnehmer[77] in die beiden großen Interessensgruppen ein, die mit der Opposition „Humanismus vs. Realismus" beschrieben werden können (vgl. dazu auch 5.2.1.2). Angestoßen wurde der Schulstreit von Seiten der Vertreter der realistischen Bildung, die sich gegen das vorherrschende Monopol des Gymnasiums im Berechtigungswesen und gegen die Dominanz der alten Sprachen in der höheren Bildung wehrten. Ihre Absicht war es, Veränderungen in dem Schulsystem, wie es sich ab 1859 konstituierte, herbeizuführen und die Anerkennung der realistischen Bildung und somit auch der neueren Sprachen zu erreichen. Ihre Haltung kann als progressiv und zukunftsorientiert beschrieben werden. Hauptakteure waren die Schulmänner der realistischen Schulformen und unter ihnen insbesondere die Neuphilologen. Die Englisch- und Französischlehrer bildeten dabei eine Einheit und standen noch nicht in direkter Konkurrenz zueinander (Sauer 1968:23). Eine wichtige Gruppe innerhalb dieses realistischen Lagers waren die Befürworter der Einheitsschule (vgl. 7.2.2), die über eine auf die neueren Sprachen ausgerichtete höhere Bildung eine Gesamtschule einführen wollten. Unterstützung fanden die Realisten in den technischen Berufsständen, vor allem in dem „Verein deutscher Ingenieure" (vgl. 7.3.1). Auf politischer Seite kam ab 1888 ein Akteur hinzu, der letztlich eine Entscheidung in dem Schulstreit herbeiführte und dem realistischen Lager zum Sieg verhalf, nämlich Kaiser Wilhelm II.

Auf der anderen Seite stand das konservative Lager der Vertreter der humanistischen Bildung, die die bestehende Ordnung verteidigten. Es waren vor allem die Altphilologen der humanistischen Gymnasien, die sich für den Erhalt des Gymnasialmonopols und den Vorrang der alten vor den neueren Sprachen engagierten. Für sie stellte die mögliche Gleichberechtigung der realistischen und humanistischen Bildung eine Gefahr für ihre Schulform und für den Unterricht in den klassischen Sprachen dar. Im letzten Jahrzehnt des 19. Jahrhunderts schlossen sich den Humanisten die Mehrheit der Mediziner und Juristen an, denn auch sie sahen ihren Berufsstand durch die Schulreform bedroht (vgl. 7.3).

---

[77] Es werden in diesem Kapitel nur die Diskursteilnehmer besprochen, die Anteil an dem Diskurs zur Sprachenfolge und nicht generell am Schulkampf des 19. Jahrhunderts nahmen. Zu den Interessensgruppen im Schulkampf vgl. 5.2.1.2.

Die Wirkungsabsicht, die hinter der Beteiligung aller Interessensgruppen stand, war vor allem der Erhalt bzw. die Veränderung der sozialen Ordnung, wie sie sich in der zweiten Hälfte des 19. Jahrhunderts darstellte. Die Quellenanalyse hat aufgedeckt, dass hinter der facettenreichen Debatte um die Sprachenfolge im Grunde standespolitische Interessen standen, die den Streit so verhärteten (vgl. 7.3.2). Die Sprachenfolge Latein-Griechisch am humanistischen Gymnasium sicherte den höheren Ständen ihre soziale Exklusivität, die sie um jeden Preis erhalten wollten. Die Verteidiger der Realanstalten und der neueren Sprachen kämpften für die Öffnung der gelehrten Berufe und damit für den sozialen Aufstieg über die höhere Bildung, die sie über die Anerkennung der neueren Sprachen als gleichwertige Bildungsmittel zu den alten und somit der realistischen Bildung an den Realschulen zu erreichen suchten. Die modernen Fremdsprachen wurden so zum Instrument der sozialen Differenzierung gemacht.

Die beiden Gruppen unterschieden sich nicht nur nach ihrer Wirkungsabsicht, sondern auch hinsichtlich ihrer Beteiligung am Diskurs und ihrer Sprechanteile. Im Allgemeinen kann man sagen, dass die Neuerungen aus den Reihen des realistischen Lagers kamen. Es waren die Befürworter der Realschulen und der modernen Sprachen, die Veränderungen zur Sprachenfolge oder Reformpläne vorschlugen. Sie hatten ein verstärktes Interesse daran, ihre Ideen den Adressaten vorzustellen, denn sie wollten das Schulsystem und die Sprachenfolge reformieren. Dies geschah einerseits über die vorherrschenden Publikationsmedien, nämlich über die Schulprogrammschriften und pädagogischen Zeitschriften (vgl. 4.), andererseits auch im Rahmen der Schulkonferenzen oder Versammlungen. Die Humanisten agierten weniger von sich aus, sondern reagierten auf die Vorstöße von der Gegenseite. Auch die Publikationsfrequenz in dem Hauptpublikationsmedium der Akteure im 19. Jahrhundert, nämlich in den Schulprogrammschriften, beweist die höhere Beteiligung der Anhänger des Realismus. Von Walter (1982) und Kuhfuß (1976b) haben in ihrer Durchsicht der Schulprogrammschriften des 19. Jahrhunderts zum Fremdsprachenunterricht aufgezeigt, dass die Zahl der Realschulprogramme in der zweiten Hälfte des 19. Jahrhunderts deutlich höher war als die Programme der Gymnasien, obwohl es wesentlich mehr Lehrer an Gymnasien als an den Realschulen gab (vgl. Kuhfuß 1976b:331; Walter 1982:214f). Diese Beobachtung ist ebenso für die Veröffentlichungen zur Sprachenfolge in den verschiedenen Publikationsmedien zu machen. Grundsätzlich war immer die Produktivität derjenigen Gruppe höher, die sich für Neuerungen einsetzte. Zieht man die Breitenwirkung des Diskurses in Betracht, so wird deutlich, dass die Aktivitäten aus den Reihen der Befürworter der realistischen Bildung in der Öffentlichkeit mehr Unterstützung fanden. Durch öffentlichkeitswirksame Aktionen, wie durch die Massenpetition von 1887, die Lange als Redakteur der „Täglichen Rundschau" initiiert hatte (Dietrich 2008:78), riefen die Realisten die Öffentlichkeit zur Beteiligung auf. Während die Petition zur Schulreform von Langes „Vereins für Schulreform" auf mehr als 22.000 Unterschriften kam, erhielt der Gymnasialverein mit seiner „Heidelberger Erklärung" nur 4241 Unterschriften (vgl. 7.2.2). Der Wunsch nach einer durchgreifenden Schulreform auf Basis der neueren Sprachen, wie sie die Einheitsschulmodelle vorsahen, fand auch außerhalb der Schulen mehr Zuspruch als der Erhalt des Gymnasialmonopols.

Die Akteure bildeten je nach Absicht Diskurskoalitionen[78], um ihren Forderungen Nachdruck zu verleihen. Dies geschah auf mehreren Ebenen. Auf institutionalisierter Ebene gründeten die Interessensgruppen Verbände und Vereine, um ihre Aktivitäten zu bündeln und mehr Gewicht gegenüber der Gegenseite, aber auch anderen Akteuren gegenüber, wie den Kultusbehörden, zu haben (vgl. auch 5.2.1.2). Es waren wiederum die Anhänger der realistischen Bildung, die zuerst die Notwendigkeit des Zusammenschlusses erkannten. 1875 wurde der „Allgemeine Deutsche Realschulmännerverein" gegründet, der sich für die Anliegen der Realschulen stark machte (vgl. Schmeding 1956:82). Es folgten weitere, speziell auf das lateinlose höhere Schulwesen ausgerichtete Vereine, wie Friedrich Langes „Verein für Schulreform" (ab 1889) oder der „Verein zur Beförderung des lateinlosen höheren Schulwesens" (ab 1890) (vgl. Dietrich 2008:77ff; 87ff). Die Humanisten folgten erst 1890, als sie das Gymnasium zunehmend in Gefahr sahen (Balschun 1964:40; Dietrich 2008:94). Sie schlossen sich zum „Gymnasialverein" zusammen. Viele der für die Schulreform relevanten Vereine gründeten zudem ihre eigenen Zeitschriften, die sie als Publikationsmedien für ihre Sache nutzen[79]. So waren die 1890 gegrün-

---

[78] Unter einer Diskurskoalition versteht man „eine Gruppe von Akteuren, deren Aussagen dem selben Diskurs zugerechnet werden können" (Keller 2007:64).

[79] Dies geschah auch für Neuphilologenverbände, wie dem „Allgemeinen Deutschen Neuphilologenverein", der die Zeitung „Neuphilologisches Zentralblatt" herausgab (Flechsig 1962:179). In den spezifisch auf die Neuphilologie ausgerichteten Zeitschriften lag der

deten Zeitschriften *Das humanistische Gymnasium* und die *Zeitschrift für lateinlose höhere Schulen* Organ des „Gymnasialvereins" bzw. des „Vereins zur Beförderung des lateinlosen höheren Schulwesens" (Schmeding 1959:137-138). Die Namen sind Hinweise auf das Programm.

Auch auf inhaltlicher Ebene sind Diskurskoalitionen auszumachen. Ein Diskursfeld, das für viel Aufsehen sorgte, war die von Julius Ostendorf aufgestellte These, dass der fremdsprachliche Unterricht mit dem Französischen beginnen solle. Es nahmen verschiedene Schulmänner direkten Bezug auf seinen Vorschlag und dessen Rezeption, wie meist auch schon aus dem Titel erkennbar war, so beispielsweise bei Sallwürks Aufsatz im *Pädagogischen Archiv* „Der Ostendorf'sche Schulplan und die Stellung des Französischen in demselben" (1874). Ein gutes Beispiel eines wissenschaftlichen Diskurses zu Ostendorfs Vorschlag findet sich auch bei Lattmann (1888), der diesen nicht nur aus seiner eigenen Perspektive untersuchte, sondern auch die Ansichten verschiedener Kritiker und Befürworter darstellte. An der Diskussion zum Beginn des fremdsprachlichen Unterrichts mit Französisch beteiligten sich zu gleichen Teilen Vertreter der alten Sprachen wie Perthes (1885) oder Lattmann (1874, 1888) und Neuphilologen wie Völker (1887) oder Sallwürk (1874). Darüber hinaus wurde Ostendorfs These auch auf die Schulkonferenz von 1873 ausführlich verhandelt (vgl. Centralblatt 1874:84ff).

In anderen Fällen ergaben sich Diskurskoalitionen auf lokaler Ebene. Meist waren dafür spezifische örtliche Bedingungen der Grund für die Übereinstimmung in den Zielen und Argumenten. Dies war beispielsweise in Norddeutschland zu beobachten, wo sich auf Grund der intensiven Handelsbeziehungen nach England und in die englischsprachige Welt wesentlich früher als in anderen Teilen Deutschlands viele Befürworter für das Englische als Schulfremdsprache gefunden hatten. So ist es nicht verwunderlich, dass Vorschläge zur Einführung des Englischen als erste Fremdsprache an Realschulen vornehmlich von Schulmännern aus dem Norden kamen, wie von Lellmann (1876) aus Papenburg oder von Borgmann (1889) aus Geestemünde.

Ein ähnlicher regionaler Schwerpunkt bildete sich in Bayern, wo die wirtschaftlichen Beziehungen zu Italien wesentlich ausgeprägter waren als in anderen Teilen

---

Schwerpunkt weit mehr auf wissenschaftlichen und didaktischen als auf schulpolitischen Inhalten. Aus diesem Grund fanden diese und andere Zeitschriften in der Analyse des Diskurses zur Sprachenfolge nur wenig Berücksichtigung.

Deutschlands (vgl. Stauber 2010:38ff). So waren es auch vornehmlich bayerische Schulmänner wie Gutbier (1854) oder Mösch (1870), die für die Aufnahme des Italienischen als Schulfremdsprache und sogar für dessen Stellung als erste Fremdsprache plädierten.

Schließlich ist es auch auffällig, dass die erfolgreichsten Reformvorschläge aus der Peripherie Preußens kamen, nämlich aus Altona und Frankfurt, und dort auch zuerst umgesetzt wurden. Beide Städte wurden erst 1866 in das preußische Staatsgebiet aufgenommen (Nipperdey 1990:12) und brachten eine andere bildungspolitische Tradition mit. Die galt im besonderen Maße für die Stadt Altona, die bis zu ihrer Eingliederung in das preußische Staatsgebiet zu Dänemark gehörte. Deshalb war Englisch an den Schulen in Altona bereits vor 1866 Lehrgegenstand, an den Realschulen sogar erste Fremdsprache (Junker 1904:418; Wilkens 1903:967). Außerdem war die Stadt stark von dem Einheitsschulmodell, das ab 1871 an den dänischen Gelehrtenschulen Anwendung fand (Flörcke 1893:15; Wilkens 1903:960), geprägt. Diese Besonderheiten des dänischen Schulsystems wurden später auch zu Teilen in der Reformschule von Altona umgesetzt. Über Altona gelangten die Reformideen nach Frankfurt, das als ehemals freie Reichsstadt auf eine andere bildungspolitische Geschichte zurückblickte. Es war der damalige Oberbürgermeister Frankfurts, Franz Adickes, der den Anstoß zu der Gründung einer Reformschule in Frankfurt nach Altonaer Vorbild gab (Liermann 1928:4). In seiner Amtszeit als Altonaer Oberbürgermeister (1883-1890) konnte er sich bereits von den Vorteilen der Reformschule nach Altonaer Lehrplan überzeugen (Meinert 1953:67). In Karl Reinhardt gewann er einen Unterstützer, der seine Reformideen in die Praxis umsetzte (Liermann 1928:6). Hier zeigt sich, dass durchaus fundamentale Neuerungen oftmals durch die Initiative von Einzelpersonen getragen werden konnten.

Innerhalb der Akteure kamen unterschiedliche Machteffekte zum Tragen. Hier spielte die Hierarchie in dem institutionellen Rahmen des preußischen höheren Schulwesens eine entscheidende Rolle. Gerade die Diskursteilnehmer aus dem realistischen Lager beteiligten sich mit einer Vielzahl an Reformvorschlägen an der Diskussion um die Sprachenfolge, konnten aber mangels Unterstützung von den Kultusbehörden nur wenige Vorschläge in die Praxis umsetzen. Der Einfluss der Schulmänner als Hauptakteure blieb meist nur auf die diskursive Ebene beschränkt. Tatsächliche Reformen konnten nur von der übergeordneten Instanz, nämlich dem Kultusministerium, auf den Weg gebracht werden. Es war aber ein Akteur von außen, ein Vertreter des Staates, der letztlich Entscheidungen herbeiführte, nämlich Kaiser Wilhelm II. Es ist ungewöhnlich, dass sich die Politik in den Fremdsprachenunterricht einmischt, denn er geht von einer Selbstregulierung durch die Strukturen, die Lehrer und Schulen aus. Greift sie dennoch ein, dann stehen oft politische Gründe hinter dieser Einflussnahme (Christ 2011:72). Dies trifft auch auf Kaiser Wilhelm II. zu. Durch sein Eingreifen auf den Schulkonferenzen von 1890 und 1900 richtete er das höhere Schulwesen auf nationale und imperialistische Ziele aus, denen die modernen Fremdsprachen und besonders das Englische wesentlich dienlicher waren als die klassischen Sprachen (vgl. 7.2.4). Seine Macht als höchster Mann im Staat ermöglichte ihm, einen Streit, der über Jahrzehnte erfolglos geführt wurde, zu Gunsten des Realismus zu lösen.

8.3 Argumentative Diskursstrategien

Der historische Diskurs zur Sprachenfolge erstreckte sich auf Grund der Teilnahme vieler verschiedener Interessensgruppen auf unterschiedliche Ebenen. So stand die Sprachenfolge auf einer schulimmanenten, curricularen Ebene zur Diskussion, auf der vornehmlich die konkrete Lehrplangestaltung und die Stellung der einzelnen Sprachen zueinander thematisiert wurden (vgl. 7.1). In diesem Zusammenhang ging es oftmals um den Beweis des Bildungswertes der verschiedenen Sprachen in unterschiedlichen Konkurrenzsituationen. Da der Diskurs allein auf curricularer Ebene wenig Erfolg versprach, war es unabdingbar, diesen auf eine höhere Ebene zu tragen und die Entscheidungsträger im Schulsystem einzubinden. Dies geschah durch Reformpläne, in denen eine Umgestaltung des Bildungswesens durch eine Änderung der Sprachenfolge vorgeschlagen wurde (vgl. 7.2). Schließlich wurde der Diskurs auch auf einer gesellschaftspolitischen Ebene relevant, als die möglichen Reformen viele unterschiedliche gesellschaftliche Gruppen betrafen (vgl. 7.3). Auch diese sahen in den Fremdsprachen und ihrer Aufeinanderfolge Vor- und Nachteile für ihre Interessen und ihre soziale Stellung und verwendeten entsprechende Begründungen.

Die Akteure auf den drei Ebenen griffen, trotz der unterschiedlichen Schwerpunkte und Ziele ihres Handelns, auf sehr ähnliche argumentative Diskursstrategien zurück, um ihr Anliegen vorzubringen. Die Darstellung der Argumente, die in der Diskussion um die Sprachenfolge in der Zeit von 1859 bis 1900 verwendet wurden, zeigt deutlich, dass die gesamte Argumentation auf die Opposition „Bildung vs. Nutzen" reduziert werden kann (so bereits Klippel 1994:294). Die vorgebrachten Argumente drehten sich alle um die Frage, welche Sprache bildender oder nützlicher sei als die andere Sprache. Je nach Kontext, Hintergrund und Absicht wurde mehr in die eine oder andere Richtung argumentiert.

Will man die Opposition „Bildung vs. Nutzen" nach den beteiligten Interessensgruppen auflösen, so kann man im Allgemeinen den Befürwortern der humanistischen Bildung als Hauptargument die formale Bildung zuweisen und den Realisten die utilitaristischen Aspekte. Das Argument der Nützlichkeit wurde somit vor allem im Zusammenhang mit den realistischen Anstalten gebraucht, dessen Grundkonzept sich auf das Ziel einer praktisch ausgerichteten Ausbildung stützte. So wurde auf die praktische Anwendbarkeit der modernen Sprachen im Handel, in verschiedenen Berufen oder in der Rezeption von ausländischer Literatur verwiesen. Gerade am Ende des 19. Jahrhunderts wurde der Aspekt des Nutzens zum entscheidenden Kriterium für die starke Aufwertung der neueren Sprachen, besonders des Englischen (Walter 1982:46; Zapp/Schröder 1983:9) (vgl. 7.1.2.1). Dies beweisen auch die kaiserlichen Worte in seinem „Allerhöchsten Erlaß" vom 26. November 1900 (vgl. Wiese 1902:31) (vgl. 6.2.2.2).

Auf der Seite der Humanisten stand deutlich der Bildungswert einer Sprache im Vordergrund. Dieser ergab sich aus der hohen Bedeutung des Prinzips der formalen Bildung, das vor allem über die klassischen Sprachen als traditioneller Kern der höheren Bildung vorgegeben wurde. Da das Argument der Bildung das einzige Beweismittel war, auf das sich die Humanisten beziehen konnten, um den Vorrang der klassischen vor den neueren Sprachen zu untermauern, blieb ihre Argumentation oftmals im Detail gefangen. Hauptfokus war die grammatische Komplexität der alten Sprachen. In vielen Fällen wurde versucht, über detaillierte Formenanalysen den vermeintlich höheren Bildungswert von Latein und Griechisch zu untermauern. Diese nahmen zuweilen übertriebene Ausmaße an, so zählte Winkler (1861) beispielsweise die Anzahl der Wörter eines Satzes in verschiedenen Sprachen, um so die Kürze des Lateins zu untermauern (vgl. 7.1.2.2).

Aber auch die Befürworter der realistischen Bildung und der neueren Sprachen konnten sich dem Argument der formalen Bildung nicht verschließen. Um in Konkurrenz zu den alten Sprachen bestehen zu können, mussten sich die modernen Fremdsprachen diesem Argumentationsmuster anpassen (Flechsig 1962:140; Klippel 1994:437). So wurden auch für das Englische und Französische die unterschiedlichsten Beweise angeführt, warum diese ebenso bildend waren wie die alten. Diese reichten von der Aufführung detaillierter grammatischer Beispiele über Wörterlisten bis hin zu Übersetzungen eines Textes in verschiedenen Sprachen, um spezifische Vergleiche zwischen den Sprachen anzustellen. Je nach Ausprägung waren diese Auflistungen mehr oder weniger überzeugend. Es schien unter den Diskursteilnehmern, insbesondere unter den Schulmännern, der dringende Wunsch zu bestehen, möglichst konkrete sprachwissenschaftliche Beweise anzuführen. Gerade für das Englische, dessen größter Vorzug die grammatische Einfachheit gegenüber anderen Sprachen war, tat man sich schwer, formalbildende Elemente zu finden, die auch Altphilologen überzeugen konnten. So griffen die Befürworter des Englischen oftmals auf den Wortschatz, die Aussprache oder die Literatur zurück, um dessen Bildungswert zu betonen (vgl. 7.1.3.2 und 7.1.4.3).

Die Realisten hatten in der Zusammenschau die wirksameren Argumente, da sie sowohl utilitaristische Aspekte als auch formale Kriterien in die Debatte einbrachten. Die Humanisten hingegen beriefen sich fast ausschließlich auf die formale Bildung, die aber die Gegner als „das hohle Pathos alt-humanistischer Beschwörungsformeln entlarven [konnten]" (Herrmann 1991:151) und die in Folge daraus an Überzeugungskraft einbüßte.

Es wurde ersichtlich, dass in vielen Schriften die gleichen Argumente, aber in anderen Kontexten verwendet wurden. Wurde einmal die französische Sprache als sprachlich ebenso anspruchsvoll wie das Latein hervorgehoben, um dessen Gleichwertigkeit mit den alten Sprachen zu untermauern, wurden an anderer Stelle die im Vergleich zum Latein sprachlich einfachen Strukturen gelobt, mit dem Ziel, die bessere Eignung des Französischen als Anfangssprache zu beweisen. Je nach Zielsetzung des Autors wurden die gleichen Aspekte unterschiedlich bewertet und in die Beweisführung aufgenommen. Diese sich scheinbar ständig wiederholenden Argumente lassen den Diskurs an vielen Stellen repetitiv wirken.

8.4   Einflussfaktoren auf den historischen Diskurs

Die Inhalte des Diskurses sowie die Argumentation der Teilnehmer wurden von verschiedenen Faktoren entscheidend beeinflusst. In Anlehnung an Flechsig (1962:158ff) und Sauer (1968:30) werden folgende Einflussfaktoren, die einen expliziten Zusammenhang zum Diskurs zur Sprachenfolge hatten, herausgestellt: die Schulpolitik, die Neusprachliche Reformbewegung sowie politische, wirtschaftliche und gesellschaftliche Entwicklungen in der zweiten Hälfte des 19. Jahrhunderts.

Da sich der historische Diskurs in einem festen institutionellen Rahmen konstituierte, waren schulpolitische Entscheidungen und Neuerungen der wichtigste Einflussfaktor auf die Diskursentwicklung. Durch Beschlüsse auf den Schulkonferenzen oder Lehrplanänderungen veränderten sich die Rahmenbedingungen und machten bestimmte Forderungen unnötig oder erforderten eine Anpassung der Diskursstrategien. So heizte beispielsweise die Entscheidung auf den Schulkonferenzen von 1873 und 1890 gegen einen gemeinsamen lateinlosen Unterbau als Modell für alle höheren Schulen und somit auch gegen den Beginn des fremdsprachlichen Unterrichts mit einer modernen Sprache die Debatte umso mehr an und verstärkte die Aktivitäten der Akteure (vgl. 7.2.4). Die Genehmigung der Reformschulen 1878 und 1892, die als Sieg für die Befürworter der neuen Sprachen gesehen werden kann, erlaubte diesen die Umsetzung ihrer Reformgedanken und ermöglichte ihnen, ihre praktischen Erfahrungen in den Diskurs einzubringen (vgl. 7.2.3).

Es waren gerade aber auch fehlende schulpolitische Entscheidungen, die die Akteure zum Handeln brachten. Dies wurde besonders an der Einheitsschulbewegung deutlich, die über die Jahre umso mehr Unterstützer gewann, je länger die Schulbehörden durchgreifende Reformen hinauszögerten. Dieser Umstand regte die Reformer zu einer intensiven Auseinandersetzung in der pädagogischen Presse und zu öffentlichkeitswirksamen Aktivitäten an, durch die ihre Ideen möglichst vielen Adressaten zugänglich gemacht wurden (vgl. 7.2.2).

Die Neusprachliche Reformbewegung war ein weiterer Faktor, der den Diskurs prägte. Der veränderte Blick auf den Unterricht in den modernen Fremdsprachen zeigte sich auch in der Diskussion um die Sprachenfolge. Die Neusprachliche Reform, die ihrerseits, wie Flechsig (1962:158ff) herausgearbeitet hat, von sehr unterschiedlichen Einflüssen bestimmt wurde, wie durch neue Erkenntnisse in der Sprachwissenschaft und der Psychologie oder durch bildungstheoretische Konzeptionen, verlieh dem Fremdsprachenunterricht ein neues konzeptuelles und methodisches Gesicht. Auf konzeptueller Ebene wurden Ziele wie die Kindgemäßheit des Unterrichts und die Selbsttätigkeit der Schüler aufgenommen, während im methodischen Bereich die bis dahin dominierende Grammatik-Übersetzungsmethode immer mehr durch eine direkte Sprachvermittlung mit aktiver Sprachanwendung durch die Lernenden abgelöst wurde. Neuen sprachlichen Aspekten wurde mehr Aufmerksamkeit geschenkt, wie der Lautung oder der Umgangssprache (Flechsig 1962:159,174). Diese Veränderungen fanden Eingang in den Diskurs um die Sprachenfolge und viele Argumente gewannen an mehr Gewicht, wie beispielsweise die Aussprache und die Mündlichkeit, die vorher von vielen eher als „Parlieren" oder „Geplapper" abgewertet wurden (Klippel 1994:439).

Die neue Methodik fand immer mehr Anhänger und vermochte es sogar, überzeugte Altphilologen von den Vorteilen der modernen Sprachen zu überzeugen. Lattmann, der sich in früheren Schriften für den Vorrang der alten Sprachen vor den neuen eingesetzt hatte und nicht zuletzt ein entschiedener Gegner von Ostendorfs Reformvorschlägen war (vgl. Lattmann 1874), änderte seine Meinung auf Grund der guten Erfolge der Reformmethode (Klippel 2000:58):

> [...] die neueren Erörterungen über die erstrebte Methode des französischen Anfangsunterrichts [haben mich] überzeugt, daß ein solches methodisches Verfahren gerade für den frühesten und ersten Sprachunterricht das angemessenste sei, und deshalb die neuere Sprache dem Latein vorauszugehen habe. (Lattmann 1888:4)

Die Neusprachliche Reform bedeutete aber auch ein neues Selbstverständnis der Neuphilologie und eine Loslösung von den alten Sprachen, sowohl was die Methoden als auch was die Ziele anging. Die Diskussionsteilnehmer waren in ihrer Argumentation freier geworden und hingen im ausgehenden 19. Jahrhundert nicht mehr ausschließlich dem alleinigen Zweck der formalen Bildung an (Klippel 2000:58).

Von besonderer Bedeutung für den Schulstreit waren die sozialen Umwälzungen im 19. Jahrhundert. Der Aufstieg des Bürgertums und sein Streben nach höherer Bildung wurden von der etablierten höheren Schicht als Bedrohung für ihren Stand empfunden (Balschun 1964:136) (vgl. 5.2.1.3). Symbol dafür war die Forderung nach Gleichberechtigung aller höherer Schulen durch die Anerkennung der realistischen Bildungsinhalte, d.h. auch der modernen Fremdsprachen als den klassischen Sprachen ebenbürtige Bildungsmittel (vgl. 7.3.1). Um den Zugang unterer sozialer Schichten zur gelehrten Bildung zu begrenzen, „mußten systemimmanente Kanalisierungen eingerichtet werden, deren sozial steuernde Funktionen gegenüber den Betroffenen [...] verschleiert werden mußten" (Müller/Zymek 1987:56). Unter dem Deckmantel verschiedener pädagogischer und didaktischer Begründungen, die für oder gegen die verschiedenen Sprachen vorgebracht wurden, steckten oftmals standespolitische Interessen, die den wahren Grund, nämlich die soziale Differenzierung, verdecken sollten. Trotz allem wurde besonders von Seiten des Gelehrtenstandes relativ offen über die Sorge vor der Überfüllung mit Abiturienten gesprochen (vgl. 7.3). Es war eher auf schulischer Ebene, auf der die soziale Funktion der Sprachenfolge kaum angesprochen wurde.

Schließlich waren es politische und wirtschaftliche Faktoren, die den Diskurs mitbestimmten. Der Beginn der Kaiserreichs 1871 markierte einen wichtigen Einschnitt im 19. Jahrhundert. Unter Wilhelm II. wurden im Einklang mit seiner imperialistisch orientierten Politik neue Ziele in das Schulsystem eingebracht, die er auf den Schulkonferenzen von 1890 und 1900 auch selbst äußerte (Strehlow 2010:58-59). Die neue nationalistische Ausrichtung des Unterrichts änderte die Argumentationsstrategie der Akteure, insbesondere der Altphilologen, die wesentlich mehr Schwierigkeiten hatten, die neuen Leitlinien mit dem altsprachlichen Unterricht zu vereinen als die Vertreter der modernen Fremdsprachen (Preuße 1988:25). Diese entsprachen in ihren Bildungszielen gegen Ende des 19. Jahrhunderts mehr den Wünschen des Kaisers als die alten Sprachen.

Auch die Kolonialpolitik des Kaisers erlaubte eine Erweiterung der Begründungen für die modernen Fremdsprachen. Der Machtausbau Deutschlands in anderen Ländern rückte Kenntnisse in den Fremdsprachen für die Deutschen in ein neues Licht. Diese Perspektive wurde auch gegen Ende des Jahrhunderts in den Diskurs aufgenommen (Strehlow 2010:59). Die praktische Anwendbarkeit der neuen Sprachen, besonders des Englischen, wurde nun zu einem gewichtigen Aspekt, durch den sie sich von den alten Sprachen absetzen konnten.

Eine ähnliche Wirkung hatte die wirtschaftliche Entwicklung mit der Industrialisierung und dem Ausbau des Handels und der Verkehrswege in der zweiten Hälfte des 19. Jahrhunderts. Durch die vermehrten Beziehungen zu anderen Ländern verlangten viele Berufe solide Kenntnisse in den modernen Sprachen, allen voran im Englischen, und nicht mehr in Latein und Griechisch. Das dadurch bewirkte Umdenken erleichterte es den modernen Sprachen, sich weiter gegen die alten durchzusetzen. Es konnten neue, triftige Argumente in den Diskurs mit eingebunden werden, um die Verteidigung des Vorrangs der neuen Sprachen zu untermauern.

Es war zu einem großen Teil letztendlich auch die neue politische und wirtschaftliche Situation am Ende des 19. Jahrhunderts, die den Ausschlag für den Sieg der neuen Sprachen über die alten brachte. Dies machte der Allerhöchste Erlass vom 26. November 1900 deutlich, in dem Kaiser Wilhelm II. die Ausdehnung des Englischunterrichts auf Grund der „großen Bedeutung, welche die Kenntnis des Englischen gewonnen hat" (Wiese 1902:31), forderte. Durch das Eingreifen des Kaisers in die Schulpolitik und die Neuausrichtung auf realistische Bildungsinhalte, die den Zielen seiner imperialistisch ausgerichteten Politik förderlicher waren als die klassische Bildung, wurde die Gleichstellung aller Arten höherer Schulen und mit ihr ihrer Bildungsinhalte erreicht.

Die Analyse des historischen Diskurses zur Sprachenfolge im 19. Jahrhundert, seines Verlaufes, seiner Akteure und Adressaten, ihrer Diskursstrategien und der Einflussfaktoren, stellt deutlich seine Mehrschichtigkeit und Komplexität heraus. Verhaftet in einem komplizierten und dynamischen Geflecht von schulischen, sozialen und politischen Rahmenbedingungen, entwickelte er sich von einem relativ begrenzten Diskursfeld zu einer breiten öffentlichen Debatte, in der eine Vielzahl von Argumenten aus ganz unterschiedlichen Gründen vorgebracht wurden. Gerade die Hintergründe der Diskussion, insbesondere auf gesellschafts- und standespolitischer Ebene, waren für seine Verhärtung und Ausdehnung im letzten Drittel des 19. Jahrhunderts verantwortlich. Es muss deutlich gemacht werden, dass oftmals durch pädagogische und didaktische Begründungen die eigentlichen Motive verschleiert werden sollten. Trotz allem sind Konstanten erkennbar, wie der Streit um Bildung und Nutzen, die sich sehr flexibel an neue Bedingungen und Zusammenhänge anpassten.

Abschließend ist zu sagen, dass der Diskurs zur Sprachenfolge typische Entwicklungen im höheren Bildungswesen widerspiegelt und ein Abbild des großen Schulkampfes darstellt. Auch wenn die Gleichstellung der höheren Schulen 1900 ein Ende des Schulstreits bedeutete, war der Diskurs zur Sprachenfolge nur für eine begrenzte Zeit abgeschlossen.

Teil III: Der Sprachenstreit unter den modernen Fremdsprachen – Die Sprachenfolge bis zum Ende der Weimarer Republik

9. Schwerpunkte des Sprachenstreits

Das 20. Jahrhundert brachte für die neueren Fremdsprachen im höheren Schulwesen Preußens die lang umkämpfte Gleichberechtigung mit den alten Sprachen, auf den Weg gebracht durch den Kaiserlichen Erlass vom 23. November 1900 und verankert in den Lehrplänen von 1901. Die Gleichstellung aller höheren Schularten bedeutete die endgültige Emanzipation der modernen von den klassischen Sprachen, denn nun war die Trennung zwischen realistischer und humanistischer Bildung aufgehoben und beide Bildungsrichtungen wurden als gleichwertige Vorbildung zum Universitätsstudium anerkannt. Der Schulkampf zwischen Humanismus und Realismus fand zur Jahrhundertwende ein Ende (Kraul 1984:113-114).

Die Gleichstellung der höheren Schulen führte zu einem beachtlichen Aufschwung der Realanstalten und mit ihnen des Unterrichts in den modernen Fremdsprachen (Hamann 1993:209; Lehberger 2007:611). Dieser Ausbau setzte sich bis zum Ende der Weimarer Republik fort. Gleichzeitig erfuhr das höhere Schulwesen ab den zwanziger Jahren des 20. Jahrhunderts, bedingt durch die Erweiterung des Schultypenspektrums durch die Deutsche Oberschule und die Aufbauschule sowie durch die zunehmende Flexibilisierung der Sprachenfolge eine „verwirrende Ausdifferenzierung" (Zymek 1989:171) (vgl. 5.1 und 6.3.2), die aber den neueren Sprachen immer größere Entfaltungsmöglichkeiten verlieh.

In diesem Entwicklungsprozess bildeten Englisch und Französisch als die meistgelernten schulischen Fremdsprachen im Kaiserreich noch eine Einheit, insbesondere als es um die Abgrenzung von den alten Sprachen ging. Mit dem ersten Weltkrieg änderte sich die Situation grundlegend und Englisch und Französisch wurden zu Rivalen, die um den Vorrang im schulischen Fremdsprachenunterricht stritten (Sauer 1968:23). Dieser Sprachenstreit zwischen Englisch und Französisch wurde zu einem der Schwerpunkte der Schulreform nach dem 1. Weltkrieg und kann als Parallele zum Schulkampf zwischen alten und neuen Sprachen im 19. Jahrhundert gesehen werden. Gleichzeitig gewannen aber auch andere Sprachen als Alternativen zu den Hauptfremdsprachen Englisch und Französisch an Bedeutung. Die alten Sprachen spielten im Diskurs zur Sprachenfolge im 20. Jahrhundert abgesehen von der Diskussion um das Reformrealgymnasium keine Rolle mehr. Sie behielten ihre etablierte Stellung an den höheren Schulen, standen aber als Folge der Gleichstellung der humanistischen und realistischen Bildung nicht mehr in direkter Konkurrenz zu den neueren Sprachen.

Analog zum 19. Jahrhundert wurde der Sprachenstreit im 20. Jahrhundert auf mehreren Ebenen ausgetragen. Zum einen betraf er eine curriculare Ebene, da durch argumentative Diskursstrategien Einfluss auf die Organisation des Bildungswesens im Allgemeinen und des Fremdsprachenunterrichts im Speziellen genommen werden sollte. Ziel war es, einerseits das Angebot an den modernen Fremdsprachen im höheren Schulwesen zu verändern bzw. zu ergänzen und andererseits eine Entscheidung in dem Streit um die Wahl der ersten neueren Fremdsprache herbeizuführen. Auf schulpolitischer Ebene war der Sprachenstreit Kern der Schulreform in der Weimarer Republik und zog sich somit durch die gesamte Reformdebatte der zwanziger und dreißiger Jahre. Es waren verschiedene Erlasse und Richtlinien, die die Sprachenfolge zu regeln suchten und den Diskurs neu definierten. Dies geschah auch unter Beteiligung unterschiedlicher philologischer Vereine und Verbände.

9.1 Curriculare Ebene

Der Sprachenstreit im ersten Drittel des 20. Jahrhunderts drehte sich auf curricularer Ebene um drei Schwerpunktthemen. In den ersten beiden Jahrzehnten wurde eine Veränderung des Fremdsprachenangebots an den höheren Schulen in Preußen eingefordert. So sollte das Englische auf dem humanistischen Gymnasium stärkere Berücksichtigung finden und als Pflichtfach in den gymnasialen Lehrplan aufgenommen werden. Mit dem 1. Weltkrieg änderte sich die positive Stimmung für die neueren Sprachen. Man zog in jener Zeit sogar die Abschaffung des Französischunterrichts in Betracht. Nach dem 1. Weltkrieg trat als neuer Diskursschwerpunkt der Sprachenstreit zwischen Englisch und Französisch hinzu, in dem, ähnlich wie in dem Schulkampf zwischen Latein und den neueren Sprachen im 19. Jahrhundert, auf eine Vielzahl von Begründungsmotiven zurückgegriffen wurde, um den Vorrang der einen oder anderen Sprache zu untermauern. Schließlich weitete sich der

Diskurs um die Sprachenfolge auf andere moderne Fremdsprachen, die als Alternativen zu den Hauptfremdsprachen Englisch und Französisch gehandelt wurden.

9.1.1 Veränderung des Fremdsprachenangebots an den höheren Schulen

9.1.1.1 Englisch als Pflichtfach am Gymnasium

Die Lehrpläne von 1901 nahmen zum ersten Mal das Englische als reguläres Unterrichtsfach auf, nämlich als Wahlpflichtfach in der Oberstufe anstelle von Französisch (siehe Anhang 1.1). Englisch erhielt ab der Obertertia die drei für das Französische vorgesehenen Stunden, Französisch wurde dann wahlfreies Fach mit zwei Wochenstunden (Christ/Rang 1985e:47). Dies war nicht auf Druck von schulischen oder außerschulischen Diskursteilnehmern geschehen, sondern ist allein auf die Initiative des Kaisers in seinem „Allerhöchsten Erlass" vom 26. November 1900 zurückzuführen (vgl. 6.2.2.2). Dieser Umstand erklärt es, dass die Diskussion um Englisch als Pflichtfach am Gymnasium nicht im 19. Jahrhundert verortet war, sondern erst durch die Lehrplanänderung 1901 angestoßen wurde.

In den ersten Jahren des neuen Jahrhunderts fand die Aufnahme des Englischen in den gymnasialen Lehrplan in den pädagogischen Zeitschriften ein eher zurückhaltendes Echo. Die Lehrplanänderung wurde weder von Seiten der Neuphilologen überschwänglich begrüßt noch von den Altphilologen kritisch hinterfragt. Georg Huth resümierte 1908 auf der Tagung des Allgemeinen Deutschen Neuphilologen-Verbandes: „Fragen wir nun aber, was ist in den sieben Jahren seitdem *positiv* für das Englische *geschehen*, so ist das nicht gerade viel" (Huth 1909:514). Die Einführung des Englischen unter Vertauschung der Stunden für das Französische und Englische in der Oberstufe wurde kaum erörtert und in die Praxis fast nicht umgesetzt (Huth 1909:523). Nur eine größere Versammlung, nämlich der Verein Rheinischer Schulmänner, habe sich der Frage „Englisch am Gymnasium – fakultativ oder obligatorisch?" angenommen (Rohs 1908:148) und nur wenige Schulen, so zum Beispiel das Gymnasium in Anklam (ab 1902), das städtische Friedrichs-Gymnasium in Berlin (ab 1908) oder das Königliche Friedrich-Wilhelms-Gymnasium in Köln (ab 1908), hätten von dieser Möglichkeit Gebrauch gemacht (Huth 1909:524). Als Grund für die allgemeine Zurückhaltung machte Huth den

Methodenstreit unter den Neusprachlern aus, der diese „von dem Kampfplatz abgelenkt" (1909:517) hatte.

Erst einige Jahre später formierte sich eine „neue Bewegung für das Englische" (Rohs 1908:148), die sich in den folgenden Jahren verstärkt für das Englische am Gymnasium einsetzte. Von verschiedenen Seiten wurde gefordert, den Englischunterricht am Gymnasium auszuweiten, da „es unzeitgemäss [...] [sei], dem Englischen seine Aschenbrödel-Rolle weiter zuzuweisen" (Molsen 1919:291). Die ersten Unterstützer fanden sich jedoch außerhalb der Schulen, nämlich im Handel und in der Industrie. 1907 plädierte der „Zentralausschuss Berliner kaufmännischer, gewerblicher und industrieller Vereine" in einer Eingabe[80] an das Kultusministerium für Englisch als Pflichtfach am Gymnasium (Huth 1909:517). Sie hielten den gymnasialen Englischunterricht für eine unabdingbare Vorbildung für die kaufmännischen und technischen Berufe, besonders weil das Gymnasium immer noch die übliche Ausbildungsstätte war:

> Denn nichts kann denjenigen, die sich auf einen praktischen Beruf vorbereiten, verwehren, sich die humanistische Bildung eines Gymnasiums anzueignen, und es muß als durchaus wünschenswert bezeichnet werden, daß nach wie vor ein erheblicher Prozentsatz der Pioniere deutscher Wirtschaft durch die Schule der Gymnasien geht. [...] Zudem aber handelt es sich hier, wo von dem Recht auf Gymnasialbildung und von ihrer Notwendigkeit die Rede ist, nicht allein um den deutschen Kaufmann, sondern um alle diejenigen, die sich in den Dienst der wirtschaftlichen, politischen und wissenschaftlichen Interessen stellen und an deren internationaler Ausbreitung mitarbeiten. Gerade heute, wo alle Berufsschichten und -stände aufgefordert werden, an einer zielbewußten Kolonialpolitik tätig mitzuarbeiten, erhellt der Einfluß und die Ausdehnung englischen Geistes, englischer Institutionen, englischer Sprache auf der einen Seite und der Unkenntnis in Deutschland auf der anderen Seite. [...] Alle diese Berufskategorien wollen und können zum guten Teile auf eine Gymnasialbildung nicht verzichten, sollten aber zugleich für die Folge der Kenntnis des Englischen nicht mehr entbehren müssen. (Mellmann 1908:34-35)

Die Berliner Kaufleute nahmen deutlichen Bezug auf die imperialistischen Ziele des Kaiserreichs, über die sie die Einführung des Englischen am Gymnasium begründeten.

Auch das Kultusministerium selbst nahm sich bereits früh der Sache an und wies in einer Verfügung des Unterrichtsministers Holle vom 25. November 1907 die Schu-

---

[80] Die Eingabe ist abgedruckt bei Mellmann (1908). *Kann und soll das Englische an unseren Gymnasien als obligatorisches Lehrfach eingeführt werden?*. 33-37.

len erneut auf die Möglichkeit hin, über die Stundenvertauschung Englisch als Wahlpflichtfach statt Französisch auf der Oberstufe des Gymnasiums anzubieten:

> Bei der Bedeutung, welche die englische Sprache in literarischer, kommerzieller und politischer Hinsicht hat, ist es wünschenswert, daß mit ihr auch die Schüler der Gymnasien bei dem Abschlusse der Schulbildung wenigstens soweit vertraut sind, als für verständnisvolles Lesen englischer Bücher und zu selbständiger Weiterbildung im Gebrauche der Fremdsprache erforderlich ist. Es unterliegt keinem Zweifel, daß es im eigenen Interesse der Gymnasien und der Erhaltung ihres Lehrplanes liegt, ihren Schülern die Berechtigung dieser Forderung zum Bewußtsein zu bringen und die Erreichung des entsprechenden Zieles nach Möglichkeit zu sichern. (Zentralblatt 1908:303)

Schließlich waren es auch die Universitäten, die sich auf Grund der großen Bedeutung der englischen Sprache in der Wissenschaft und Forschung für Englisch als gymnasiales Pflichtfach stark machten. So richtete die philosophische Fakultät der Universität Berlin 1917 eine Eingabe an den Kultusminister, in der diese auf die Notwendigkeit englischer Sprachkenntnisse für ihr Studium und das wissenschaftliche Arbeiten verwies:

> Die Fakultät betrachtet es als einen schweren Mangel unseres höheren Schulwesens, daß das Englische auf den Gymnasien bisher so völlig in den Hintergrund gedrängt ist, und das preußische Schulwesen dadurch rückständig geblieben ist und die Interessen der Schüler sowohl wie die der Gesamtheit des Volkes schwer geschädigt hat. In schroffem Gegensatz gegen die Aufgabe der Gymnasien, vorzugsweise für das Studium der Geisteswissenschaften vorzubereiten, und im Widerspruch mit ihrem Streben, das altererbte Ansehen gegenüber den übrigen höheren Schulen zu behaupten, stehen die Gymnasialabiturienten dadurch in einem wesentlichen Punkte hinter der Masse der Gebildeten Deutschlands und des Auslandes in empfindlicher Weise zurück: das Verständnis einer der umfassendsten und bedeutendsten Kulturen und Literaturen der Neuzeit bleibt ihnen verschlossen [...]. Noch viel entscheidender aber ist für uns, daß die Kenntnis des Englischen und die Möglichkeit, die englische und amerikanische wissenschaftliche Literatur zu benutzen, für sämtliche in der Fakultät vertretene Fächer ganz unentbehrlich ist. Wer dazu nicht imstande ist, kann die wissenschaftliche Arbeit auf keinem der Spezialgebiete ausreichend betreiben [...]. (Philosophische Fakultät Berlin 1920:60-61)

Alle Diskursteilnehmer unterstrichen in ihren Forderungen die Bedeutung der englischen Sprache im angehenden 20. Jahrhundert, die den Gymnasiasten nicht vorenthalten werden dürfe, denn ein rein fakultativer Englischunterricht entlasse „die Mehrzahl der Gymnasialabiturienten mit einer bedauerlichen Lücke in ihrem Wissen von der Schule" (Budde 1903:668). Englischkenntnisse seien auf Grund der steigenden Beteiligung Deutschlands am Weltverkehr eine „unentbehrliche Waffe"

(Budde 1903:667) für den Handel und die Industrie. Nahezu alle Berufe benötigten Englischkenntnisse, denn als Handels- und Weltsprache sei die englische Sprache Hauptkommunikationsmittel im Welthandel. Auch die Gegner des gymnasialen Englischunterrichts kannten den Wert der englischen Sprache im Allgemeinen an (Jäger 1908:207; Rohs 1908:148), sahen aber einige Probleme in der Einführung als Pflichtfach am Gymnasium. Eine weitere obligatorische Fremdsprache zusätzlich zu den alten Sprachen und Französisch sei für den Gymnasiasten, so die Kritiker, eine zu große Belastung und führe zur Überbürdung (Jäger 1908:208). Aus diesem Grund dürfe nur eine moderne Sprache auf dem Gymnasium verpflichtend sein:

> Das (humanistische) Gymnasium darf nur eine neuere Fremdsprache als Pflichtfach lehren. Und wer über die neueren Sprachen am Gymnasium reden will und wer in ihnen unterrichten muß, der soll sich auch heute noch stets bewußt sein, daß dem Gymnasium Belastung und Überbürdung (und vielleicht noch Schlimmeres) droht durch die Fülle der Bildungsstoffe, die an seinen Toren Einlaß begehren oder schon gefunden haben. (Rohs 1908:149)

In ähnlicher Weise äußerte sich Jäger (1908), indem er betonte, dass das Gymnasium nicht alle Fächer, die sinnvoll erscheinen, lehren könne und „nicht einem flachen Enzyklopädismus huldigen" (1908:207) dürfe. Man laufe dadurch Gefahr, den Schülern nur ein „buntes Allerlei von Kenntnissen" (1908:207) zu vermitteln und der Aufgabe des Gymnasiums, solides Wissen in einigen wenigen wichtigen Fächern zu vermitteln, nicht gerecht zu werden. Den Gymnasiasten solle vielmehr ermöglicht werden, auf eine neuere Sprache zu verzichten (Rohs 1908:152).
Die grundsätzlich positive Stimmung für das Englische in den ersten beiden Jahrzehnten des 20. Jahrhundert vermochte es jedoch nicht, diesem eine stärkere Stellung an den Gymnasien zu sichern. So kam Schulz 1925 zu folgendem Schluss: „Die Zeiten sind dahingegangen, eine ganz neue Geistesrichtung hat Platz gegriffen, aber das Englische ist am Gymnasium in seiner Aschenbrödelstellung geblieben" (Schulz 1925:328).

9.1.1.2 Abschaffung des Französischunterrichts

Der erste Weltkrieg bedeutete für den Fremdsprachenunterricht in Deutschland einen tiefen Einschnitt. Die Kriegserlebnisse und der Kriegsausgang ließen die Neusprachler den fremdsprachlichen Unterricht und seine Ziele hinterfragen und stürzten insbesondere den Französischunterricht in eine schwere Krise (Christ 1983:99; Kroymann/Ostermann 1977:144). So wie Wiese fragten sich viele Neuphilologen: „Sollen wir die Kinder noch mit den Sprachen unserer Feinde quälen?" (zitiert nach Engwer 1916:115). Viele Fremdsprachenlehrer zogen den schulischen Französischunterricht in Zweifel. Es wurden auch Stimmen aus schulischen und außerschulischen Kreisen laut, welche forderten, diesen an den höheren Schulen stark einzuschränken oder sogar völlig abzuschaffen (z.B. Anon. 1921:172[81]; Lohmann 1915:8). Man hielt den schulischen Französischunterricht für einen „Luxus, der nicht nur überflüssig ist, sondern auch unverkennbaren Schaden gebracht hat" (Anon. 1921:172).

Die Erfahrungen mit Frankreich als Kriegsfeind führten zu einer Desillusionierung, die nicht nur die deutsch-französischen Beziehungen im Allgemeinen betraf, sondern auch auf die französische Sprache und Kultur übertragen wurde[82]. Lobte man Französisch vor dem Krieg als bedeutende Fremdsprache von hohem geistigen Wert und mit kultureller Vorbildfunktion, so sah man danach nichts Positives mehr an Frankreich und seiner Sprache: „Aber dieser unser Krieg hat so erschreckend deutlich offenbart, wie hohl diese Kultur, wie roh das französische Volk in seiner Gesamtheit inzwischen geworden ist" (Lemcke 1918:13). Man sprach jetzt sogar von einer „kulturellen Minderwertigkeit" (vgl. Krüper 1922:105) des Französischen. In den Zeiten vor dem Krieg sei der Bildungswert des Französischen stark übertrieben worden und man könne in der Schule gut völlig auf diese Sprache verzichten (Lemcke 1918:15).

Die Forderung nach Abschaffung des Französischunterrichts wurde in seiner extremsten Ausprägung durch die im „Freund-Feind-Denken" (Flechsig 1962:193) verhaftete Diffamierung des französischen Volkes untermauert. So vertraten einige die Meinung, dass die Franzosen als Erzfeinde der Beschäftigung mit ihrer Sprache nicht würdig seien. Man machte dem französischen Volk zum Vorwurf, dass es „in kindischem Haß das ganze Unglück über uns gebracht" hätten (Lohmann 1915:6).

---

[81] Der Artikel mit dem Titel „Nationale Wertung des französischen Sprachunterrichts" wurde zunächst in der *Württemberger Zeitung* vom 13. Juli 1921 abgedruckt. Der Verfasser bat um den Abdruck seines Artikels in der *Zeitschrift für französischen und englischen Unterricht*, wollte aber nicht namentlich genannt werden.

[82] Eine vergleichbare Situation hatte sich bereits im ersten Drittel des 19. Jahrhunderts ergeben, als auch damals die französische Sprache und Kultur wegen der Napoleonischen Kriege an Ansehen und Prestige verloren hatten (vgl. dazu Schröder 1989).

Selbst in seriösen Zeitschriften wie in *Die Neueren Sprachen* oder in der *Zeitschrift für französischen und englischen Unterricht* beschimpften einige Autoren die Franzosen als „halb Tiger, halb Affe" (Lohmann 1915:6), als Volk mit einer „unersättlichen Rachgier" (Anon 1921:171), von dem „[...] wir mit Entsetzen zurück[weichen]" (Anon. 1921:171). Jedoch blieben diese Hasstiraden unter den Neuphilologen die Ausnahme.

Daneben hielten einige Fremdsprachenlehrer die praktische Durchführung des Französischunterrichts an den Schulen für problematisch. Sie gaben an, dass sich viele Schüler zunehmend den modernen Fremdsprachen verweigerten, da sie „[...] einfach den Haß gegen unsere Feinde auch auf deren Sprachen und alles, was darin geschrieben ist [übertrugen]" (Krüper 1915:65). Gerade in den Kriegszeiten sei es für den Lehrer schwer, das Interesse und die Begeisterung der Schüler für die neueren Sprachen zu gewinnen:

> Wie vermag er jetzt liebe und jugendliche begeisterung zu seinen fächern zu entzünden, da die vor ihm sitzenden schüler im geiste ihre angehörigen in den ländern kämpfen, bluten und sterben sehen, deren sprache sie hier erlernen müssen? (Pilz 1916:604)

Viele Elemente des fremdsprachlichen Unterrichts, wie Spiele oder Lieder, die bei den Schülern gewöhnlich Freude an den Sprachen wecken könnten, schienen vielen Lehrern in jenen Zeiten unpassend. Auch die praktische Anwendbarkeit der Sprache als Motivation entfalle nun völlig, so Pilz (1916), denn durch den Krieg seien die Beziehungen zu Frankreich so zerrüttet, dass an Kontakte zu Franzosen oder Reisen in das Land nicht zu denken sei (Pilz 1916:605). All diese Gründe würden für eine Abschaffung des Französischunterrichts sprechen.

Es wurde dem Fremdsprachenunterricht außerdem sogar der Vorwurf gemacht, dass die Beschäftigung mit der französischen Sprache und Kultur in Zusammenhang mit dem unzureichenden Widerstand der Deutschen im Krieg stehe. Die Schulausbildung sei, so hieß es, der „Macht der Tradition" und einer „unpolitische[n] deutsche[n] Erziehungsweise" (Anon. 1921:173) verpflichtet gewesen, während in Frankreich die Schüler wesentlich besser auf die Kriegssituation eingestellt worden waren:

> Während die deutsche Schule dem Franzosen gegenüber nachsichtsvolles Verstehen und Versöhnung predigte, erzog die französische Mutter und der französische Lehrer die heranwachsenden Geschlechter zu glühendem, unaustilgbarem Hass gegen das deutsche Nachbarvolk. Die so im stillen sich verstärkenden Gegensätze sind erst im Kriege voll in

die Erscheinung getreten und haben für uns eine furchtbare Katastrophe mit sich gebracht. [...] Im Kampfe mit dem politisch weit besser gebildeten und in den Massen nationalgesinnten Franzosen ist der deutsche Idealismus unterlegen. (Anon. 1921:173-174)

Anstelle des Französischunterrichts, so Krüper (1915), müssten sich die höheren Schulen vielmehr auf das Deutsche ausrichten und die deutsche Sprache und Kultur in den Mittelpunkt des Unterrichts stellen:

> Wer so sich seines Volkes bewußt geworden ist, den wird der unausbleibliche Stolz auf sein Deutschtum davor bewahren, ein Nachäffer fremden Brauches und fremder Sitte zu werden. [...] Wenn zu dem Waffenruhm und zu dem Gefühl der Kraft der freudige Stolz auf unser Deutschtum als geistige Macht sich hinzugesellt, wird das gegenwärtige Geschlecht hoffentlich von allem Hang zur Ausländerei geheilt werden und das künftige für immer davor gesichert sein. Auf dieses hohe nationale Ziel, die uns anvertraute Jugend zu befestigen in dem Besitze ihres deutschen Charakters, muß auch der neusprachliche Unterricht mit allen Mitteln hinarbeiten. (Krüper 1915:67)

Mit der Beschäftigung mit dem Deutschtum könne eine zu starke Bewunderung ausländischer Kultur vermieden und der Stolz auf das eigene Land gefördert werden. Die französische Sprache sei zur Bildung der Jugend nicht mehr nötig, denn die deutsche Kultur und Literatur sei im Sinne der nationalen Erziehung viel wertvoller (Lemcke 1918:15).

Trotz der Stimmen, die sich für die Abschaffung des Französischunterrichts als Konsequenz aus dem 1. Weltkrieg aussprachen, nahmen viele Neuphilologen von dem blinden Hass und dem Chauvinismus, die in einigen Schriften zu Tage traten, Abstand und traten für eine Weiterführung des Französischunterrichts ein. Nach dem politischen Krieg dürfe nicht auch noch ein Sprachenkrieg geführt werden, so Clasen (1915:193). Die Abschaffung des Französischunterrichts wäre eine „kurzsichtige Überstürzung" (Clasen 1915:203), die man später bereuen würde. Das Französische sei weiterhin wegen seiner reichen Literatur und seinen sprachlichen Vorzügen ein bedeutendes Bildungsmittel an den höheren Schulen, auf das man nicht verzichten dürfe (Clasen 1915:204; Hoch 1922:112). Für die Gebildeten seien Französischkenntnisse auch nach dem Krieg unabdingbar:

> Zwei grosse Völker, die politisch und geistig Jahrhunderte hindurch in so mannichfachen [sic] Beziehungen gestanden haben und auch in Zukunft stehen werden, darf man nicht künstlich trennen wollen, indem man in dem einen Lande den Boykott über die Sprache des andern ausspricht. Für den Augenblick würde ein Erlass der Unterrichtsverwaltung, der das Französische als pflichtmässiges Lehrfach im Unterrichtsplane streicht, vielleicht als politische Demonstration seine Wirkung tun, auf die Dauer aber würde das Fehlen des

Französischen doch eine erhebliche Einengung des geistigen Horizonts der Gebildeten unseres Volkes bedeuten. (Krüper 1922:106)

Das Hauptargument für die Weiterführung des Französischunterrichts war aber die Bedeutung der Sprachkenntnisse für die deutsche Wirtschaft nach dem Krieg. Deutschland dürfe sich wirtschaftlich nicht isolieren, sondern müsse seine wirtschaftlichen Kontakte wiederherstellen, um seine Macht nach dem Krieg ausbauen zu können (Clasen 1915:196). Die deutsche Industrie und der deutsche Handel könnten nicht auf Sprachkenntnisse verzichten, wenn sie im Welthandel bestehen wollten:

> Daß Wissen Macht ist und sprachliches Wissen insbesondere im künftigen Wettbewerb der Völker als solche gelten wird, kann auch in diesen Tagen, wo freilich zunächst nur die Macht des Schwertes gilt, nicht bestritten werden. Mag die Welt am Ende dieses Krieges aussehen, wie sie will, der deutsche Kaufmann und Ingenieur wird sich seinen Platz bald wieder erobern, und die Beherrschung zweier auch in Zukunft so wichtigen Kultursprachen wie Englisch und Französisch wird ihm dabei die größten Dienste leisten. (Krüper 1915:65)

Gleichzeitig sei auch damit zu rechnen, so Krüper weiter, dass Frankreich wieder zu einer bedeutenden wirtschaftlichen Macht aufsteigen werde, zu welcher Deutschland seine Kontakte werde ausbauen müssen, um nicht wirtschaftliche Nachteile zu erleiden. Es wäre kurzsichtig, die Verbindungen zu Frankreich aus politischen Gründen versiegen zu lassen (Krüper 1922:106). Diese Aussagen beweisen, dass der Sprachunterricht deutlich in Verbindung zu den politischen Zielen Deutschlands gesetzt wurde (Apelt 1967:17).

Nicht wenige Neusprachler argumentierten sogar für eine Ausweitung der fremdsprachlichen Studien nach dem Krieg. Ihrer Ansicht nach zeige sich eben aus den Erfahrungen des Krieges, dass die Kenntnisse über das Ausland unzureichend waren und man den Feind nicht so gut kannte wie geglaubt (Aronstein 1918:209). Das vertiefte Verständnis der fremden Kultur sei aber die Voraussetzung, um sich gegen seine Feinde, sei es in politischer oder wirtschaftlicher Hinsicht, durchsetzen zu können: „Ein Gegner kann nur niedergerungen werden, wenn man ihn genau kennt" (Müller 1915:418).

Auch von staatlicher Seite wurde „der Wert guter Sprach- und Auslandskenntnisse im Dienste der imperialistischen Politik des Reiches erkannt" (Apelt 1967:18) und so machte man sich nach dem Krieg verstärkt für die sogenannten Auslandsstudien stark. Die zu diesem Zweck 1917 vom preußischen Kultusministerium verfaßte

„Denkschrift über die Einrichtung der Auslandsstudien an der Universität" prangerte die „erschreckend[e] Unkenntnis des ausländischen Denkens" (Spranger 1917:519) in Deutschland an und forderte unter dem Motto „Unser Feld ist die Welt" (Spranger 1917:522) vertiefte Studien fremder Kulturen. Die Denkschrift kritisierte, dass die Bildung „bisher allzu einseitig literarisch-historisch-ästhetisch" (Spranger 1917:521) war und formulierte als neues Lehrziel, das deutsche Volk zum Weltvolk zu erziehen (Spranger 1917:522). Aus diesem Grund seien Kenntnisse über fremde Länder unabdingbar: „Auslandskenntnisse sind bei einem Weltvolk [...] ein unentbehrlicher Bestandteil der nationalen Bildung" (Spranger 1917:513). Waren die Forderungen nach Abschaffung des Französischunterrichts das eine Extrem in diesem Diskurs, stellte die neue chauvinistische und imperialistische Zielsetzung, die dem Fremdsprachenunterricht angetragen wurde, das andere dar. Aus dem Interesse an erweiterten Auslandsstudien als Reaktion auf den 1. Weltkrieg sollte sich bis in die zwanziger Jahre die Kulturkunde entwickeln, die die sich hier abzeichnenden Tendenzen noch verstärkte (Flechsig 1962:249) (vgl. 6.1.3).

9.1.2 Der Streit um die Vorherrschaft zwischen Englisch und Französisch und seine Begründungsmotive

In der Weimarer Republik entstand ein inhaltlich neues Diskursfeld, das das höhere Schulwesen in den zwanziger Jahren und bis in die dreißiger Jahre hinein prägen sollte, nämlich der Streit um die Vorherrschaft zwischen Englisch und Französisch als erste Fremdsprache an den höheren Schulen. Dieser hatte seine Anfänge bereits Ende des 19. Jahrhunderts genommen, als die ersten Forderungen nach Einführung des Englischen als Anfangssprache an den Realanstalten laut wurden (vgl. 7.1.4.3). Diese Vorschläge waren damals aber noch regional stark auf Norddeutschland beschränkt. Für das preußische Schulwesen in seiner Gesamtheit war eine Veränderung der Reihenfolge der modernen Fremdsprachen an den Realschulen damals noch von geringer Relevanz. Auch in den ersten beiden Jahrzehnten des 20. Jahrhunderts änderte sich daran wenig. Die Diskussion betraf, wie aufgezeigt, lediglich den Fremdsprachenunterricht an den Gymnasien und die Situation der modernen Fremdsprachen nach dem 1. Weltkrieg (vgl. 9.1.1). Selbst Anfang der zwanziger Jahre stand der Sprachenstreit zwischen Englisch und Französisch noch im Hintergrund:

> Bei den Vorarbeiten zur Neugestaltung unseres Schulwesens hat eine Frage, die ganz besondere Aufmerksamkeit verdiente, überraschend wenig Beachtung gefunden. Die Frage: Englisch oder Französisch erste Fremdsprache – hat weder in der allgemeinen noch in der Fachpresse die notwendige Erörterung gefunden. (Oeckel 1921:145)

Dies änderte sich jedoch wenige Jahre später, als die Sprachenfolge durch verschiedene Maßnahmen im Zuge der Schulreform von 1922 bis 1925 flexibilisiert wurde. Bereits bei der Gründung der Aufbauschule und der Deutschen Oberschule 1922 wurde den Schulen zum ersten Mal die Wahl der ersten Fremdsprache freigestellt. Der Ministerialerlass von Boelitz aus dem Jahr 1923 weitete diese Neuregelung auf alle Realschulen aus (vgl. Zentralblatt 1923:88). Die bis dahin gültige Sprachenfolge Französisch vor Englisch an allen Realanstalten wurde aufgeweicht und die Einführung des Englischen als erste Fremdsprache allgemein ermöglicht (vgl. 6.3.2). Bestätigt wurde der Erlass durch die Richtlinien von 1925. Die Flexibilisierung der Sprachenfolge hatte weitreichende Folgen für das höhere Schulwesen Preußens und war der Auslöser für den Sprachenstreit zwischen Englisch und Französisch. Binnen weniger Jahre hatte eine Vielzahl der preußischen Schulen auf Englisch als erste Fremdsprache umgestellt (vgl. Engel 1927a:768; Simon 1927:36) (siehe Anhang 7). Dies führte letztlich zu der viel diskutierten und kritisierten Zerrissenheit im höheren Schulwesen. Während die nördlichen und östlichen Provinzen mehrheitlich Englisch als Anfangssprache anboten, war in den westlichen Teilen Preußens Französisch als erste Fremdsprache vorherrschend (Deutschbein 1930:4; Simon 1927:37).

Das „Sprachenwirrwarr", das durch den Erlass von 1923 und die darauf folgenden Richtlinien entstanden war, machte eine Vereinheitlichung der Sprachenfolge notwendig. Die Entscheidung für entweder Französisch oder Englisch als Anfangssprache war aber genau der Kernpunkt des Sprachenstreits, denn nun meldeten sich sowohl die Befürworter als auch die Gegner der einen oder anderen Konstellation zu Wort. Dabei wurde eine Vielzahl unterschiedlicher Begründungen vorgebracht, um die eine oder andere Sprache zu verteidigen. Die Debatte konzentrierte sich auf drei unterschiedliche Begründungsmotive, nämlich auf pädagogische und methodische Begründungen, auf kulturkundliche Aspekte sowie auf politische und wirtschaftliche Faktoren.

9.1.2.1 Pädagogische und methodische Begründungen

Ein zentrales Begründungsmotiv in dem Sprachenstreit zwischen Englisch und Französisch waren pädagogische und methodische Aspekte. Es ging um die Eignung als Anfangssprache in der Sexta an den Realanstalten. Dabei sollten, wie von vielen Neuphilologen gefordert, vor allem pädagogische und nicht utilitaristische Gründe oder politische Ziele für die Entscheidung herangezogen werden (z.B. Collischonn 1922:261; Förster 1925:42; Müller 1929:389).

> Für die Frage, ob der fremdsprachliche Unterricht mit Englisch oder Französisch beginnen soll, müssen ausschlaggebend sein nicht Nützlichkeitsgründe, sondern lediglich pädagogische Erwägungen. [...] [M]an wird fragen müssen, welche Sprache eignet sich kraft ihrer Eigenart am besten dazu, Kindern im jugendlichen Alter von 10 Jahren, und zwar deutschen Kindern, die erforderliche formale Ausbildung ihrer Geisteskräfte zu verschaffen und ihnen diejenigen Bildungsgüter zu übermitteln oder wenigstens zugänglich zu machen, die sie als Deutsche bei der Eigenartigkeit unserer Kulturverhältnisse und der gegenwärtigen Weltlage brauchen, um als Erwachsene erfolgreich daran mitarbeiten zu können, unser deutsches Vaterland wieder einer besseren Zukunft entgegenzuführen. (Förster 1925:42)

Für die Befürworter des Französischen als erster Fremdsprache gab es keinen Zweifel, dass allein die französische Sprache den Geist der Schüler zu bilden vermochte: „Wer durch ein Sprachstudium geistig straffe Schulung geben will, braucht die normierte und gesetzlich geregelte Sprache" (Schön 1931a:653). Die klar strukturierte Grammatik, die Logik der französischen Tempus- und Moduslehre und der normierte Formenbestand des Französischen, so war man überzeugt, sorgten für eine gründliche formale Schulung bei den Schülern (Friedrich 1916a:433; Schön 1931a:655). Gerade wegen der umfangreichen Formenlehre benötige man mehr Zeit für den Französischunterricht, damit die Schüler ausreichend Sicherheit in der Grammatik erlangten und sich mündlich und schriftlich gut auszudrücken lernten (Oeckel 1929:642). Außerdem bereite die durch das Französische erreichte grammatische Grundlage gut auf weitere Sprachstudien vor, insbesondere auf Englisch als zweite Fremdsprache (Müller 1929:388).

Die englische Sprache dagegen, so die Romanisten, eigne sich nicht als erste Fremdsprache, denn sie zeichne sich vor allem durch ihre Formenarmut aus, die den Schülern kein strukturiertes grammatisches System vermittle (Müller 1929:386). Außerdem fehlten oft logische Erklärungen für grammatische Besonderheiten, was eine zusätzliche Schwierigkeit darstelle (Friedrich 1916b:492). Englisch sei folglich „abgeschliffener, verwaschener, konturärmer und syntaktisch unschärfer" und könne deshalb nicht als „grammatische Hauptsprache für eine wissenschaftliche Anstalt" (Friedrich 1916b:489) dienen.

Der Sprachenstreit zwischen Englisch und Französisch zeigte auch Meinungsverschiedenheiten unter den Neuphilologen hinsichtlich der Unterrichtsmethode auf, denn gerade die Befürworter des Französischen als erster Fremdsprache hingen weiterhin eher der traditionellen, auf Grammatik ausgerichteten Methode an und konnten sich oft mit der direkten Methode nicht anfreunden. So merkte Collischonn (1922) im Hinblick auf das Ziel der formalen Schulung an:

> Dazu wird es allerdings unerläßlich sein, mit der imitativen Methode zu brechen, mit ihrer rein utilitaristischen, d.h. geisteswidrigen Einstellung. Der französische Elementarunterricht wird sich die Methode des lateinischen aneignen müssen, der Wortschatz und Sätze allein auf das Ziel der Geistesschulung hin zusammenstellt. [...] Es ist grundsätzlich festzustellen, daß die beiden Sprachen pädagogisch überhaupt nicht demselben Ziele zu dienen haben. Jeder muß sowohl ihr pädagogisch-technisches als ihr pädagogisch-geistiges Ziel verschieden gesetzt werden. Es ist der höheren Schule unwürdig, zwei Sprachen zu lehren wie in einer Berlitz-Schule [...]. (Collischonn 1922:261)

Wurde für das Englische die direkte Methode eher akzeptiert, versuchte man, das Französische davon abzugrenzen und den Französischunterricht wieder stärker auf die Grammatik-Übersetzungsmethode in Tradition des 19. Jahrhunderts auszurichten. Der Sprachenstreit und die angestrebte Abgrenzung vom Englischen führten so zu einem Rückschritt in der Methodik des Französischunterrichts.

Auch die Verteidiger des Englischen als erster Fremdsprache erkannten die neuerliche Rückbesinnung auf die formal-logische Schulung des Französischunterrichts:

> Das Märchen von der überragenden logischen und formalen Schulungskraft des Französischen scheint in jüngster Zeit durch häufige Wiederholung außerordentlich an Ueberzeugungskraft gewonnen zu haben. (Dieterich 1930:583)

Das Argument der größeren Bildungskraft des Französischen ließen die Anglisten jedoch nicht gelten und beriefen sich auf die Sprachwissenschaft, die den Beweis erbracht habe, dass alle Sprachen bildend seien und es keine wesentlichen Unterschiede zwischen Englisch und Französisch gäbe (Dieterich 1930:583).

In der Argumentation für das Englische als erste Fremdsprache lassen sich zwei unterschiedliche Diskursstrategien ausmachen. Die einen ließen sich von dem Argument der sprach-logischen Schulung, das die Romanisten in die Debatte eingeführt hatten, leiten und stellten die Elemente des Englischen, die ebenfalls diesem formalen Ziel entsprachen, heraus (vgl. Aronstein 1925, Dieterich 1926, Faser 1923). Die anderen grenzten sich davon ab und betonten die Vorzüge des Englischen als die formal leichtere Sprache (vgl. Deutschbein 1922, Förster 1925, Oeckel 1921, Schön 1931a).

In dem Streit um die Vorherrschaft zwischen Englisch und Französisch versuchte die eine Gruppe der Anglisten, so beispielsweise Faser (1923), die Bildungskraft der englischen Sprache unter Beweis zu stellen:

> Das Englische – so lehrt die Unterrichtserfahrung mit Englisch als erster Fremdsprache – ist vielmehr sehr wohl in der Lage, auch in sprachlich-begrifflicher Hinsicht den Anforderungen zu genügen, die wir Neusprachler und Schulmänner an eine erste Fremdsprache zu stellen gewohnt sind. (Faser 1923:195)

Die von Faser vorgebrachte Argumentation der formalen Bildung stand in der Tradition des 19. Jahrhunderts, als genaue Formenanalysen den Bildungswert der einen oder anderen Sprachen beweisen sollten (vgl. 7.1.2.2). Auch Faser unterzog den Formenbestand des Französischen und Englischen einer genauen Analyse und verglich beispielsweise die Anzahl der Kasusendungen, den Bestand der Pronomen oder die Pluralformen, um zu dem Schluss zu kommen, dass Englisch als erste Fremdsprache ebenso bildend sei wie Französisch (Faser 1923:194-195).

Auch wenn diese detaillierten Vergleiche im 20. Jahrhundert selten geworden waren, blieb die geistige Schulung des Englischen als Anfangssprache weiterhin zentrales Argument:

> [...] [D]er englische Unterricht [bedeutet] auf der Unterstufe eine geistige Gymnastik, eine Schulung der Sinne und der ganzen Persönlichkeit, die der alten logisch-formalen Geistesschulung, der Uebung des Gedächtnisses durch das Erlernen von Vokabeln, Formen und Regeln und deren Anwendung und Analyse mindestens nicht nachsteht. (Aronstein 1925:4-5)

Die Befürworter des Englischen hielten neben der Grammatik auch den englischen Wortschatz für bildend. Sie betonten, dass einerseits der Wortschatz mit seinen Bedeutungsnuancen und unzähligen Synonymen ausreichend Gelegenheit zur sprachlichen Analyse bot (Aronstein 1925:6-7) und dass andererseits die Aneignung der englischen Aussprache für die Schüler eine große geistige Herausforderung war (Dieterich 1926:393). Englisch wurde so zu einem „humanistischen Unterrichtsfach" (Aronstein 1925:3) gemacht und an das neue Ziel des „modernen Europäismus", wie es die Denkschrift für den neusprachlichen Unterricht am Realgymnasium nun vorgab (Denkschrift 1924:44), angepasst. Dabei ist jedoch zu betonen, dass die Denkschrift die Ausrichtung auf einen modernen Humanismus nicht in einem sprachlichen Sinne verstand, sondern allein in Bezug auf die Kultur und Literatur der neueren Sprachen. Auch Aronstein erkannte dieses Hauptziel in seinem „humanistischen Unterricht im Englischen" (1925:13) an, erweiterte es jedoch um die formal-bildende Komponente.

Die weitaus größere Gruppe der Neuphilologen stellte das leichtere Erlernen der englischen Sprache für die Unterstufenschüler in den Vordergrund und berief sich dabei auf den pädagogischen Grundsatz „vom Leichten zum Schweren" (z.B. Deutschbein 1922:225, Oeckel 1921:142). Sie gaben an, dass die Sextaner die englische Sprache deutlich leichter als Französisch erlernten, denn sie müssten sich nicht umfangreiche Formen einprägen und könnten die Sprache schnell selbst gebrauchen (Deutschbein 1922:225). Oeckel sah in der Formenarmut sogar einen Grund für die Verbreitung der englischen Sprache als Weltsprache: „Die Formenarmut ist einer der Gründe für die Schnelligkeit, mit der sich das Englische in der Welt verbreitet hat" (1921:147). Darüber hinaus, so die Anglisten, biete die Verwandtschaft des Englischen mit dem Deutschen den Schülern viele Anknüpfungspunkte, nicht nur in der Formenlehre und Syntax, sondern besonders auch im Bereich des Wortschatzes. So könnten die Schüler viele Wörter schnell aufnehmen und aktiv verwenden (Förster 1925:42; Oeckel 1921:147).

Aus diesen Gründen, so die Befürworter des Englischen als erster Fremdsprache, sei die englische Sprache in pädagogischer Hinsicht besser für die jungen Schüler geeignet. Es wurde betont, dass die leichte Erlernbarkeit des Englischen und die schnellen Erfolge der großen Lernlust der Unterstufenschüler entgegenkämen (Philologen 1922:167). Damit könne man auch dem Prinzip der Jugendgemäßheit Rechnung tragen:

> Neben dieses Bildungsprinzip [Das Studium einer Fremdsprache als geistiges Zuchtmittel, Anm. des Verf.] tritt konkurrierend der Gedanke der *jugendgemäßen Arbeitsweise*. Jugendgemäß erscheint ein Lehrverfahren, das die Kräfte der Jugendlichen entfesselt, sie schnell zu eigenem Schaffen befähigt und Freude am eigenen Wachsen und betätigter Kraft verleiht. Der englische Unterricht erscheint als das gepriesene Feld für *dieses* Lehrverfahren. Die englische Sprache ist verhältnismäßig leicht, dem eigenen Sprachempfinden nicht fern, mit wenig Regeln rasch zu handhaben. Durch den Schüler selbst gewählte Sprachbetätigung, durch ihn selbst bestimmte Arbeitswege, dazu eine große Mannigfaltigkeit der didaktischen Formen bewirken einen flotten, mitreißenden Betrieb, der sich aus sich selbst heraus weiterentwickelt und sich mehr und mehr zu einem eigenen, ganz aus

jugendlichen Kräften unterhaltenen erzieherischen Unternehmen auswächst. Man schätzt den englischen Unterricht, weil er den Schüler weitgehend *aktiviert*. (Schön 1931a:654)

Neben der Freude und der Motivation, die die Schüler im englischen Unterricht gewinnen könnten, sei auch ein weiterer pädagogischer Aspekt von Bedeutung, so die Neuphilologen aus Geestemünde. Die „experimentelle Jugendkunde" (Philologen 1922:167) habe aufgezeigt, dass die Merkfähigkeit eines jungen Schülers bereits stark ausgeprägt ist, während sein logisches Denken jedoch erst in der Pubertät vollständig entwickelt ist. Diese entwicklungspsychologischen Erkenntnisse unterstützen die These, dass Englisch als erste Fremdsprache in der Unterstufe die am besten geeignete Sprache sei, während Französisch mit seinem komplizierteren sprachlichen System erst von den geistig reiferen Mittelstufenschülern erlernt werden sollte. An dieser Argumentation zeigt sich der Einfluss der Wissenschaft im frühen 20. Jahrhundert. Es war zum einen die Reformpädagogik, die die Kindgemäßheit und Eigentätigkeit zu wichtigen Unterrichtsprinzipien erklärte, und zum anderen die Entwicklungspsychologie, die dem altersgemäßen Unterricht mehr Beachtung verlieh (Herrmann 1991:164f; Tenorth 1989:129).

Die Romanisten ließen sich von diesen pädagogischen Gründen nicht überzeugen und vertraten die These, dass Englisch gerade zu schwer sei, um erste Fremdsprache an den höheren Schulen zu sein. Die „unendliche[...] Vokabelflut", begründet durch die sprachhistorische Verbindung aus germanischem und romanischem Sprachgut, und „die vielen einsilbigen, farblosen Wörtchen" (Friedrich 1916b:491) erschwerten den jungen Schülern die Erlernung des Englischen. Dazu kämen die „schwierige Aussprache und die unmögliche Schreibung" (Collischonn 1922:260). Der pädagogische Grundsatz „vom Leichten zum Schweren" sei in der Diskussion um die Vorherrschaft zwischen Englisch und Französisch keine Entscheidungshilfe:

> Aber der Grundsatz selbst, der ja außerdem nur innerhalb des Aufbaus ein und derselben Disziplin als Maßstab dienen könnte, ist in der Tat so nichtssagend, daß man ihn keinesfalls in einer so schwierigen Frage entscheiden lassen kann. (Collischonn 1922:260)

Ein letztes Begründungsmotiv, das zeitlich erst später, nämlich erst gegen Ende der zwanziger Jahre herangezogen wurde, war die Begabungstheorie, nach der der fremdsprachliche Unterricht nur begabten Schülern zugänglich gemacht werden sollte:

> In engster Verbindung zum Glauben auf Führer und Führertum stand die pseudowissenschaftliche Begabungstheorie, nach der die Mehrzahl der Schüler – besonders aber die Schüler aus minderbemittelten und sozial tieferstehenden Schichten – einer höheren Bildung einschließlich Fremdsprachenunterrichts für nicht fähig und unwürdig erklärt wurden. Die antihumanistische Begabungslehre [...], nach der es unverrückbare Begabungsunterschiede des Grades und der Art gebe, die allein die geistige Entwicklung der Schüler bestimmten und vom Beruf der Eltern abhängig seien, fand in den Kreisen der Philologenschaft [...] großen Widerhall und oft Zustimmung. (Apelt 1967:86)

Aus dieser Begabungstheorie leiteten einige Neuphilologen die Forderung nach einer strengeren Auslese an den höheren Schulen ab. Ähnlich wie während der Überfüllungskrise in den achziger Jahren des 19. Jahrhunderts (vgl. 5.2.1.3) befürchtete man, dass zu viele Schüler die höheren Schulen absolvierten und in die gelehrten Berufe hineindrängten. Aus diesem Grund betrachtete man die beiden neueren Sprachen, Englisch und Französisch, auch unter dem Aspekt der besseren „Auslese" in der Unterstufe:

> Jeder denkende, eine glückliche Zukunft unseres Volkes erstrebende Deutsche macht sich heute die größten Sorgen wegen des katastrophalen Andranges zu den höheren Schulen und zu den akademischen Berufen. Bleibt das Englische die grundständige Sprache an vielen zur Universitätsreife führenden Schulen, so ist es erschwert, schon von den unteren Klassen an die für die Denkarbeit ungeeigneten Schüler auf eine andere Bahn zu verweisen. Die höhere Bildung wird weiter verflacht und veräußerlicht werden. (Müller 1930:324)

Man hielt Englisch als Unterrichtsgegenstand an den höheren Schulen als zu einfach, um die erwünschte „Auslese" in den unteren Klassen umzusetzen. Im Englischunterricht sei nicht erkennbar, so hieß es, welcher Schüler für abstraktes Denken geeignet war, denn der Anfangsunterricht sei so einfach, dass auch Schüler, die vor allem über Nachahmung lernten, bis in höhere Klassen aufsteigen konnten. So würde erst spät deutlich werden, dass diese sich nicht für eine höhere Schulausbildung eigneten (Erzgraeber 1926:205). Viele schwächere Schüler würden sich an den Schulen, an denen die Wahlmöglichkeit zwischen den beiden Sprachen bestand, für das leichtere Englisch entscheiden und auf diese Weise die höhere Schule absolvieren: „Wir sehen, wie sehr oft die englische Sexta der Unterschlupf für die geistig nicht so starken Knaben ist" (Swane 1931:60). Zur Auswahl der geeigneten Schüler sei die französische Sprache als erste Fremdsprache wesentlich besser geeignet, denn sie erfordere von den Lernenden eine höhere geistige Anstrengung: „Dabei ist der Weg über das fremdere und straffere Französisch ein Zwangsmittel geistiger Klärung und *eben darum* ein Mittel zu geistiger Auslese" (Schön 1931a:655). Der französische Anfangsunterricht gebe die Möglichkeit, „schon frühzeitig die Geister zu scheiden" (Erzgraeber 1926:205). Nur auf diese Weise könne das Niveau auf den Realanstalten ohne Latein erhalten bleiben.

9.1.2.2 Kulturkundliche Aspekte

Neben den pädagogischen und methodischen Gründen spielten in dem Sprachenstreit um die Vorherrschaft zwischen Englisch und Französisch kulturkundliche Aspekte eine wichtige Rolle. Dabei war die zentrale Frage, welcher Kultur in einem Unterricht, in dem nun „das vertiefte Verständnis für die Eigenart des deutsches Volkes durch die Konfrontation mit dem fremden Wesen" (Trabant 2001:99) erreicht werden sollte, der Vorrang gebühren sollte. Aus diesem Grund stellten einige Neuphilologen kulturkundliche Begründungen vor pädagogische und methodische Faktoren:

> Die Frage „Französisch oder Englisch als erste, d.h. Haupt-Fremdsprache an unseren Höheren Schulen" ist eine Kulturangelegenheit von weitreichender Tragweite. Alle praktischen und formalen Erwägungen – Verwendbarkeit der Sprache, geistig bildender Wert, Unterrichtstechnik – müssen hinter diesen Gesichtspunkt zurücktreten. (Becker 1925:202)

Die Romanisten hielten die französische Kultur für wichtiger für deutsche Schüler als die Englands oder Amerikas, da jene ihrer Meinung nach zentraler Bestandteil der europäischen Kultur war. Frankreich habe mit seinen kulturellen Errungenschaften, denkt man an seine Literatur, Kunst oder Philosophie, in der Vergangenheit und Gegenwart einen enormen Einfluss auf die deutsche Kultur ausgeübt (Becker 1925:202-203). Auf dieses Argument stützte sich auch das Kultusministerium, um den Vorrang des Französischen vor dem Englischen zu begründen. So wurde Ministerialrat Richert auf der Dresdener Hauptversammlung des Verbandes Deutscher Oberschulen im Jahr 1929 folgendermaßen zitiert:

> Die Vereinheitlichung in der Sprachenfolge sei nicht so einfach, wie es allgemein dargestellt werde. Die Sprachenfrage sei eine Kulturfrage von eminenter Bedeutung. Bei der Ablehnung des Französischen sei nicht zu übersehen, daß Frankreich auf die Entwicklung unserer Kultur einen maßgebenden Einfluss gehabt habe – Mittelalter, Zeit des Absolutismus, Französische Revolution – und daß wir auch jetzt noch in einer bedeutsamen Auseinandersetzung mit der französischen Kultur stünden, daß der Kampf am Rhein nicht nur ein politischer, sondern ein kultureller sei. Deshalb sei es unmöglich, z.B. am Rhein das Französische an die zweite Stelle zu drängen [...] (M. 1929:132)

Die kulturelle Auseinandersetzung mit Frankreich verstand Richert, wie auch in der Denkschrift zur Neuordnung des preußischen höheren Schulwesens (1924) dargelegt, als „europäischen Kulturkampf" (Denkschrift 1924:45). Daraus ergebe sich, dass „nur in immer erneuter Auseinandersetzung mit der westlichen Kultur [...] wir unsere geschichtliche Wesenheit [erfassen]" (Denkschrift 1924:45). Nur durch das Studium der französischen Sprache, in dem sich die Schüler der gegenseitigen Einflussnahme im Sinne eines Kulturkampfes zwischen Deutschland und Frankreich bewusst werden, könne der deutsche Geist vollständig erfasst werden. Obwohl Richert diese Zielvorgabe in der Denkschrift auf England und Frankreich, die mit Deutschland eine „europäische[...] Kultursynthese" (1924:45) eingingen, bezog, gab er 1929 der französischen Sprache den Vorzug als erste Fremdsprache an den höheren Schulen. Die Idee, zusammen mit Frankreich eine europäische Verbindung zu bilden, wurde begünstigt durch die Europaeuphorie gegen Ende der Weimarer Republik. Die verstärkte Einbindung des Europagedankens wirkte sich positiv auf den Französischunterricht und seiner Unterstützung aus dem Kultusministerium aus (Hinrichs/Kolboom 1977:172-173).

Darüber hinaus sei, so Richert, das Studium des Französischen auch deshalb für die deutschen Schüler unverzichtbar, damit diese sich gegen die drohende „Kulturpropaganda" Frankreichs, insbesondere durch die *Alliance française*[83], in den besetzten Gebieten am Rhein wehren können (M. 1929:132).

> Zu den Mitteln, mit denen Frankreich noch nach dem Friedensschlusse sein wichtigstes politisches Ziel, die Schwächung Deutschlands, unentwegt zu erreichen bestrebt ist, gehört auch die französische Kulturpropaganda. Wo immer Frankreich seinen Einfluß geltend machen kann, in erster Linie natürlich in den besetzten Gebieten des Westens, da ist es darüber aus, auch mit der Waffe des Geistes für seine Interessen zu wirken, die französische Kultur den Deutschen in einem möglichst glänzenden Lichte erscheinen zu lassen, um auf diese Weise einen Keil in das deutsche Kultur- und Nationalbewußtsein zu treiben. [...] Nicht ohne politische Nebenabsichten gründet Frankreich im besetzten Rheinland Schulen und Akademien der verschiedenen Art, überschwemmt es die dortigen Gebiete mit Werken der französischen Dichtkunst, schickt es seine besten Redner und Schauspieler dorthin, läßt es jetzt mehr als je in der Welt die Reklametrommel für die angeblich unübertrefflichen Vorzüge des französischen Geistes und der französischen Art schlagen. Es wirbt um Sympathien für seine Kultur, seine geistige Größe, um im letzten Grunde daraus doch wieder Kapital für sein äußeres Machtstreben zu schlagen. (Krüper 1923:98)

---

[83] Die *Alliance française* wurde 1883 zur Förderung der französischen Sprache und Kultur in der Welt gegründet. Sie war insbesondere nach dem 1. Weltkrieg ein wichtiges Element der französischen Kulturpolitik im Ausland (vgl. Mehdorn 2009:29ff).

Nur „eine genaue Kenntnis der französischen Mentalität" (Deutschbein 1930:5) sei ein wirksames Mittel, um in der kulturellen Auseinandersetzung mit Frankreich bestehen zu können. Von der englischen Sprache und Kultur im „europäischen Kulturkampf" (Denkschrift 1925:45), so wird Richert zitiert, gehe eine andere Gefahr aus. „[D]ie zu starke Bevorzugung des Englischen [drohe] zur Amerikanisierung[84] zu führen [...]" (M. 1929:132), weshalb das Englische nicht als erste Fremdsprache unterrichtet werden sollte. Im Gegensatz zu den Franzosen, die nach dem damaligen rassenpolitischen Verständnis zum deutschen Wesen für zu verschiedenartig gehalten wurden, um die Deutschen zu stark zu beeinflussen, erkannte man zwischen Engländern und Deutschen Gemeinsamkeiten, die zu einer zu starken Identifikation bei den deutschen Schülern führen könnten (Trabant 2001:104-106).

Auch andere Neuphilologen bezogen sich auf die Gemeinsamkeiten im Wesen der Deutschen und der Engländer, zogen dieses Argument jedoch zur Unterstützung des Englischen heran und betonten, dass „[...] das englische Wesen in den meisten Punkten nicht einen Gegensatz, sondern eine wertvolle Erweiterung unserer eigenen seelischen Kultur bildet" (Deutschbein 1930:6). Die Schüler könnten von England und Amerika mehr lernen als von Frankreich, nämlich „Weltweite des Blicks, nüchternen Tatsachensinn, Zähigkeit und Wagemut" (Meese 1930:313), Eigenschaften, die sie für den Kulturkampf gut rüsteten.

Neben dem Rückgriff auf die sogenannten Strukturmerkmale des englischen und amerikanischen Volkes spielte auch die in den zwanziger Jahren herrschende allgemeine Bewunderung der angelsächsischen Welt in den Diskurs um die Sprachenfolge hinein (Apelt 1967:72). Die Kultur Englands und Amerikas wurde zum Vorbild und man bedurfte englischer Sprachkenntnisse, um Zugang zu den kulturellen und geistigen Erzeugnissen zu erhalten: „Der angelsächsische Kulturkreis umspannt den Erdball, und seine Reichtümer fliessen uns nur durch das Mittel der englischen Sprache zu" (Dieterich 1926:396). Der Wert der geistigen Produkte der angelsächsischen Welt zeige sich besonders an seiner großen Literatur und seinen einflussreichen Philologen, denkt man an Shakespeare oder John Locke. Auch im Sport könne man die großen Leistungen der Engländer und Amerikaner bewundern (Deutschbein 1930:7). Die Vielseitigkeit der angelsächsischen Kultur wirke auch

---

[84] Der Begriff „Amerikanisierung" nimmt in diesem Zusammenhang nicht Bezug auf Amerika, sondern auf England (vgl. Deutschbein 1930:7; M. 1929:132).

der befürchteten Amerikanisierung entgegen, denn „das Englische ist so reich an Lebenswerten" (Deutschbein 1930:7), dass es viele unterschiedliche Möglichkeiten zur Identifikation gebe und die deutschen Schüler nicht nur in einer Richtung beeinflusst würden.

Der Wert der Literatur, der im Diskurs des 19. Jahrhunderts zur Sprachenfolge noch eines der zentralen Begründungsmotive war, verlor im Sprachenstreit des 20. Jahrhunderts an Beweiskraft. Im Zuge der Kulturkundebewegung veränderte sich die Funktion der Literatur im fremdsprachlichen Unterricht. Sie war nicht mehr Selbstzweck, sondern wurde in den Dienst der Erziehung zum Deutschtum gestellt (Rülcker 1969:55). Im Sinne des „modernen Humanismus" diente die fremdsprachliche Literatur dazu, „das eigene Wesen [zu] veredeln" (Apelt 1967:12). Das neue Ziel des Literaturunterrichts war die Einführung in die fremde Kultur, um sich daraus wichtige Werte einzuverleiben und aus ihr als „Schule des Lebens" (Aronstein 1925:7) zu lernen. Es dürften nur jene Werke ausgewählt werden, so die Kulturkundler, die zur „Erhöhung und Erweiterung des Menschen" beitragen konnten (Aronstein 1925:8). Viele Neusprachler hielten die englische Literatur für wertvoller für die jungen Schüler als die französische (z.B. Förster 1925:43; Oeckel 1921:151). Prosawerke wie die von Scott, Dickens, Irving oder E.A. Poe hätten in der Vergangenheit bereits ihre wertvolle „Einwirkung auf den deutschen Geist" (Aronstein 1925:8) gezeigt. Aber auch gerade die philosophischen Schriften eines Locke oder Spencers seien insofern „ein Weg in die deutsche Ideenwelt" (Aronstein 1925:12), als viele Konzepte Eingang in das deutsche Denken gefunden haben. Dies gelte in besonderem Maße für den Demokratiegedanken: „All die modernen Ideen der Demokratie, die für uns Deutsche jetzt erneute Bedeutung gewonnen haben, stammen aus England und durchdringen das gesamte englische Schrifttum" (Förster 1925:43). Folglich könne sich die französische Literatur nicht mit der Vielseitigkeit der angelsächsischen messen und das deutsche Wesen der Schüler nicht in gleicher Weise bereichern.

Letztlich brachte der Vergleich der Kulturen keine Lösung für den Sprachenstreit, denn, wie Müller (1929) herausstellte, waren beide so groß und vielseitig, dass man nur schwer eine Entscheidung für eine der beiden treffen konnte: „Ich glaube nicht, dass diese Frage zu entscheiden ist durch Vergleichen der Weltgeltung der beiden Sprachen, der Literatur und allgemeinen Kultur der Völker [...]. Hie Romanisten – hie Anglisten!" (Müller 1929:384).

9.1.2.3 Politische und wirtschaftliche Faktoren

Das letzte Begründungsmotiv in der Frage, ob Englisch oder Französisch die erste Fremdsprache an den höheren Schulen sein sollte, waren politische und wirtschaftliche Faktoren. Die Nachkriegszeit bedeutete für Deutschland eine Neuorientierung, sowohl in politischer als auch in wirtschaftlicher Hinsicht. Deutschland wollte wieder seine Stellung als Weltmacht erreichen und dazu richtete es sich in den zwanziger Jahren stärker als zuvor an den führenden Industriemächten England und Amerika aus (vgl. Kolb 2010:85ff). Frankreich dagegen büßte, nicht zuletzt als Konsequenz aus dem 1. Weltkrieg, an politischer und wirtschaftlicher Bedeutung für Deutschland ein. Die Konsequenzen aus dem Versailler Vertrag und die französische Ruhrpolitik belasteten die Beziehungen zu Frankreich auch noch weit nach Kriegsende. Erst die Ära Stresemann brachte eine französisch-deutsche Annäherung (Badia 1977:30-31, 33ff)

Diese Entwicklungen nahmen Einfluss auf den bildungspolitischen Diskurs, als politische und wirtschaftliche Gründe zu einem entscheidenden Kriterium für die Wahl der Fremdsprachen an den höheren Schulen wurden. Die Frage lautete nun: „Welche der beiden Sprachen soll die vorherrschende werden entsprechend der veränderten Weltentwicklung?" (Bertow 1924:77). Die Weltgeltung Englands und Amerikas wurde zum Hauptargument für die allgemeine Einführung des Englischen als erste Fremdsprache. Deutschland müsse sich nach dem Krieg, so hieß es, an den angelsächsischen Ländern, die jetzt in der Welt führend waren, ausrichten (Bertow 1924:77). In diesem Sinne äußerten sich auch zwei Eingaben, die noch vor dem eigentlichen Diskurs um die Sprachenfolge an das Unterrichtsministerium gerichtet wurden, aber die die spätere Argumentation im Sprachenstreit vorwegnahmen. Die Dozenten der Rheinischen Friedrich-Wilhelms-Universität zu Bonn stellten in ihrer Eingabe die überragende Bedeutung Englands und Amerikas heraus:

> Seit Deutschland den Krieg verloren hat, beherrscht angelsächsische Kultur die Welt. Ueber Wirtschaft und Finanzen, Wiederaufbau und Neuentwicklung nahezu der gesamten Menschheit entscheiden jetzt selbstherrlich London und Newyork. Amerika und England, die beiden einzigen Mächte, welche die See beherrschen, schicken sich an, die ganze Welt politisch und wirtschaftlich in ihren Bann zu ziehen. (zitiert nach Kaluza 1919:341)

Auch die Eingabe der Universität Tübingen, die von 95 Dozenten und 1200 Studenten unterzeichnet wurde, blickte kritisch auf die beiden neuen Weltmächte:

> Der Ausgang des Krieges hat die beiden angelsächsischen Nationen zu einer Machtstellung emporgehoben, die ihnen in Weltwirtschaft und Weltpolitik voraussichtlich auf längere Zeit einen planetarischen Einfluss sichern wird. Das allerwärts verfolgte und in die verengten Grenzen des Reiches eingeschlossene Deutschtum sieht sich in eine Verteidigungsstellung gefahrvollster Art zurückgedrängt. Seiner Machtmittel beraubt und von dem Welthandel abgeschnitten, ring es um seine Existenz. (zitiert nach Kaluza 1919:343)

In der Zeit nach dem Krieg sahen viele Befürworter des Englischen eher mit Skepsis auf die neue politische Situation. England und Amerika wurden noch nicht verherrlicht, sondern man sah in ihrer Vormachtstellung vielmehr eine Gefahr für Deutschland und seines erhofften Aufstieges, die es durch die Kenntnis des Englischen einzudämmen galt:

> Das deutsche Volk hat grausame Enttäuschungen im Weltkrieg erlebt, weil es die Macht des Angelsachsentums unterschätzt hatte; man hat auch jetzt noch den Eindruck, dass weite Kreise noch nicht begriffen haben, welche Gefahren dem deutschen Volk von seiten des Angelsachsentums drohen. Angesichts dieses beklagenswerten Zustandes ist die Frage berechtigt: Liegt die Schuld daran nicht zum Teil in dem Umstand, dass in unserem bisherigen Bildungsgang dem Englischen eine so untergeordnete Stellung zugemessen war? (Oeckel 1921:152)

Für den Aufstieg Deutschlands sei es unerlässlich, England und Amerika genau zu kennen und zu verstehen. So forderten auch die Verfasser der Tübinger Eingabe eine Verstärkung des Englischunterrichts an allen höheren Schulen,

> [...] damit die Eigenart der Weltanschauung und der Willensrichtung der Angelsachsen nach Möglichkeit früh Gegenstand kritisch vergleichenden Denkens unter der deutschen Jugend werden möge, denn die Zukunft braucht starke Charaktere von sicherer Orientierung und feinem politischen Instinkt. [...] Seine [des Englischen, Anm. des Verf.] Kenntnis öffnet uns ausserdem das Geheimfach der englischen Diplomatie und gestattet uns einen tiefen Einblick in das Arsenal der geistigen Waffen des Feindes, von deren Handhabung und Wirkung wir vor dem Kriege nichts ahnten. (zitiert nach Kaluza 1919:344)

Die Argumentation für das Englische war nach dem Krieg stark von den Kriegserfahrungen geprägt und noch in einem „Freund-Feind-Denken" (Flechsig 1962:193) verhaftet. Zur Verteidigung Deutschlands gegen das übermächtige England und Amerika, so war man überzeugt, seien Englischkenntnisse unabdingbar.

Erst Mitte der zwanziger Jahre verlor das politische Begründungsmotiv und das Freund-Feind-Denken an Gewicht. Es wurde zum einen ersetzt durch eine neuerliche Bewunderung der angelsächsischen Kultur (vgl. 9.1.2.2) und zum anderen durch der Aufnahme von wirtschaftlichen Kriterien in den Diskurs. Der Vorrang des Englischen vor dem Französischen wurde nun mit der wirtschaftlichen Macht Englands und Amerikas in der Welt begründet. Das Englische sei als erste Fremdsprache für alle Schüler notwendig, argumentierten die Anglisten, weil es eine Weltsprache mit Millionen von Sprechern auf allen Kontinenten sei und zur Teilnahme am Weltverkehr unverzichtbar sei. Gerade die Vereinigten Staaten würden wirtschaftlich stark an Bedeutung gewinnen und verlangten mehr noch als zuvor Englischkenntnisse von den Deutschen (Schwarz 1930:98).

Die Befürworter des Englischen brachten oftmals die sinkende Weltgeltung Frankreichs in die Diskussion ein. Sie waren der Ansicht, dass die starke Stellung des Französischen im höheren Schulwesen Preußens allein historisch erwachsen sei und aus einer Zeit stammte, in der Frankreich noch politisch, wirtschaftlich und kulturell eine Vormachtstellung innehatte (Oeckel 1920:242). Diese Voraussetzung sei jetzt aber nicht mehr gegeben. Frankreich habe an Weltgeltung gegenüber England und Amerika eingebüßt und sei nun „an Können und Leistungen eine Macht zweiten Ranges" (Meese 1930:313). Aus diesem Grund komme es als erste Fremdsprache nicht mehr in Frage.

Die Weltgeltung der beiden Sprachen sollte auch, wie Oeckel (1920) vorschlug, allein ausschlaggebend für die Entscheidung zwischen Englisch und Französisch sein:

> Es handelt sich heute gar nicht mehr darum, festzustellen, welchen Wert fremde Sprachen überhaupt haben, sondern, welche Geltung sie unter den gegenwärtigen politischen und kulturellen Verhältnissen unseres Volkes gegenüber anderen dringenden Anforderungen unseres Bildungswesens haben. (Oeckel 1920:245)

Letztendlich waren es auch politische Gründe, die das Ministerium 1931 zu einer vermeintlichen Lösung des Sprachenstreits veranlassten (vgl. 9.2.3). Jedoch war diese nicht im Sinne der Mehrheit der Diskursteilnehmer, denn das Preußische Unterrichtsministerium setzte 1931 Französisch als erste Fremdsprache fest.

9.1.3 Alternative Schulfremdsprachen

Der 1. Weltkrieg hatte nicht nur tiefgreifende Auswirkung auf die Stellung der etablierten Schulfremdsprachen Englisch und Französisch im höheren Schulwesen Preußens, sondern trug auch zur Aufnahme weiterer moderner Fremdsprachen bei. Bereits während des Kriegs suchte man nach Alternativen zu Englisch und Französisch (Christ 2002:65). Gerade Französisch als „Feindessprache" verlor in erheblichem Maße an Befürwortern, so dass sogar die völlige Abschaffung des schulischen Französischunterrichts diskutiert wurde (vgl. 9.1.1.2). Diese Entwicklung wirkte sich vorteilhaft auf andere moderne Fremdsprachen aus, denn nun bestand eine größere Bereitschaft, andere Sprachen in die preußischen Lehrpläne aufzunehmen. Die Richertschen Richtlinien gaben nun weiteren modernen Fremdsprachen mehr Raum an den preußischen höheren Schulen. Statt Englisch und Französisch konnten auch andere Sprachen wie Russisch, Polnisch, Spanisch, Italienisch oder Dänisch als Wahlpflichtfächer an der Oberrealschule, der Deutschen Oberschule und Aufbauschule oder als Wahlfächer an den übrigen Schulformen angeboten werden (Zentralblatt 1922a:3; Zentralblatt 1925a:32). Für den Pflichtbereich wurden vor allem die Einführung von Esperanto und die Erweiterung des Spanischunterrichts in der Fachpresse und auf den Tagungen des Allgemeinen Deutschen Neuphilologen-Verbandes diskutiert.

9.1.3.1 Esperanto

Durch den Krieg wurde ein Vorschlag, der bereits Anfang des Jahrhunderts geäußert wurde, in die Diskussion aufgenommen. Einige Neuphilologen plädierten für die Einführung der Plansprache Esperanto[85] als Ersatz für Englisch und Französisch. Als künstlich geschaffene Sprache, so sagten sie, ist Esperanto eine gute Alternative zu anderen Sprachen, da sie „keine anstößige nationale Färbung hat und dessen Verwendung daher niemand verletzten könnte" (Clasen 1915:210). Im Vergleich zu anderen Sprachen sei sie geschichtlich nicht belastet und könnte den Schülern ein rein auf Wortschatz und Grammatik ausgerichtetes Sprachenlernen bieten (Vossler 1922:226).

Die politische Neutralität war nicht der einzige Vorteil, den die Befürworter des Esperanto in der Kunstsprache sahen. Sie verwiesen vor allem auch auf die sprachlichen Charakteristika, die ihrer Ansicht nach Esperanto zu einer idealen Anfangssprache an den höheren Schulen machten. Dies wurde bereits vor dem 1. Weltkrieg

---

[85] Esperanto wurde 1887 von Luwik Zejker Zamendorf als neutrale Sprache zur internationalen Verständigung entwickelt. Sie vereint in ihrem Wortschatz und ihrer Grammatik Elemente aus verschiedenen europäischen, vornehmlich romanischen Sprachen. Zwischen 1900 und 1914 fand die Esperanto-Bewegung auch in Deutschland immer mehr Anhänger. Ausführlich ist die Geschichte der Esperanto-Bewegung bei Peter G. Forster (1982): *The Esperanto Movement* sowie bei Marcus Sikosek (2006): *Die neutrale Sprache. Eine politische Geschichte des Esperanto-Weltbundes* nachzulesen.

ausführlich von Ritz (1910) und Schuberth (1909) erörtert. Ritz (1910) erkannte in seinem Artikel „Esperanto als erste Fremdsprache" folgende Vorteile:

> Wie wäre es aber, wenn man eine andere Sprache nähme, deren Erlernung an und für sich weniger Schwierigkeiten macht, eine Sprache mit einfacher Aussprache und ohne Unregelmäßigkeiten in Deklination und Konjugation? Diese Sprache könnte keine andere sein, als die in der Überschrift genannte Esperanto-Sprache. (Ritz 1910:22)

Esperanto weise in seiner Grammatik und seiner Wortbildung eine große Regelmäßigkeit auf, die seine Erlernung für junge Schüler sehr leicht mache. Als Beispiel führte Schuberth (1909) an, dass „aus jedem Adjektiv durch die gleiche Anhängung das dazugehörige Substantiv hergestellt werden [kann]" (1909:380). Außerdem gebe es nur eine Deklination mit einer limitierten Zahl an Endungen und nur einen bestimmten Artikel. Darüber hinaus sei die Konjugation „von verblüffender Einfachheit" (Ritz 1910:22).

Ein weiterer Vorteil des Esperanto im schulischen Unterricht sei die Übereinstimmung in Aussprache und Orthographie. Dieses typischerweise für Latein als Anfangssprache vorgebrachte Argument gelte auch für Esperanto:

> Schon durch die einfache Aussprache, die durch eine streng phonetische Orthographie erreicht wird, vermeidet das Esperanto eine große Menge der Schwierigkeiten, die bei anderen lebenden Sprachen zu überwinden sind. Der Grund, mit dem die Anhänger des Lateinischen dieses als erste Fremdsprache empfehlen, daß nämlich seine Aussprache keine Schwierigkeiten bietet, gilt genauso für das Esperanto. Erwachsene brauchen höchstens eine halbe Stunde, um jeden Text fließend und richtig lesen zu können; bei Sextanern würden wenige Stunden genügen, um diesen Punkt ein für allemal zu erledigen. (Ritz 1910:22)

Auch der Wortschatz sei von den jungen Schülern leicht zu erlernen. Dies gründe zu einen auf den regelmäßigen Endungen „-o Substantiv, -a Adjektiv, -e Adverb, -i Infinitiv" (Ritz 1910:23), und zum anderen auf der Tatsache, dass sich das Vokabular aus verschiedenen europäischen Sprachen herleite. Außerdem fehlten dem Esperanto die Redensarten, die Schüler in anderen Sprachen vor große Schwierigkeiten stellten (Schuberth 1909:380).

Die Esperantisten sahen in all diesen Merkmalen des Esperanto ein Mittel, um den fremdsprachlichen Unterricht für die Schüler zu vereinfachen und einer Überforderung durch zu viele Fremdsprachen entgegenwirken (Ritz 1910:22; Schuberth 1909:380). Für den Weltverkehr seien viele Sprachen notwendig, so Englisch, Französisch, aber auch Spanisch, Italienisch und Russisch. All diese Sprachen könnte man gar nicht erlernen und deshalb sei es wesentlich lohnender, sich auf nur eine Sprache, nämlich Esperanto, zu konzentrieren (Schuberth 1909:379). Auf schulischer Ebene plädierten die Befürworter des Esperanto für eine Einführung als erste Fremdsprache (Schuberth 1909; Ritz 1910). In einem Esperanto-Unterricht mit hoher Stundenzahl könne in wenigen Jahren die Grundlage für später nachfolgende Fremdsprachen gelegt werden:

> Die Esperantosprache würde nicht einmal sechs Wochenstunden erfordern, um in etwa drei Jahren bis zur völligen Beherrschung erledigt zu sein. Damit hätten die Schüler für das Erlernen weiterer Sprachen, auf das wir ja trotz des Esperanto nicht werden verzichten wollen, eine Grundlage gewonnen, die sich getrost mit der vielgerühmten lateinischen Grundlage messen kann. (Ritz 1910:23)

Schuberth empfahl einen verpflichtenden Unterricht in Esperanto als erste Fremdsprache an allen Realanstalten mit acht Wochenstunden neben einer weiteren neueren Sprache (1909:381). Auch Ritz hielt die Einführung des Esperanto für eine realistische Möglichkeit für deutsche Schulen. Im ersten Jahrzehnt des 20. Jahrhunderts sei die Esperanto-Bewegung in Deutschland und in anderen Ländern so weit fortgeschritten, dass ein solcher Plan seiner Ansicht nach gute Aussichten auf Verwirklichung habe:

> [...] [D]ie gewaltigen Fortschritte, welche die Esperantobewegung in den letzten Jahren gemacht hat, berechtigen entschieden zu der Hoffnung, daß sie sich durchsetzen wird und daß in wenigen Jahrzehnten jeder Gebildete neben seiner Muttersprache Esperanto können wird. An einer ganzen Reihe von Schulen in vielen Ländern ist es bereits fakultativ oder gar obligatorisch eingeführt, im Königreich Sachsen steht die offizielle Einführung an allen höheren Schulen in naher Aussicht. (Ritz 1910:22)

Die Hoffnungen der Esperantisten wurden nicht erfüllt, auch wenn der 1. Weltkrieg dem Esperanto als Unterrichtsfach neuen Auftrieb gab. Waren zu Beginn des Jahrhunderts die Befürworter noch von der allgemeinen Einführung überzeugt, waren die Stimmen nach dem 1. Weltkrieg kritischer. Auch wenn Esperanto als Alternative zu den „Feindessprachen" Englisch und Französisch angesprochen wurde (vgl. Clasen 1915, Vossler 1922), sah man es als „seelenloses und künstliches gebilde" (Clasen 1915:210), das nur eingeschränkt als Ersatz für die natürlichen Sprachen dienen konnte. Das Interesse an den Schulen war dementsprechend niedrig. Nur vereinzelt wurde Esperanto als Wahlfach angeboten (vgl. Preußisches Statistisches Landesamt 1931:374, 431, 473) Die einzige tatsächliche Konkurrenz für die etablierten Fremdsprachen, Englisch und Französisch, war das Spanische.

9.1.3.2 Spanisch als Pflichtfach

Blieb die Diskussion um Esperanto als alternative Schulfremdsprache in der Theorie verhaftet, konnte sich das Spanische nach dem Krieg in der Praxis durchsetzen und seine Stellung in den preußischen Lehrplänen bedeutend ausweiten. Haack sprach auf der Tagung des Allgemeinen Deutschen Neuphilologen-Verbandes in Berlin 1924 von einer „spanische[n] Bewegung" (ADNV 1925:141), die nach dem 1. Weltkrieg eingesetzt hatte:

> Wie ist es nun zu erklären, daß nach dem Krieg das Bild sich bei uns mit einem Mal veränderte? Man kann sagen, daß unsere Feinde im Krieg uns den Weg zu den spanisch sprechenden Ländern gezeigt haben. Dadurch, daß sie uns den größten Teil der Welt durch den sog. Versailler Vertrag verschlossen, zwangen sie uns, uns nach den paar Freunden umzusehen, die uns noch geblieben waren. Spanien und der größte Teil der Tochterstaaten war nicht auf die Seite der Feinde getreten, und als wir uns diese Freunde nun genauer ansahen, kam uns überraschend zum Bewußtsein, daß dieses Gebiet, das von der Magelhaensstraße [sic] bis zum Rio Grande del Norte heute rund 100 Millionen Einwohner hat, bestimmt ist, in der nahen Zukunft ein neuer Faktor in der wirtschaftlichen und politischen Machtverteilung zu werden. (ADNV 1925:140)

Spanien rückte nach dem Krieg in den Blickpunkt Deutschlands, denn durch seine Neutralität im 1. Weltkrieg waren die Beziehungen zu Deutschland im Vergleich zu England und besonders zu Frankreich unbelastet geblieben. Dies wirkte sich positiv auf den Spanischunterricht an deutschen Schulen aus (Steinhilb 1985:38). Der Impuls für die Einführung des Spanischen als Pflichtfach an den höheren Schulen Deutschlands kam aus Hamburg, wo der Spanischunterricht auf eine lange Tradition zurückblicken konnte (vgl. Haack 1937) (vgl. 6.2.2.4). Die Hamburger Neuphilologen forderten in ihren „Hamburger Leitsätzen zur Stellung und Reform des neusprachlichen Unterrichts" bereits 1920, Spanisch dem Englischen und Französischen gleichzustellen und als Pflichtfach an den höheren Schulen umfassend einzuführen. Sie sahen es als die Aufgabe der Schule, „das Englische und Französische wie bisher, außerdem jedoch das Spanische als die Sprachen von drei wichtigen Kulturkreisen von europäischem Bildungswert zu pflegen" (ADNV 1921:39). Die Leitsätze wurden auf der Reichsschulkonferenz und auch auf der Tagung des Allgemeinen Deutschen Neuphilolgen-Verbandes in Halle 1920 vorgelegt. Während der Spanischunterricht auf der Reichsschulkonferenz nicht thematisiert wurde, fand die Frage des Spanischen auf der Tagung in Halle Unterstützung (Haack 1937:73).

In den frühen zwanziger Jahren war die Lage für den Spanischunterricht äußerst günstig, so dass „immer lauter [...] die Forderung nach einem erweiterten spanischen Unterricht erhoben [wurde]" (Haack 1924:78). Haack selbst war von dem Erfolg der „spanischen Bewegung" überzeugt:

> Im voraus will ich gleich bemerken, daß wir, wie jeder Kundige weiß, noch in den Anfängen stecken, aber diese Anfänge sind so vielversprechend und die ganze spanische Bewegung ist so spontan aus dem Innern heraus entstanden, daß ein Zurückfluten nicht mehr zu befürchten ist und daß es sich nur noch darum handeln kann, weiter auszubauen, den Umfang des Unterrichts zu präzisieren und ihn in den Rahmen des Gesamtunterrichts einzupassen. (ADNV 1925:139)

Das Spanische erfuhr in jenen Anfangszeiten von verschiedenen Seiten Unterstützung. Allen voran sind natürlich die Hispanisten unter den Neuphilologen selbst zu nennen, besonders Gustav Haack, der als Vorkämpfer für die spanische Sache gesehen werden kann. Zusammen engagierten sie sich für den Spanischunterricht. Dies geschah zum einen durch Vorträge auf Philologenversammlungen und Veröffentlichungen in den einschlägigen Fachzeitschriften, wie in den *Neueren Sprachen* oder im *Deutschen Philologenblatt* (ADNV 1925:139). Zum anderen gründeten die Spanischlehrer auf der Neuphilologentagung 1922 eine Spanische Sektion innerhalb des Allgemeinen Deutschen Neuphilologen-Verbandes, um die Ausbreitung des Spanischunterrichts im Deutschen Reich zu forcieren (Haack 1937:74).

Neben den Hispanisten waren es auch Kaufleute, Politiker und sogar das preußische Unterrichtsministerium, die für eine Verstärkung des Spanischen an den höheren Schulen eintraten. Die Kaufleute machten den Neuphilologen zum Vorwurf, sich zu stark an dem Französischen auszurichten statt den Anforderungen der Zeit Rechnung zu tragen und das Spanische stärker zu berücksichtigen (Haack 1924:78). Auch Politiker setzten sich für Spanisch als Unterrichtsfach ein. So wurde ein von allen Parteien unterzeichneter Antrag auf Erweiterung des Spanischunterrichts im Reichstag eingereicht (Haack 1924:78). Den größten Unterstützer fand die „spanische Bewegung" jedoch im Kultusminister selbst. Der damalige Kultusminister Otto Boelitz war auf Grund seiner persönlichen Affinitäten zu Spanien ein eifriger Verfechter des Spanischunterrichts[86]. So warb er in der Eröffnungsrede der Neuphilologentagung in Berlin 1924 mit folgenden Worten:

---

[86] Otto Boelitz wurde 1909 Direktor der deutschen militärberechtigten Realschule in Barcelona. Nach seiner Tätigkeit als preußischer Kultusminister (1921-1925) engagierte er sich für den

Dem Spanischen kommt ja, was heute wohl allgemeine Ueberzeugung ist, eine große Bedeutung zu, nicht bloß auf wirtschaftlichem, sondern auch auf geistigem Gebiete, in der Literatur und in der Kunst, in denen wir die Schöpfungen eines hochstehenden, edlen Volkes erkennen. Ich erfülle eine ganz besondere Ehrenpflicht und trage eine besondere Dankesschuld dem spanischen Volke gegenüber ab, wenn ich mir die Pflege der spanischen Sprache in Preußen ganz besonders angelegen sein lasse. Ich habe in jahrelangem Aufenthalt in Spanien dieses Volk kennen und lieben gelernt und weiß, was seine große Geschichte und seine große Kultur uns auch heute noch zu sagen haben. Das Preußische Ministerium für Wissenschaft, Kunst und Volksbildung wird alles tun, um auch dem Spanischen die Stelle innerhalb des Unterrichts einzuräumen, die ihm zukommt. (ADNV 1925:27)

Die anvisierte Stellung im höheren Schulwesen war die eines Pflichtfachs, gleichberechtigt neben Englisch und Französisch. Als Möglichkeiten zog man Spanisch als zweite Fremdsprache statt Französisch (ADNV 1925:145) oder als dritte moderne Fremdsprache in der Oberstufe der Realanstalten in Betracht (Bertow 1924:80; Schwarz 1930:98). Beide Varianten wurden bereits an einigen Schulen Deutschlands umgesetzt. So war Spanisch zweite Fremdsprache an der Oberrealschule zum Dom in Lübeck (Kusche 1930:253), einer Realschule in Bremen[87] (ANDV 1925:152) oder an den Realgymnasien und Oberrealschulen in Hamburg (Haack 1937:81; vgl. auch Christ/Rang 1985e:113, 114, 151)[88]. In allen Schulen wurde den Schülern die Wahl zwischen Französisch und Spanisch als zweite Fremdsprache gelassen. Als dritte Fremdsprache konnte Spanisch in der Oberstufe, z.B. an der Oberrealschule in Hamburg (Haack 1937:81) oder an einer Oberrealschule und an einem Realgymnasium in Bremen (ANDV 1925:153), gewählt werden. Preußen selbst konnte keine Schule mit verpflichtendem Spanischunterricht vorweisen, obwohl Spanisch bis 1930 an 154 Schulen[89] unterrichtet wurde (Haack 1937:87). In Preußen war Spanisch folglich ausschließlich Wahlfach.

Aufbau des Ibero-Amerikanischen Instituts in Berlin, dem er als erster Direktor von 1930 bis 1934 vorstand (Reichshandbuch 1931:165; IAI 2007).

[87] An der Realschule in der Altstadt in Bremen wurde nach Aussagen des Landesschulrats in Bremen, Wilhelm Bohm, Spanisch ab 1922 sogar als erste Fremdsprache vor Englisch angeboten (ADNV 1925:152).

[88] Weitere Schulen mit Spanisch als Pflichtunterricht waren Pforzheim (ab 1922), Schwäbisch-Gmünd (ab 1922) (Steinhilb 1985:56). An dem Reformrealgymnasium in Grunewald konnte Spanisch in den letzten drei Jahren bis zum Abitur (einschließlich Abiturprüfung) belegt werden (Tinius 1923:31).

[89] Die Zahl bezieht sich auf Knaben- und Mädchenschulen.

Die Befürworter des Spanischen brachten eine Vielzahl von Begründungen vor, um ihre Forderung nach Einführung der spanischen Sprache als Pflichtfach an den höheren Schulen zu untermauern. Das wichtigste Argument war die Bedeutung Spaniens und vor allem Lateinamerikas für die deutsche Politik und Wirtschaft. In diesem Sinne äußerte sich auch Kultusminister Boelitz auf dem Neuphilologentag in Berlin:

> Der Wert der Sprachen als Verkehrsmittel ist von uns seit langem erkannt, und es sind daher die lebenden Sprachen auf unseren höheren Schulen in dauernd steigendem Maße gepflegt worden, seitdem Deutschland an der Weltpolitik und Weltwirtschaft Anteil zu nehmen begann. Den Platz auf diesen Gebieten, den es durch den großen Krieg verloren hat, wiederzugewinnen sollen sie ihm helfen. Dazu gehört auch, daß unsere Schule ihr Interesse nicht auf die beiden bisher allein gelehrten Sprachen beschränkt, auf Französisch und Englisch, daß sie auch die Sprachen anderer Länder, so insbesondere das Spanische, in ihren Kreis zieht. (ADNV 1925:26)

Boelitz stellte heraus, dass die wirtschaftlichen Verbindungen nach Spanien und Lateinamerika Deutschland helfen könnten, seine einstige Weltstellung wiederherzustellen. Die Hispanisten betonten, dass gerade die flächenmäßig riesige Ausdehnung und die große Bevölkerungszahl Lateinamerika zu einem gewinnversprechenden Handelspartner für Deutschland mache, „denn hier finden wir nach dem Verlust unserer Kolonien viele Erwerbsmöglichkeiten und Werte, die für unsere Wirtschaft und Industrie lebenswichtig sind" (Anon. 1922:110). Dazu sei Spanisch als Sprache mit 80 Millionen Sprechern auf zwei Kontinenten für die Deutschen unabdingbar (Boxberger 1921:246). Man war überzeugt, „[d]em Spanischen gehört die Zukunft" (Vossler 1922:231). Dies zeige sich an den bereits bestehenden wirtschaftlichen Verbindungen zwischen Deutschland und Lateinamerika (Greif 1928:555).

Neben politischen und wirtschaftlichen Faktoren spielten auch kulturelle Aspekte in die Verteidigung des Spanischen hinein, wie Haack auf dem 22. Neuphilologentag 1930 in Breslau betonte:

> Bei der sich immer enger gestaltenden Verbundenheit aller wirtschaftlichen und geistigen Beziehungen der Völker und der immer größer werdenden Bedeutung der spanischamerikanischen Länder sind von einer eingehenden Beschäftigung mit der Sprache und Literatur dieser Länder nicht nur große Vorteile für unsere Wirtschaft, sondern auch eine wertvolle, kosmopolitische Beeinflussung unseres Geisteslebens zu erwarten. (ADNV 1931:30)

Wie auch Boelitz in seiner Eröffnungsrede 1924 herausstellte, seien die „große Geschichte" und die „große Kultur" Spaniens für Deutschland weiterhin bedeutsam (ADNV 1925:27). Spanien wurde nun, wie die Hamburger Leitsätze es formulierten, neben England und Frankreich als ein Kulturkreis „von europäischem Bildungswert" gesehen (ADNV 1921:39). Spanischkenntnisse seien der Schlüssel, um Zugang zu seinen Bildungsgütern zu erhalten, allen voran zu seiner bedeutenden Literatur, denkt man nur an Cervantes, Lope de Vega oder Calderón (Boxberger 1921:247; Kusche 1930:235). Ein erweiterter Spanischunterricht würde der Tatsache Rechnung tragen, dass „das Interesse für Sprache und Kultur Spaniens und Südamerikas [...] ständig im Wachsen" sei (Tinius 1923:36).

Die Einführung eines obligatorischen Spanischunterrichts an den höheren Schulen Deutschlands bedeutete aber in Konsequenz eine deutliche Einschränkung des Französischen als Schulfach, denn im Kern ging es den Hispanisten vor allem um den Rang des Spanischen als zweite Fremdsprache. Viele Spanischlehrer hielten ihr Fach für wesentlich wichtiger für deutsche Schüler als das Französische: „Für uns steht es jetzt fast so, dass Französisch ein Luxus, Spanisch aber Notwendigkeit ist" (Kusche 1930:253). Nicht wenige forderten, das Französische an den Realanstalten zu Gunsten des Spanischen aufzugeben (Anon. 1922:110; Vossler 1922:233). Man zweifelte den Bildungswert des „Zwangsfachs" Französisch an, gerade weil Frankreich nach dem Krieg politisch und wirtschaftlich an Bedeutung für Deutschland verloren hatte. Die französische Sprache sei, so Boxberger (1921), keine Weltsprache mehr und bestehe nur noch als Diplomatensprache sowie als Verkehrssprache in Frankreich und seinen Kolonien (Boxberger 1921:246).

Die Gefahr der Verdrängung des Französischen durch das Spanische wurde in den Kreisen der Neuphilologen mit Gelassenheit aufgenommen, obwohl an den Schulen, an denen eine Wahl zwischen den beiden Sprachen bestand, Französisch deutlich an Schülern verlor (Haack 1937:76). Es entbrannte aber kein Sprachenstreit, wie man ihn zwischen Englisch und Französisch kannte, und nur wenige Romanisten äußerten sich in der Fachpresse zu dieser neuen Konkurrenzsituation. So war Rosenberg einer der wenigen, der sich in der Frage „Spanisch statt Französisch" (1930:225) deutlich für das Französische aussprach:

> Das Spanisch mag als Pflichtfach auf allen Handels- und Berufsschulen am Platze sein. Auf unseren höheren Schulen darf es aber nur als fakultativer Zusatzunterricht eine Randstellung einnehmen für begabte Schüler, die sich dafür interessieren und die dieses Mehr

von Belastung leicht bewältigen. Jedenfalls darf seine Berücksichtigung nicht auf Kosten des Französischen geschehen! (Rosenberg 1930:225-226)

Der Grund für die Zurückhaltung von Seiten der Französischlehrer ist sicherlich darin zu sehen, dass das Spanische in der Praxis keine reelle Gefahr für das Französische darstellte, denn an der großen Mehrheit der deutschen Schulen wurde Spanisch nur als Wahlfach angeboten. Die Forderungen nach der Einführung der spanischen Sprache als zweite Fremdsprache blieben bis auf wenige Ausnahmen auf die Theorie beschränkt.

Bis 1930 hatte sich der Spanischunterricht an deutschen Schulen zwar zahlenmäßig weiter ausgebreitet (vgl. 6.2.2.4), aber der Wunsch nach einer generellen Einführung als Pflichtfach hatte sich nicht erfüllt. Spanisch blieb weiter das „spanische Stiefkind" (Kusche 1930:253), das weiter dazu verurteilt war, „die Rolle des Aschenbrödels neben ihren glücklicheren Schwestern zu spielen" (Philipp 1925:38). Haack sah den Spanischunterricht am Ende des Jahrzehnts in einer Krise und stellte sich angesichts der Tatsache, dass die spanische Bewegung sich anders entwickelt hatte als gehofft, die Frage: „Was wird aus dem Spanischen?" (Haack 1930:76). Nach den vielversprechenden Anfängen zeichnete sich ein Abschwung ab, der sich in einem schrittweisen Abbau des Spanischunterrichts, sogar in Hamburg, in dem Versiegen der wissenschaftlichen Publikationen oder in dem schwindenden Interesse an der spanischen Facultas zeigte (Haack 1930:76). Wenn sich keine entscheidenden Veränderungen ergäben, so Haack weiter, sei „in absehbarer Zeit das Spanische wieder in seine Stellung zurückgeführt, die es vor dem Krieg in Deutschland hatte" (Haack 1930:76). Ein Grund für diese Entwicklung ist zum einen in der fehlenden Unterstützung aus dem Ministerium zu sehen. Karl Heinrich Becker, der Nachfolger von Unterrichtsminister Boelitz, habe, so Haack (1937:80), nichts für das Spanische getan. Zum anderen fehlte es in ganz Deutschland an Lehrern, um einen spanischen Pflichtunterricht einführen zu können (Philipp 1925:28; Haack 1937:74-75). Haack forderte 1930 eine Entscheidung aus dem Kultusministerium über die Gleichstellung des Spanischunterrichts mit Englisch und Französisch (Haack 1930:77; ADNV 1930:30), damit die positiven Entwicklungen nicht völlig versiegten: „Wenn das nicht geschieht, dann wird die hispanistische Bewegung, die bei uns so vielversprechend eingesetzt hat, bald zum Erliegen kommen" (ADNV 1930:30).

Tatsächlich brachten die Jahre bis zur Machtübernahme durch die Nationalsozialisten keine Änderungen mehr für den Spanischunterricht in Deutschland. Erst die Vereinheitlichung des Neusprachenunterrichts und der Sprachenfolge durch die Lehrpläne von 1938 verschaffte der spanischen Sprache deutschlandweit Eingang in die Lehrpläne der höheren Schulen (vgl. Kap. IV).

9.2 Schulpolitische Ebene

Der in der pädagogischen Presse und auf den Tagungen der philologischen Verbände erbittert geführte Streit um die modernen Fremdsprachen und deren Aufeinanderfolge erforderte eine Entscheidung des preußischen Kultusministeriums. Hauptgrund für die allgemeine Unzufriedenheit war die unübersichtliche Vielfalt an Sprachkombinationen an den unterschiedlichen Schulformen, die sich in den zwanziger Jahren in Preußen ergeben hatte (vgl. 6.3.2; siehe Anhang 9). Diese war aus der Flexibilisierung der Sprachenfolge zu Beginn der zwanziger Jahre entstanden (vgl. 6.3.2). Konkret waren es die Lehrpläne der Aufbauschule und der Deutschen Oberschule 1922 (vgl. Zentralblatt 1922b:123) und insbesondere der erste wichtige Erlass zur Sprachenfolge vom 10. Februar 1923 des damaligen Kultusministers Boelitz (vgl. Zentralblatt 1923:88), die die Wahl der ersten Fremdsprache an den höheren Schulen freistellten und zu dieser Unübersichtlichkeit führten. Ab Mitte der zwanziger Jahre wurden deshalb Stimmen laut, die für ein Ende des „Sprachenwirrwarrs" eintraten und eine Entscheidung der Unterrichtsbehörden einforderten.

Die wichtigsten schulpolitischen Ereignisse hinsichtlich der Sprachenfolge an den höheren Schulen waren die Richertsche Schulreform von 1924/25 und der sogenannte „Grimme-Erlass" vom 27. November 1931 (vgl. Zentralblatt 1931:341-343) (vgl. 6.3.2), der Französisch als erste Fremdsprache für alle höheren Schulen Preußens festschrieb. Beide kultusministerielle Entscheidungen waren der Auslöser für heftig geführte Debatten innerhalb der Fachkreise, in die sich auch die verschiedenen philologischen Verbände und Vereine einschalteten.

9.2.1 Die Sprachenfolge in den Richertschen Richtlinien

Die Richertsche Schulreform von 1924/25 und die im Anschluss veröffentlichten „Richtlinien für die Lehrpläne der höheren Schulen Preußens" (vgl. 5.2.3) bestätigten den Erlass zur Sprachenfolge vom 10. Februar 1923 und gaben nicht mehr vor, welche Stellung Englisch oder Französisch an welcher Schulform einzunehmen hatte. Sie überließen die Entscheidung über die Sprachenfolge den Schulen, obwohl bereits zu jenem Zeitpunkt ein „Machtwort" aus dem preußischen Kultusministerium eingefordert wurde, wenn auch nicht so vehement wie gegen Ende des Jahrzehnts. In der Denkschrift zur Schulreform kommentierte Ministerialrat Richert die Freistellung mit folgenden Worten:

> Es ist zweifellos eine Erschwerung für den Übergang von einer Schule zur anderen, daß bezüglich der modernen Fremdsprachen die Vertauschung des Englischen mit dem Französischen freigestellt ist. Anträgen, diese Frage durch ein Machtwort zugunsten des Englischen zu entscheiden, hat die Unterrichtsverwaltung nicht nachgegeben. Denn so einschneidende Kulturfragen von noch gar nicht abzusehenden Folgen lassen sich für ein so großes Land, wie es Preußen ist, nicht durch behördliche Festsetzungen lösen. Am allerwenigsten darf sich die Unterrichtsverwaltung hierbei von den Wechselwinden der Zeitströmungen treiben lassen. Jahrhundertealte Kulturzusammenhänge lassen sich nicht in kurzer Zeit ausschalten. Sie haben ihr Eigenrecht und ihr Fortleben, unbekümmert um Augenblicksbestimmungen. (Denkschrift 1924:39)

Ganz offen sprach Richert die Zurückhaltung des Kultusministeriums hinsichtlich der Sprachenfrage an. Seine Aussagen machen deutlich, dass sich das Ministerium nicht zu einer Entscheidung für das Englische als erste Fremdsprache, wie mehrheitlich gefordert, durchringen konnte, sondern sich stärker dem Französischen verpflichtet fühlte. Richert sah in der durch den Erlass von Boelitz 1923 ausgelösten Bewegung für das Englische eher ein vorübergehendes Phänomen oder, wie er sich ausdrückte, „Wechselwinde[...] der Zeitströmungen", durch die sich das Ministerium nicht zu einer Entscheidung drängen lassen wollte. Die Denkschrift betonte dagegen die lange Geschichte der Kulturbeziehungen zwischen Deutschland und Frankreich. Zeitgenossen wie Bolle (1928) stellten heraus, dass der eigentliche Grund für die Zurückhaltung nicht in schulorganisatorischen Aspekten zu suchen ist, sondern in der Affinität des Ministeriums für das Französische (vgl. 9.2.2.). Bolle erkannte bereits in der Denkschrift eine Bevorzugung des Französischen gegenüber dem Englischen (1928:161). Zum Zeitpunkt der Schulreform war der Wille jedoch noch nicht vorhanden, die bevorzugte Sprache, in diesem Fall Französisch, als erste Fremdsprache für alle höheren Schulen Preußens festzulegen. Man hoffte noch darauf, dass sich der Sprachenstreit selbst lösen würde und billigte einstweilen die regionale Teilung, die sich nach dem Boelitz-Erlass in Preußen ergeben hatte:

> Im Rheinlande wird voraussichtlich das Französische auf lange hin die erste Fremdsprache bleiben. [...] Ebensowenig freilich wird man das Weitervordringen der englischen Sprache künstlich aufhalten dürfen. Eine den besonderen Bedürfnissen der Landschaft, aber auch des Gesamtstaates entsprechende Mischung bezüglich der ersten Fremdsprache wird sich erst sehr allmählich in natürlicher Entwicklung herausbilden. Bis dahin müssen gewisse Übelstände als unvermeidlich hingenommen werden. (Denkschrift 1924:38-39)

Die ausbleibende Antwort auf die Frage, ob Englisch oder Französisch erste Fremdsprache sein sollte, wurde zwar bedauert (z.B. Aronstein 1925:3), löste aber zu dem damaligen Zeitpunkt kein großes Echo in der Fachpresse aus. Gründe dafür waren sicherlich, dass die Freistellung der Sprachenwahl in der Praxis noch positiv bewertet wurde, denn sie gab den Schulen die Möglichkeit, selbst in der Sprachenfrage zu entscheiden, und dass die Folgen der Regelung, nämlich das später viel kritisierte „Sprachenwirrwarr", in diesen Anfangszeiten noch nicht absehbar waren.

Es war eine weitaus unscheinbarere Änderung in den Richertschen Richtlinien, die heftige Reaktionen aus den Reihen der Neuphilologen, aber auch der Verbände und Vereine hervorrief. Diese Änderung betraf das Reformrealgymnasium, das durch die Richertsche Schulreform im Zusammenhang mit der Neuausrichtung der Realgymnasien neue Stundenpläne erhielt. Die Denkschrift sah in den Bildungsaufgaben des Realgymnasiums mit dem Betrieb des Lateins neben zwei neueren Sprachen ein fehlendes Bildungsideal und eine qualitative Überbürdung der Schüler (Denkschrift 1924:43). Deshalb stünde „das Realgymnasium mehr als die anderen Schulformen an einem Wendepunkt seiner Geschichte" (Denkschrift 1924:44). Ziel der Schulreform war es, das Realgymnasium in ein neusprachliches Gymnasium umzuwandeln. Dazu war, wie die Denkschrift erläuterte, eine Verstärkung der neueren Sprachen und eine Einschränkung des Lateinunterrichts nötig:

> Es muß nun mit aller Offenheit gesagt werden, daß der Lateinunterricht am Realgymnasium, aufs Ganze gesehen, die auf ihn gesetzten Hoffnungen nicht erfüllt hat. Er ist vielmehr nur eine recht dürftige Dublette des Lateinunterrichts am Gymnasium geblieben und hat über eine oft recht fragwürdige Übersetzungsfertigkeit hinaus eine wirkliche Einführung in den Geist und die Kultur Roms nicht erreicht. So blieb das Latein vielfach ein Fremdkörper am Realgymnasium, weil jede organische Verbindung zu den übrigen Bildungsfächern fehlte. Eine Verstärkung des Lateinunterrichts verbietet sich an dem neusprachlichen Gymnasium von selbst. Er wird sich daher an dieser Schule mit einer Randstellung begnügen müssen [...]. (Denkschrift 1924:47)

Für das Reformrealgymnasium, das in der Denkschrift unter das Realgymnasium subsummiert wurde, bedeutete die Neuausrichtung auf die neueren Sprachen eine

Umstellung der Sprachenfolge. Die ursprüngliche Sprachenfolge, die sich historisch aus dem Frankfurter System entwickelt hatte, war Französisch ab der Sexta, Latein ab der Untertertia, Englisch ab der Untersekunda (siehe Anhang 2.2) (vgl. 5.1.3 und 7.2.3). Die neuen Stundentafeln verschoben Latein nun von der Untertertia auf die Untersekunda und machten es zur dritten Fremdsprache. Englisch und Französisch als wahlweise erste oder zweite Fremdsprache wurden jetzt vor Latein gelehrt. Gleichzeitig wurde der Stundenanteil von Latein von 51 Wochenstunden im Frankfurter System auf gerade einmal 16 Stunden gesenkt (siehe Anhang 1.4.2 und 2.2) (vgl. Zentralblatt 1924:286). Die Umstellung bedeutete im Grunde die Gründung einer neuen Schulform:

> Damit wurde eine Schulform geschaffen, die zwar den Namen des Reform-Realgymnasiums beibehalten hat, die aber in ihrem Wesen von dem bisherigen Reform-Realgymnasium in entscheidender Weise abweicht. Denn für dieses war nach seiner geschichtlichen Entwicklung und seiner kulturellen Bedeutung gerade der kräftige Lateinbetrieb von jeher der charakteristische Zug. (Harnisch et al. 1927:89)

Diese völlig unerwartete und einschneidende Änderung des Reformrealgymnasiums, das sich in den ersten Jahrzehnten des 20. Jahrhunderts gerade wegen seiner Verbindung realistischer und humanistischer Bildungselemente zu der beliebtesten Schulform entwickelt hatte (Harnisch et al. 1927:90; Ortmann 1926:12), rief die Befürworter des alten Reformrealgymnasiums auf den Plan und stieß eine Protestwelle an, wie sie im 20. Jahrhundert selten geworden war:

> Die überhastete und überraschende preußische Reform, die sich als eine wahre Umwälzung erwies, rief zunächst schlimmste Verwirrung, dann leidenschaftliche Opposition hervor, welche die Unterrichtsverwaltung zwang, eine Reihe der radikalsten Änderungen zurückzunehmen oder abzuschwächen. (Schmeding 1956:240)

Während die Befürworter der alten Form des Reformrealgymnasiums die Beschneidung des Lateinunterrichts scharf kritisierten, äußersten sich andere Neuphilologen positiv zu der Neuausrichtung des Reformrealgymnasiums als neusprachliches Gymnasium. Für Hanf bedeutete der neue Plan „einen entschiedenen Fortschritt" (Hanf 1924a:160), denn er gewähre mehr Zeit, um die beiden modernen Fremdsprachen umfassend zu erlernen. Dies gelte besonders für den Englischunterricht, der auf Grund der Aufnahme neuer Inhalte wie der Kulturkunde von der Erhöhung der Unterrichtszeit profitierte. Gute Fremdsprachenkenntnisse seien auch, wie Hartz (1924) herausstellte, für die Teilnahme an der Weltwirtschaft notwendig.

Viele Schüler gingen nach Vollendung ihrer Schulausbildung als Kaufleute oder Techniker ins Ausland und bräuchten Englisch und Französisch dringender als Latein (Hartz 1924:272). Aus diesem Grund sei das neue Reformrealgymnasium zeitgemäß:

> So scheint mir der Richertsche Vorschlag für das Reformrealgymnasium heute das zu bieten, was wir nötig haben in den Teilen unseres Landes, deren Jugend den Deutschen liefern soll, der das für uns jetzt wichtige Ausland zu verstehen sucht, der, wenn irgend möglich, sich in der angelsächsischen Welt bewegt, in ihr tätig ist und in ihr für das Deutschtum wirbt. (Hartz 1924:272)

Darüber hinaus sei die natürliche Reihenfolge der Fremdsprachen „das nicht schwere Englisch" vor dem Französischen mit den „romanischen Bestandteilen des Englischen" und schließlich Latein (Hanf 1924a:161).

Der Kampf um das Reformrealgymnasium wurde nicht nur in der Fachpresse ausgetragen, sondern auch auf Vereins- und Verbandsebene. So war die Verteidigung des alten Reformrealgymnasiums Thema auf Tagungen des Preußischen Philologenverbandes, des Allgemeinen Deutschen Neuphilologen-Verbandes und des Deutschen Realschulmännervereins (vgl. 9.2.3). Es fanden sich aber auch viele Unterstützer außerhalb der Schule. So brachten die Deutschnationalen einen Antrag im preußischen Landtag ein, Latein ab der Untertertia am Reformrealgymnasium wieder zu genehmigen (vgl. Hassel 1925:167). Auch der Reichsstädtebund sowie Vertreter der Hochschulen und der katholischen Kirche wandten sich in Eingaben an das Kultusministerium, um ihrem Wunsch nach Erhalt des Reformrealgymnasiums Nachdruck zu verleihen (vgl. Harnisch et al. 1927:91).

Bereits ein Jahr nach der Schulreform ließ das Kultusministerium in dem Ministerialerlass vom 31. März 1925 „dem Drucke der öffentlichen Meinung nachgehend" (Harnisch et al. 1927:91) das Reformrealgymnasium alter Art, jedoch mit einer Einschränkung in Bezug auf die Sprachenfolge, auf Antrag wieder zu:

> Am Reformrealgymnasium kann [...] das Lateinische in U III begonnen werden. Es erhält dann die für die Regelform vorgesehene Stundenzahl der zweiten neueren Fremdsprache, diese die des Lateinischen. Nur in U III gibt das Französische eine Stunde an das Lateinische ab. Vor der Vorlage von Anträgen auf Genehmigung dieser Ausnahmeform des Reformrealgymnasiums wollen die Provinzialschulkollegien sorgfältig prüfen und in ihren Berichten sich eingehend darüber äußern, ob diese Abweichung von der regelmäßigen Sprachenfolge tatsächlich den besonderen Bildungsbedürfnissen entspricht. [...] Nicht ohne Bedeutung ist auch der Umstand, mit welcher neueren Fremdsprache das betreffende Reformrealgymnasium beginnt. Im allgemeinen darf von dem in der U II beginnenden

Unterricht ein Ergebnis, das dem Bildungsziele dieser neusprachlichen Schulform dient, nur beim Englischen erwartet werden. Grundsätzlich ist daher Voraussetzung des Beginns des Lateinischen in der U III, daß als erste Fremdsprache das Französische betrieben wird. (Zentralblatt 1925b:113)

Das Reformrealgymnasium alter Art wurde durch diesen Erlass zur Ausnahmeform neben dem Reformrealgymnasium neuer Art als Regelform. Hinsichtlich des Fremdsprachenangebots an dem Reformrealgymnasium alter Art wurde jetzt die ursprüngliche, vom Frankfurter System übernommene Sprachenfolge Französisch, Latein, Englisch allgemein festgeschrieben und zur Bedingung für eine Genehmigung dieser Ausnahmeform gemacht. Diese Regelung erntete umso mehr Kritik, als durch den Erlass von Boelitz aus dem Jahr 1923 und durch die Richtlinien von 1925 für alle anderen Schulformen die Wahl der Fremdsprachen freigestellt war. Viele Neuphilologen äußerten wie Krüper (1926) ihr Unverständnis über diese Entscheidung:

> Es ist wirklich nicht einzusehen, weshalb nicht auch ein mit Englisch beginnendes Reformrealgymnasium alter Art in den Wettbewerb der verschiedenen Schularten und Schulformen, die aus der Reform hervorgegangen sind, mit Aussicht auf Bewährung eintreten soll. (Krüper 1926:20)

Auf der Tagung „Die Reformanstalten und Oberrealschule", die vom 4. bis 7. Oktober 1926 vom Zentralinstitut für Erziehung und Unterricht in Frankfurt abgehalten wurde und auf der der Streit um das Reformrealgymnasium im Mittelpunkt stand (Schmeding 1956:247), forderten die Teilnehmer die Aufhebung dieser Einschränkung in der Sprachenfolge und die gleichen Bedingungen für beide Arten der Reformrealgymnasien: „Freiheit für beide, fort mit allen einschränkenden Bestimmungen" (Vilmar 1928:21). Bolle (1928) sah hinter dem Erlass wieder eine Bevorzugung des Französischen durch die Kultusbehörden, wie er sie auch in der Denkschrift ausgemacht hatte:

> Das Verbot für Schulen mit Englisch in Sexta, Latein in Untertertia beizubehalten, läßt die Vorliebe für das Französische dem Englischen gegenüber erkennen, und man geht nicht fehl in der Annahme, daß im Ministerium starke Neigungen vorhanden sind, durch amtlichen Einfluß der Entwicklung, die deutlich eine Ausdehnung des Englischen erkennen läßt, entgegenzutreten und dem Französischen seine Vormachtstellung wieder zu verschaffen. (Bolle 1928:150)

Grundsätzlich müsse, so der Tenor der Tagung, die Wahl der Sprachenfolge freigestellt werden. Aus diesem Grund wurde der Beschluss gefasst, sich mit der Bitte, alle Einschränkungen aufzuheben, an das Unterrichtsministerium zu wenden. Dies geschah 1926 durch die „Denkschrift betr. uneingeschränkten Zulassung des Reform-Realgymnasiums mit Latein von U III an" (vgl. Harnisch et al. 1927). Das Kultusministerium lehnte die Eingabe jedoch ab und stellte heraus, „dass eine weitere Ausdehnung der Versuche mit der Sprachenfolge Englisch-Latein-Französisch zunächst nicht in Aussicht gestellt werden [könne]" (Harnisch et al. 1927:92). Nach dieser Entscheidung versiegte die Debatte um das Reformrealgymnasium und wurde von der Diskussion um die Vereinheitlichung der Sprachenfolge an den höheren Schulen abgelöst.

9.2.2 Die Vereinheitlichung der Sprachenfolge in Preußen

Gegen Ende der zwanziger Jahre und Anfang der dreißiger Jahre sah man sich mit den Folgen, die sich aus der Freiheit in der Sprachenfolge und auf Grund der zögernden Haltung des Kultusministeriums ergeben hatten, konfrontiert. Im höheren Schulwesen Preußens herrschte ein beispielloses „Sprachenwirrwarr". Simon (1927:13) zählte für das Schuljahr 1926 37 unterschiedliche Formen höherer Schulen, die aus den unterschiedlichen Kombinationsmöglichkeiten der Fremdsprachen entstanden waren (siehe Anhang 9). Während die Schulen im Westen fast ausschließlich mit Französisch begannen, war in den übrigen Provinzen, mit Ausnahme von Berlin-Brandenburg und Oberschlesien, Englisch vorherrschend[90] (Grimme 1931:222). Das größte Problem daran war der Übergang von einer Schule zur anderen:

> Die völlige Freiheit in der Wahl der ersten neueren Fremdsprache hat die an sich schon überreiche Zahl von Schultypen in Preußen schier ins Unendliche vermehrt, so daß sich durch die sinnverwirrende Fülle kaum noch der Spezialist hindurchfindet. Die jetzigen Zustände werden aus pädagogischen und wirtschaftlichen Gründen allgemein als unerträglich bezeichnet; geht doch die Zerrissenheit so weit, daß selbst in Orten mit gleichen Schultypen die eine Schule mit Französisch, die andere mit Englisch beginnt, so daß entweder keine Übergangsmöglichkeit besteht oder diese doch sehr erschwert wird. So herrscht Übereinstimmung darüber, daß eine Lösung, die unendliche Mannigfaltigkeit der Schulformen auf ein erträgliches Maß zu beschränken, gefunden werden muß. (Simon 1929:753)

---

[90] Eine genaue Darstellung der Sprachenfolge nach Provinzen findet sich bei Simon (1927, 1929). Engel (1927) hat eine Übersicht für Berlin erstellt.

Die Hoffnung des Kultusministeriums, dass sich die Sprachenfrage in der Praxis von alleine zu Gunsten der einen oder anderen Sprachen lösen würde (vgl. 9.2.1), hatte sich nicht erfüllt. Diese unhaltbare Situation müsse, so wurde von politischer Seite, von den Städten, von den Eltern und von den Philologen gefordert (Grimme 1931:225), durch einen „Willensakt" (Simon 1929:756) des preußischen Ministeriums beendet werden.

Der Höhepunkt des Schulstreits um die Vorherrschaft zwischen Englisch und Französisch war das Schuljahr 1931, das von Aehle als das „kritische[...] Schuljahr" (1938:21) bezeichnet wurde. Das Unterrichtsministerium hatte sich nach langem Zögern endlich zu einer Entscheidung durchgerungen[91], die den Provinzialschulkollegien in dem sogenannten „Referentenentwurf" zur Sprachenfolge[92], dem Entwurf zum späteren Ministerialerlass vom 27. November 1931, am 4. März 1931 zur Diskussion vorgelegt wurde (Zentralblatt 1931:341). Ziel war es, durch einen für alle Beteiligten akzeptablen Kompromiss die unübersichtliche Vielfalt zu beseitigen und den Sprachenstreit zu beenden:

> Nach den vielfachen Erörterungen, die seit Jahren stattgefunden haben, erübrigt es sich, erneut auf die bildungs- und kulturpolitischen, methodischen und schultechnischen Zusammenhänge einzugehen, die bei der Prüfung der Frage, welche Sprache die erste neuere Fremdsprache sein soll, vorliegen. Es kann sich nur noch darum handeln die entstandene Uneinheitlichkeit endlich so weit als möglich zu beseitigen und zu einem Plane zu gelangen, der den praktischen Bedürfnissen und den methodischen Forderungen einigermaßen entspricht. (Grimme 1931:221)

Die größte Herausforderung der Vereinheitlichung sah Kultusminister Grimme in seinem Referentenentwurf darin, einen Kompromiss zu finden, der die regionale Zweiteilung hinsichtlich der Sprachenfolge zu überwinden vermochte und den Bedürfnissen beider Seiten Rechnung trug:

> Es ist unmöglich und kulturpolitisch nicht tragbar, durch Zwang den Westen zum Englischen zu bringen oder die anderen Landesteile zu nötigen, auf die Bevorzugung des Eng-

---

[91] Noch 1930 wurde die Vereinheitlichung von einem Vertreter des Ministeriums auf der Schulvereinigung der deutschen Städte in Trier als „nicht dringlich" bezeichnet (vgl. Schwarz 1931a:296).

[92] Der Referentenentwurf wurde nicht wie andere Erlasse im *Zentralblatt für die gesamte Unterrichtsverwaltung in Preußen* veröffentlicht, ist aber in der *Zeitschrift für französischen und englischen Unterricht* (Jg. 30/1931) abgedruckt. Damals wurde er aber auch über die Tagespresse der Öffentlichkeit zugänglich gemacht (Bolle 1931:161).

lischen zu verzichten. Es muß ein Weg gefunden werden, der einmal zu einer gewissen Einheitlichkeit führt, dann aber auch dem Westen die Bevorzugung des Französischen ermöglicht und den übrigen Provinzen einwandfrei die stärkere Betonung des Englischen gestattet. Die Eigenart der beiden Sprachen legt den Weg nahe, der zu beschreiten ist. (Grimme 1931:222)

Der Kompromiss lag schließlich darin, nicht mehr den Zeitpunkt, zu dem eine Sprache einsetzt, als das entscheidende Kriterium für deren Hauptgewicht im Lehrplan einer Schule zu sehen, sondern die Gesamtstundenzahl (Grimme 1931:222). So könne nach Grimme eine Sprache, die nicht erste Fremdsprache ist, trotzdem Hauptsprache einer Schulform sein: „[...] [D]ie Frage, ob erste oder zweite Fremdsprache [ist] weniger entscheidend [...] als die Frage, welche soll die Hauptsprache sein" (Grimme 1931:223).

Aus diesen Überlegungen entstand folgender Vorschlag:

> 1. Am Realgymnasium, am Reformrealgymnasium der Regelform und dem mit Latein ab U III, der Oberrealschule, der Deutschen Oberschule und der Aufbauschule [...] ist das Französische einheitlich die grundständige neuere Fremdsprache.
> 2. Bei Beginn der zweiten bzw. der dritten Fremdsprache haben sich die Schulen zu entscheiden, welche Sprache die Hauptfremdsprache werden soll. [...]
> 3. Das Gymnasium, das Reformgymnasium und die gymnasiale Studienanstalt erhalten Englisch als neuere Fremdsprache. Das Französische ist wahlfrei. (Grimme 1931:223)

Somit sollte für alle Realanstalten als Sprachenfolge Französisch-Englisch festgelegt werden, während alle gymnasialen Anstalten Latein-Griechisch-Englisch anbieten sollten. Französisch sollte so zur einheitlichen ersten Fremdsprache aller Realanstalten werden. Am Gymnasium und Realgymnasium dagegen sollte es durch Englisch als erste neuere Fremdsprache ersetzt und in den Wahlbereich gedrängt werden.

Ausführliche Begründungen für diesen Kompromiss wurden in dem Referentenentwurf nicht angegeben. Grimme gab nur wenige Hinweise, weshalb ihm Französisch als erste Fremdsprache sinnvoller erschien als Englisch. Zum einen läge der Vorteil des Englischen als zweiter Fremdsprache darin, dass seine Unterrichtsinhalte in kompakterer Weise in weniger Jahren vermittelt werden könnten, wodurch ein „Leerlauf" in der Mittelstufe vermieden werden könnte. Zum anderen gäbe es nur wenig geeignete englische Lektüre auf mittlerem Niveau:

> Damit würde man auch über die Jahre der Mittelstufe hinwegkommen, für die beim Englischen ein gewisser Leerlauf allgemein festzustellen ist, insofern als die Schüler zu jung

> sind, um in die wirklichen Probleme und Schwierigkeiten der englischen Syntax eingeführt zu werden, und gewisse Schwierigkeiten auch bestehen bei der Auswahl des geeigneten Lektürestoffes, der gerade für die Jahre im Englischen verhältnismäßig spärlich vorhanden ist. (Grimme 1931:222)

Französisch dagegen sei besser als Anfangssprache geeignet, denn das Erlernen der französischen Sprache benötige mehr Zeit als der englischen. Außerdem könne Französisch besser als Grundlage für Englisch als zweite Fremdsprache dienen:

> Es gehört nun einmal eine gewisse Zeit und ein erhebliches Maß von Übung dazu, um die französische Formenlehre aufzunehmen, die wesentlich komplizierter ist als die englische. Ist für das Französische eine breite, sichere Grundlage in der Unterstufe geschaffen, so kann man in der Mittel- und Oberstufe mit einer geringeren Stundenzahl ein bescheiden gestecktes Ziel erreichen. Jedenfalls erreicht man bei dieser Ordnung wesentlich mehr als bei dem jetzigen Zustand des Französischen als zweiter oder dritter Fremdsprache. Umgekehrt kann man bei einer erheblichen Vermehrung der Stundenzahl dem Englischen trotz späteren Beginns mindestens die gleichen Ziele stecken, als wenn es Anfangsfremdsprache ist (Grimme 1931:223)

Grimmes Referentenentwurf zur Sprachenfolge sorgte für großes Aufsehen in der Tages- und Fachpresse. Alle einschlägigen Fachzeitschriften veröffentlichten Kommentare zum Referentenentwurf. *Die Zeitschrift für französischen und englischen Unterricht* (30/1931) und *Die Neueren Sprachen* (39/1931) machten die Besprechung der Sprachenfolge und des Referentenentwurfs zu ihrem Schwerpunktthema[93]. Auch Vertreter der Industrie, des Handels und des Handwerks äußerten ihre Bedenken gegen Französisch als erste Fremdsprache (Schwarz 1931c:687). Das Jahr 1931 kann somit als Höhepunkt des Diskurses zur Sprachenfolge gesehen werden.

---

[93] *Die Neueren Sprachen* druckten unter dem Titel „Französisch oder Englisch als erste neuere Fremdsprache" vier Artikel namhafter Neuphilologen wie Theodor Zeiger oder Eduard Schön ab (vgl. *Die Neueren Sprachen* 39/1930:261-280). In der *Zeitschrift für französischen und englischen Unterricht* waren es sogar acht Autoren, die unter dem Titel „Vereinheitlichung im Beginn der ersten neueren Fremdsprache. Äußerungen zum preußischen Referentenentwurf" Stellung nahmen (vgl. *Zeitschrift für französischen und englischen Unterricht* 30/1931:275-304). Aehle (1938:22) zählte in dem *Deutschen Philologenblatt* des Jahres 1931 sogar 24 Arbeiten zur Sprachenfolge (vgl. Inhaltsverzeichnis *Deutsches Philologenblatt* 38/1931:V), jedoch war die Mehrzahl Mitteilungen zu Sitzungen der Verbände, allgemeine Informationen zu schulpolitischen Entscheidungen oder Stimmen aus der Tagespresse; genuine Artikel zur Sprachenfolge haben nur Bolle (1931) und Schwarz (1931b und 1931c) vorgelegt.

Die Tatsache, dass sich das Kultusministerium endlich zu einer Entscheidung durchgerungen hatte, wurde grundsätzlich positiv aufgenommen. Es wurde aber betont, dass die Unterrichtsbehörden viel zu lange mit der Vereinheitlichung gewartet hätten und dass zu diesem späten Zeitpunkt eine Umsetzung des Beschlusses weit schwieriger sei als noch einige Jahre zuvor:

> Niemand wird bestreiten können, daß das preußische Ministerium viel zu lange mit seinem Eingreifen in die Bewegung gezögert hat. Viele werden mit mir der Überzeugung sein, daß der jetzige Donnerschlag vor einigen Jahren viel bessere Aussichten auf Verwirklichung gehabt hätte als heute. (Krüper 1931:57)

Gerade der Kompromisscharakter des Referentenentwurfs, der sich durch die Unterscheidung zwischen Anfangs- und Hauptsprache ergab, wurde von vielen Seiten positiv bewertet (z.B. Azzalino 1931:274; Beckmann 1931:275; Schön 1931b:261). Beckmann hielt diese Lösung für „das Ei des Kolumbus" (1931:275), denn auf diese Weise käme keine der beiden Sprachen zu kurz. Außerdem könne so endlich der Sprachenstreit zwischen den Befürwortern des Englischen und den Verteidigern des Französischen beigelegt werden:

> Bei dem Fanatismus, mit dem eine ganze Reihe Romanisten wie Anglisten für ihre Sprache als die wichtigere kämpfen und angesichts der Tatsache, daß sich zahlenmäßig in Preußen die Schulen mit Englisch I zu denen mit Französisch I wie 1:1 verhalten, kann eine allgemein annehmbare Lösung nur auf einem Mittelwege gefunden werden; der vorgeschlagene scheint mir, soweit das eben möglich ist, zu den wirklich „goldenen" zu gehören. Es ist ein glücklicher und klärender Gedanke, durch die Begriffe der Hauptsprache und der grundständigen Sprache die einzelnen Kampfprovinzen scharf zu scheiden; das wird die Gegensätze in den feindlichen Lagern mildern, die Diskussion kürzen. (Breucker 1931:276)

Bolle (1931) wies in seiner Besprechung des Referentenentwurfs darauf hin, dass die Sprachenfolge Französisch vor Englisch und die Unterscheidung zwischen Anfangs- und Hauptsprache dem Frankfurter Modell entsprach (Bolle 1931:161). Auch in den Reformanstalten nach dem Frankfurter Lehrplan, dem späteren Reformrealgymnasium alter Art, begann der fremdsprachliche Unterricht mit dem Französischen. Englisch als zweite neuere Fremdsprache setzte später mit einer erhöhten Stundenzahl ein und war in den höheren Klassen Hauptsprache unter den beiden neueren Sprachen (vgl. 7.2.3) (siehe Anhang 2.2).

Einer der Hauptkritikpunkte war die für wenig stichhaltig erachteten Begründungen für Französisch als erste Fremdsprache, die Grimme in seinem Entwurf angegeben hatte. Die Anglisten konnten das Argument des „Leerlaufs" in der Mittelstufe des Englischunterrichts und der fehlenden Lektüre auf mittlerem Niveau nicht nachvollziehen (Bolle 1931:162). Darüber hinaus sahen einige Neuphilologen Probleme in der Umsetzung des Plans, denn zum einen mussten viele Schulen, die gerade erst Englisch als erste Fremdsprache eingeführt hatten, zurück zu Französisch, und zum anderen bedurfte es neuer Lehrbücher und neuer Lehrer (Meyer 1931:274). Kritisch angemerkt wurde auch die Unterscheidung zwischen den Realschulen und den gymnasialen Anstalten hinsichtlich der Sprachenfolge. Obwohl einheitlich Französisch als erste Fremdsprache festgelegt werden sollte, gab das Ministerium dem Englischen den Vorrang auf dem Gymnasium und Realgymnasium. Dieser Plan gefährde, so meldeten einige kritisch an, die gewünschte Vereinheitlichung (Beckmann 1931:275; Bolle 1931:162).

In der Gesamtschau der veröffentlichten Kommentare zum Referentenentwurf wird deutlich, dass dieser zwar ein großes Echo in der Fachpresse ausgelöst hatte, sich die eigentliche Diskussion aber im Vergleich zu den Jahren zuvor eher zurückhaltend gestaltete. Es wurden nicht mehr all die unterschiedlichen Argumente für die eine oder andere Sprache vorgebracht, sondern die Autoren kommentierten vielmehr als dass sie diskutierten. Es wurde zum Zeitpunkt des Referentenentwurfs 1931 allgemein anerkannt, dass in dem Sprachenstreit zwischen Englisch und Französisch nie eine einvernehmliche Lösung gefunden werden konnte und dass nur die lang ersehnte Entscheidung des Ministeriums ein Ende bringen konnte. Aus diesem Grund entbrannte auch kein Streit um die recht oberflächliche Begründung, die von Grimme für den Vorrang des Französischen herangezogen wurde. Allen Diskursteilnehmern war nach den langen Jahren des Sprachenstreits bewusst, dass kein Begründungsmotiv stark genug war, um eine Entscheidung herbeizuführen.

Einige Autoren sahen in der Entscheidung für das Französische einen politischen Hintergrund, hinter dem die Idee des wirtschaftlichen und politischen Zusammenschlusses mit Frankreich im Sinne einer „europäischen Kultursynthese" (Denkschrift 1924:45) oder eines „Vereinigten Europäischen Kontinent[s]" (Hartig 1931:343), eines Paneuropa stand. Im Gegensatz zur Mehrheit der Autoren, die nur organisatorische Gründe hinter dem Referentenentwurf sahen, gab es einige wenige Stimmen in der Fachpresse, die auf die politische Motivation des Kultusministeriums hindeuteten (K. 1931:304). So wies Schwarz (1931b) darauf hin, dass Ministerialrat Richert auf der Tagung der Schulvereinigung deutscher Städte in Trier die

Wahl der ersten Fremdsprache als eine „außenpolitische Angelegenheit" (Schwarz 1931b:163) bezeichnet hatte. Es sei politisch nicht zu vertreten, so wurde Richert zitiert, die Sprache des Nachbarn im deutschen Schulsystem zu vernachlässigen. Deshalb sei auch das Auswärtige Amt in die Entscheidungsfindung einbezogen worden. Auf der Dresdener Hauptversammlung des Verbandes Deutscher Oberschulen betonte Richert, dass der „Kampf am Rhein [...] ein politischer" (M. 1929:132) sei, der es nicht erlaubte, das Französische als erste Fremdsprache im Westen Deutschlands zu verdrängen.

Besonders Bolle (1934) stellte die politischen Hintergründe des Grimme-Erlasses heraus (Lehberger 1986:74) (vgl. auch 9.2.1):

> In Wirklichkeit war die Entscheidung aus außen- und innenpolitischen Erwägungen heraus erwachsen. Der damalige Minister glaubte mit seiner Entscheidung dem Zentrum entgegenzukommen, das aus weltanschaulichen und außenpolitischen Beweggründen mehr dem Französischen zuneigte. Zugleich entsprach er damit der Einstellung des in den traditionellen Anschauungen einer vergangenen Zeit befangenen Auswärtigen Amtes und der paneuropäischen Ideologie seiner Zeit. Man fürchtete sogar vielfach, eine Entscheidung gegen das Französische könne die politische Situation erschweren. (Bolle 1934:194)

Bolle kritisierte, dass sich die preußischen Behörden zu stark an überkommenen Traditionen ausrichteten und sich in Anlehnung an die paneuropäische Ideologie von Coudenhove-Kalergi[94] Frankreich den Vorzug vor England gaben (Bolle 1934:194). In den offiziellen Erlassen aus dem Kultusministerium zur Sprachenfolge findet sich aber kein Hinweis auf die politische Motivation der Vereinheitlichung (vgl. auch Aehle 1938:25; Lehberger 1986:74).

Am 27. November 1931 folgte der offizielle Ministerialerlass, der die Sprachenfolge verbindlich für alle grundständigen höheren Schulen regelte:

> 1. Von Ostern 1932 ab ist an allen grundständigen höheren Schulen das Französische die erste neuere Fremdsprache. Zu Ostern 1932 haben demnach auch die Schulen, die bisher mit dem Englischen als Fremdsprache beginnen, das Französische in den neu zu errich-

---

[94] Die Idee eines Paneuropa basiert auf Richard Nikolaus Graf von Coudenhove-Kalergi, der sich ab Beginn der zwanziger Jahre für einen Zusammenschluss der Länder Europas in einem Staatenbund einsetzte. Dabei sah er die Union innerhalb Kontinentaleuropas als wichtigen Gegenpol zu den britischen, russischen, asiatischen und amerikanischen Weltreichen. Kern seines Paneuropa war die Verbindung zwischen Frankreich und Deutschland, weshalb ihm eine gewisse „Frankreichlastigkeit" (Ziegerhofer-Prettenthaler 2004:212) zum Vorwurf gemacht wurde. Zur Paneuropa-Konzeption von Coudenhove-Kalergi vgl. u.a. Conze (2005), Solle (2008) und Ziegerhofer-Prettenthaler (2004).

tenden Sexten, die Schulen, die mit Latein anfangen, allgemein das Französische in den neuen Quarten einzuführen.

2. Bei Beginn der zweiten neueren Fremdsprache können die Schulen sich entscheiden, welche Sprache Hauptsprache werden soll (Realgymnasium, Reformrealgymnasium der Regelform, Oberrealschule, Oberlyzeum jeder Form), bezw. welche Sprache sie verstärkt betreiben wollen (Reformrealgymnasium mit Latein von U III ab, realgymnasiale Studienanstalt, Deutsche Oberschule für Knaben und Mädchen). [...] (Zentralblatt 1931:342)

Französisch wurde so ab dem Schuljahr 1932 zur ersten Fremdsprache an allen grundständigen höheren Schulen in Preußen mit Ausnahme der gymnasialen Anstalten. Dem Erlass beigefügt waren die neuen Stundentafeln, die ab dem Schuljahr 1932 gelten sollten (siehe Anhang 4). Zu den Gründen für den Vorrang des Französischen vor dem Englischen wurden keine Erläuterungen gemacht, es erfolgte lediglich der Hinweis auf den Referentenentwurf. Auch die unterschiedliche Sprachenfolge an den gymnasialen Anstalten wurde nicht angesprochen (vgl. Zentralblatt 1931:341-343).

Der Grimme-Erlass war mehrere Jahre lang wirksam, auch wenn im Nationalsozialismus einige Änderungen vorgenommen wurden. Die Sprachenfolge mit Französisch als erster neuerer Fremdsprache an allen Realanstalten blieb bis zur Einführung einer reichseinheitlichen Sprachenfolge mit Englisch als erster Fremdsprache ab dem Schuljahr 1937 bestehen (vgl. Teil IV).

9.2.3 Der Sprachenstreit in den Verbänden und Vereinen

Die schulpolitischen Entscheidungen in Bezug auf die Sprachenfolge in der Weimarer Republik führten zu einer heftigen Gegenwehr aus den Reihen der Verbände und Vereine. Besonders aktiv war der Preußische Philologenverband, aber es beteiligten sich auch der Deutsche Philologenverband, der Deutsche Realschulmännerverein[95] sowie vereinzelt auch der Allgemeine Deutsche Neuphilologen-Verband an dem Sprachenstreit.

Die erste schulpolitische Maßnahme in Bezug auf die Sprachenfolge, die die Verbände auf den Plan rief, war die Lehrplanänderung des Reformrealgymnasiums im Rahmen der Richertschen Schulreform von 1924/25 (vgl. 9.2.1). Die genannten Vereine kritisierten die Verlegung des Lateinunterrichts von der Untertertia in die

---

[95] Der Deutsche Realschulmännerverein entstand 1922 durch die Verschmelzung des „Allgemeinen Deutschen Realschulmännervereins" und des „Vereins zur Förderung des lateinlosen höheren Schulwesens" (Schmeding 1956:235, 245).

Untersekunda und forderten auf ihren Versammlungen eine Rückkehr zum Reformrealgymnasium nach dem Frankfurter System. Kritik wurde auch an der Zulassung des Reformrealgymnasiums alter Art aus dem Jahr 1925 mit der festgelegten Sprachenfolge Französisch-Latein-Englisch geübt.

Der Allgemeine Deutsche Neuphilologen-Verband sprach sich auf dem 19. Allgemeinen Neuphilologentag vom 1. bis 4. Oktober 1924 in Berlin für die Genehmigung des Lateinunterrichts ab der Untertertia aus. Grundsätzlich begrüßte er aber das neusprachliche Gymnasium ausdrücklich „als eine Notwendigkeit, die aus pädagogischen und allgemein kulturpolitischen Gründen gefordert wird" (ADNV 1925:91).

Wesentlich deutlicher artikulierte der Deutsche Realschulmännerverein seinen Widerstand gegen die Schulreform. Auf seiner Hauptversammlung vom 21. und 22. Februar 1925 diskutierten die mehr als 300 Teilnehmer aus allen Teilen Deutschlands die Frage des Lateins am Reformrealgymnasium besonders lebhaft (Schmeding 1956:243-244). Schmeding sah in der hohen Teilnehmerzahl den „Beweis, wie sehr die schwebenden Fragen die Gemüter beschäftig[t]en und wie lebhaft der Wunsch nach einer Aussprache war" (Schmeding 1925:165). Die Diskussion über die Fragen der Schulreform und insbesondere über die Sprachenfolge am Reformrealgymnasium schloss sich an die Vorträge von Vilmar über „Die preußische Schulreform und das Frankfurter Reformschulsystem" und von Becker über „Die preußische Schulreform und das Realgymnasium" an (Schmeding 1956:244). Am Ende der Versammlung einigten sich die Teilnehmer auf folgenden Leitsatz: „Das Reformgymnasium Frankfurter Systems mit Beginn des Lateinischen in U III ist zu erhalten" (Schmeding 1925:165). Die Entscheidung wurde von dem Vorstand des Deutschen Realschulmännervereins per Telegramm an den preußischen Unterrichtsminister, an den Bildungsausschuss und an sämtliche Parteien des preußischen Landtags geschickt:

> Die aus allen Teilen Deutschlands außerordentlich stark besuchte Hauptversammlung des Deutschen Realschulmännervereins in Hildesheim vom 22.2.1925 fordert einstimmig Erhaltung des Reformrealgymnasiums Frankfurter Systems mit Beginn des Lateinunterrichts in UIII. (zitiert nach Schmeding 1956:245)

Die folgende Hauptversammlung am 28. und 29. Mai 1927 in Eisenach bestätigte die in Hildesheim gefassten Beschlüsse, passte ihre Leitsätze aber der neuen Situation, die sich durch die Genehmigung des Reformrealgymnasiums als Sonderform ergab, an. So forderten die neuen Leitsätze die Zulassung des Reformrealgymnasiums alter Art als Regelform neben dem Reformrealgymnasium neuer Art sowie die Aufhebung der Einschränkungen hinsichtlich der Sprachenfolge:

> Der gemeinsame lateinlose Unterbau ist durch uneingeschränkte Erhaltung der Reformanstalten Frankfurter Systems – des Reformgymnasiums und des besonders bewährten Reform-Realgymnasiums alter Art – zu fördern. Insbesondere sind die in Preußen dem Reform-Realgymnasium alter Art durch Ministerialerlaß vom 31. März 1925 [...] auferlegten Hemmungen baldigst zu beseitigen. [...]
> Reform-Realgymnasien alter und neuer Art sind als normale Zweige des Reformsystems anzuerkennen. (Schmeding 1927:426)

Auch der Preußische Philologenverband nahm sich auf seinen Versammlungen der Preußischen Schulreform an und setzte sich bei vielen Gelegenheiten für den Erhalt des Reformrealgymnasiums alter Art ein. Bereits auf der Tagung des Verbandes in Göttingen am 12. Juni 1924 erging der Beschluss, den Lateinunterricht ab Untertertia an den Reformrealgymnasien zu erhalten (Hanf 1924b:259). Der Preußische Philologenverband intensivierte 1925 seine Bemühungen um das Reformrealgymnasium und bat den Landtag um Unterstützung. In seiner Begründung hieß es:

> Die Verlegung des Latein nach U II bedeutet eine Aufhebung des Reformschulsystems und ist damit ein Eingriff in die historische Entwicklung unseres höheren Schulwesens. Sie gibt den Reformschulen einen Charakter, der weder dem Wunsche der Eltern noch der Lehrerschaft entspricht. (PPV 1925a:58)

Im gleichen Jahr wandte sich der Preußische Philologenverband in einer Eingabe an das Kultusministerium, um seinen Forderungen Nachdruck zu verleihen. Im Mittelpunkt stand die Sprachenfolge am Reformrealgymnasium alter Art, wie sie durch den Ministerialerlass vom 31. März 1925 festgelegt wurde. Der Preußische Philologenverband drückte darin sein Unverständnis über die Festlegung des Französischen als erster Fremdsprache und das Verbot der Sprachenfolge mit Englisch als Anfangssprache an den Reformrealgymnasien alter Art aus. Die Eingabe stellte heraus, dass sich Englisch ebenso sehr als erste Fremdsprache eigne wie Französisch. Daneben gefährde Französisch als verpflichtende Anfangssprache die Einheitlichkeit im preußischen Schulwesen, die über Englisch als erste Fremdsprache erreicht werden könnte:

> Durch den Erlaß vom 31. März 1925 [...] ist die Genehmigung der Beibehaltung des Lateinunterrichts in der U III des Reformrealgymnasiums davon abhängig gemacht worden, daß die erste Fremdsprache Französisch sein muß. Der Grund für eine solche Regelung

liegt zweifellos in der Vorarbeit, die das Französische für das Lateinische zu leisten vermag, und in der engeren Verbindung dieser beiden Sprachen. Das Lateinische vermag aber auch aus sich heraus ohne die französische Vorarbeit seiner Aufgabe gerecht zu werden. Die allgemeine grammatisch-syntaktische Vorbildung vermag auch das Englische zu geben, und der Vorteil, den die Verwandtschaft des Wortschatzes gibt, ist nicht so groß, daß er die Reihenfolge Englisch – Lateinisch unmöglich machen sollte. Andererseits ist der Anfang des Französischen in U II nach zweijährigem Lateinunterricht in einer besonders bevorzugten Stellung, und seine unterrichtlichen Möglichkeiten sind auf jeden Fall größer als an so vielen Schulen, in denen Französisch als zweite Fremdsprache in U II als voll anerkannt wird. Es steht weiterhin zu befürchten, daß eine Entwicklung, die etwa für das Englische als Anfangssprache in einzelnen Bezirken und Provinzen zu einer gewissen Einheitlichkeit des Schulwesens führen könnte, durch eine solche Bestimmung aufgehoben würde, weil die Schule, die vor eine solche Wahl gestellt wäre, um des Lateinischen ab U III willen lieber von der Einführung des Abstand nehmen würde. [...] (PPV 1925b:701)

Die Forderung der Eingabe lautete deshalb: „[Wir] erlauben uns, das Ministerium zu bitten, die Verbindung Englisch-Lateinisch-Französisch genehmigen zu wollen, wo ein solcher Antrag von der Schule bei dem P.S.K. gestellt wird" (PPV 1925b:701). Die Eingabe wurde jedoch vom preußischen Kultusministerium abgelehnt (Ortmann 1926:16).

Ebenso wie in der Fachpresse löste auch auf Vereinsebene der Diskurs um die Vereinheitlichung des höheren Schulwesens gegen Ende der zwanziger Jahre die Diskussion um das Reformrealgymnasium ab. Der Deutsche Realschulmännerverein machte auf seiner Hauptversammlung 1927 in Eisenach das „Sprachenwirrwarr" zum Thema und stellte folgenden Leitsatz auf: „Der durch die Freiheit in der Wahl der ersten lebenden Fremdsprache in Preußen hervorgerufene Wirrwarr ist baldigst zu beseitigen" (Schmeding 1927:426). Der Verein verlieh seinem Wunsch nach Vereinheitlichung im gesamten deutschen Schulwesen in einer Eingabe Nachdruck, die er am 15. Januar 1930 an den Reichsminister des Inneren richtete:

Angesichts der heutigen Zerrissenheit im deutschen höheren Schulwesen bitten wir, darauf hinzuwirken, daß eine möglichst weitgehende Vereinfachung und Vereinheitlichung herbeigeführt werde durch eine allgemeine deutsche Schulreform, die durch Verhandlungen mit den Ländern unter Mitwirkung von Vertretern der Unterhaltsträger, der großen Fachverbände und der Elternschaft eingeleitet und durchgeführt werde. [...] (zitiert nach Schmeding 1956:265)

Im Gegensatz zum Preußischen Philologenverband und zum Deutschen Philologenverband enthielt sich der Deutsche Realschulmännerverein der Frage, ob

Französisch oder Englisch erste Fremdsprache sein sollte. Diese Neutralität in dem Sprachenstreit war, wie auf der Vorstandssitzung des Vereins am 21. November 1931 deutlich wurde, eine bewusste Entscheidung, denn man hielt es für einen gesamtdeutschen Realschulverein nicht anmessen, einer regionalen Präferenz in der Sprachenwahl den Vorzug zu geben:

> Im weiteren Verlauf der Aussprache wurde auch die Frage der neueren Anfangsfremdsprache angeschnitten. Das gab dem Vorstand Gelegenheit zu der Feststellung, daß er selbst sowohl wie auch die Zeitschrift in dem Streit um Französisch oder Englisch eine strenge Neutralität gewahrt habe, wie es für einen das Realschulwesen ganz Deutschlands, nicht nur einzelner Länder betreuenden Verband selbstverständlich sein muß. (Schmeding 1931:740)

Dabei hatte der Deutsche Realschulmännerverein noch zu Anfang des Jahrzehnts eine eindeutige Position in der Sprachenfrage bezogen. In den auf der Hauptversammlung vom 12. und 13. November 1921 in Hildesheim aufgestellten Leitsätzen drückte der Verein deutlich seinen Vorzug für das Englische als erste Fremdsprache aus:

> 1. Von den neueren Fremdsprachen gebührt dem Englischen die erste (wichtigste) Stellung an den höheren Lehranstalten a) aus weltpolitischen, b) aus handelspolitischen, c) aus kulturellen Gründen. Besonders für die Jugend ist die englische Literatur infolge ihres hohen sittlichen und ästhetischen Wertes hervorragend geeignet, zumal auch für jedes Alter entsprechende Stoffe vorhanden sind.
> 2. Der historische Einfluß, den das Französische auf das deutsche Geistesleben ausgeübt hat, kann für die Bewertung des Französischen auf allen höheren Schulen nicht entscheidend sein, da diese nicht als Endziel eine gelehrt-historische Bildung haben sollen.
> 3. Auch der angeblich hohe logische Wert der französischen Sprache kann nicht für deren Bevorzugung angeführt werden; die englische Sprache kann ebensogut, wenn nicht besser, das Denkvermögen der Jugend entwickeln.
> 4. Für den Anfangsunterricht eignet sich das Englische deshalb besonders, weil sich in ihm der Übergang vom Leichten zum Schweren am bequemsten durchführen läßt. Versuche mit dem Anfangsunterricht im Englischen sind zu empfehlen.
> 5. Auf alle Fälle muß auf der Oberstufe das Englische die erste Rolle erhalten, da es durch die Schwierigkeiten der Syntax und der Stilistik seiner Sprache, durch den Gehalt und durch die Tiefe seiner Literatur dem Geiste gerade der reiferen Jugend entsprechende Nahrung bietet.
> 6. Gründe der nationalen Selbsterhaltung sprechen für das Englische. (Schmeding 1922:10)

Es ist aber zu betonen, dass zu jener Zeit Englisch als erste Fremdsprache nur an wenigen Schulen eingeführt war (vgl. Engel 1927a:768) (siehe Anhang 7) und es noch nicht darum ging, eine Entscheidung für Englisch oder Französisch herbeizuführen, sondern überhaupt dem Englischen die Aufnahme als Anfangsfremdsprache in das höhere Schulwesen zu ermöglichen. Aus diesem Grund waren die Leitsätze der Tradition der frühen Diskussion verhaftet und begründeten ausführlich den Vorrang des Englischen vor dem Französischen. Die gleiche Stellungnahme wenige Jahre später hätte bedeutet, sich auf die Seite der Provinzen und Länder zu stellen, in denen Englisch als erste Fremdsprache eingeführt war und gegen die Teile Deutschlands, die sich für Französisch entschieden hatten. Deshalb bewahrte der Deutsche Realschulmännerverein in dem eigentlichen Sprachenstreit seine Neutralität.

Auch der Allgemeine Deutsche Neuphilologen-Verband vertrat in dem Diskurs um die Vereinheitlichung des höheren Schulwesens keine eindeutige Position. Die Sprachenfrage war zwar Thema auf der Neuphilologentagung in Breslau im Jahr 1930 (vgl. ADNV 1931:35ff), aber man konnte sich zu keiner Entscheidung durchringen. Die Meinungen unter den Neuphilologen divergierten dafür zu stark (Hollack 1929:567).

Der Preußische Philologenverband und der Deutsche Philologenverband hingegen bezogen eindeutig Stellung. Beide Verbände setzten sich für eine einheitliche Festlegung der Sprachenfolge mit Englisch als erster Fremdsprache an allen höheren Schulen Preußens und auch Deutschlands ein. Das entscheidende Jahr war für beide Vereine das Jahr 1929, als auf dem Verbandstag des Deutschen Philologenverbandes in Wien offiziell ein Beschluss für Englisch als erste Fremdsprache gefasst wurde (Schnitzler 1930:502). Im Vorfeld hatten sich beide Vereine in ihren Vorstandssitzungen auf Englisch als Anfangssprache festgelegt. So stimmte der Preußische Philologenverband auf seiner Vorstandssitzung am 22. und 23. Februar 1929[96] fast einstimmig für Englisch (Bohlen 1929:145). Dieses Ergebnis wurde an den Deutschen Philologenverband weitergeleitet, „um einen gleichen Beschluß für das Reich herbeizuführen" (PPV 1929:145). Auch der Deutsche Philologenverband einigte sich auf seiner Vorstandssitzung am 16. und 17. März 1929 auf Englisch: „Zur Vereinheitlichung des höheren Schulwesens ist eine Festsetzung der ersten neueren

---

[96] Laut Bericht der Vorstandssitzung am 22. und 23. Februar 1929 wurde dieser Beschluss bereits auf der vorhergehenden Vorstandssitzung gefasst (PPV 1929:145). Jedoch ist dieser Beschluss nicht in dem Bericht über die Vorstandssitzung am 9. und 10. Dezember 1928 (vgl. PPV 1928:787) erwähnt.

Fremdsprache notwendig, und zwar ist Englisch einzuführen" (Ried 1929:198). Auf dem 11. Verbandstag des Deutschen Philologenverbandes vom 23. bis 25. Mai 1929 in Wien bestätigten die Teilnehmer die vorhergehenden Beschlüsse der beiden Vereine:

> Die Vielgestaltigkeit des deutschen höheren Schulwesens hat für weite Kreise der Elternschaft und Schülerschaft zu höchst unerfreulichen Zuständen geführt. Infolge der Mannigfaltigkeit der Schularten, insbesondere infolge der ungleichmäßigen Aufeinanderfolge und Zielsetzung der Fremdsprachen sogar innerhalb derselben Schularten bedeutet fast jede Umschulung bei Wechsel des Wohnortes eine Unterbrechung des stetigen Schullehrgangs und Opfer an Zeit und Geld.
> Der Deutsche Philologenverband ist der Ansicht, dass alles darangesetzt werden muß, um diesen unhaltbaren Verhältnissen ein Ende zu machen und das höhere Schulwesen unter Berücksichtigung der in den einzelnen Ländern praktisch erprobten Neuerungen nach einheitlichen Grundsätzen auszugestalten. Er fordert zu diesem Zweck erneut ein Reichsrahmengesetz für den Aufbau des höheren Schulwesens, vor allem aber eine einheitliche Festsetzung der Sprachenfolge an den einzelnen Schultypen.
> Der Beschluss des Vorstandes in der Märzsitzung auf Einführung des Englischen als erster neuerer Fremdsprache wird vom Verbandstag bestätigt. (Klatt 1929:327)

Eine Verstärkung erfuhr der Sprachenstreit in den Verbänden und Vereinen durch den Referentenentwurf zur Sprachenfolge von 1931. Der Entwurf aus dem Kultusministerium regte erneut eine Diskussion um die Sprachenfolge in den Sitzungen und Versammlungen der philologischen Verbände an und forderte mehr als zuvor eine Stellungnahme. Die Beratungen auf der Vorstandssitzung des Deutschen Realschulmännervereins am 21. November 1931 führten zu dem Entschluss, von einer öffentlichen Stellungnahme abzusehen und Neutralität in der Sprachenfrage zu bewahren, da die Meinungen der Mitglieder zu weit divergierten (Schmeding 1931:740; Schmeding 1956:271). Auch auf den Neuphilologentagen waren die Ansichten weiterhin zu gespalten, als dass der Allgemeine Deutsche Neuphilologen-Verband sich für eine einheitliche Linie entscheiden hätte können (vgl. Krüper 1931:55; Schmeding 1956:271).

Der Preußische Philologenverband sowie der Deutsche Philologenverband hingegen reagierten schnell und deutlich auf den Referentenentwurf. Beide Vereine begrüßten generell den Entschluss des preußischen Ministeriums, durch einen Erlass eine einheitliche Regelung in Preußen herbeizuführen (PPV 1931:328; Ried 1931:195). Insbesondere der Deutsche Philologenverband kritisierte jedoch den Alleingang Preußens, denn zu jener Zeit arbeitete bereits der länderübergreifende

Ausschuss für das Unterrichtswesen an einer einheitlichen Regelung zur Sprachenfolge (Führ 1970:331). Die Entscheidung für das Französische in Preußen gefährde, so der Deutsche Philologenverband, die angestrebte Vereinheitlichung der Sprachenfolge auf Reichsebene:

> Eine Sonderreglung für Preußen alleine bringt eher die Gefahr einer weiteren Zersplitterung als eine Vereinheitlichung mit sich, um so mehr als der von dem preußischen Unterrichtsministerium vorgeschlagene Weg eines Beginns mit dem Französischen nicht auf die Verhältnisse in den außerpreußischen Ländern Rücksicht nimmt; von ihnen beginnen zehn mit dem Englischen, auch die überwiegende Mehrzahl der mit einer neueren Fremdsprache beginnenden Anstalten hat Englisch als grundständige Sprache. (Ried 1931:195)

Der Deutsche Philologenverband lehnte aus diesen Überlegungen heraus auf seiner Vorstandssitzung am 22. März 1931 in Berlin den preußischen Referentenentwurf als „nicht gangbar" ab und hielt an seinen früheren Beschlüssen für das Englische als erste Fremdsprache fest:

> Der Deutsche Philologenverband begrüßt entsprechend seiner früheren Stellungnahme die Absicht der preußischen Unterrichtsverwaltung, eine Vereinheitlichung im höheren Schulwesen herbeizuführen. Er hält jedoch den Weg der preußischen Unterrichtsverwaltung, auch abgesehen von den untragbaren organisatorischen Folgen, für nicht gangbar. Eine Einheitlichkeit im deutschen Schulwesen kann nur durch ein gemeinsames Vorgehen aller deutschen Länder, insbesondere durch eine allgemeine Vereinbarung über die erste neuere Fremdsprache, herbeigeführt werden. [...]
> Nachdem 50% der in Betracht kommenden Schulen in Preußen sich auf Englisch eingestellt haben und nachdem 10 deutsche Länder und Reichsstädte zu Englisch übergegangen sind, hält der Deutsche Philologenverband eine Vereinheitlichung nur mit Englisch als erster neuerer Fremdsprache für möglich. (Ried 1931:195)

Der Preußische Philologenverband ging in seiner Stellungnahme zum Referentenentwurf sogar noch einen Schritt weiter und verfasste ein „Gutachten des Preußischen Philologenverbandes zur Vereinheitlichung der ersten neueren Fremdsprache" (vgl. PPV 1931:328ff), in dem er ausführlich Stellung für Englisch als erste Fremdsprache bezog. Dieses Gutachten war in dem Sprachenstreit in der Weimarer Republik ein Sonderfall, denn in keiner anderen Stellungnahme legte ein Verband seine Entscheidung inhaltlich so detailliert dar und bezog sich so deutlich auf den wissenschaftlichen Diskurs um die Sprachenfolge im Vorfeld des Referentenentwurfs.

Der Preußische Philologenverband lehnte die politischen und wirtschaftlichen Gründe ab, die zur Entscheidungsfindung in der Fachpresse herangezogen wurden.

Die außenpolitischen Konsequenzen der Wahl der ersten Fremdsprache in Preußen werden überschätzt, so hieß es im Gutachten, denn „die Frage der deutsch-französischen Verständigung, der Bildung eines Paneuropa ist [...] ausschließlich von anderen Momenten abhängig" (PPV 1931:328-329). Außerdem dürften die Fremdsprachen nicht in den Dienst wirtschaftspolitischer Ziele gestellt werden. Das höhere Schulwesen müsse sich die Bildung der Schüler im Allgemeinen zur Aufgabe machen und dürfe den Fremdsprachenunterricht nicht auf den Wirtschaftsverkehr ausrichten, wie es an Handelsschulen gemacht würde (PPV 1931:329). Auch didaktische und methodische Gründe dürften nicht, wie es in dem Sprachenstreit hauptsächlich geschehen war, für die Entscheidung herangezogen werden, denn Argumente wie die Bildungskraft einer Sprache, die Kindgemäßheit ihrer Methode oder ihre Funktion als Auslesemittel könnten auf beide Sprachen bezogen werden:

> Der Preußische und ebenso der Deutsche Philologenverband haben es daher abgelehnt, das Problem unter die Betrachtung der methodischen Vorzüge und Nachteile der Sprachen zu stellen. Wird einerseits auf den größeren Reichtum der Formenlehre und die stärkere Bindung unter grammatische Gesetze hingewiesen und daraus eine größere formale Bildungskraft der Sprache für den Anfangsunterricht erschlossen, so wird andererseits die große Beweglichkeit des Geistes im Kinde und die größere Sprech- und Gestaltungsmöglichkeit in der Fremdsprache als wertvoller hingestellt. Hebt die eine Seite die stärkere Verwandtschaft mit dem Lateinischen hervor als entscheidend für den Ersatz der alten Sprachen durch eine moderne Fremdsprache, so weist die andere auf die Nähe zu der eigenen Muttersprache im Wortschatz und die eigenartige psychologische Struktur einer in ihrer Entwicklung am meisten fortgeschrittenen Sprache als ein wertvolles bildendes Element hin. Auch als Auslesemittel können beide Sprachen in demselben Umfang wirken, da dies mehr Sache der entsprechenden Anforderungen als des Charakters der Sprache ist. Gedächtniskraft, Abstraktionsvermögen und sprachliche Anschauungsfähigkeit wird bei der Erlernung jeder Fremdsprache in Anspruch genommen und hängt mehr ab von der Methode als von der Sprache selbst. (PPV 1931:329)

All diese Aspekte, die als Argumente für den Vorzug der einen vor der anderen modernen Fremdsprache dienten, seien, so der Preußische Philologenverband, nicht ausreichend, um den Sprachenstreit zu entscheiden. Auch das letzte Begründungsmotiv, auf das in dem wissenschaftlichen Diskurs Bezug genommen wurde, nämlich der „persönlichkeitsbildende und kulturkundliche Charakter des Sprachunterrichts" (PPV 1931:330), der sich den Schülern über die Literatur und die Kultur der Nationalsprachen erschließen würde, seien nicht geeignet, den Vorzug der einen vor der anderen Sprache zu untermauern. So kam das Gutachten des Preußischen Philologenverbandes nach Besprechung der typischen Begründungen für Englisch oder Französisch als erste Fremdsprache zu folgendem Schluss:

> Jeder Versuch, eine Entscheidung zwischen den beiden Sprachen zu treffen nach didaktischen und kulturpolitischen Gesichtspunkten, ist von vornherein zum Scheitern verurteilt; nach subjektivem Ermessen wird jeder für den Grund den Gegengrund bereitzuhalten wissen. (PPV 1931:330)

Aus diesem Grund plädierte der Verband für eine Entscheidung rein auf Basis schulorganisatorischer Gründe. Das Ziel, das man dabei immer vor Augen haben müsse, sei ein einheitliches deutsches Schulwesen mit einer festgelegten Sprachenfolge an allen höheren Schulen. „Die Wahl der modernen Fremdsprache", so das Gutachten, sei „eine Frage des gesamtdeutschen höheren Schulwesens" (PPV 1931:330). Folglich dürfe Preußen nicht alleine die Sprachenfolge festsetzen, sondern müsse auf eine gesamtdeutsche Lösung hinarbeiten.

Der Preußische Philologenverband wiederholte in seinem Gutachten seine Forderung nach der Einführung des Englischen als erster Fremdsprache. Als Hauptgrund führte er an, dass eine Vereinheitlichung auf Basis des Englischen, das bereits in vielen Ländern als Anfangssprache eingeführt sei, am meisten Aussicht auf Erfolg habe:

> Zusammenfassend darf gesagt werden, daß der Preußische Philologenverband das Haupterfordernis darin erblickt, daß die Frage der ersten modernen Fremdsprache für die in Betracht kommenden Schulen nicht in Preußen alleine entschieden wird, sondern durch Vereinbarung mit den übrigen deutschen Ländern in Form einer Rahmenbestimmung [...]. Schulorganistorische Gründe haben den Philologenverband bewogen, für Englisch sich zu entscheiden, weil er glaubt, daß das Ziel der Vereinheitlichung im Reiche mit dieser Sprache als Grundsprache nach dem Stande der gegenwärtigen Entwicklung am leichtesten erreicht werden könne. (PPV 1931:331)

Die schulpolitischen Konsequenzen machten den Sprachenstreit zwischen Englisch und Französisch zu einem zentralen Bestandteil der Arbeit der philologischen Verbände und Vereine in der Weimarer Republik. Die Verbände trugen zwar weniger inhaltlich zu dem wissenschaftlichen Diskurs um die Sprachenfolge bei, waren aber für die preußische und deutsche Bildungspolitik von großer Bedeutung, denn was in der Fachpresse und auf den Versammlungen von den einzelnen Autoren gefordert wurde, bündelten die Vereine in wirksame Beschlüsse, die das Potential hatten, tatsächlichen Einfluss auf schulpolitische Entscheidungen auszuüben. Die Vereine gaben vielen Neuphilologen eine Stimme, die vielleicht nicht gehört worden wäre.

Letztendlich konnten aber auch die Verbände und Vereine keine Lösung für den Sprachenstreit finden. Dies zeigte sich zum einen daran, dass sich zwei der großen Vereine, nämlich der Allgemeine Deutsche Neuphilologen-Verband und der Deutsche Realschulmännerverein, in der Sprachenfrage enthielten. Zum anderen vermochten es die Bemühungen des Preußischen Philologenverbandes und des Deutschen Philologenverbandes nicht, das Kultusministerium zu Entscheidungen in ihrem Sinne zu bewegen. Das galt sowohl für die Wahl der ersten Fremdsprache als auch für die Debatte um das Reformrealgymnasium. Dennoch blieben die Vereine in der Weimarer Republik nicht ungehört. Nach Einschätzung von Krüper nahm die Entscheidung der Philologenverbände Einfluss auf die höheren Schulen in Preußen. Viele Schulen hätten sich nach deren Wunsch gerichtet und im Interesse der Einheitlichkeit Englisch als Anfangssprache eingeführt (Krüper 1931:56). Die Verbände und Vereine wurden durch ihren Einsatz für den Fremdsprachenunterricht in der Weimarer Republik zu wichtigen Akteuren im Sprachenstreit.

10. Der Sprachenstreit im historischen Diskurs

Der Sprachenstreit um die modernen Fremdsprachen gestaltete sich in den ersten Jahrzehnten des 20. Jahrhunderts äußerst facettenreich und war Ausdruck des allgemeinen Bedürfnisses der Neuphilologen, ihrer Wunschsprache, sei es Englisch, Französisch, Spanisch oder sogar Esperanto, die anvisierte Stellung im höheren Schulwesen einzuräumen. Der historische Diskurs verlief zeitlich und inhaltlich während des Untersuchungszeitraums von 1900 bis 1931 sehr unterschiedlich und konzentrierte sich auf mehrere Diskursfelder. Ebenso wie im 19. Jahrhundert wurde er durch eine Vielzahl unterschiedlicher Argumente und Begründungsmotive gestützt, von denen viele Ausdruck der veränderten politischen, wirtschaftlichen, aber auch fremdsprachenmethodischen Rahmenbedingungen waren. Ausgeführt wurde der Sprachenstreit unter den modernen Fremdsprachen von unterschiedlichen Akteuren, von denen sich die meisten aktiv in den Diskurs einbrachten, andere sich aber eher durch Zurückhaltung auszeichneten. Alle Teilnehmer am Diskurs waren von den Einflussfaktoren, die auf den Diskurs zu unterschiedlichen Zeitpunkten wirkten, abhängig und formulierten ihre Ziele in Abhängigkeit von den äußeren Bedingungen. Die Zusammenschau dieser Facetten des Sprachenstreits erlaubt eine

Analyse des historischen Diskurses um die Sprachenfolge auf Basis der Diskursforschung (vgl. 3.2).

10.1 Der zeitliche und inhaltliche Diskursverlauf

Ebenso wie zum 19. Jahrhundert lässt sich der historische Diskurs um die Sprachenfolge im ersten Drittel des 20. Jahrhunderts durch die Opposition „Kontinuität" und „Bruch" gliedern. Während im 19. Jahrhundert in den letzten drei Jahrzehnten ein kontinuierlicher Schulkampf mit steigender Intensität und inhaltlicher Ausdifferenzierung geführt wurde, verlief die Diskussion um die Sprachenfolge im 20. Jahrhundert in Wellenbewegungen, an deren Anfang jeweils deutliche „Bruchstellen" auszumachen sind. Erst nach der Schulreform in den zwanziger Jahren entstand ein Sprachenstreit zwischen Englisch und Französisch, der in Kontinuität und Intensität mit dem Schulkampf im 19. Jahrhundert vergleichbar war.

Die Gleichstellung der Realanstalten mit den Gymnasien durch die Lehrpläne von 1901 markierte den Beginn einer neuen Ordnung des höheren Schulwesens in Preußen. Die humanistische und realistische Bildung wurden als gleichwertig anerkannt und somit versiegte der im 19. Jahrhundert so erbittert geführte Schulkampf. Allein das Diskursfeld um das Englische als Pflichtfach am Gymnasium schloss sich an die Einführung der neuen Lehrpläne an (vgl. 9.1.1.1). Dieser Diskurs kann als Parallele zu der Diskussion um die Stellung des Englischen an den Realanstalten im letzten Drittel des 19. Jahrhunderts gesehen werden. Ein zentraler Unterschied war jedoch, dass im 19. Jahrhundert der Diskurs eine Lehrplanänderung nach sich zog, während im 20. Jahrhundert die Lehrplanänderung zeitlich vor der Diskussion stand.

Der erste Weltkrieg war hinsichtlich des Diskurses zur Sprachenfolge die erste relevante „Bruchstelle" im 20. Jahrhundert. Die Desillusionierung als Konsequenz aus dem Kriegsverlauf und dem Kriegsausgang führte zum einen zu einer Distanzierung vom Fremdsprachenunterricht, besonders vom Französischunterricht, und zum anderen zu einer Neuausrichtung der Bildungsziele auf den deutschen Imperialismus (Flechsig 1962:193; 203f). Gleichzeitig machte die Abneigung gegen Französisch den Weg frei für weitere moderne Fremdsprachen, so für die Plansprache Esperanto und in besonderem Maße für das Spanische (vgl. 9.1.3). Für die „spanische Bewegung" kann als Anfangspunkt die Tagung des Allgemeinen Deutschen

Neuphilologen-Verband 1920 in Halle angesetzt werden, auf der sich die deutschen Hispanisten zum ersten Mal formierten. Sie versiegte jedoch bis zum Ende der zwanziger Jahre mangels ausgebildeter Spanischlehrer und Reformen aus dem Kultusministerium.

Der eigentliche Diskurs zur Sprachenfolge des 20. Jahrhunderts begann mit der Schulreform der Jahre 1922 bis 1925. Die Flexibilisierung der Sprachenfolge in Folge der Gründung der Aufbauschule und der Deutschen Oberschule sowie durch den Erlass von Boelitz aus dem Jahr 1923 (vgl. Zentralblatt 1923:88) machte Englisch und Französisch zu Rivalen, die nun um den Vorrang an den einzelnen Schulen kämpften (Sauer 1968:23). Der Sprachenstreit zwischen Englisch und Französisch in den zwanziger Jahren spiegelt den Schulkampf zwischen Französisch und Latein im 19. Jahrhundert wider:

> Der Rangstreit der Fremdsprachen um den Vorantritt ist nicht ganz neu, sondern hat eine historische Vergangenheit [...]. Ideell derselbe Kampf, der sich jetzt zwischen Englisch und Französisch abspielt, ist schon einmal gefochten worden zwischen Latein und Französisch, der Kampf um die Monopolstellung, der sich zunächst äußerte in der Frage: Soll der Schüler mit Latein oder Französisch beginnen? (Bertow 1924:75-76)

Im direkten Anschluss an die Schulreform von 1924/25 bildete sich zunächst ein anderer Diskurs heraus, nämlich die Diskussion um die Sprachenfolge an den Reformrealgymnasien (vgl. 9.2.1). Dieses Diskursfeld ist allein wegen der unerwarteten Abänderung der Sprachenfolge an dieser Schulform durch die Richertschen Richtlinien entstanden und nicht aus dem Bedürfnis heraus, das Reformrealgymnasium zu reformieren. Dementsprechend heftig war die Gegenwehr gegen die Verlegung des Lateins in die Untersekunda und gegen das Verbot der Sprachenfolge Englisch-Latein-Französisch am Reformrealgymnasium.

Der Sprachenstreit zwischen Englisch und Französisch zeichnete sich dadurch aus, dass er einerseits kontinuierlich bis zu Beginn der 30er Jahre weitergeführt wurde und mit den Jahren an Intensität und Ausdehnung gewann. Seine Hochphase waren die Jahre 1929 bis 1931. Dies beweist auch die erhöhte Publikationsfrequenz in jenen Jahren. Einen letzten Anstoß erhielt der Sprachenstreit durch Grimmes Referentenentwurf zur Sprachenfolge vom 4. März 1931, der das Jahr 1931 zum Höhepunkt des Diskurses machte (vgl. 9.2.2). Beendet wurde er durch den Ministerialerlass vom 27. November 1931, der Französisch als erste neuere Fremdsprache festsetzte.

10.2 Die Akteure und ihre Wirkungsabsicht

Ausgetragen wurde der Diskurs zur Sprachenfolge von einer Vielzahl von Akteuren, die sich auf Grund der Unterteilung in zeitlich versetzte und abgegrenzte Subdiskurse in verschiedene Untergruppen aufteilten. Allein für den Sprachenstreit der zwanziger Jahre können, ähnlich wie für das 19. Jahrhundert, zwei sich gegenüberstehende Interessensgruppen gefunden werden.

Das Diskursfeld zum Englischen am Gymnasium schließt sich insofern an den Schulkampf des 19. Jahrhunderts an, als daran sowohl Anglisten als auch Altphilologen, wie zum Beispiel Jäger (1908), teilnahmen und sich für oder gegen die Verstärkung des gymnasialen Englischunterrichts aussprachen. Ähnlich wie im 19. Jahrhundert fühlten sich auch Vertreter des Handels und der Industrie oder der Universitäten berufen, sich durch Eingaben an das Kultusministerium für das Englische einzusetzen (vgl. 9.1.1.1).

Die Subdiskurse zur Abschaffung des Französischunterrichts und den alternativen Fremdsprachen zeichneten sich dadurch aus, dass sie zeitlich begrenzt waren und dass an ihnen fast ausschließlich Neuphilologen und kaum außerschulische Akteure teilnahmen. Während die Vorschläge zur Abschaffung des Französischen und zur Einführung des Esperanto als Schulsprache auf wenige Unterstützer reduziert war, kann man bei der Frage zum Spanischunterricht auf Grund der aktiven Teilnahme vieler Hispanisten von einer „spanischen Bewegung" sprechen. Ihr Kern waren die Spanischlehrer der wenigen Städte, in denen der Spanischunterricht oftmals bereits seit dem 19. Jahrhundert durchgeführt wurde (vgl. 6.2.2.4). Neben Greif (Berlin) und Schulz (Breslau) war es vor allem der Hamburger Lehrer Gustav Haack, der sich unermüdlich für die spanische Sache einsetzte und zur treibenden Kraft der „spanischen Bewegung" wurde. Die deutschen Hispanisten um Haack wurden zu einer einflussreichen Diskurskoalition, die sich aktiv und geschlossen der Förderung des Spanischunterrichts annahmen und die den wissenschaftlichen Diskurs gezielt an ihr Zielpublikum richteten:

> [Es] lag [...] dem Vorstand ob, durch Wort und Schrift für die Verbreitung des spanischen Unterrichts in Deutschland einzutreten, eine Zersplitterung in der Veröffentlichung von Textausgaben zu verhindern und an Interessenten Rat und Auskunft zu erteilen. Nach Kräften wurde durch Aufsätze im Philologenblatt, in den Neueren Sprachen, in der Z. f. frz. u. engl. U. und in anderen Fachblättern, auch von Schulz in dem Schriftchen über

„Spanisch als dritte Weltsprache" sowie durch brieflichen Verkehr für die Sache gewirkt. (ADNV 1925:139)

Einer der Akteure hätte die Macht gehabt, entscheidende Veränderungen für das Spanische herbeizuführen, nämlich Otto Boelitz in seiner Funktion als preußischer Kultusminister (1921-1925). Durch seinen frühen Rücktritt 1925 konnte er die anvisierte Förderung des Spanischunterrichts nicht umsetzten. Die deutschen Hispanisten verloren so ihren wichtigsten Fürsprecher (Haack 1937:80).

Der Sprachenstreit zwischen Englisch und Französisch erhielt in den zwanziger Jahren seine Dynamik durch die Beteiligung eines großen Teils der Neuphilologenschaft mit ihren Verbänden, aber auch von außerschulischen Akteuren. Auf der einen Seite stand das konservative Lager der Befürworter des Französischen, dessen Ziel die Beibehaltung des Französischen als erster moderner Fremdsprache an den höheren Schulen war. Sie hielten an der bestehenden Ordnung, wie sie sich aus der Tradition des 19. Jahrhunderts und aus den Lehrplänen von 1901 ergab, fest und wehrten sich gegen die Konkurrenz, die das Englische für ihr Fach darstellte. Hauptakteure waren die Französischlehrer der höheren Schulen. Sie fanden wenig Unterstützung in anderen Akteursgruppen, jedoch stellte sich das Kultusministerium in der Phase der Entscheidungsfindung am Ende des Schulstreits auf ihre Seite.

Die Gegenseite bestand aus dem progressiven Lager der Befürworter des Englischen als erster Fremdsprache. Hinter ihrer Beteiligung stand der Wunsch nach nachhaltiger Veränderung der tradierten Sprachenfolge mit Französisch als Anfangssprache und nach der Vereinheitlichung des höheren Schulwesens in Preußen unter der Vorrangstellung des Englischen. Der Diskurs wurde in der pädagogischen Presse hauptsächlich von den Anglisten unter den Neuphilologen ausgetragen. Unterstützt wurde sie von vielen Seiten. Zum einen waren es die philologischen Verbände, die sich mehrheitlich für das Englische einsetzten. Zum anderen drückten Vertreter der Hochschulen, des Handels und der Industrie oder der Städte ihr Interesse an einer einheitlichen Sprachenfolge mit Englisch als erster Fremdsprache in Preußen aus.

Die Aufspaltung in ein konservatives und ein progressives Lager innerhalb des Schulstreits zwischen Englisch und Französisch ähnelte der Interessensverteilung im Schulkampf des 19. Jahrhunderts. War damals Latein die Sprache, die von den Humanisten mit allen Mitteln als die vorherrschende Fremdsprache erhalten werden sollte, nahm diese Rolle jetzt das Französische ein. Seine Stellung als erste moderne Fremdsprache sollte beibehalten und in ganz Preußen einheitlich festgeschrieben werden. Befürwortete das progressive Lager im 19. Jahrhundert eine Beschneidung der starken Stellung des Lateins und eine Ausweitung von Englisch und Französisch, so setzten sich auch die Anglisten für die Umkehrung des Machtverhältnisses zwischen Englisch und Französisch ein und forderten eine Ausdehnung des Englischunterrichts an den höheren Schulen. Neu war jedoch, dass die Verteidiger des Französischen vom progressiven Lager ins konservative Lager gewechselt hatten. Wie auch im 19. Jahrhundert fanden die Forderungen nach Veränderungen mehr Unterstützung als der Wunsch nach Beibehaltung des Status quo.

Innerhalb der Akteure bildeten sich Diskurskoalitionen heraus, die dazu dienten, die Forderung mehrerer Diskursteilnehmer zu bündeln und mit Nachdruck durchzusetzen. Dies geschah in den Jahren der Weimarer Republik im besonderen Maße durch die philologischen Verbände (vgl. 9.2.3). Mehr als zuvor machten sich diese für schulpolitische Angelegenheiten stark und versuchten aktiv in die Bildungspolitik einzugreifen. Ihre Versammlungen erlaubten den Mitgliedern den direkten Austausch unter den Fachkollegen. Die hohe Teilnehmerzahl mancher Versammlungen (vgl. z.B. Schmeding 1956:245) ist der Beweis für das große Bedürfnis nach Diskussionen, denn im Gegensatz zum 19. Jahrhundert fanden in den Jahren des Schulstreits keine Schulkonferenzen statt, so dass es auf institutionalisierter Ebene keine Möglichkeit gab, die Vereinheitlichung des Schulwesens mit allen betroffenen Akteuren zu besprechen. Auf der Reichsschulkonferenz 1920 standen andere Themen, wie die Einheitsschule oder der Arbeitsunterricht, im Mittelpunkt (vgl. 5.2.3).

Der einflussreichste Akteur und gleichzeitig wichtigster Adressat war das Kultusministerium selbst. Zwei kultusministerielle Entscheidungen können als Eckpfeiler des Sprachenstreits ausgemacht werden. Der Auslöser für die Diskussion zwischen Englisch und Französisch um den Vorrang an den höheren Schulen war die Freigabe der Wahl der ersten Fremdsprache durch die Schulreform ab 1922 (vgl. 6.3.2 und 9.2). Beendet wurde der Sprachenstreit durch den Ministerialerlass von Adolf Grimme vom 27. November 1931. Ähnlich wie im 19. Jahrhunderte setzte eine Entscheidung von höchster staatlicher Stelle dem Diskurs ein Ende. Zentraler Unterschied zum vorausgehenden Jahrhundert war aber, dass die Festlegung auf das Französische und insbesondere die zugrunde liegende Wirkungsabsicht nicht den Forderungen der Diskursteilnehmer entsprach. Das Ministerium handelte, wie zeitgenössische Kritiker herausgestellt hatten, aus politischen Motiven, denn es wollte die Beziehungen zur Frankreich nicht belasten (vgl. 9.2.2). Hier werden die unterschiedlichen Machteffekte innerhalb des Diskurses deutlich. Obwohl sich in den Auseinandersetzungen um die Sprachenfolge, in der Zahl der Befürworter, in den Aktivitäten der pädagogischen Verbände und auch in der schulischen Entwicklung eine deutliche Präferenz des Englischen abgezeichnet hatte, entschied das Ministerium zu Gunsten des Französischen. Als höchste Machtinstanz im Bildungswesen war es ihr möglich, nach ihren eigenen Interessen zu handeln.

10.3 Argumentative Diskursstrategien

Der Diskurs zur Sprachenfolge im ersten Drittel des 20. Jahrhunderts wurde auf verschiedenen Ebenen ausgetragen. Es ging zunächst auf einer curricularen Ebene um das Fremdsprachenangebot an den höheren Schulen in Preußen, zum dem die Diskursteilnehmer Änderungsvorschläge äußerten (vgl. 9.1). Ziel war, durch möglichst aussagekräftige Argumente für die Verstärkung oder Aufnahme der ein oder anderen modernen Fremdsprache in die Lehrpläne der höheren Schulen einzutreten, wie es beispielsweise bei der Diskussion um den gymnasialen Englischunterricht ab 1900 oder mit Spanisch als Pflichtfach in den zwanziger Jahren geschehen ist. Im Mittelpunkt des curricularen Diskurses stand der Sprachenstreit um den Vorrang zwischen Englisch und Französisch, in dem sich die Diskursteilnehmer analog zum Schulkampf im letzten Drittel des 19. Jahrhunderts auf eine Vielzahl von zum Teil ähnlichen Argumenten sowohl für die eine als auch für die andere Sprache stützen. Der wissenschaftliche Diskurs, wie er in der Fachpresse ausgetragen wurde, war inhaltlich wesentlich breiter angelegt als der auf der schulpolitischen Ebene. Es wurden deutlich mehr Veränderungen diskutiert, als in der Praxis möglich waren.

Der Sprachenstreit blieb nicht wie die anderen Diskursfelder auf einer eher theoretischen, schulimmanenten Ebene verhaftet, sondern wurde zur Entscheidungsfindung auf eine schulpolitische Ebene getragen (vgl. 9.2). Im Gegensatz zur curricularen Ebene ging es weniger um die ausführliche Erläuterung der unterschiedlichen Argumente, sondern um konkrete Entscheidungen zur Sprachenfolge, wie in den Erlassen zur Sprachenfolge oder in den Beschlüssen der philologischen Verbände deutlich wurde. Einen Sonderfall stellte der Diskurs um das Reformrealgymnasium dar, denn dieser wurde durch eine schulpolitische Entscheidung überhaupt erst ausgelöst und erst in Konsequenz daraus für eine begrenzte Zeit Teil des wissenschaftlichen Diskurses.

Im Unterschied zum Schulkampf des 19. Jahrhunderts wurde der Diskurs um die Sprachenfolge im ersten Drittel des 20. Jahrhunderts nicht auf einer gesellschaftspolitischen Ebene geführt. Vor der Gleichstellung der höheren Schulen im Jahr 1900 kam den Fremdsprachen und ihrer Aufeinanderfolge eine soziale Funktion zu, als sich durch sie die einzelnen Schulformen und damit die unterschiedlichen sozialen Schichten voneinander abgrenzten. Dies führte zu der Teilnahme von Berufsverbänden, beispielsweise der Mediziner und Juristen, am Diskurs zur Sprachenfolge. Durch die Gleichstellung der höheren Schulen verloren die Fremdsprachen diese Funktion, denn nun erlaubte auch eine auf die modernen Fremdsprachen ausgerichtete Schulbildung, wie es an den Realgymnasien und Oberrealschulen der Fall war, den Zugang zu den Universitätsstudien. Die soziale Differenzierung, die trotz allem immer noch in der damaligen Gesellschaft wirksam war, wurde im ersten Drittel des 20. Jahrhunderts auf die einzelnen Schultypen selbst verlagert, wie Zymek (1989) herausstellte:

> Die oft verwirrenden Debatten und Beschlüsse zur Einführung, Abschaffung oder Reform von neuen Schultypen sind Ausdruck dieser sozialen Auseinandersetzungen um die Verteidigung, Neustrukturierung oder Auflösung von sozialen Hierarchien, die durch die Schulgliederung reproduziert werden. Wenn es auch offiziell bei der Begründung von Schultypen um „scheinbar zweckrationale" und bildungstheoretische Argumente geht, so ist für die Zeitgenossen, insbesondere in den bildungsbürgerlichen Milieus, doch immer auch der Zusammenhang von Schultyp und Sozialschicht präsent. Das Gymnasium ist – vor allem dort, wo es nicht die einzige höhere Schule am Ort, sondern eine neben anderen Schultypen ist – die Schule, in der die Kinder des akademischen Bildungsbürgertums das Klima bestimmen, und der prestigeträchtigste Schultyp. Kinder aus kleinbürgerlichen Familien besuchen eher die anderen Schultypen, wenn Arbeiterkinder auf eine höhere Schule übergehen, dann am ehesten auf Oberrealschulen und Realschulen. Die Typen des höheren Schulsystems sind zwar in den 20er Jahren nicht mehr so deutlich wie noch um die Jahrhundertwende durch Berechtigungsunterschiede von einander abgesetzt, aber sie sind im Bewusstsein aller sozial profiliert. (Zymek 1989:179)

Die soziale Differenzierung war zwar auch im 20. Jahrhundert noch wirksam, jedoch an die Schultypen und nicht mehr an die Fremdsprachen gekoppelt. Aus diesem Grund war der Diskurs um die Sprachenfolge im ersten Drittel des 20. Jahrhunderts nicht mehr Teil der sozialen Auseinandersetzungen.

Die Akteure griffen auf unterschiedliche argumentative Diskursstrategien zurück, um ihren Vorschlägen und Forderungen Ausdruck zu verleihen. Die Argumentation erfuhr im Vergleich zum 19. Jahrhundert eine inhaltliche Ausdifferenzierung und eine Erweiterung um neue Begründungsmotive. Konzentrierte sich der gesamte Schulkampf des 19. Jahrhunderts auf die Opposition „Bildung vs. Nutzen" (Klippel 1994:294) (vgl. 8.3), traten während und nach dem 1. Weltkrieg neue, meist utilitaristische Aspekte hinzu. Zunächst wurde die Argumentation durch das „Freund-Feind-Denken" (Flechsig 1962:193), das der Krieg deutlich verstärkt hatte, erweitert, in der die modernen Fremdsprachen nach der Beziehung der jeweiligen Länder zu Deutschland bewertet wurden. Die modernen Fremdsprachen wurden danach beurteilt, welche Funktion sie für den angestrebten Aufstieg Deutschlands nach dem Krieg erfüllen konnten. Auf diese Weise verstärkten sich die chauvinistischen und imperialistischen Tendenzen, die sich bereits im Kaiserreich abgezeichnet hatten, innerhalb der argumentativen Diskursstrategien (Apelt 1967:17). Durch die Neuausrichtung des Bildungswesens und damit auch des Fremdsprachenunterrichts nach dem 1. Weltkrieg auf die Erziehung zum Deutschtum (Raddatz 2001:85) kamen verstärkt kulturkundliche Aspekte zum Tragen. Es ging nun darum zu beweisen, welche Sprache und welche Kultur es besser vermochten, die Schüler in dem „europäischen Kulturkampf" (Denkschrift 1924:25) zum vertieften Deutschtum zu erziehen (vgl. 9.1.2.2). Dieser Sprache sollte der Vorrang vor der anderen gebühren.

Neben den kulturkundlichen Aspekten spielten auch pädagogische und methodische Begründungen eine wichtige Rolle in dem wissenschaftlichen Diskurs. Die Diskursteilnehmer brachten, wie auch im 19. Jahrhundert geschehen, das Argument der sprach-logischen Schulung des Englischen und des Französischen in die Diskussion ein (vgl. 9.1.2.1). Der Verweis auf die Bildungskraft der jeweiligen Sprache kam eher aus den Reihen der Romanisten, da sie darin ein Kriterium sahen, mit dem sie sich von den Anglisten abheben konnten. Die Argumentation ähnelte der aus dem Kampf zwischen den neuen und alten Sprachen im 19. Jahrhundert, auch wenn sie bei weitem nicht so detailreich war. Im Vergleich zu anderen Aspekten trat das Argument der Bildung im 20. Jahrhundert deutlich in den Hintergrund. Daneben beriefen sich die Akteure auf pädagogische und methodische Aspekte, wie die Kindgemäßheit, die Progression in der Sprachenfolge oder die Vorteile der direkten Methode für den Anfangsunterricht. Als neues Begründungsmotiv trat zu Beginn der dreißiger Jahre die Begabungstheorie hinzu. Englisch und Französisch wurden unter dem Aspekt der besseren „Auslese" miteinander verglichen. Dieses Argument nahm die Idee der sozialen Differenzierung, wie sie im 19. Jahrhundert deutlich artikuliert wurde (vgl. 7.3), wieder auf, jedoch wurde diese im 20. Jahrhundert nicht mehr offen, sondern unter dem Deckmantel einer pädagogisch ausgerichteten Begabungslehre in die Argumentation eingebracht (Apelt 1967:86).

Das letzte Begründungsmotiv waren politische und wirtschaftliche Faktoren, denn die Fremdsprachen sollten nach dem 1. Weltkrieg in den Dienst des wirtschaftlichen Aufstiegs Deutschlands treten. Gerade Englisch wurde so zu einem Bildungselement gemacht, über das Deutschland den Anschluss an die führenden Wirtschaftsmächte England und Amerika erreichen sollte (vgl. 9.1.2.3).

Teilt man die Argumente den beiden Lagern des Sprachenstreits zu, so ergibt sich eine ungleiche Verteilung. Während sich die Befürworter des Englischen auf all die genannten Begründungsmotive beriefen, fanden sich für das Französische als erste Fremdsprache deutlich weniger Argumente. Die angespannten Beziehungen zu Frankreich und die im Vergleich zu England und Amerika geringe Bedeutung Frankreichs im Weltverkehr nach dem 1. Weltkrieg schränkte die Argumentation deutlich ein. Insbesondere der Rückgriff auf politische und wirtschaftliche Faktoren, aber auch auf kulturkundliche Aspekte war für die Befürworter des Französischen nur bedingt möglich. Das Hauptargument für das Französische war die sprach-logische Schulung. Die Verteidiger des Englischen dagegen machten sich vor allem utilitaristische Aspekte zu eigen. Sie verfügten über die ausgefeilteren und überzeugenderen Argumente.

Die Zusammenstellung der argumentativen Diskursstrategien zeigt, dass sich der Diskurs um die Sprachenfolge im ersten Drittel des 20. Jahrhunderts im Vergleich zum 19. Jahrhundert inhaltlich deutlich erweitert hatte. Die Begründungsmotive gingen weit über den ursprünglichen Kern des Diskurses „Bildung vs. Nutzen" hinaus. Gerade deshalb scheint der Sprachenstreit des 20. Jahrhunderts weit weniger repetitiv und begrenzt wie noch im Jahrhundert zuvor.

10.4 Die Einflussfaktoren auf den historischen Diskurs

Der historische Diskurs um die Sprachenfolge war bestimmt durch die unterschiedlichsten Faktoren, die Einfluss auf seine Inhalte, die Beweisführung und seinen Verlauf ausübten. Neben schulpolitischen Entscheidungen im ersten Drittel des 20. Jahrhunderts bestimmten politische Ereignisse und Zielsetzungen weit mehr als im 19. Jahrhundert den Diskurs. Darüber hinaus war die neue inhaltliche und methodische Ausrichtung des Fremdsprachenunterrichts auf die Kulturkunde für die argumentativen Diskursstrategien maßgeblich.

Der erste wichtige Einflussfaktor auf den Diskurs im Untersuchungszeitraum von 1900 bis 1931 waren schulpolitische Entscheidungen. Bereits zu Beginn des Jahrhunderts entstand durch die Lehrplanänderung in Bezug auf den Englischunterricht am Gymnasium ein neues Diskursfeld. Die Diskussion um die Verstärkung des Englischen als Pflichtfach am Gymnasium war eine Fortführung des Diskurses um die Stellung des Englischunterrichts an den Realanstalten des 19. Jahrhunderts, nun ausgedehnt auf das Gymnasium. Das Eingreifen des Kaisers in die Schulpolitik im Jahr 1900 und die Lehrpläne von 1901 gaben dem Englischen als gymnasiales Schulfach und seinem Diskurs in den ersten beiden Jahrzehnten des 20. Jahrhunderts die nötige Aufmerksamkeit innerhalb der Fachkreise (vgl. 9.1.1.1).

Die eigentliche Hochphase in der preußischen Schulpolitik waren die zwanziger und frühen dreißiger Jahre des 20. Jahrhunderts. Diese Zeit ist vergleichbar mit dem letzten Drittel des 19. Jahrhunderts, als sich der Sprachenstreit in dem Wechselspiel zwischen schulpolitischen Entscheidungen und dem wissenschaftlichen Diskurs so intensivierte, dass ihn letztlich nur noch ein Machtwort aus dem Kultusministerium beenden konnte. Die schrittweise Flexibilisierung der Sprachenfolge durch die Lehrpläne für die Aufbauschule und Deutsche Oberschule 1922, den Erlass von Boelitz vom 10. Februar 1923 und schließlich die Richertschen Richtlinien von 1925 löste den Sprachenstreit aus. Verstärkt wurde er durch die Konsequenzen, die diese schulpolitischen Entscheidungen in der Praxis hatten, nämlich die zunehmende Bildungszerrissenheit und das „Sprachenwirrwarr" (vgl. 9.2). Schließlich waren es auf dem Höhepunkt des Diskurses von 1929 bis 1931 gerade die fehlenden Reformen aus dem Kultusministerium, die für eine Verstärkung des Sprachenstreits sorgten. Alle Diskursteilnehmer forderten ein Machtwort von den Kultusbehörden ein, bezogen aber gleichzeitig Position in der Debatte, wie an den Beschlüssen der Verbände deutlich wurde. Die heftigsten Reaktionen von Seiten der Akteure, insbesondere aber von den philologischen Verbänden, rief jedoch der Versuch einer Vereinheitlichung des Schulwesens hervor. Grimmes Referentenentwurf vom 4. März 1931 sorgte für den letzten Höhepunkt vor der endgültigen Entscheidung für das Französische als erste Fremdsprache durch den Ministerialerlass vom 27. November 1931 (vgl. 9.2.2).

Ein weiterer Einflussfaktor auf die Begründungsmotive war die Neuausrichtung der höheren Bildung auf die Erziehung zum Deutschtum im Allgemeinen und des neusprachlichen Unterrichts auf die Kulturkunde (vgl. 6.1.3 und 9.1.2.3). Die Frage, durch welche Sprache und Kultur die Schüler am besten ihr eigenes Deutschtum erkennen und verbessern konnten, wurde zu einem entscheidenden Kriterium in der Sprachenfrage. Die im 19. Jahrhundert so starke Beweiskraft der formalen Bildung verlor an Bedeutung und wurde durch kulturkundliche Ziele ersetzt. Nicht mehr die Sprache selbst, mit ihrer Grammatik und Literatur, stand im Mittelpunkt des Fremdsprachenunterrichts, sondern die Kultur (Rülcker 1969:55). Dabei kamen rassenideologische Begründungen zum Tragen, als die Verschiedenartigkeit, aber auch die Gemeinsamkeiten der Zielkultur mit der deutschen je nach Argumentation als Kriterium herangezogen wurden.

Schließlich waren es im besonderen Maße politische Faktoren, die Einfluss auf den historischen Diskurs um die Sprachenfolge nahmen. Das bedeutsamste politische Ereignis, das auch deutliche Auswirkungen auf den Fremdsprachenunterricht hatte, war der 1. Weltkrieg. Die Kriegserlebnisse und der Kriegsausgang waren für eine Krise des Fremdsprachenunterrichts verantwortlich (Christ 1983:99), die in verschiedenen Diskursfeldern zum Ausdruck kam. Besonders der Französischunterricht war von der Verschlechterung der deutsch-französischen Beziehungen infolge des Krieges betroffen. Die alte Feindschaft zu Frankreich war wieder aufgeblüht und ließ viele Neuphilologen die starke Stellung des Französischen im höheren Schulwesen Preußens hinterfragen. Einige sprachen sich sogar für die völlige Abschaffung des Französischunterrichts aus (vgl. 9.1.1.2). Die Beziehungen zu Frankreich spielten auch in den zwanziger Jahren noch eine entscheidende Rolle in dem Diskurs um die Sprachenfolge. Infolge der Besetzung des Ruhrgebiets durch französisch-belgische Truppen in den Jahren 1923 bis 1925 und auf Grund der Nachbarschaft zu Frankreich war im Westen Deutschlands Französisch als erste Fremdsprache vorherrschend (vgl. Engel 1927a:768). Die politischen Beziehungen zu Frankreich waren auch der Grund dafür, dass das preußische Kultusministerium eine Entscheidung in der Sprachenfrage lange Jahre hinauszögerte und sich schließlich 1931 für Französisch als allgemeine erste Fremdsprache an den preußischen Realanstalten entschied. Ministerialrat Richert betonte zu verschiedenen Gelegenheiten, dass „[...] es unmöglich [sei], z.B. am Rhein, das Französische an die zweite Stelle zu drängen" (M. 1929:132) und damit die Sprache des Nachbarn zu vernachlässigen (vgl. Schwarz 1931b:163). Um die politische Situation nicht zu erschweren, gab das Ministerium schließlich in dem Grimme-Erlass vom 27. November 1931 Französisch den Vorzug von dem Englischen (vgl. 9.2.2). Dabei ist zu betonen, dass die Beziehungen zu Frankreich als Teil des Diskurses nur auf ministerieller Seite und das nur in einigen wenigen Aussagen von Mitgliedern des Kultusministeriums zum Tragen kamen. In der in der Fachpresse ausgetragenen Diskussion spielte dieser politische Aspekt nur eine untergeordnete Rolle.

Die politischen Beziehungen zu Frankreich nahmen in der Praxis jedoch Einfluss auf die Stellung der Fremdsprachen an den höheren Schulen Preußens. Laut Aussagen von Engel (1927a) führte die Besetzung des Ruhrgebiets zur verstärkten Einführung des Englischen als erste Fremdsprache: „Den eigentlichen Anstoß zur bevorzugten Einführung des Englischen gab dann die 1922/23 allgemein einsetzende nationale Empörung gegen Frankreich, hervorgerufen durch die Drangsalierung der Bewohner des besetzen Gebietes und durch die Ruhrbesetzung" (Engel 1927a:768). Diese Aussage zeigt eine Diskrepanz zwischen dem Kultusministerium und der öffentlichen Meinung in dem Sprachenstreit auf. Während die deutsch-französischen Beziehungen für viele Schulmänner ein Grund für die verstärkte Hinwendung zum Englischen waren, hielten die Kultusbehörden nach dem Ende der Besetzung des Ruhrgebiets weiterhin am Französischen fest, um eine erneute Belastung des bilateralen Verhältnisses zu vermeiden.

Der 1. Weltkrieg förderte auch die Aufnahme weiterer Fremdsprachen in den Diskurs um die Sprachenfolge (vgl. 9.1.3). Gerade die Abkehr von dem Französischen als Schulfremdsprache verhalf der spanischen Sprache zum Eingang in das höhere Schulwesen Preußens. Daneben wurde auch Esperanto als Alternative zu Englisch und Französisch verhandelt. In beiden Fällen war die politische Neutralität der ausschlaggebende Faktor.

Der Sprachenstreit zwischen Englisch und Französisch wurde in der Weimarer Republik auch von Deutschlands Stellung in der Weltpolitik und Weltwirtschaft beeinflusst. Um seine Stellung als Weltmacht wiederzuerlangen, wandte sich Deutschland nach dem 1. Weltkrieg verstärkt den führenden Industrieländern England und den USA zu aus (vgl. Kolb 2010:85ff). Der Fremdsprachenunterricht wurde in den Dienst des deutschen Imperialismus gestellt (Apelt 1969:67). Fremdsprachenkenntnisse wurden zum Mittel, um eine genaue Kenntnis über die politischen und wirtschaftlichen Gegner zu erhalten und um sich so in dem Konkurrenzkampf behaupten zu können. Daneben sollten sie Deutschland dienen, erfolgreich an der Weltwirtschaft teilzunehmen und seinen wirtschaftlichen Aufstieg voranzubringen (vgl. 9.1.2.3). Beide Argumentationslinien förderten die Bewunderung und die Hinwendung zum angloamerikanischen Raum und damit die Geltung des Englischen als Schulsprache.

Die Untersuchung des Diskurses zur Sprachenfolge im ersten Drittel des 20. Jahrhunderts unter Berücksichtigung seines Verlaufs, seiner Akteure, seiner Begründungsmotive und Einflussfaktoren hat seine Vielschichtigkeit aufgezeigt. Im Kern erstand er aus den Wechselwirkungen zwischen Schulpolitik und Sprachenfolge, erhielt aber seine Komplexität durch das breite Spektrum an Begründungsmotiven und die Teilnahme einer Vielzahl an Akteuren. Sein Verlauf war weit weniger linear, sowohl zeitlich als auch inhaltlich gesehen, als der Schulkampf im 19. Jahrhundert. Der Diskurs zur Sprachenfolge des 20. Jahrhunderts zeichnete sich vielmehr durch eine Wellenbewegung aus, da zu verschiedenen Zeiten unterschiedliche, meist zeitlich begrenzte Diskursfelder entstanden. Allein der Sprachenstreit zwischen Englisch und Französisch ab 1922 entwickelte sich über einen längeren Zeitraum progressiv und mit steigender Intensität, bis er schließlich durch den Grimme-Erlass 1931 ein vorübergehendes Ende fand. Andere Diskursfelder wie die Diskussion um das Englische am Gymnasium oder das Spanische als Pflichtfach flachten nach einigen Jahren wieder ab. Erneut wurde die Bedeutung des Fremdsprachenunterrichts innerhalb der Organisation des höheren Schulwesens deutlich, denn auch im 20. Jahrhundert, insbesondere in der Weimarer Republik war die Schulreformdiskussion an die Stellung der Fremdsprachen gekoppelt. Nur über die Festlegung der Sprachenfolge konnte eine Vereinheitlichung im höheren Schulwesen erreicht werden.

Teil IV: Ausblick: Die Festlegung der Sprachenfolge im Nationalsozialismus

Ein Blick in den weiteren Verlauf des 20. Jahrhunderts zeigt, dass die Sprachenfolge, wie sie sich am Ende der Weimarer Republik darstellte, innerhalb kurzer Zeit entscheidende Veränderungen erfuhr. Die Machtübernahme der Nationalsozialisten 1933 stellte den Fremdsprachenunterricht an den höheren Schulen in Deutschland unter neue Vorzeichen. Die Jahre des Nationalsozialismus brachten zum einen eine neue ideologische Ausrichtung seiner Inhalte und seiner Ziele (Lehberger 1989:117-118) und zum anderen eine starke Beschränkung der Sprachen zugunsten von „Gesinnungsfächern" wie Deutsch, Geschichte und Sport (Kraul 1984:170). Unter den modernen Fremdsprachen wurde Englisch neben Latein zur Hauptsprache an den höheren Schulen.

Die Veränderungen im höheren Schulwesen im Nationalsozialismus vollzogen sich langsam und schrittweise. Der Grund dafür war das fehlende „Konzept für eine spezifische nationalsozialistische Schulpolitik" (Zymek 1989:190). Aus diesem Grund bestanden die Strukturen und Lehrpläne aus der Weimarer Republik noch mehrere Jahre nach der Machtübernahme weiter. Bis zur Gründung des Reichsministeriums für Wissenschaft, Erziehung und Volksbildung[97] 1934 regelten die verschiedenen Länder des Reichs ihre Schulpolitik noch selbst. Es dauerte schließlich bis 1938, bis die nationalsozialistische Regierung mit den neuen Lehrplänen das Schulsystem in ihrem Sinne reformierte und ein reichseinheitliches Schulwesen schuf (Zymek 1989:191).

Trotz der Unsicherheit über die Zukunft des Fremdsprachenunterrichts zeichnete sich bereits kurz nach der Machtübernahme die neue Linie der Nationalsozialisten ab. Der Ministerialerlass zur „Sprachenregelung" von Bernhard Rust vom 5. April 1933 setzte Englisch als Hauptsprache an den preußischen höheren Schulen fest:

> Unter Aufhebung der Bestimmung des Absatzes 2 meines Erlasses vom 27. November 1931 [...] ordne ich hiermit an, daß von Ostern 1933 ab das Englische als zweite neuere

---

[97] Das Reichs- und Preußische Ministerium für Wissenschaft, Erziehung und Volksbildung veröffentliche seine Bekanntgebungen und Verordnungen in seinem Amtsblatt *Deutsche Wissenschaft und Volksbildung*. Im Folgenden wird darauf durch die Abkürzung „Amtsblatt" und unter der Angabe des jeweiligen Jahres und der respektiven Seitenzahl verwiesen.

Fremdsprache allgemein als Hauptsprache bezw. verstärkt zu betreiben ist. (Zentralblatt 1933a:107)

Es galten weiterhin die Stundentafeln von 1932, jedoch nur noch die als „Plan b" gekennzeichnete Variante mit Englisch als Hauptsprache (siehe Anhang 4). Englisch wurde zwar noch nicht erste Fremdsprache, erhielt aber deutlich den Vorzug vor dem Französischen. Der Erlass vom 27. November 1931 behielt weiter seine Gültigkeit, jedoch hob Rust die in Absatz 2 freigestellte Wahl der Hauptsprache zwischen Englisch und Französisch auf (vgl. Zentralblatt 1933c:177). Nur wenige Wochen später erhielten die höheren Schulen in Preußen für die Fremdsprachen neue Stundentafeln, die bis auf wenige Änderungen denen des Grimme-Erlasses (Plan b) entsprachen (siehe Anhang 4 und 5). Die für das Schuljahr 1933/34 geplante Vereinheitlichung der Sprachenfolge durch die Ländervereinbarung aus dem Jahr 1932 mit Französisch als erste Fremdsprache wurde nicht realisiert (Lehberger 1986:73).

Französisch blieb in Preußen zunächst noch erste neuere Fremdsprache. In den Anfangsjahren des Nationalsozialismus wurde diese Entscheidung aus der Weimarer Republik sogar von dem im Reich bis 1934 für die Schulpolitik zuständigen Reichsministerium des Inneren unterstützt:

> [Man] war [...] Ende 1933 in dem zu diesem Zeitpunkt für die Schulfragen noch zuständigen Innenministerium zu der internen Entscheidung gekommen, aus Gründen des „besseren methodischen Aufbaus einerseits und der schärferen Auslese andererseits" eine reichseinheitliche Lösung mit Französisch als erster und Englisch als zweiter, dann allerdings verstärkt zu betreibender Fremdsprache durchzusetzen. (Lehberger 1986:73)

Die methodisch-pädagogischen Begründungen stimmten noch fast völlig mit denen aus der Weimarer Republik überein; politische Aspekte wurden zu der Zeit noch nicht geäußert.

Dies änderte sich in den folgenden Jahren, als im Zusammenhang mit dem „ideologischen Legitimationsbedürfnis" (Lehberger 1989:118) der Neuphilologen vor allem wirtschaftliche und politische Ziele auf den Fremdsprachenunterricht übertragen wurden. Um die Notwendigkeit von Fremdsprachenkenntnissen für den nationalsozialistischen Staat zu beweisen, wurden die in *Mein Kampf* von Hitler vorgestellten imperialistischen Ziele mit dem Fremdsprachenunterricht verknüpft (Lehberger 1986:59). Dies geschah im neu einsetzenden Diskurs zur Sprachenfolge an den höheren Schulen vor allem zur Begründung des Vorrangs des Englischen vor anderen Sprachen. So wurde auf die Bedeutung des Englischen als Weltsprache für den deutschen Handel und die deutsche Wirtschaft verwiesen. Man hielt Englischkenntnisse nicht nur für die Bedingung, dass Deutschland seine angestrebte Weltgeltung erreichen konnte, sondern auch dass es im Konkurrenzkampf mit England und den USA bestehen konnte (Lehberger 1986:56-57). Den Beweis dafür sollten verschiedene Vertreter unterschiedlicher Berufsstände, so Ingenieure, Wissenschaftler oder Diplomaten, in ihren Artikeln in *Die Neueren Sprachen* des Jahres 1935 erbringen (1935:7-32). Daneben nahmen die Anglisten Bezug auf methodische und pädagogische Aspekte, wie die Kindgemäßheit der Unterrichtsmethode und -inhalte, die Formenarmut des Englischen oder die Progression von der Muttersprache zum verwandten Englisch (Lehberger 1986:62). Schließlich nahm auch die Folientheorie[98] Einfluss auf die Begründungen für das Englische. Auf Grund der rassischen Verwandtschaft und der bedeutsamen Geschichte Englands und seines Weltreichs hielt man die englische Sprache und Kultur für die Erziehung zum Deutschtum für wesentlich brauchbarer als das Französische (Lehberger 1986:61). Frankreich dagegen wurde wieder verstärkt als Erbfeind dargestellt, mit dem Unterschied, dass die Argumentation jetzt durch die Rassenlehre erweitert wurde. Man warnte vor der „Mischkultur" der Franzosen und ihrer mangelnden „Rassenhygiene" (Hinrichs/Kolboom 1977:178; Lehberger 1986:61). Zur Verteidigung des Französischen als erster Fremdsprache griffen die Romanisten auf typische Argumente zurück, wie auf die starken kulturellen Verbindungen zu Frankreich oder auf den höheren Bildungswert dank seiner Formenvielfalt (Reinfried 2011:76). Es fanden sich auch wieder Befürworter für das Spanische, Italienische oder Russische (Lehberger 1986:62-63).

Die sich in der Diskussion um die Sprachenfolge im Nationalsozialismus abzeichnende Prioritätssetzung des Englischen bestätigten ab 1936 verschiedene Erlasse aus dem Reichserziehungsministerium. Der Reichsministerialerlass vom 20. April 1936 legte für das gesamte Reich Englisch als erste Fremdsprache fest:

> Mit Beginn des Schuljahres 1937 ist an sämtlichen höheren Schulen – mit Ausnahme der Gymnasien für Jungen – Englisch die erste Fremdsprache. Das gilt auch für diejenigen Gymnasien, welche die einzigen grundständigen höheren Schulen eines Ortes sind, sowie für die Realgymnasien. Nur ausnahmsweise dürfen Alleinschulen eines Ortes als Gymna-

---

[98] Die Folientheorie bezeichnet die Erweiterung der Kulturkunde um den Gedanken „das Fremde als Folie zu nutzen, auf der sich das Eigene umso besser bestimmen läßt" (Lehberger 1986:59).

sium bestehen bleiben, wenn diese Anstalten von besonderer Bedeutung sind und wenn gegen ihre Umwandlung mit Rücksicht auf eine ehrwürdige Überlieferung begründete Bedenken bestehen. (Amtsblatt 1936:210)

Bis zu den reichseinheitlichen Lehrplänen galt laut Ministerialerlass vom 12. März 1937 an den neuen Oberschulen für Jungen folgende Übergangsregelung zur Sprachenfolge:

1. Die Sexta (Anfangsklasse) beginnt Ostern 1937 mit Englisch.
2. Die erste Fremdsprache, die vor Ostern 1937 begonnen ist, wird weitergeführt.
3. Für die Klassen, die mit der zweiten Fremdsprache noch nicht begonnen haben, gilt die nachstehende Sprachenfolge:
Auf Englisch oder Französisch als erste Fremdsprache folgt Latein.
Auf Latein als erste Fremdsprache folgt Englisch als Hauptfremdsprache.
4. Die zweite Fremdsprache beginnt schon im bevorstehenden Schuljahr in Quarta (im dritten Schuljahr der höheren Schule).
5. Ist mit der zweiten Fremdsprache bereits begonnen, so wird sie weitergeführt.
6. Ist mit der dritten Fremdsprache noch nicht begonnen, so wird erst mit der Obersekunda eine lebende Fremdsprache als Wahlpflichtfach eingeführt. Die durch den Wegfall einer Sprache freigewordenen Stunden werden in erster Linie den Fächern der deutschkundlichen Gruppe (Deutsch, Geschichte, Erdkunde, Zeichnen, Musik) zugewiesen. Sind die beiden ersten Fremdsprachen lebende Sprachen, so kann als Wahlpflichtfach der Oberstufe auch Latein eingeführt werden. Ist die dritte Fremdsprache Englisch, so ist sie Pflichtfach und setzt in derselben Klasse ein wie bisher.
7. Ist mit der dritten Fremdsprache bereits begonnen, so ist sie weiterzuführen.
8. In dem naturwissenschaftlichen-mathematischen Zweig fällt die dritte Fremdsprache fort.

(Amtsblatt 1937:155)

Für die Hauptform der höheren Knabenschulen wurde damit die Sprachenfolge Englisch-Latein verpflichtend. Durchgesetzt hatte sich somit die Sprachenfolge des Reformrealgymnasiums (Lundgreen 1981:92). Eine dritte Fremdsprache war nicht mehr verpflichtend, konnte aber im sprachlichen Zweig als Wahlpflichtfach mit insgesamt neun Wochenstunden auf der Oberstufe belegt werden (Amtsblatt 1937:155). Diese Regelung bedeutete, dass alle anderen Fremdsprachen, darunter auch die ehemals im höheren Schulwesen so bedeutende französische Sprache, in den Wahlbereich gedrängt und marginalisiert wurden (Reinfried 2001:130-131). Neben Englisch wurde Latein zum großen Gewinner der Umgestaltung des höheren Schulwesens im Nationalsozialismus.

Für die Gymnasien, die nur noch als Sonderform neben der Oberschule für Jungen betrieben wurden, erließ der Ministerialerlass folgende Regelung:

Die Gymnasien, die nach der Schulplanung in Zukunft als Nebenform noch bestehen bleiben, haben die Sprachenfolge:
Latein (Sexta), Griechisch (Quarta), Englisch (Obersekunda).
Danach werden Ostern 1937 diese Schulen in der Quarta nicht mit einer neueren Fremdsprache, sondern mit Griechisch beginnen. Ist mit der zweiten oder mit der dritten Fremdsprache bereits begonnen, so werden sie weitergeführt. Ein Stundengewinn wird auf die Fächer der deutschkundlichen Gruppen übertragen. (Amtsblatt 1937:155)

Die Gymnasien erhielten dadurch ihre ursprüngliche Sprachenfolge mit Griechisch als zweite Fremdsprache, wie sie vor 1856 bestand, zurück und wurden wieder zu einer altsprachlichen höheren Schule gemacht. Als moderne Fremdsprache blieb nur Englisch im gymnasialen Lehrplan bestehen, Französisch wurde völlig verdrängt.

Die am 29. Januar 1938 herausgegebenen Richtlinien und Lehrpläne bestätigten die Bestimmungen zur Sprachenfolge aus den Vorjahren und konkretisierten die Pläne mit neuen Stundentafeln (siehe Anhang 6). Der große Verlierer der Schulreform waren die anderen modernen Fremdsprachen, insbesondere Französisch, das als vormals wichtigste neuere Schulsprache in den Wahlbereich gedrängt und nun mit Spanisch und Italienisch auf eine Stufe gestellt wurde. Auch für das Spanische bedeuteten die neuen Lehrpläne eher einen Rückschritt, da es in der Weimarer Republik bereits an einigen Schulen als zweite moderne Fremdsprache unterrichtet wurde (Voigt 1986:87) (vgl. 9.1.3.2), für das Italienische dagegen einen deutlichen Aufstieg. „Eine bemerkenswerte Rangerhöhung" (Christ 2002:66) war es insofern, als Spanisch und Italienisch nun dem Französischen gleichstellt waren. Christ (2002:66) sieht in der ideologischen Nähe und den politischen Verbindungen zum faschistischen Italien und frankistischen Spanien den Grund für die Auswahl des Spanischen und Italienischen (2002:66). Andere Autoren erkennen dagegen keinen Zusammenhang zum schulischen Unterricht in den beiden Fächern. Für das Italienische kam Neumeister[99] (1999) zu dem Schluss, dass die engen deutsch-italienischen Beziehungen zwischen Hitler und Mussolini nicht zu einer Verstärkung des Italienischunterrichts geführt haben (1999:33-34). Franzbach/Navarro (1966) und Voigt (1986, 1998) betonen gerade für den Spanischunterricht die lange Tradition, die das Spanische als Unterrichtsfach in Deutschland weit vor dem Nati-

---

[99] Neumeister stützte sich jedoch nur auf Daten eines bayerischen Gymnasiums (vgl. Neumeister 1999:33-34). Genaue Untersuchungen zum Italienischunterricht im Dritten Reich fehlen bislang (vgl. auch Reimann 2009:22).

onalsozialismus hatte (vgl. Franzbach/Navarro 1966:422; Voigt 1986:88; Voigt 1998:45) und bestreiten ideologische und politische Einflüsse. Tatsache ist, dass Italienisch und Spanisch in den nationalsozialistischen Lehrplänen explizit als Wahlfächer neben Französisch als „die drei wichtigsten romanischen Sprachen" (Erziehung und Unterricht 1938:230) aufgeführt sind. Andere Fremdsprachen wurden zwar erlaubt, wurden aber nicht namentlich erwähnt. Einige Jahre zuvor waren das Spanische und Italienische noch anderen modernen Fremdsprachen gleichgestellt, wie der am 29. Mai 1935 herausgegebene Ministerialerlass zu den „Fremdsprachen als Wahlfach" beweist:

> Es hat sich als dringendes Bedürfnis herausgestellt, daß neben den beiden verpflichtenden modernen Fremdsprachen Englisch und Französisch in einzelnen Gebieten, besonders in den Grenzlandschaften und großen Städten, auch noch andere Fremdsprachen wie Spanisch, Italienisch, Schwedisch, Dänisch, Russisch, Polnisch und gegebenenfalls auch Tschechisch, erteilt werden.
> Italienisch und Spanisch werden natürlicherweise bevorzugt im Süden und in Hafenstädten, Russisch und Polnisch im Osten, Schwedisch und Dänisch im Norden gelehrt werden. In Oberschlesien wird von den slawischen Sprachen nur Russisch in Frage kommen. (Amtsblatt 1935a:270)

Das in Übereinstimmung mit dem Lehrangebot in der Weimarer Republik bestehende diversifizierte Angebot an Fremdsprachen im Wahlbereich wurde 1938 stark begrenzt. Spanisch und Italienisch wurden von den Nationalsozialisten wenige Jahre später deutlich bevorzugt. Am 22. März 1937 erging ein Ministerialerlass, der die Hochschulen aufforderte, das Spanische und Portugiesische verstärkt zu betreiben. Hinter der Entscheidung standen wirtschaftspolitische Gründe:

> Die Erkenntnis, daß den 22 Staaten spanischer und portugiesischer Zunge mit ihren fast 150 Millionen Bewohnern bereits in der Gegenwart und – angesichts des raschen Anwachsens der Bevölkerung der süd- und mittelamerikanischen Länder – insbesondere für die Zukunft im politischen und kulturellen Weltgeschehen besondere Bedeutung zukommt, hat sich in den letzten Jahren immer stärker Bahn gebrochen. Vor allem ist erkannt worden, daß die Pflege und der Ausbau der Gesamtbeziehungen Deutschlands zu dieser großen Staatengruppe für das deutsche Volk und seine wirtschaftliche Entwicklung von hohem Wert sind. [...] Ich ersuche daher die in Frage kommenden Hochschullehrer, den ibero-romanischen Sprachkreis [...] im Rahmen der Romanistik in Vorlesungen und Übungen vorzugsweise zu pflegen. (Amtsblatt 1937:186)

In den frühen Jahren des Nationalsozialismus gewann auch die Bewegung für den Spanischunterricht wieder an Aufwind. In den neuphilologischen Zeitschriften setzten sich verschiedene Autoren wieder für eine Verstärkung des Spanischunterrichts ein[100]. Im Hamburger Oberbau[101] wurde 1936 Spanisch als Pflichtfach eingeführt (vgl. Voigt 1986). Die Frage, inwieweit die Verbindungen zum Franco-Regime bzw. zu Mussolinis Italien eine Rolle in der Einführung des Spanischen bzw. des Italienischen als Wahlfach auf der Oberschule spielten, kann nur durch ein genaues Quellenstudium beantwortet werden und ist eine eigene Studie wert.

Die Plansprache Esperanto, die sich im höheren Schulwesen in der Weimarer Republik an einigen Schulen als Wahlfach etablierten konnte (vgl. 9.1.3.1), wurde von den Nationalsozialisten als Schulfach verboten. In dem entsprechenden Ministerialerlass vom 17. Mai 1935 hieß es:

> Die Pflege künstlich geschaffener Welthilfssprachen wie der Esperantosprache hat im nationalsozialistischen Staate keinen Raum. Ihr Gebrauch führt dazu, wesentliche Werte völkischer Eigenart zu schwächen. Es ist daher von jeder Förderung eines Unterrichts in solchen Sprachen abzusehen, Unterrichtsräume sind für diesen Zweck nicht zur Verfügung zu stellen. (Amtsblatt 1935b:228)

Esperanto als künstlich geschaffene Sprache entsprach nicht den Zielen der Nationalsozialisten, die deutsche Sprache und Kultur zu fördern, und wurde deshalb nicht mehr angeboten[102].

Für die Prioritätssetzung des Englischen wurden die Gründe im Gegensatz zu den anderen Sprachen deutlich herausgestellt. So hieß es in den neuen Lehrplänen:

> Das Englische ist die Anfangs- und Hauptfremdsprache der neuen Oberschule, da es die Sprache eines uns rassisch verwandten Volkes ist, das aus großer politischer Begabung weltpolitische Leistungen vollbracht und seine Sprache zur Verkehrssprache der Weltwirtschaft gemacht hat. (Erziehung und Unterricht 1938:208)

Zum einen wirkten ideologische Aspekte auf die Wahl des Englischen als Anfangsfremdsprache ein. Ausschlaggebend waren für die Nationalsozialisten die rassische

---

[100] Vgl. z.B. Bock, Peter (1935). „Warum sollen wir Spanisch lernen?" *Zeitschrift für den neusprachlichen Unterricht*. Jg. 34., Klein, Johannes (1934). Der spanische Zusatzunterricht. *Neuphilologische Monatsschrift*. Jg. 5., Jacob, E. G. (1935). „Die Bedeutung der spanischen Sprache und Kultur für die nationalpolitische Erziehung". *Neuphilologische Monatsschrift*. Jg. 6. (vgl. auch Haack 1938:92).

[101] Der Oberbau waren die drei an die Volksschule anschließenden Jahrgangsstufen (vgl. Voigt 1986:76).

[102] Zur Rolle des Esperanto im Nationalsozialismus vgl. Lins, Ulrich (1988). *Die Gefährliche Sprache. Die Verfolgung der Esperantisten unter Hitler und Stalin.*

Verwandtschaft der Engländer mit dem deutschen Volk und das gemeinsame germanische Erbe, durch die die deutschen Schüler in ihrem eigenen Deutschtum gestärkt werden sollten (Lehberger 1986:60). Zum anderen wurde die Sprachenfolge durch die außenpolitischen Ziele des NS-Staates bestimmt. Das Bündnis mit dem „arischen Brudervolk" wurde zum erklärten Ziel der außenpolitischen Bestrebungen der ersten Jahre des Nationalsozialismus. Hitler drückte mehrfach seine Sympathie und Bewunderung für England und seines Weltreiches aus (Lehberger 1986:75). In einem von dem Ministerial Collecting Center herausgegebenen Bericht zur „Politik der NSDAP im Fremdsprachenunterricht" wurde deutlich der Zusammenhang zwischen Hitlers Bündniszielen und der Sprachenfolge angesprochen:

> Der nationalsozialistische Staat legte Wert darauf, daß die Sprache nicht von der Grammatik, sondern vom lebenden Gebrauch her erlernt werden solle. Für diese Methode eigne sich Englisch als eine dem Deutschen verwandte Weltsprache. Pädagogisch war diese These stark umstritten. Maßgebliche Schulfachleute gaben dem Französischen unbedingt den Vorzug. Die Entscheidung wäre vielleicht nicht zugunsten des Englischen gefallen, wenn sie nicht durch die außenpolitische Gesamtlage veranlaßt worden wäre. Die Jahre, in denen die Schulreform in ihren Grundzügen festgelegt wurde, sprachen für eine Verstärkung der geistigen und kulturellen Beziehungen zu den angelsächsischen Ländern, insbesondere zu England. Diese Auffassung, daß außenpolitische Rücksichten mitbestimmend waren, kann auch daraus entnommen werden, daß Hitler an der Fremdsprachenfrage persönlich Anteil nahm. (zitiert nach Lehberger 1986:76)

Erneut zeigt sich, dass in der Frage um die Sprachenfolge an den höheren Schulen pädagogische Gründe in den Vordergrund gestellt wurden, um die zugrundliegenden politischen Ziele zu stützen.

Die Festlegung einer reichseinheitlichen Sprachenfolge durch die Ministerialerlasse der Jahre 1936 und 1937 beendete nicht nur die Sprachenvielfalt der Weimarer Republik, sondern brachte den langjährigen und vielschichtigen Diskurs um die Sprachenfolge zum Abschluss. Wie auch zu anderen Zeiten in der Geschichte der Sprachenfolge führten letztlich nicht pädagogische oder methodische Gründe, sondern politische Zielsetzungen zu einer Entscheidung.

Schluss

Die vorgelegte Untersuchung zur Sprachenfolge an den höheren Schulen in Preußen von 1859 bis 1931 hat einen Mosaikstein in der Geschichte des Fremdsprachenunterrichts ergänzt. Die Analyse des Diskurses zur Sprachenfolge in einem Zeitraum von 72 bewegten Jahren des fremdsprachlichen Unterrichts schließt eine Lücke in der Fachgeschichte der modernen Fremdsprachen und hilft den Wettbewerb der Sprachen besser zu verstehen. Sie leistet einen Beitrag zur Rekonstruktion und Erklärung der geschichtlichen Entwicklung und Zusammenhänge, darunter auch ihrer wissenschaftlichen Diskurse:

> 500 Jahre individuelle Mehrsprachigkeit der europäischen Eliten: das sind 500 Jahre des politisch-pädagogischen Begründens von Sprachen, des Zurückweisens, des Gegenbegründens, mit Argumenten, die keineswegs immer nur rationalen Ursprungs sind. Mit wie viel Herzblut die Auseinandersetzungen geführt werden, welche sachlichen, ideologischen und strategischen Argumente eingehen, welche Sprachen jeweils in der Gunst aufsteigen und welche absinken, unter welchen Rahmenbedingungen das geschieht, das alles lässt sich historisch rekonstruieren. (Schröder 2010:14)

Die durchgeführte Analyse des wissenschaftlichen Diskurses zur Sprachenfolge hat innerhalb der langen Geschichte des Fremdsprachenlernens die Mehrsprachigkeit in ihrem bildungspolitischen Rahmen im Untersuchungszeitraum von 1859 bis 1931 erhellt. Einen wichtigen Anteil an den gewonnenen Ergebnissen hat die „modernisierte Ideengeschichte" in ihrer Funktion als methodische Grundlage der Untersuchung. Durch den von der Ideengeschichte geforderten Rekurs auf eine breite Quellenbasis aus Texten der „mittleren Ebene" konnten der Diskursverlauf detailliert nachgezeichnet, die Akteure und ihre Adressaten identifiziert und die Begründungsmotive herausgearbeitet werden. Erst die Einbindung des in diesem Fall so wichtigen historischen, politischen und gesellschaftlichen Kontextes, wie von der Ideengeschichte vorgeschlagen, brachte die verschiedenen Einflussfaktoren auf den Diskurs ans Licht.

Zusammenfassend kann man sagen, dass sich der Diskurs zur Sprachenfolge von 1859 bis 1931 unter der Teilnahme von Adressaten und Akteuren unterschiedlicher Interessensgruppen zeitlich in Wellenbewegungen gestaltete und inhaltlich von einer Vielzahl ständig wiederkehrender Argumente gestützt wurde. Er stand im gesamten Untersuchungszeitraum in Abhängigkeit von drei Einflussfaktoren, nämlich von dem Verständnis und den Bildungszielen der fremdsprachlichen Bildung, der Schulpolitik sowie von dem politischen, wirtschaftlichen und gesellschaftlichen Hintergrund.

Versucht man eine Darstellung des diachronen Diskursverlaufes und vergleicht man dazu den Diskurs um die Sprachenfolge des 19. Jahrhunderts mit dem des 20. Jahrhunderts, so lassen sich viele Parallelen erkennen. Die Frage nach der Auswahl der Fremdsprachen und ihrer Reihenfolge stand immer in Zusammenhang mit anderen Diskursen und wurde durch diese beeinflusst und geleitet. So reihte sich der Diskurs in die Sprachenfolge in den Schulkampf zwischen Humanismus und Realismus im 19. Jahrhundert ein oder war Teil der Schulreformdiskussion der zwanziger Jahre des 20. Jahrhunderts. Innerhalb des Diskurses lassen sich verschiedene Hochphasen ausmachen, in denen sich der Sprachenstreit so sehr intensivierte, dass nur noch ein Machtwort von höchster Stelle eine Lösung bringen konnte. Dieses Paradigma wiederholte sich mehrmals in dem vorliegenden Untersuchungszeitraum.

Der Teilnehmer- und Adressatenkreis umfasste in beiden Jahrhunderten nicht nur die Philologen mit ihren Verbänden und Kultusbehörden als Hauptakteure, sondern schloss auch die Elternschaft, die Wissenschaft, den Handel und die Industrie und andere Berufsgruppen wie die Mediziner oder Juristen mit ein. Der Diskurs zur Sprachenfolge war somit von gesamtgesellschaftlicher Bedeutung. Die Akteure nahmen aktiv an den Auseinandersetzungen teil, setzten sich in der Fachpresse mit der Sprachenfolge auseinander und nahmen über Petitionen und Eingaben an die Kultusbehörden direkten Einfluss auf die Entscheidungsträger. Der Staat hielt sich in den meisten Fällen zurück, gerade was die inhaltliche Beweisführung anging, und ließ andere Akteure den Diskurs zur Sprachenfolge selbst gestalten. Wenn er aber regulierend eingriff, dann erzielten seine Entscheidungen große Wirkung und nachhaltige Veränderungen. Es wurde auch deutlich, dass zu verschiedenen Zeiten wichtige Vertreter des Staates oder der Kultusbehörden eine Sprache favorisierten und sich dann auch persönlich dafür einsetzten. So unterstützten Kaiser Wilhelm II. das Englische, Kultusminister Otto Boelitz das Spanische, während Kultusminister Grimme und Ministerialrat Richert dem Französischen den Vorzug gaben.

Die Diskursanalyse zur Sprachenfolge hat aufgezeigt, dass sich die Begründungsmotive in beiden Jahrhunderten stark ähnelten. Im Kern ging es immer um die Opposition „Bildung vs. Nutzen", um den Beweis, welche der Sprachen je nach Argumentationsschwerpunkt bildender oder nützlicher als andere Fremdsprachen war.

Im Laufe des Untersuchungszeitraums verschob sich das Gewicht von dem im 19. Jahrhundert dominierenden Argument der Bildung zu utilitaristischen Aspekten. Diese erfuhren ab dem Ende des 19. Jahrhunderts und besonders nach dem 1. Weltkrieg eine Erweiterung um eine politische Komponente, als die Sprachenwahl an neuen Zielen wie der nationalen Bildung oder des Imperialismus ausgerichtet wurde. Die genaue Quellenanalyse hat deutlich gemacht, dass das gleiche Begründungsmotiv in unterschiedlichen Kontexten benutzt wurde und zugleich als Argument und Gegenargument dienen konnte. Das Feld der argumentativen Diskursstrategien war auf einige wenige Begründungsmuster begrenzt. Im Vordergrund standen pädagogische und methodisch-didaktische Begründungen, in vielen Fällen ergänzt durch utilitaristische Aspekte. Dabei hat die Quellenauswertung bewiesen, dass hinter den vorgebrachten Argumenten oftmals völlig anders gelagerte Motive standen. Im 19. Jahrhundert wurde der Sprachenstreit hauptsächlich von standespolitischen Konflikten getragen, da die Fremdsprachen und deren Auswahl zur sozialen Abgrenzung der gelehrten Stände von sozial niedrigeren gesellschaftlichen Gruppen genutzt wurden. Im 20. Jahrhundert gaben dann politische Zielsetzungen den Ausschlag für die Wahl der Sprachenfolge. Wurden in der Weimarer Republik die politischen Gründe für die Wahl des Französischen als erster Fremdsprache nicht offen ausgesprochen, stellten die Nationalsozialisten die politische Dimension der Festlegung des Englischen als erste Fremdsprache umso deutlicher heraus. Die Sprachenfolge an den höheren Schulen in Preußen war somit nicht pädagogischer Selbstzweck, sondern wurde in den Dienst von gesellschaftspolitischen und politischen Zielen gestellt.

Anhang

1. Die Stundentafeln der Fremdsprachen an den höheren Knabenschulen Preußens von 1816 bis 1925

(erstellt nach Christ/Rang 1985e)

1.1 Gymnasium

	VI	V	IV	UIII	OIII	UII	OII	UI	OI	Gesamt
1816										
Latein	6	6	8	8	8	8	8	8	8^{103}	76
Griechisch	-	-	5	5	5	7	7	7	7	50
Französisch	-	-	-	-	-	-	-	-	-	-
1837										
Latein	10	10	10	10	10	10	10	8	8	86
Griechisch	-	-	6	6	6	6	6	6	6	42
Französisch	-	-	-	2	2	2	2	2	2	12
1856										
Latein	10	10	10	10	10	10	10	8	8	86
Griechisch	-	-	6	6	6	6	6	6	6	42
Französisch	-	3	2	2	2	2	2	2	2	17
1882										
Latein	9	9	9	9	9	8	8	8	8	77
Griechisch	-	-	-	7	7	7	7	6	6	40
Französisch	-	4	5	2	2	2	2	2	2	21
1892										
Latein	8	8	7	7	7	7	6	6	6	62
Griechisch	-	-	-	6	6	6	6	6	6	36
Französisch	-	-	4	3	3	3	2	2	2	19
Englisch (wahlfrei)	-	-	-	-	-	-	(2)	(2)	(2)	(6)
1901										
Latein	8	8	8	8	8	7	7	7	7	68
Griechisch	-	-	-	6	6	6	6	6	6	36
Französisch	-	-	4	2	2	3	3	3	3	20
Englisch	-	-	-	-	-	-	3	3	3	9^{104}
Englisch (wahlfrei)	-	-	-	-	-	-	(2)	(2)	(2)	(6)
1924										
Latein	7	7	7	6	6	5	5	5	5	53
Griechisch	-	-	-	6	6	6	6	6	6	36
Neuere Fremdsprache	-	-	3	2	2	2	2	2	2	15

---

[103] In den Lehrplänen von 1816 ist die Prima noch dreijährig.
[104] Englisch ab O III als dreistündiges Wahlpflichtfach statt Französisch. Französisch wird dann wahlfreies Fach mit zwei Wochenstunden (Christ/Rang 1985e:47).

1.2 Realgymnasium

	VI	V	IV	UIII	OIII	UII	OII	UI	OI	Gesamt
1859										
Latein	8	6	6	5	5	4	4	3	3	44
Französisch	-	5	5	4	4	4	4	4	4	34
Englisch	-	-	-	4	4	3	3	3	3	20
1882										
Latein	8	7	7	6	6	5	5	5	5	54
Französisch	-	5	5	4	4	4	4	4	4	34
Englisch	-	-	-	4	4	3	3	3	3	20
1892										
Latein	8	8	7	4	4	3	3	3	3	43
Französisch	-	-	5	5	5	4	4	4	4	31
Englisch	-	-	-	3	3	3	3	3	3	18
1901										
Latein	8	8	7	5	5	4	4	4	4	49
Französisch	-	-	5	4	4	4	4	4	4	29
Englisch	-	-	-	3	3	3	3	3	3	18
1924										
Latein	7	7	7	4	4	3	3	3	3	41
Erste neuere Fremdsprache	-	-	3	4	4	4	4 (3)	4 (3)	4 (3)	27 (24)[105]
Zweite neuere Fremdsprache	-	-	-	4	4	3	3 (4)	3 (4)	3 (4)	20 (23)

1.3 Oberrealschule

	VI	V	IV	UIII	OIII	UII	OII	UI	OI	Gesamt
1859										
Französisch	6	6	6	6	6	4	4	4	4	46
Englisch	-	-	-	4	4	3	3	3	3	20
1882										
Französisch	8	8	8	6	6	5	5	5	5	56
Englisch	-	-	-	5	5	4	4	4	4	26
1892										
Französisch	6	6	6	6	6	5	4	4	4	47
Englisch	-	-	-	5	4	4	4	4	4	25
1901										
Französisch	6	6	6	6	6	5	4	4	4	47
Englisch	-	-	-	5	4	4	4	4	4	25
1924										
Erste neuere Fremdsprache	6	6	6	5	5	3	3	3	3	40
Zweite neuere Fremdsprache	-	-	-	5	5	3	3	3	3	22

---

[105] Die in Klammern gesetzten Stundenzahlen gelten dann, wenn die erste neuere Fremdsprache das Englische ist.

1.4 Reformschulen[106]
1.4.1 Reformgymnasium

	VI	V	IV	UIII	OIII	UII	OII	UI	OI	Gesamt
1925										
Neuere Fremdsprache	6	6	6	3	3	2	2	2	2	32
Latein	-	-	-	8	8	7	6	6	5	40
Griechisch	-	-	-	-	-	8	8	8	8	32

1.4.2 Reformrealgymnasium (neuer Art)

	VI	V	IV	UIII	OIII	UII	OII	UI	OI	Gesamt
1924										
Erste neuere Fremdsprache	6	6	6	5	5	4	4 (3)	4 (3)	4 (3)	44 (41)[107]
Zweite neuere Fremdsprache	-	-	-	5	5	4	3 (4)	3 (4)	3 (4)	23 (26)
Latein	-	-	-	-	-	4	4	4	4	16

1.4.3 Reformrealgymnasium (alter Art)
(erstellt nach Zentralblatt 1925b:113)

	VI	V	IV	UIII	OIII	UII	OII	UI	OI	Gesamt
1925										
Erste neuere Fremdsprache	6	6	6	4	5	4	4	4	4	43
Latein	-	-	-	6	5	4	3	3	3	24
Zweite neuere Fremdsprache	-	-	-	-	-	4	4	4	4	16

1.5 Deutsche Oberschule

	VI	V	IV	UIII	OIII	UII	OII	UI	OI	Gesamt
1924										
Erste Fremdsprache	6	6	6	6	6	4	4 (3)	4 (3)	4 (3)	46[108] (43)
Zweite Fremdsprache	-	-	-	-	-	4	3 (4)	3 (4)	3 (4)	13 (16)

---

[106] Das Reformgymnasium und Reformrealgymnasium wurden ab Anfang der zwanziger Jahre als eigenständige Schulformen geführt. Vorher liefen sie als Sonderformen unter dem Namen „Altonaer Lehrplan" und „Frankfurter Lehrplan" (Müller/Zymek 1989:127).

[107] Die in Klammern gesetzten Stundenzahlen gelten dann, wenn die erste neuere Fremdsprache das Englische ist.

[108] Die in Klammern gesetzten Stundenzahlen gelten dann, wenn die zweite Fremdsprache Lateinisch oder Französisch ist.

1.6 Aufbauschule
1.6.1 Aufbauschulen nach dem Lehrplan der deutschen Oberschule

	UIII	OIII	UII	OII	UI	OI	Gesamt
1924							
Erste Fremdsprache	7	7	5 (4)	4 (3)	4 (3)	4 (3)	**31 (27)**[109]
Zweite Fremdsprache	-	-	4 (5)	3 (4)	3 (4)	3 (4)	**13 (17)**

1.6.2 Aufbauschule nach dem Lehrplan der Oberrealschule

	UIII	OIII	UII	OII	UI	OI	Gesamt
1924							
Erste Fremdsprache	7	7	4	4	4 (3)	4 (5)	**30 (28)**[110]
Zweite Fremdsprache	-	-	5	4	3 (4)	3 (4)	**15 (17)**

---

[109] Die in Klammern gesetzten Stundenzahlen gelten dann, wenn Französisch oder Lateinisch die zweite Fremdsprache ist.

[110] Die in Klammern gesetzten Stundenzahlen gelten dann, wenn Französisch die zweite Fremdsprache ist.

2. Die Stundentafeln der Fremdsprachen an den Reformschulen nach den Altonaer und Frankfurter Lehrplänen

(erstellt nach Reinhardt 1902:342-343)

2.1 Der Altonaer Lehrplan (1878)

	Unterbau						Realschule		Realgymnasium					
	VI	V	IV	III	II	I	UIII	OIII	UII	OII	UI	OI	Gesamt
1878													
Französisch	6	6	5	6	5	5	4	4	3	3	3	3	33/37[111]
Englisch	-	-	4	5	4	5	3	3	3	3	3	3	18/22
Latein	-	-	-	-	-	-	6	6	6	6	6	6	36

2.2 Der Frankfurter Lehrplan (1892)

	Unterbau					Realgymnasium				Gymnasium				
	VI	V	IV	UIII	OIII	UII	OII	UI	OI	UII	OII	UI	OI	Gesamt
1892														
Französisch	6	6	6	3	3	3	4	3	3	2	2	2	2	37/32
Latein	-	-	-	10	10	5	5	5	5	8	8	8	7	40/51
Englisch	-	-	-	-	-	6	4	4	4	-	-	-	-	18
Griechisch	-	-	-	-	-	-	-	-	-	8	8	8	8	32

---

[111] Im Folgenden gibt die erste Zahl die Gesamtstundenzahl an der erstgenannten Schulform und die zweite Zahl die der zweitgenannten Schulform an.

3. Die Stundentafeln der Fremdsprachen an den Realschulen von Geestemünde, Cuxhaven und Osnabrück

(erstellt nach Eilker 1897:87; Knabe 1908:362; Sörgel 1908:5-6)

3.1 Realschule und Reformschule in Geestemünde

	Unterbau			Realschule			Realgymnasium						
	VI	V	IV	III	II	I	UIII	OIII	UII	OII	UI	OI	Gesamt
1887													
Englisch	6	6	4	4	3	3							26
Französisch	-	-	6	7	6	6							35
1904 (Reformschule)													
Englisch	6	6	4	4	3	3	3	3	3	3	3	3	26/34
Französisch	-	-	5	6	5	5	4	4	4	4	4	4	21/29
Latein	-	-	-	-	-	-	6	6	5	5	5	5	32

3.2 Höhere Staatsschule in Cuxhaven

	IV	V	VI	III	II	I	Gesamt
1891							
Englisch	6	6	3	3	3	3	24
Französisch	-	-	7	6	6	6	25

3.3 Königliches Realgymnasium mit Realschule in Osnabrück

	Unterbau			Realschule			Realgymnasium						
	VI	V	IV	III	II	I	UIII	OIII	UII	OII	UI	OI	Gesamt
1894 (Reformschule)													
Englisch	6	6	4	4	5	5	3	3	3	3	3	3	30/34
Französisch	-	-	7	7	4	4	4	4	4	4	4	4	22/31
Latein	-	-	-	-	-	-	6	6	5	5	5	5	32

4. Die Stundentafeln der neueren Fremdsprachen an den grundständigen höheren Knabenschulen Preußens ab 1932

(erstellt nach Zentralblatt 1931:342-343)

4.1 Schulen mit einer neueren Fremdsprache als Hauptsprache

4.1.1 Realgymnasium

	VI	V	IV	UIII	OIII	UII	OII	UI	OI	Gesamt
1931										
Plan a:										
Französisch (Hauptsprache)	-	-	4	4	4	4	4	4	4	28
Englisch	-	-	-	4	4	3	3	3	3	20
Plan b:										
Französisch	-	-	4	4	4	3	3	3	3	24
Englisch (Hauptsprache)	-	-	-	4	4	4	4	4	4	24

4.1.2 Reformrealgymnasium (der Regelform)

	VI	V	IV	UIII	OIII	UII	OII	UI	OI	Gesamt
1931										
Plan a:										
Französisch (Hauptsprache)	6	6	6	5	5	3	4	4	4	43
Englisch	-	-	-	5	5	3	3	3	3	22
Plan b:										
Französisch	6	6	6	4	4	3	3	3	3	38
Englisch (Hauptsprache)	-	-	-	6	6	3	4	4	4	27

4.1.3 Oberrealschule

	VI	V	IV	UIII	OIII	UII	OII	UI	OI	Gesamt
1931										
Plan a:										
Französisch (Hauptsprache)	6	6	6	5	5	3	3 (4)	3 (4)	3 (4)	40 (43)[112]
Englisch	-	-	-	5	5	3	3 (2)	3 (2)	3 (2)	22 (19)
Plan b:										
Französisch	6	6	6	4	4	3	2	2	2	35
Englisch (Hauptsprache)	-	-	-	6	6	3	4	4	4	27

---

[112] An den Oberrealschulen bestand die Möglichkeit, Französisch verstärkt zu betreiben und von O II ab für Französisch 4 und für Englisch 2 Wochenstunden zu wählen.

4.2 Schulen mit einer zweiten neueren Fremdsprache in Randstellung

4.2.1 Reformrealgymnasium (mit Latein ab U III)

	VI	V	IV	UIII	OIII	UII	OII	UI	OI	Gesamt
1931										
Plan a:										
Französisch	6	6	6	4	4	3	3	4	4	40
Englisch	-	-	-	-	-	4	4	4	4	16
Plan b:										
Französisch	6	6	6	4	4	2	2	3	3	36
Englisch (verstärkt)	-	-	-	-	-	5	5	5	5	20

4.2.2 Deutsche Oberschule

	VI	V	IV	UIII	OIII	UII	OII	UI	OI	Gesamt
1931										
Plan a:										
Französisch	6	6	6	5	5	4	4	4	4	44
Englisch[113]	-	-	-	-	-	4	3	3	3	13
Plan b:										
Französisch	6	6	6	5	5	3	3	3	3	40
Englisch (verstärkt)	-	-	-	-	-	5	4	4	4	17

---

[113] An Stelle des Englischen kann auch weiterhin eine andere Sprache als zweite Fremdsprache gewählt werden.

5. Die Stundentafeln der neueren Fremdsprachen an den höheren Knabenschulen Preußens ab 1933

(erstellt nach Zentralblatt 1933b:125)

5.1 Schulen, in denen eine neuere Fremdsprache Hauptsprache ist

5.1.1 Realgymnasium

	VI	V	IV	UIII	OIII	UII	OII	UI	OI	Gesamt
1933										
Französisch	-	-	4	4	4	3	3	3	3	24
Englisch (Hauptsprache)	-	-	-	4	4	4	4	4	4	24

5.1.2 Reformrealgymnasium (der Regelform)

	VI	V	IV	UIII	OIII	UII	OII	UI	OI	Gesamt
1933										
Französisch	6	6	6	4	4	3	3	3	3	38
Englisch (Hauptsprache)	-	-	-	6	6	5	4	4	4	29

5.1.3 Oberrealschule

	VI	V	IV	UIII	OIII	UII	OII	UI	OI	Gesamt
1933										
Französisch	6	6	6	4	4	3	2	2	2	35
Englisch (Hauptsprache)	-	-	-	6	6	3	4	4	4	27

5.2 Schulen, die die zweite neuere Fremdsprache nur in Randstellung betreiben

5.2.1 Reformrealgymnasium (mit Latein ab U III)

	VI	V	IV	UIII	OIII	UII	OII	UI	OI	Gesamt
1933										
Französisch	6	6	6	4	5	3	3	3	3	39
Englisch (verstärkt)	-	-	-	-	-	5	5	5	5	20

5.2.2 Deutsche Oberschule

	VI	V	IV	UIII	OIII	UII	OII	UI	OI	Gesamt
1933										
Französisch	6	6	6	6	6	3	3	3	3	42
Englisch (verstärkt)	-	-	-	-	-	5	4	4	4	17

6. Die Stundentafeln der neueren Fremdsprachen an den höheren Knabenschulen im Deutschen Reich ab 1938

(erstellt nach Christ/Rang 1985e:71, 204, 213)

6.1 Oberschule für Jungen

	1	2	3	4	5	6	7	8	Gesamt
1938									
sprachlicher Zweig									
Englisch	6	6	4	4	4	4	4	4	36
Latein	-	-	4	4	4	4	4	4	24
Fremdsprachliche Arbeitsgemeinschaft	-	-	-	-	-	3	3	3	9
naturwissensch.-mathem. Zweig									
Englisch	6	6	4	4	4	2	2	2	30
Latein	-	-	4	4	4	2	2	2	18

6.2 Gymnasium

	1	2	3	4	5	6	7	8	Gesamt
1938									
Latein	6	6	4	4	4	4	4	4	35
Griechisch	-	-	5	5	5	5	5	5	30
Englisch	-	-	-	-	3	3	3	3	12

6.3 Aufbauschule für Jungen

	3	4	5	6	7	8	Gesamt
1938							
Englisch	6	6	4	4	4	4	28
Latein	-	-	4	4	4	4	16

7. Übersicht über den Zeitpunkt der Einführung des Englischen als erster neuerer Fremdsprache in Preußen (1887-1930)

(erstellt nach Engel 1927a:768; Simon 1930:44-45)

Provinzen	1887	1894	1900	1903	1904	1919	1921	1922	1923	1924	1925	1926	1927	1928	1929	1930
Ostpreußen	-	-	-	-	-	-	-	2	11	12	3	1	3	2	2	2
Grenzmark	-	-	-	-	-	-	-	1	4	-	1	-	-	-	-	6
Brandenburg	-	-	-	-	-	-	-	3	10	3	1	-	-	1	1	1
Berlin	-	-	-	-	-	-	-	1	13	8	6	3	1	14	5	4
Pommern	-	-	-	-	-	-	-	2	8	13	5	2	-	-	1	-
Niederschlesien	-	-	-	-	-	-	-	1	13	39	6	3	-	-	1	-
Oberschlesien	-	-	-	-	-	-	-	-	5	4	2	2	2	-	-	-
Sachsen	-	-	-	-	-	-	-	4	17	14	10	2	4	-	-	1
Schleswig-Holstein[114]	-	-	-	-	-	-	2	5	11	9	6	1	-	-	-	-
Hannover[115]	1	1	2	-	1	2	-	4	12	16	7	4	5	-	-	-
Westfalen[116]	-	-	-	1	-	-	-	1	11	2	2	3	-	-	-	-
Hessen-Nassau	-	-	-	-	-	-	-	2	3	1	-	-	1	-	2	-
Rheinland	-	-	-	-	-	-	-	-	3	-	-	-	-	-	1	-

---

[114] In der Provinz Schleswig-Holstein wurde Englisch als erste Fremdsprache zuerst ab 1921 in Flensburg und in Neumünster unterrichtet (Simon 1930:45).

[115] Schulen mit Englisch als erste Fremdsprache in der Provinz Hannover bis 1921: Geestemünde (Realgymnasium) (ab 1887), Osnabrück (ab 1894), Emden (ab 1900), Wilhelmshaven (ab 1900), Geestemünde (Oberrealschule) (ab 1904), Otterndorf (ab 1919), Ülzen (ab 1919) (vgl. Engel 1927a:768).

[116] In der Provinz Westfalen wurde ab 1903 in Plettenberg Englisch als erste Fremdsprache angeboten (vgl. Engel 1927a:768).

8. Die Sprachenfolge nach den Lehrplänen der preußischen grundständigen höheren Knabenschulen und Aufbauschulen

(erstellt nach Christ/Rang 1985e:7-9; 16-17; 26-27; Zentralblatt 1925b:113; Grimme 1931:223-224; Zentralblatt 1931:342-343)

		1. Fremdsprache	2. Fremdsprache	3. Fremdsprache	Anmerkungen
Gymnasium	ab 1856	Latein	Französisch	Griechisch	Englisch statt Griechisch im Ersatzunterricht möglich
	ab 1892	Latein	Französisch	Griechisch	ab 1892: Englisch wahlfrei als 4. Fremdsprache ab O II
	alternativ ab 1901	Latein	Französisch	Griechisch	ab 1901: Englisch statt Französisch ab O II nach Genehmigung
	alternativ ab 1923	Latein	Englisch	Griechisch	
	verpflichtend ab 1932	Latein	Englisch	Griechisch	ab 1932: Englisch verpflichtend erste neue Fremdsprache am Gymnasium und Reformgymnasium
Real-Gymnasium	ab 1859	Latein	Französisch	Englisch	
	alternativ ab 1892	Latein	Englisch	Französisch	ab 1892: Vertauschung der Stunden des Französischen gegen das Englische nach Genehmigung möglich; ab 1923 generell möglich
	verpflichtend ab 1932	Latein	Französisch	Englisch	ab 1932: Französisch verpflichtend erste neue Fremdsprache an allen Realanstalten
Ober-Realschule	ab 1859	Französisch	Englisch	---	
	alternativ ab 1892	Englisch	Französisch	---	ab 1892: Vertauschung der Stunden des Französischen gegen das Englische nach Genehmigung möglich; ab 1923 generell möglich
	verpflichtend ab 1932	Französisch	Englisch	---	ab 1932: Französisch verpflichtend erste neue Fremdsprache an allen Realanstalten
Deutsche Oberschule	ab 1922	Französisch	Englisch	---	
		Englisch	Französisch	---	
	verpflichtend ab 1932	Französisch	Englisch	---	ab 1932: Französisch verpflichtend erste neue Fremdsprache an allen Realanstalten
Aufbauschule	ab 1922	Französisch	Englisch	---	
		Englisch	Französisch	---	
	verpflichtend ab 1932	Französisch	Englisch	---	ab 1932: Französisch verpflichtend erste neue Fremdsprache an allen Realanstalten

Reform-Gymnasium	alternativ ab 1923	Französisch Englisch	Latein Latein	Griechisch Griechisch	Frankfurter Lehrplan
	verpflichtend ab 1932	Englisch	Latein	Griechisch	ab 1932: Englisch verpflichtend erste neue Fremdsprache am Gymnasium und Reformgymnasium
Reformrealgymnasium (alter Art)	alternativ ab 1923	Französisch Englisch	Latein Latein	Englisch Französisch	Frankfurter Lehrplan: Latein als 2. Fremdsprache ab UIII
	verpflichtend ab 1924	Französisch	Latein	Englisch	ab 1924 als Reformrealgymnasium alter Art weitergeführt unter der Bedingung, dass Französisch erste Fremdsprache ist; ab 1932: Französisch verpflichtend erste neue Fremdsprache an allen Realanstalten
Reformrealgymnasium (neuer Art)	ab 1924	Französisch Englisch	Englisch Französisch	Latein Latein	ab 1924: Reformrealgymnasium neuer Art mit Latein als 3. Fremdsprache ab U II
	verpflichtend ab 1932	Französisch	Englisch	Latein	ab 1932: Französisch verpflichtend erste neue Fremdsprache an allen Realanstalten

9. Übersicht über die vorhandenen Schularten nach der Sprachenfolge im preußischen höheren Schulwesen im Schuljahr 1926[117]
(erstellt nach Simon 1927:37)

Nr.	Schultyp	1. Fremdsprache	2. Fremdsprache	3. Fremdsprache
	Grundständige Schulen[118]			
1	Gymnasium	Latein	Französisch	Griechisch
2		Latein	Englisch	Griechisch
3	Realgymnasium	Latein	Französisch	Englisch
4		Latein	Englisch	Französisch
5	Oberrealschulen	Französisch	Englisch	---
6		Englisch	Französisch	---
7	Deutsche Oberschule	Französisch	Englisch	---
8		Englisch	Französisch	---
9		Französisch	Englisch	(Latein)
10	Reformgymnasium	Französisch	Latein	Griechisch
11		Englisch	Latein	Griechisch
12	Reformrealgymnasium	Französisch	Latein	Englisch
13	(alter Art)[119]	Englisch	Latein	Französisch
14	Reformrealgymnasium	Französisch	Englisch	Latein
15	(neuer Art)[120]	Englisch	Französisch	Latein
	Nicht-grundständige Schulen			
16	Progymnasium	Latein	Französisch	Griechisch
17		Latein	Englisch	Griechisch
18	Progymnasium mit Ersatzunterricht	Latein	Französisch	Griechisch
19	Realprogymnasium	Latein	Französisch	Englisch
20		Latein	Englisch	Französisch
21	Realprogymnasium mit Ersatzunterricht	Latein	Französisch	Englisch
22		Latein	Englisch	Französisch

---

[117] Die Zusammenstellung für das Schuljahr 1929 weist nur noch 35 verschiedene Arten auf. Weggefallen sind das Progymnasium mit Ersatzunterricht sowie die beiden Aufbauschulen mit drei Fremdsprachen. Neu hinzugekommen ist im Vergleich zu 1926 eine Deutsche Oberschule mit der Kombination Englisch-Latein (vgl. Simon 1929:754).

[118] Folgende Kombinationen sind in der Theorie möglich, im höheren Schulwesen Preußens von 1926 jedoch nicht vorhanden: Gymnasium mit Ersatzunterricht mit Latein-Französisch-Englisch oder Latein-Englisch-Französisch sowie das Reform-Progymnasium mit Englisch-Latein-Griechisch.

[119] Latein als zweite Fremdsprache ab UIII. Obwohl die Sprachenfolge Englisch-Latein-Französisch laut Ministerialerlass vom 31. März 1925 offiziell nicht genehmigt war (vgl. Zentralblatt 1925a:113), boten im Jahr 1926 insgesamt 9 Schulen nach Ausnahmegenehmigung diese Kombination an (vgl. Engel 1927a:767; Simon 1927:37). Im Schuljahr 1929 waren es nur noch 6 Schulen (vgl. Simon 1929:754).

[120] Latein als dritte Fremdsprache ab UII.

23	**Reform-Progymnasium**	Französisch	Latein	Griechisch
24	**Reform-Realprogymnasium** (alter Art)	Französisch	Latein	Englisch
25	**Reform-Realprogymnasium**	Französisch	Englisch	Latein
26	(neuer Art)	Englisch	Französisch	Latein
27	**Realschulen**	Französisch	Englisch	---
28		Englisch	Französisch	---
29	**Aufbauschulen** (nach Lehrplan	Französisch	Englisch	---
30	der Oberrealschule)	Englisch	Französisch	---
31	**Aufbauschulen** (nach Lehrplan	Französisch	Englisch	---
32	der Deutschen Oberschule)	Englisch	Französisch	---
33		Französisch	Latein	---
34		Englisch	Latein	---
35		Französisch	Englisch	(Latein)
36		Englisch	Latein	(Französisch)
37		Englisch	Dänisch	---

Literaturverzeichnis

Zeitschriften[121]

Archiv für das Studium der neueren Sprachen und Literaturen. Berlin: E. Schmidt.
Central-Organ für die Interessen des Realschulwesens. Berlin: Gülker.
Das humanistische Gymnasium. Leipzig: Teubner.
Deutsches Philologenblatt. Korrespondenz-Blatt für den akademisch gebildeten Lehrerstand. Leipzig.
Die Neueren Sprachen. Frankfurt a.M.: Diesterweg.
Monatsschrift für Höhere Schulen. Berlin: Weidmann.
Neue Jahrbücher für Wissenschaft und Jugendbildung. Berlin: Teubner.
Neuphilologisches Centralblatt. Hannover: Meyer.
Pädagogisches Archiv. Leipzig: Quelle & Meyer.
Pädagogische Revue. Zürich: Schulthess.
Zeitschrift für das gesamte deutsche Real- und Reformschulwesen. Frankfurt a. M.: Diesterweg.
Zeitschrift für das Gymnasialwesen. Berlin.
Zeitschrift für französischen und englischen Unterricht. Berlin: Weidmannsche Buchhandlung.
Zeitschrift für lateinlose höhere Schulen. Leipzig: Teubner.
Zeitung für das höhere Unterrichtswesen Deutschlands. Leipzig.

Quellen

Adickes (1900). „Die Zulassung der Realgymnasiasten zur juristischen Laufbahn". *Das humanistische Gymnasium.* Jg. 10. 178-181.
Allgemeiner Deutscher Neuphilologen-Verband (ADNV) (1921). *Bericht über die Verhandlungen der 17. Tagung des Allgemeinen Deutschen Neuphilologen-Verbandes in Halle vom 4.-6.Oktober 1920.* Halle: Max Niemeyer.
Allgemeiner Deutscher Neuphilologen-Verband (ADNV) (1925). *Bericht über die Verhandlungen der XIX. Tagung des Allgemeinen Deutschen Neuphilologen-Verbandes in Berlin vom 1.-4.Oktober 1924.* Berlin: Stollberg & Co.
Allgemeiner Deutscher Neuphilologen-Verband (ADNV) (1931). *Bericht über die Verhandlungen der XXII. Tagung des Allgemeinen Deutschen Neuphilologen-Verbandes zu Breslau vom 10. Bis 14. Juni 1930.* Braunschweig: Georg Westermann.

---

[121] Vollständige Durchsicht der Zeitschriftenjahrgänge von 1850 bis 1933.

Andenmatten, Joseph (1876). „Warum wird an den humanistischen Gymnasien in den modernen Sprachen so wenig geleistet? – Wie liessen sich bessere Resultate erzielen?". Jahresbericht über das Königliche Gymnasium und die lateinische Schule zu Amberg.

Anon. (1900a) „Realgymnasium und Medizinstudium". *Das humanistische Gymnasium.* Jg. 11. 165-178.

Anon. (1900b). „Weitere Äußerungen hervorragender deutscher Juristen über die Frage." *Das humanistische Gymnasium.* Jg. 11. 185-200.

Anon. (1921). „Nationale Wertung des französischen Sprachunterrichts". *Zeitschrift für französischen und englischen Unterricht.* Jg. 20. 170-174.

Anon. (1922). „Englisch und Spanisch an den höheren Schulen". *Zeitschrift für französischen und englischen Unterricht.* Jg. 21. 108-111.

Aronstein, Philipp (1918). „Das Englische als Gegenstand ‚nationaler Auslandsbildung' an unseren höheren Schulen". *Monatsschrift für höhere Schulen.* Jg. 17. 208-221.

Aronstein, Philipp (1925). „Das Englische als humanistisches Unterrichtsfach an unseren höheren Schulen". *Zeitschrift für französischen und englischen Unterricht.* Jg. 24. 1-13.

Azzalino, W. (1931). „Französisch oder Englisch als erste neuere Fremdsprache". *Die Neueren Sprachen.* Jg. 39. 266-276.

Bäumlein (1862). „Griechische Sprache". In: Schmid, Karl Adolf (Hrsg.). *Encyklopädie des gesammten Erziehungs- und Unterrichtswesens.* Bd. 3. Gotha: Besser. 63-77.

Becker, Adolf (1925). „Frankreich und wir". *Zeitschrift für französischen und englischen Unterricht.* Jg. 24. 202-206.

Beckmann, Paul (1931). „Vereinheitlichung im Beginn der ersten neueren Fremdsprache". *Zeitschrift für französischen und englischen Unterricht.* Jg. 30. 275-276.

Bertow (1924). „Rückblick auf den Kampf um die Vorherrschaft zwischen Englisch und Französisch". *Monatsschrift für höhere Schulen.* Jg. 23. 75-83.

Beutler, August (1872). „Das Sprachstudium und sein bildendes Element". Erstes Programm der Communal-Unterrealschule in Jägerndorf.

Bolle, Wilhelm (1928). „Die Bildungsaufgaben der neueren Sprachen". In: Behrend, Felix (Hrsg.). *Reformanstalten und Oberrealschule.* Leipzig: Quelle & Meyer. 149-171.

Bolle, Wilhelm (1931). „Ein Vorschlag zur Vereinheitlichung des höheren Schulwesens". *Deutsches Philologenblatt.* Jg. 39. 161-163.

Bolle, Wilhelm (1934). „Der fremdsprachliche Unterricht im Dienste der Nationalerziehung". *Monatsschrift für höhere Schulen.* Jg. 33. 191-196.

Borgmann, Ferdinand (1889). „Über den Anfangsunterricht im Englischen in der Sexta". Beilage zum Osterprogramm des Progymnasiums und der höheren Bürgerschule zu Geestemünde.

Boxberger, Leo v. (1921). „Der neusprachliche Unterricht an den deutschen höheren Schulen". *Die Neueren Sprachen.* Jg. 28. 243-248.

Bratuscheck, Ernst (1870). „Der Unterricht in der französischen Grammatik an der Realschule". Programm der Friedrichs-Werderschen Gewerbeschule zu Berlin.

Brauneck, Friedrich (1872). „Das Englische, ein nicht zu unterschätzendes Bildungsmittel". Jahresbericht über den Zustand der Schulen zu Lübben in dem Schuljahr von Ostern 1871 bis Ostern 1872.

Breucker, Fritz (1931). „Vereinheitlichung im Beginn der ersten neueren Fremdsprache". *Zeitschrift für französischen und englischen Unterricht.* Jg. 30. 276-278.

Budde, Gerhard (1903). „Organisation und Methodik des neusprachlichen Unterrichts am preußischen Gymnasium". *Monatsschrift für höhere Schulen.* Jg. 2. 665-673.

Clasen, Joachim (1915). „Die neueren Sprachen und der Krieg". *Die Neueren Sprachen.* Jg. 23, Heft 4. 193-211.

Collischonn, G. (1922). „Die erste Fremdsprache". *Deutsches Philologenblatt.* Jg. 22. 260-261.

Deutschbein, Max (1922). „Englisch als erste Fremdsprache". *Deutsches Philologenblatt.* Jg. 30. 225-226.

Deutschbein, Max (1930). „Englisch als erste lebende Fremdsprache". *Zeitschrift für das gesamte deutsche Real- und Reformschulwesen.* Jg. 5. 4-7.

Deventer, Konrad (1870). „Das Englische als Unterrichtsgegenstand auf dem Gymnasium". Jahresbericht über die höhere Bürgerschule zu Eupen.

Dieterich, Erich (1926). „Zwei Jahre Englisch als erste Fremdsprache". *Zeitschrift für französischen und englischen Unterricht.* Jg. 25. 392-396.

Dieterich, Erich (1930). „Allgemein Englisch als Anfangssprache!". *Die Neueren Sprachen.* Jg. 38. 583-589.

Dorfeld, Karl (1892). „Beiträge zur Geschichte des französischen Unterrichts in Deutschland". Beilage zum Programm des Großherzoglichen Gymnasiums in Gießen.

Dühring (1884). „Dr. Dührings Ansichten über die Bedeutung der alten Sprachen für Juristen und Mediziner". *Zeitung für das höhere Unterrichtswesen.* Jg. 13. 98-99.

Ebinger, Julius (1890). „Über die neuesten Reformbestrebungen auf dem Gebiete des höheren Schulwesens, insbesondere über die Einheitsschule. Ein Vortrag gehalten am 18. November 1889 in der Aula des Gymnasiums von dem Direktor Dr. Ebinger". Königliches Gymnasium zu Luckau.

Eilker (1897). „Das Englische als erste Fremdsprache in den beiden unteren Klassen der Realschule". *Zeitschrift für lateinlose höhere Schulen.* Jg. 8. 86-89.

Engel, Max (1927a). „Pläne zur Vereinheitlichung des höheren Schulwesens in Berlin". *Deutsches Philologenblatt.* Jg. 35. 766-769.

Engel, Max (1927b). „Die Bildungszerrissenheit der deutschen Länder". *Reichselternblatt. Zeitschrift für die Elternschaft der höheren Schulen Deutschlands.* Jg. 6. 11-13.

Engelhardt (1851). „Historische Blicke auf die europäischen Modesprachen". Jahresbericht der königlichen Gewerb- und Handelsschule zu Führt in Mittelfranken.

Engwer, Theodor (1916). „Die neuren Sprachen". In: Norrenberg, Johann. *Die deutsche höhere Schule nach dem Weltkriege.* Leipzig: Teubner. 114-131.

Erzgraeber, R. (1926). „Die falsche Fragestellung in dem Streit: Französisch oder Englisch als erste Fremdsprache?". *Zeitschrift für französischen und englischen Unterricht.* Jg. 25. 202-206.

Eulenburg (1879). „Die Bedeutung des Griechischen für den Arzt, nebst einigen Bemerkungen über die Vorbildung zum medizinischen Studium." *Zeitung für das höhere Unterrichtswesen Deutschlands.* Jg. 8. 74-76.

Ewald, Franz (1889). „Die neueren Sprachen als Bildungsmittel". Programm des Realprogymnasiums zu Geisenheim.

Faser, Ludwig (1923). „Sprachlich-begriffliche (formal-logische) Schulung. Erfahrungen mit Englisch als erster Fremdsprache". *Zeitschrift für französischen und englischen Unterricht.* Jg. 22. 192-196.

Fick (1878). „Über die Vorbildung des Arztes". *Pädagogisches Archiv.* Jg. 20, Heft 9. 640-652.

Förster, Max (1925). „Englisch als erste Fremdsprache?". *Zeitschrift für französischen und englischen Unterricht.* Jg. 24. 42-44.

Franken, August (1874). „Ziel und Methode des englischen Unterrichts auf Realschulen". Programm der Realschule erster Ordnung zu St. Petri und Pauli in Danzig.

Friedrich, Fritz (1916a). „Soll unsere Jugend Englisch oder Französisch lernen?". *Deutsches Philologenblatt.* Jg. 24. 431-435.

Friedrich, Fritz (1916b). „Das Französische als Schulfach nach dem Weltkrieg". *Monatsschrift für höhere Schulen.* Jg. 15. 489-499.

Gantter, Ludwig (1860). „Englische Sprache". In: Schmid, Karl Adolf (Hrsg.). *Encyklopädie des gesammten Erziehungs- und Unterrichtswesens.* Bd. 2. Gotha: Besser. 112-126.

Gantter, Ludwig (1862). „Italienische Sprache". In: Schmid, Karl Adolf (Hrsg.). *Encyklopädie des gesammten Erziehungs- und Unterrichtswesens.* Bd. 3. Gotha: Besser. 712-724.

Gierke, O. (1900). „Soll das Rechtsstudium den Realgymnasiasten zugänglich werden?". *Das humanistische Gymnasium.* Jg. 10. 181-185.

Graevell, H. (1897). „Der pädagogische Wert des Französischen". *Pädagogisches Archiv.* Jg. 39, Heft 5. 362-374.

Greif, W. (1928). „Spanisch – eine Modesache?". *Deutsches Philologenblatt.* Jg. 36. 555-556.

Grimm, Jacob (1985 [1851]). *Über den Ursprung der Sprache. Gelesen in der preußischen Akademie der Wissenschaften am 9. Januar 1851.* Frankfurt am Main: Insel Verlag.

Grimme (1931). „Stellung der neueren Fremdsprachen im Aufbau der höheren Schulen". *Zeitschrift für französischen und englischen Unterricht.* Jg. 30, Heft 3. 221-226.

Günzel, Friedrich (1887). „Der französische Unterricht in den lateinlosen höheren Unterrichtsanstalten". Beilage zum Programm der Realschule zu Ottensen.

Gutbier, Adolf (1854). *Ideen über den Unterricht in den modernen Sprachen, ein Nachtrag zu Herr Dr. Hauschild's Plan, eine dauernde Verbindung der Deutschen, Engländern und Franzosen durch eine völkerschaftliche Erziehung der Jugend zu bewerkstelligen.* Augsburg: Jenisch & Stage.

Gutbier, Adolf (1860). „Was ist zu thun, wenn der Unterricht in den neuen Sprachen in Schulen, welche die alten nicht pflegen, in einen organischen Zusammenhang kommen soll?". *Archiv für das Studium der neueren Sprachen und Literatur.* Jg. 27. 149-176.

Haack, Gustav (1924). „Spanischer Unterricht". *Deutsches Philologenblatt.* Jg. 32. 78-79.

Haack, Gustav (1930). „Was wird aus dem Spanischen". *Deutsches Philologenblatt.* Jg. 38. 76-77.

Hamann, Ernst (1895). „Englisch am Gymnasium". Anlage zum Programm des Großherzoglichen Gymnasium Fridericianum zu Schwerin i. M.

Hanf, G. (1924a). „Die Stellung der neueren Sprachen in der preußischen Schulreform". *Deutsches Philologenblatt.* Jg. 32. 160-162.

Hanf, G. (1924b). „Das ‚neusprachliche Gymnasium' nach der Göttinger Tagung". *Deutsches Philologenblatt.* Jg. 32. 259-260.

Harnisch et al. (1927). „Denkschrift bet. uneingeschränkte Zulassung des Reform-Realgymnasiums mit Latein von U III an". *Deutsches Philologenblatt.* Jg. 35. 89-92.

Hartig, Paul (1931). „Französisch muss wieder erste neuere Fremdsprache werden". *Sozialistische Monatshefte.* Jg. 37. 339-345.

Hartz, O. (1924). „Das Lateinische auf dem Reformgymnasium". *Deutsches Philologenblatt.* Jg. 32. 271-272.

Hassel, E. (1925). „Die Schulreform im preußischen Landtag". *Deutsches Philologenblatt.* Jg. 33. 167-168.

Hauschild, Ernst (1854). „Plan zu einer dauernden Verbindung der Deutschen, Engländer und Franzosen durch eine völkerschaftliche Erziehung der männlichen und weiblichen

Jugend der gebildeten Stände". Programm des Modernen Gesamtgymnasiums zu Leipzig.

Hausdörffer, Hermann (1854). „Über Realismus und Humanismus auf Gymnasien, insbesondere über die lateinische Sprache als Grundlage formaler Bildung". Programm des Gymnasiums zu Blankenburg.

Herforth, Ernst (1905). „Zum lateinischen Anfangsunterricht in Reformschulen". Beilage zum Jahresbericht des Realgymnasiums in Gera.

Hoch, Walther (1922). „Zur nationalen Wertung des französischen Sprachunterrichts". *Zeitschrift für französischen und englischen Unterricht.* Jg. 21. 111-115.

Hoche (1892). „Ein Urteil über den Anfang des fremdsprachlichen Unterrichts an der höheren Bürgerschule, bez. mit welcher der fremden Sprachen begonnen werden soll". *Zeitschrift für lateinlose höhere Schulen.* Jg. 3. 266-267.

Hoffmann, Max (1902). „Was gewährt die humanistische Bildung unseren Schülern?". *Zeitschrift für das Gymnasialwesen.* Jg. 56. 1-10.

Hollack, Erich (1929). „Französisch als zweite neuere Fremdsprache?". *Die Neueren Sprachen.* Jg. 37. 564-568.

Hummel, Franz (1879). „Der Werth der neueren Sprachen als Bildungsmittel". XVII. Programm der Realschule I. Ordnung zu Weimar.

Huth, Georg (1909). „Wie ist eine Förderung des Englischen an den Gymnasien ohne Schädigung des Französischen möglich?". *Die Neueren Sprachen.* Jg. 16, Heft 9. 513-534.

Jäger, O. (1898). „Stellung und Bedeutung des Griechischen im Organismus des Gymnasiums". *Das humanistische Gymnasium.* Jg. 9. 129-135.

Jäger, O. (1908). „Das Englische im Gymnasium". *Das humanistische Gymnasium.* Jg. 18. 206-209.

Jelinek, Julius (1894). „Das Englische auf dem Gymnasium". Jahresbericht über das städtische evangelische Gymnasium zu St. Maria-Magdalena in Breslau.

John, Constantin (1904). „Der Wert des Griechischen Unterrichts für das Gymnasium". Programm des Königlichen Gymnasiums zu Schwäbisch Hall.

K. (1931). „Vereinheitlichung im Beginn der ersten neueren Fremdsprache". *Zeitschrift für französischen und englischen Unterricht.* Jg. 30. 302-304.

Kalberg, Johann (1888). „Wert der lateinischen und griechischen Sprache als Lehrgegenstände am Gymnasium". Programm des K.K. Staats-Obergymnasiums zu Mitterburg veröffentlicht am Schlusse des Schuljahres 1888.

Kaluza, Max (1919). „Für die Verstärkung der englischen Sprache". *Zeitschrift für französischen und englischen Unterricht.* Jg. 19. 341-345.

Keller, Julius (1899). „Denken und Sprechen und Sprachunterricht". Beilage zu dem Programm des Grossherzoglichen Gymnasiums und Realprogymnasiums in Lörrach für das Schuljahr 1889/99.

Klatt, Willibald (1929). „Der Wiener Verbandstag des Deutschen Philologenverbandes". *Deutsches Philologenblatt*. Jg. 37. 322-331.

Klopp, Onno (1848). *Die Reform der Gymnasien in Betreff des Sprachunterrichts*. Leipzig: Reichenbach.

Kohl, O. (1905). „Griechischer Unterricht". In: Rein, Wilhelm (Hrsg.). *Encyklopädisches Handbuch der Pädagogik*. Bd. 3. 2. Aufl., Langensalza: Hermann Beyer & Söhne. 659-737.

Konizer, Clemens (1872). „Ueber Werth und Stellung des Lateinischen in der Realschule". Programm der Realschule I. Ordnung zu Elberfeld.

Kraenkel (1872). „Der Unterricht in den neueren Sprachen an unsern Gelehrtenschulen". Wissenschaftliche Beilage zum Constanzer Gymnasiums-Programme.

Krüper, A. (1915). „Der Krieg und der neusprachliche Unterricht". *Zeitschrift für lateinlose höhere Schulen*. Jg. 26. 65-68.

Krüper, A. (1922). „Zum Kampf um das Französische als Schulsprache". *Zeitschrift für französischen und englischen Unterricht*. Jg. 21. 102-108.

Krüper, A. (1923). „Gegen die französische Kulturpropaganda". *Deutsches Philologenblatt*. Jg. 31. 98-101.

Krüper, A. (1926). „Das neue Reformrealgymnasium". *Zeitschrift für das gesamte deutsche Real- und Reformschulwesen*. Jg. 1. 19-21.

Krüper, A. (1931). „Zur Frage der ersten neueren Fremdsprache". *Zeitschrift für das gesamte deutsche Real- und Reformschulwesen*. Jg. 6. 55-59.

Kühn, Karl (1885). *Die Einheitsschule, eine Forderung des praktischen Lebens*. Bielefeld: Verlag von Velhagen & Klasing.

Küster, Konrad/Lange, Friedrich/Peters, Th. (1888). „Eingabe des Geschäftsausschusses für deutsche Schulreform an den preußischen Unterrichtsminister, Herrn von Goßler". *Pädagogisches Archiv*. Jg. 30, Heft 4. 257-268.

Kusche, W. (1930). „Das spanische Stiefkind". *Deutsches Philologenblatt*. Jg. 38. 253.

Lachmund, August (1883). „Ueber den Bildungswert des Unterrichts in den alten und neueren Sprachen". Zwölfter Bericht vom Schuljahre Ostern 1882 bis Ostern 1883 über die Grossherzogliche Realschule erster Ordnung zu Ludwigslust.

Lange, Friedrich (1889a). „Denkschrift zur Begründung eines Vereins für Schulreform". *Pädagogisches Archiv*. Jg. 31, Heft 7. 480-488.

Lange, Friedrich (1889b). „Eine Eingabe an den Fürsten Reichskanzler behuts Förderung der Schulreform". *Pädagogisches Archiv*. Jg. 31, Heft 2. 98-105.

Lange, Friedrich (1890). „Eingabe des Vereins für Schulreform an den Herrn Unterrichtsminister von Goßler". *Pädagogisches Archiv*. Jg. 32, Heft 1. 1-20.

Lange, Friedrich (1904). *Reines Deutschtum. Grundzüge einer nationalen Weltanschauung.* 4. Auflage. Berlin: Duncker.

Langensiepen (1852). „Ueber den Unterricht im Lateinischen, besonders auf Real- und höheren Bürgerschulen". *Zeitschrift für das Gymnasialwesen.* Jg. 6. 897-917.

Lattmann, Julius (1874). „Reorganisation der Realschule und Reform des Gymnasiums". *Pädagogisches Archiv.* Jg. 16, Heft 3. 178-201.

Lattmann, Julius (1888*).* „Welche Veränderungen des Lehrplans in den alten Sprachen würden erforderlich sein, wenn der fremdsprachliche Unterricht mit dem Französischen begonnen wird?". Königliches Gymnasium Clausthal.

Legerlotz, Gustav (1878). „Ueber Ziel und Methode des französischen Unterrichts auf dem deutschen Gymnasium". Königliches Gymnasium zu Salzwedel.

Lellmann, Karl (1876). „Die Bedeutung der englischen Sprache als Bildungsmittel". Zweiter Jahresbericht über die höhere Bürgerschule zu Papenburg.

Lemcke, Heinrich (1918). „Der Krieg und die neueren Sprachen". *Zeitschrift für lateinlose höhere Schulen.* Jg. 29. 12-18.

Liebl, Wolfgang (1867). „Ueber den Betrieb der neueren Sprachen an den humanistischen Gymnasien". Jahresbericht über das königliche Gymnasium und die lateinische Schule zu Amberg.

Liermann, Otto (1903). *Reformschulen nach dem Frankfurter und Altonaer System. Die Casseler Novemberkonferenz von 1901 über Fragen des Reformschulunterrichts.* Berlin: Weidmann.

Liermann, Otto (1928). „Entstehung und Geschichte der Reformanstalten". In: Behrend, Felix (Hrsg.). *Reformanstalten und Oberrealschule.* Leipzig: Quelle & Meyer. 4-24.

Lindemann (1896). „Englisch als erste Fremdsprache der Realschule". *Central-Organ für die Interessen des Realschulwesens.* Jg. 14. 1-7.

Lohmann, Otto (1915). „Die neuere Philologie und der Krieg. Betrachtungen eines alten Neuphilologen". *Die Neueren Sprachen.* Jg. 23. 1-8.

M. (1929). „Nachrichten zur Schulreform". *Zeitschrift für das gesamte deutsche Real- und Reformschulwesen.* Jg. 4. 132-133.

Mähr, Fidel (1877). „Können die classischen Sprachen vor den neueren als Mittel des Jugendunterrichts bestehen?". Programm des k.k. Gymnasiums in Triest.

Matthias, Adolf (1913). *Erlebtes und Zukünftiges aus Schulverwaltung, Unterricht und Erziehung.* Berlin: Weidmannsche Buchhandlung.

Meese, Friedrich (1930). „Französisch oder Englisch als erste neuere Fremdsprache. Ein Vorschlag zu einer Kompromisslösung". *Die Neueren Sprachen.* Jg. 38. 311-315.

Mellmann (1908). Kann und soll das Englische an unseren Gymnasien als obligatorisches Lehrfach eingeführt werden? Berlin: Puttkammer & Mühlbrecht.

Meyer, Wilhelm (1931). „Französisch oder Englisch als erste neuere Fremdsprache". *Die Neueren Sprachen*. Jg. 39. 274-277.

Ministerium der Geistlichen, Unterrichts- und Medicinalangelegenheiten (Hrsg.) (1874). *Centralblatt für die gesamte Unterrichtsverwaltung in Preußen. Protokolle der im Oktober 1873 im Königlich Preußischen Unterrichtsministerium über verschiedene Fragen des höheren Schulwesens abgehaltenen Konferenz*. Heft 1, 2, 3. Berlin: Weidmann.

Ministerium der geistlichen, Unterrichts- und Medizinal-Angelegenheiten (Hrsg.) (1882). „Lehrpläne für die höheren Schulen". *Centralblatt für die gesamte Unterrichts-Verwaltung in Preußen*. Jg. 24, Heft 4. 244-276.

Ministerium der geistlichen, Unterrichts- und Medizinal-Angelegenheiten (Hrsg.) (1890). „Allerhöchster Erlaß vom 13. Oktober 1890, betreffend die weitere Ausgestaltung des höheren Schulwesens in Preußen nebst Ausführungs-Verfügung des Ministers der geistlichen Angelegenheiten vom 18. Oktober 1890". *Centralblatt für die gesamte Unterrichts-Verwaltung in Preußen*. Jg. 32, Heft 12. 703-715.

Ministerium der geistlichen, Unterrichts- und Medizinal-Angelegenheiten (Hrsg.) (1892). „Neue Lehrpläne und Prüfungsordnungen für höheren Schulen". *Centralblatt für die gesamte Unterrichts-Verwaltung in Preußen*. Jg. 34, Heft 3. 199-351.

Ministerium der geistlichen, Unterrichts- und Medizinal-Angelegenheiten (Hrsg.) (1901). „Neue Lehrpläne und Lehraufgaben für die höheren Schulen in Preußen". *Centralblatt für die gesamte Unterrichts-Verwaltung in Preußen*. Jg. 43, Heft 6/7. 471-544.

Ministerium der geistlichen, Unterrichts- und Medizinal-Angelegenheiten (Hrsg.) (1908). „Förderung des englischen Unterrichts an den Gymnasien". *Zentralblatt für die gesamte Unterrichts-Verwaltung in Preußen*. Jg. 50, Heft 2. 303-304.

Ministerium für Wissenschaft, Kunst und Volksbildung (Hrsg.) (1922a). „Denkschrift über die grundständige deutsche Oberschule". *Zentralblatt für die gesamte Unterrichts-Verwaltung in Preußen*. Jg. 64, Heft 6. 1-3.

Ministerium für Wissenschaft, Kunst und Volksbildung (Hrsg.) (1922b). „Stundenpläne für die grundständige (neunjährige) deutsche Oberschule und für die Aufbauschule". *Zentralblatt für die gesamte Unterrichts-Verwaltung in Preußen*. Jg. 64, Heft 7. 123-124.

Ministerium für Wissenschaft, Kunst und Volksbildung (Hrsg.) (1923). „Englisch als erste lebende Fremdsprache". *Zentralblatt für die gesamte Unterrichts-Verwaltung in Preußen*. Jg. 65, Heft 4. 88.

Ministerium für Wissenschaft, Kunst und Volksbildung (Hrsg.) (1924). „Die Stundentafeln zur Neuordnung des höheren Schulwesens". *Zentralblatt für die gesamte Unterrichts-Verwaltung in Preußen*. Jg. 66, Heft 21. 285-289.

Ministerium für Wissenschaft, Kunst und Volksbildung (Hrsg.) (1924). *Die Neuordnung des preußischen höheren Schulwesens. Denkschrift des Preußischen Ministeriums für Wissenschaft, Kunst und Volksbildung.* Berlin: Weidmannsche Buchhandlung.

Ministerium für Wissenschaft, Kunst und Volksbildung (Hrsg.) (1925a). „Richtlinien für die Lehrpläne der höheren Schulen Preußens". *Zentralblatt für die gesamte Unterrichts-Verwaltung in Preußen.* Jg. 67, Beilage zum Heft 8. 1-96.

Ministerium für Wissenschaft, Kunst und Volksbildung (Hrsg.) (1925b). „Abweichungen von den regelmäßigen Stundentafeln der höheren Schulen". *Zentralblatt für die gesamte Unterrichts-Verwaltung in Preußen.* Jg. 67, Heft 8. 113-114.

Ministerium für Wissenschaft, Kunst und Volksbildung (Hrsg.) (1931). „Regelung der Sprachenfolge an den grundständigen höheren Schulen". *Zentralblatt für die gesamte Unterrichts-Verwaltung in Preußen.* Jg. 73, Heft 24. 341-343.

Ministerium für Wissenschaft, Kunst und Volksbildung (Hrsg.) (1933a). „Sprachenregelung". *Zentralblatt für die gesamte Unterrichts-Verwaltung in Preußen.* Jg. 75, Heft 8. 107.

Ministerium für Wissenschaft, Kunst und Volksbildung (Hrsg.) (1933b). „Wiederherstellung der früheren Wochenstundenzahl an den höheren Schulen". *Zentralblatt für die gesamte Unterrichts-Verwaltung in Preußen.* Jg. 75, Heft 8. 125.

Ministerium für Wissenschaft, Kunst und Volksbildung (Hrsg.) (1933c). „Sprachenregelung". *Zentralblatt für die gesamte Unterrichts-Verwaltung in Preußen.* Jg. 75, Heft 13. 177.

Molsen, Ulrich (1919). „Französisch oder Englisch?". *Zeitschrift für französischen und englischen Unterricht.* Jg. 18. 289-292.

Mösch, F. (1870). *Die neueren Sprachen und ihr bildendes Element.* Kempten: Kösel.

Mühlefeld, K. (1888). „Die Ziele des neusprachlichen Unterrichts und die Reformbewegung". *Neuphilologisches Centralblatt.* Jg. 2. 161-165.

Müller (1915). „Der gegenwärtige Stand der neusprachlichen Methodik". *Zeitschrift für französischen und englischen Unterricht.* Jg. 14. 418-447.

Müller, Walther (1929). „Warum Französisch und nicht Englisch Anfangsprache an Realanstalten?". *Die Neueren Sprachen.* Jg. 37. 384-389.

Müller, Walther (1930). „Warum Französisch allgemein erste Anfangssprache an allen Realanstalten sein soll". *Die Neueren Sprachen.* Jg. 38. 315-324.

Niewöhner, H. (1928). „Französisch oder Englisch als erste Fremdsprache bei Reformanstalten". *Deutsches Philologenblatt.* Jg. 36. 591-592.

Nohl, Clemens (1877). *Ein neuer Schulorganismus. Zugleich Kritik des gesammten Schulwesens.* Neuwied: Heuser.

Nohl, Clemens (1891). *Der gemeinsame lateinlose Unterbau und die Schulkonferenz vom Dezember 1890.* Neuwied: Heuser.

Nohl, Clemens (1893). *Wider die Uhlig'sche Schrift: Die Einheitsschule mit lateinlosem Unterbau.* Neuwied: Heuser.

Oeckel, Fritz (1920). „Die Neugestaltung des höheren Schulwesens und die neuen Sprachen". *Zeitschrift für französischen und englischen Unterricht.* Jg. 19. 241-250.

Oeckel, Fritz (1921). „Englisch oder Französisch als erste Fremdsprache?". *Zeitschrift für französischen und englischen Unterricht.* Jg. 20. 145-154.

Oeckel, Fritz (1929). „Ein Kernproblem des Französischen als zweiter Fremdsprache". *Die Neueren Sprachen.* Jg. 37. 642-651.

Ortmann (1926). „Der Kampf um das Reformrealgymnasium". *Zeitschrift für das gesamte deutsche Real- und Reformschulwesen.* Jg. 1. 11-19.

Ostendorf, Julius (1866). *Rede, gehalten am 3. Oktober 1865 bei der Einweihung des neuen Realschulgebäudes.* Münster: Aschendorff.

Ostendorf, Julius (1872). *Volksschule, Bürgerschule und höhere Schule. Rede gehalten am 9. April 1872 bei der Einführung als Direktor der Realschule zu Düsseldorf.* Düsseldorf: Schaub.

Ostendorf, Julius (1873a). „Mit welcher Sprache beginnt zweckmäßigerweise der fremdsprachliche Unterricht?". Beilage zum Michaelis-Programm der Realschule 1. Ordnung zu Düsseldorf. Düsseldorf.

Ostendorf, Julius (1873b). *Das höhere Schulwesen unseres Staates.* Düsseldorf: Voss.

Ostendorf, Julius (1874a). „Die Conferenz im Unterrichts-Ministerium, Oktober 1873". *Pädagogisches Archiv.* Jg. 16. 102-103.

Ostendorf, Julius (1874b). *Die Conferenz zur Berathung über das höhere Schulwesen des preußischen Staates. Vortrag gehalten am 30. Dezember 1873 im Bürgervereine zu Braunschweig.* Düsseldorf: Schaub.

Perthes, Hermann (1885). *Zur Reform des lateinischen Unterrichts auf Gymnasien und Realschulen.* Berlin: Weidmann.

Pfundheller (1876). „Ueber den Unterricht im Französischen an Gymnasien". *Zeitschrift für das Gymnasialwesen.* Jg. 30. 167-185.

Philipp, Karl (1925). „Zum spanischen Unterricht". *Deutsches Philologenblatt.* Jg. 33. 38.

Philologen des Realgymnasiums und der Realschule zu Geestemünde (1930). „Englisch als erste Fremdsprache". *Deutsches Philologenblatt.* Jg. 30. 167.

Philosophische Fakultät Berlin (1920). „Eingabe der philosophischen Fakultät Berlin an das Unterrichtsministerium". In: Berliner Gesellschaft für das Studium der Neueren Sprachen (Hrsg.). *Wozu Französisch und Englisch? Gutachten hervorragender deutscher Männer und Frauen über die Erfordernisse des fremdsprachlichen Unterrichts.* Berlin: Weidmannsche Buchhandlung. 60-63.

Pilz, Clemens (1916). „Fremdsprachlicher Unterricht und deutschnationale Bildung". *Die Neueren Sprachen.* Jg. 23. 604-612.

Protokolle der im October 1873 im Königlich Preußischen Unterrichts-Ministerium über verschiedene Fragen des höheren Schulwesens abgehaltenen Conferenz (1874). Berlin: Hertz.

Preußischer Philologenverband (PPV) (1925a). „Schulreform". *Deutsches Philologenblatt.* Jg. 33. 58.

Preußischer Philologenverband (PPV) (1925b). „Latein am Reformrealgymnasium". *Deutsches Philologenblatt.* Jg. 33. 701.

Preußischer Philologenverband (PPV) (1928). „Vorstandssitzung am 9. und 10. Dezember 1928". *Deutsches Philologenblatt.* Jg. 36. 787.

Preußischer Philologenverband (PPV) (1929). „Vorstandssitzung am 22. und 23. Februar 1929". *Deutsches Philologenblatt.* Jg. 37. 145.

Preußischer Philologenverband (PPV) (1931). „Gutachten des Preußischen Philologenverbandes zur Vereinheitlichung der ersten neueren Fremdsprache". *Deutsches Philologenblatt.* Jg. 39. 328-331.

Preußisches Statistisches Landesamt (1931). *Das Schulwesen in Preußen 1926 im Staate, in den Provinzen und Regierungsbezirken.* Preußische Statistik 295. Berlin: Verlag des Preußischen Statistischen Landesamtes.

Rambeau, Adolf (1885). „Der französische und englische Unterricht am Gymnasium". Wissenschaftliche Beigabe zum Osterprogramm des Wilhelmgymnasiums in Hamburg 1885.

Redivivus, Asmodi (1886). *Der Krebsschaden unserer Gymnasien.* Leipzig: Reissner.

Reichs- und Preußisches Ministerium für Wissenschaft, Erziehung und Volksbildung (Hrsg.) (1935a). „Fremdsprachen als Wahlfach". *Deutsche Wissenschaft, Erziehung und Volksbildung. Amtsblatt des Reichsministeriums für Wissenschaft, Erziehung und Volksbildung und der Unterrichtsverwaltungen der Länder.* Jg. 1, Heft 12. 270.

Reichs- und Preußisches Ministerium für Wissenschaft, Erziehung und Volksbildung (Hrsg.) (1935b). „Esperantosprache". *Deutsche Wissenschaft, Erziehung und Volksbildung. Amtsblatt des Reichsministeriums für Wissenschaft, Erziehung und Volksbildung und der Unterrichtsverwaltungen der Länder.* Jg. 1, Heft 11. 228.

Reichs- und Preußisches Ministerium für Wissenschaft, Erziehung und Volksbildung (Hrsg.) (1936). „Vereinheitlichung des höheren Schulwesens". *Deutsche Wissenschaft, Erziehung und Volksbildung. Amtsblatt des Reichsministeriums für Wissenschaft, Erziehung und Volksbildung und der Unterrichtsverwaltungen der Länder.* Jg. 2, Heft 9. 210.

Reichs- und Preußisches Ministerium für Wissenschaft, Erziehung und Volksbildung (Hrsg.) (1937). „Übergangsbestimmungen zur Vereinheitlichung des höheren Schulwesens". *Deutsche Wissenschaft, Erziehung und Volksbildung. Amtsblatt des Reichsministeriums für Wissenschaft, Erziehung und Volksbildung und der Unterrichtsverwaltungen der Länder.* Jg. 3, Heft 7. 155.

Reichs- und Preußisches Ministerium für Wissenschaft, Erziehung und Volksbildung (Hrsg.) (1938). *Erziehung und Unterricht in der Höheren Schule.* Berlin: Weidmannsche Verlagsbuchhandlung.

Reinhardt, Karl (1892). *Die Frankfurter Lehrpläne.* Frankfurt am Main: Verlag von Moritz Diesterweg.

Richert, Hans (1920). *Die deutsche Bildungseinheit und die Höhere Schule.* Tübingen: Mohr.

Richert, Hans (1924). *Die Neuordnung des preußischen höheren Schulwesens. Denkschrift des Preußischen Ministeriums für Wissenschaft, Kunst und Volksbildung.* Berlin: Weidmann.

Richert, Hans (1925). *Richtlinien für die Lehrpläne der höheren Schulen Preußens.* Berlin: Weidmann.

Ried, Georg (1929). „Vorstandssitzung des Deutsches Philologenverbandes am 16. und 17. März 1929 in Berlin". *Deutsches Philologenblatt.* Jg. 37. 197-199.

Ried, Georg (1931). „Vorstandssitzung des Deutschen Philologenverbandes am 22. März 1931 in Berlin". *Deutsches Philologenblatt.* Jg. 39. 194-196.

Ritz (1910). „Esperanto als erste Fremdsprache". *Zeitschrift für lateinlose höhere Schulen.* Jg. 21. 21-23.

Rohs, Alfred (1908). „Englisch oder Französisch Pflichtfach auf der Oberstufe des Gymnasiums?". *Monatsschrift für höhere Schulen.* Jg. 7. 148-156.

Rosenberg, Ludwig (1930). „Spanisch statt Französisch". *Zeitschrift für französischen und englischen Unterricht.* Jg. 29. 225-226.

Rothert, (1849). „Das deutsche Gymnasium". *Archiv für das Studium der neueren Sprachen und Literaturen.* Jg. 6. 233-283.

Ruge (1891). „Äußerung der Vereinigung mecklenburgischer Architekten und Ingenieure zur Reform des höheren Schulwesens". *Pädagogisches Archiv.* Jg. 3, Heft 7. 490-495.

Sallwürk, Ernst von (1874). „Der Ostendorf'sche Schulplan und die Stellung des Französischen in demselben". *Pädagogisches Archiv.* Jg. 16, Heft 6. 383-393.

Sallwürk, Ernst v. (1903). „Bildungswert der einzelnen Lehrfächer" In: Rein, Wilhelm (Hrsg.). *Encyklopädisches Handbuch der Pädagogik.* Bd.1. 2. Auflage. Langensalza. 670-679.

Schäfer, Armin (1873). „Ueber Italienischen Schulunterricht". Programm der Realschule erster Ordnung zu Lippstadt.

Schlee, Ernst (1878). „Schulnachrichten". Jahresbericht der Realschule zu Altona.

Schlee, Ernst (1896). *Die Geschichte des Altonaer Realgymnasiums in den ersten 25 Jahren seines Bestehens. Festschrift zur Feier am 20. April 1896.* Altona: Meyer.

Schlee, Ernst (1897). „Reformschule und Realschule. Altes und Neues". *Zeitschrift für lateinlose höhere Schulen.* Jg. 8. 131-140.

Schmeding (1882). „Zur Frage der formalen Bildung". *Pädagogisches Archiv.* Jg. 24. 33-73.

Schmeding, Otto (1922). „Vierte Hauptversammlung des Allgemeinen Deutschen Realschulmännervereins, Verein für Schulreform". *Deutsches Philologenblatt.* Jg. 30. 9-11.

Schmeding, Otto (1925). „Der Deutsche Realschulmännerverein und die preußische Schulreform". *Deutsches Philologenblatt.* Jg. 33. 164-165.

Schmeding, Otto (1927). „Tagung des Deutschen Realschulmännervereins". *Deutsches Philologenblatt.* Jg. 35. 425-426.

Schmeding, Otto (1931). „Deutscher Realschulmännerverein". *Deutsches Philologenblatt.* Jg. 39. 740.

Schmid, Karl Adolf (1859-1875) (Hrsg.). *Encyklopädie des gesammten Erziehungs- und Unterrichtswesens.* 11 Bände. Gotha: Besser.

Schnitzler, Hermann (1930). „Der Kampf um die Einheitlichkeit des deutschen höheren Schulwesens". *Deutsches Philologenblatt.* Jg. 38. 501-504.

Schön, Eduard (1931a). „Der Rangstreit der modernen Fremdsprachen, ein Kampf um pädagogische Grundsätze". *Neue Jahrbücher für Wissenschaft und Jugendbildung.* Jg. 7. 653-656.

Schön, Eduard (1931b). „Französisch oder Englisch als erste neuere Fremdsprache". *Die Neueren Sprachen.* Jg. 39. 261-266.

Schuberth (1909). „Zweckmäßige Stoffauswahl, und Esperanto". *Zeitschrift für lateinlose höhere Schulen.* Jg. 20. 378-381.

Schulz, Wilhelm (1923). *Spanisch, die dritte Weltsprache.* Leipzig: G. Freytag.

Schulz, Wilhelm (1925). „Englisch als erste Fremdsprache". *Zeitschrift für französischen und englischen Unterricht.* Jg. 24. 326-334.

Schwarz, Paul (1901). „Welchen Nutzen kann der englische Unterricht auf dem Gymnasium anderen Lehrfächern bringen?". Beilage zum Programm des Königl. Gymnasiums zu Quedlinburg.

Schwarz, Sebald (1930). „In necessariis unitas". *Deutsches Philologenblatt.* Jg. 38. 97-98.

Schwarz, Sebald (1931a). „Vereinheitlichung im Beginn der ersten neueren Fremdsprachen". *Zeitschrift für französischen und englischen Unterricht.* Jg. 30. 296-302.

Schwarz, Sebald (1931b). „Die politischen Aufgaben des Sextaners". *Deutsches Philologenblatt.* Jg. 39. 163-164.

Schwarz, Sebald (1931c). „Ein Pyrrhussieg". *Deutsches Philologenblatt.* Jg. 39. 687-689.

Seyffart, Wilhelm Alexander (1870). „Ueber den lateinischen Unterricht auf Realschulen". Siebenundzwanzigster Bericht über die Progymnasial- und Realschulanstalt zu Annaberg.

Simon, Eduard (1927). „Der gegenwärtige Stand des höheren Knabenschulwesens in Preußen". *Deutsches Philologenblatt*. Jg. 35. 33-38.

Simon, Eduard (1929). „Französisch oder Englisch als erste neuere Fremdsprache". *Deutsches Philologenblatt*. Jg. 37. 753-756.

Simon, Eduard (1930) (Hrsg.). *Philologen-Jahrbuch (Kunzes Kalender) für das höhere Schulwesen Preußens und einiger anderer deutscher Länder*. Jg. 37. Breslau: Trewendt& Granier.

Sörgel, Johannes (1908). „Englisch als erste Fremdsprache". Beilage zum Jahresbericht der städtischen Oberrealschule zu Erfurt.

Spranger, Eduard (1917). „Die Denkschrift des preußischen Kultusministeriums über die Förderung der Auslandsstudien". *Internationale Monatsschrift für Wissenschaft, Kunst und Technik*. Jg. 11. 513-531.

Stengel, Edmund (1888). „Zur Reform des höheren Schulwesens". *Pädagogisches Archiv*. Jg. 30. 577-619.

Swane (1931). „Zum Referentenentwurf für die Regelung des fremdsprachlichen Unterrichts". *Zeitschrift für das gesamte deutsche Real- und Reformschulwesen*. Jg. 6. 60-62.

Thum (1885). „Welche fremden Sprachen sollen als Bildungsmittel verwertet werden?". *Pädagogisches Archiv*. Jg. 27. 101-108.

Tinius, Fr. (1923). „Spanisch in Berlin". *Zeitschrift für französischen und englischen Unterricht*. Jg. 22. 31-36.

Uhlig, Gustav (1888). *Die Heidelberger Erklärung in Betreff der humanistischen Gymnasien Deutschlands nebst den bis zum Dezember 1888 eingelaufenen Unterschriften und einem Vorworte*. Heidelberg: Winter.

Uhlig, Gustav (1894). „Einige Bemerkungen über Meinungsverschiedenheiten zwischen Freunden der humanistischen Schulbildung". *Das humanistische Gymnasium*. Jg. 5. 171-180.

VDI (1899). „Zur Frage der Oberrealschule". *Zeitschrift für lateinlose höhere Schulen*. Jg. 10. 15-24.

Verhandlungen des preußischen Abgeordnetenhauses über die höheren Schulen am 6. März 1889 (1889). *Pädagogisches Archiv*. Jg. 31. 373-425; 439-463.

Vilmar, Wilhelm (1928). „Gegenwärtige und zukünftige Aufgaben der Reformanstalten und Oberrealschulen". In: Behrend, Felix (Hrsg.). *Reformanstalten und Oberrealschule*. Leipzig: Quelle & Meyer. 19-24.

Völker, Gustav (1887). *Die Reform des höheren Schulwesens auf Grund der Ostendorfschen These: Der Fremdsprachliche Unterricht ist mit dem Französischen zu beginnen.* Berlin: Springer.

Vogt, Karl (1886). „Klassische Vorbildung". *Zeitung für das höhere Unterrichtswesen Deutschlands.* Jg. 15, Heft 10. 73-75.

Voigtmann (1848). „Gedankenspäne über Sprachunterricht; mit Bezugnahme auf Mager's ‚genetische Methode des schulmäßigen Unterrichts in fremden Sprachen und Literaturen'". *Archiv für das Studium der neueren Sprachen und Literaturen.* Jg. 2. 375-383.

Vollbrecht, F. (1851). „Ueber Rotherts Vorschläge zur Reform der Gymnasien". *Pädagogische Revue.* Jg. 12. 127-153.

Vollhering, Wilhelm (1883). *Das höhere Schulwesen Deutschlands vom Gesichtspunkte des nationalen Bedürfnisses.* Leipzig: Lincke.

Vossler, Karl (1922). „Vom Bildungswert der romanischen Sprachen". *Die Neueren Sprachen.* Jg. 30. 226-234.

Votsch, Wilhelm (1893). „Der Anfangsunterricht im Lateinischen auf Realgymnasien mit lateinlosem Unterbau." Beilage zum Jahresbericht der Guericke Schule, Oberrealschule und Realgymnasium in Magdeburg.

Walter, Max (1898). „Über Schulreform und Reformschulen in Deutschland." *Pädagogisches Archiv*, Jg. 40, Heft 10. 671-682.

Wedewer, Hermann (1848). „Zur Schulreformfrage". Programm der Selecten-Schule zu Frankfurt am Main.

Wegener (1900). „Vorwort über den Wert der lateinlosen Realschulen". Jahresbericht über das Städtische Gymnasium und die mit demselben verbundene Realschule zu Greifswald. Greifswald.

Weidner, G. (1894). „Englisch als erste Fremdsprache der Realschule". Stiftungsschule von 1815 (Realschule) zu Hamburg.

Weißenfels, O. (1888). „Über den erneuten Vorschlag, den fremdsprachlichen Unterricht mit dem Französischen zu beginnen". *Zeitschrift für das Gymnasialwesen.* Jg. 42. 593-613.

Wenzlaff (1873). „Realschulen erster oder zweiter Ordnung? oder Das Latein auf der Realschule". *Centralorgan für die Interessen des Realschulwesens.* Jg. 1. 476-487.

Wiegand, Gustav (1882). „Die Realschule ohne Latein – ihre Ziele und gegenwärtige Stellung". Realschule 2. Ordnung zu Bockenheim.

Wiese, Ludwig (Hrsg.) (1867). *Verordnungen und Gesetze für die höheren Schulen in Preußen.* Berlin: Verlag von Wiegandt und Grieben.

Winkler (1861). „Die neueren Sprachen haben nicht die bildende Kraft der alten klassischen". Jahresbericht über das Königliche Katholische Gymnasium zu Leobschütz.

Winzenz, Franz (1862). „Der Unterricht in den klassischen Sprachen hat eine grössere Bildungskraft als jener in den modernen". Programm des kaiserlich-königlichen Ober-Gymnasiums zu Troppau für das Schuljahr 1862.

Woffildo, Paul (1880). „Die Gutachten der deutschen Ärztevereine über die Zulassung der Realschulabiturienten zum Studium der Medizin". *Pädagogisches Archiv.* Jg. 22. 81-171.

Wolf, Friedrich August (1986 [1807]). *Darstellung der Altertumswissenschaft nach Begriff, Umfang, Zweck und Wert.* Berlin: Realschulbuchhandlung. Nachdruck 1986.

Zandt, Emil (1856). „Ueber die Aufgabe und Stellung des französischen Sprachunterrichts in Gelehrtenschulen". Beilage zum Programm des Karlsruher Lyceums.

Zaubitz, Heinrich (1871). „Ueber den Werth des lateinischen Unterrichts in der Realschule". Städtische Realschule erster Ordnung in Cassel.

Zelezinger, Franz (1887). „Die Nothwendigkeit der Sprachstudien zur Förderung der formalen und intellectuellen Geistesbildung im Allgemeinen und eine kurze Andeutung des besonderen Bildungswertes des Unterrichts in den classischen Sprachen". Achtzehnter Jahresbericht des Steierm. Landesuntergymnasiums zu Pettau.

Ziehen, Julius (1899). „Die lateinlose höhere Schule und der Frankfurter Lehrplan". *Zeitschrift für lateinlose höhere Schulen.* Jg. 10. 217-219.

Ziehen, Julius (1904). „Frankfurter Lehrplan." In: Rein, Wilhelm (Hrsg.). *Encyklopädisches Handbuch der Pädagogik.* Bd. 2. 2. Aufl., Langensalza: Hermann Beyer & Söhne. 985-992.

Zitscher, Ferdinand (1892). „Einheitsgymnasium und Realschule". Realprogymnasium und Progymnasium Georgianum zu Forst i. L.

Sekundärliteratur

Aehle, Wilhelm (1938). *Die Anfänge des Unterrichts in der englischen Sprache, besonders auf den Ritterakademien.* Hamburg: Riegel.

Albisetti, James C. (1983). *Secondary School Reform in Imperial Germany.* New Jersey: Princeton University Press.

Albisetti, James C./Lundgreen, Peter (1991). „Höhere Knabenschulen." In: Berg, Christa (Hrsg.). *Handbuch der deutschen Bildungsgeschichte. Bd. IV, 1870-1918.* München: C.H. Beck. 228-278.

Apelt, Walter (1967). *Die kulturkundliche Bewegung im Unterricht der neueren Sprachen in Deutschland in den Jahren 1886 bis 1945.* Berlin: Volk und Wissen.

Apelt, Walter (2001). „Englandkunde – Von der Realienkunde zur Kulturkunde". In: Dithmar, Reinhard/Schwalb, Angela (Hrsg.). *Schule und Unterricht in der Weimarer Republik*. Ludwigsfelde: Ludwigsfelder Verlagshaus. 77-84.

Asbach, Olaf (2002). „Von der Geschichte politischer Ideen zur ‚History of Political Discourse'? Skinner, Pocock und die ‚Cambridge School'". *Zeitschrift für Politikwissenschaft*. Jg. 12, Heft 2. 637-667.

Austin, John (2002 [1962]). *Zur Theorie der Sprechakte*. Stuttgart: Reclam.

Badia, Gilbert (1977). „Abriß der Beziehungen zwischen Frankreich, dem Deutschen Reich und der Bundesrepublik Deutschland (1871-1976)". In: Nerlich, Michael (Hrsg.). *Kritik der Frankreichforschung. 1871-1975*. Karlsruhe: Argument Verlag. 11-52.

Balschun, Heinz (1964). *Zum schulpolitischen Kampf um die Monopolstellung des humanistischen Gymnasiums in Preußen im letzten Drittel des 19. Jahrhunderts*. Halle.

Bausch, Karl-Richard/Christ, Herbert/Krumm, Hans-Jürgen (2007). „Fremdsprachendidaktik und Sprachlehrforschung". In: Bausch, Karl, Richard/Christ, Herbert/Krumm, Hans-Jürgen (Hrsg.). *Handbuch Fremdsprachenunterricht*. 5. Auflage. Tübingen: Narr. 1-9

Blättner, Fritz (1966). *Das Gymnasium. Aufgaben der höheren Schule in Geschichte und Gegenwart*. Heidelberg: Quelle & Meyer.

Blankertz, Herwig (1982). *Die Geschichte der Pädagogik. Von der Aufklärung bis zur Gegenwart*. Wetzlar: Büchse der Pandora.

Bogdanski, Gudrun/Reimann, Daniel (2004). „‚Vom Mauerblümchen zur Orchidee'. Die Entwicklung des Faches Italienisch an deutschen Schulen". In: Becker, Norbert/Lüderssen, Caroline (Hrsg.). *Wandlungen des Italienischunterrichts*. Bamberg: C.C. Buchner. 7-35.

Buchinger, Hubert (1983). *Die Geschichte der bayerischen Realschule. 1. Teil*. Passau: Passavia Universitätsverlag.

Breymann, Hermann (1895). *Die neusprachliche Reform-Literatur von 1876-1893*. Leipzig: Teubner. Ergänzungen: 1900 (1894-1899), 1905 (1896-1904) (hrsg. von Steinmüller, G.), 1909 (1904-1909) (hrsg. von Steinmüller, G.).

Christ, Herbert (1983). „Zur Geschichte des Französischunterrichts und der Französischlehrer". In: Manzmann, Anneliese (Hrsg.). *Geschichte der Unterrichtsfächer*. Bd. 1. München: Kösel. 95-117.

Christ, Herbert/Rang, Hans-Joachim (Hrsg.) (1985a). *Fremdsprachenunterricht unter staatlicher Verwaltung. 1700 bis 1945. Bd. II. Allgemeine Anweisungen für den Fremdsprachenunterricht*. Tübingen: Gunter Narr.

Christ, Herbert/Rang, Hans-Joachim (Hrsg.) (1985b). *Fremdsprachenunterricht unter staatlicher Verwaltung. 1700 bis 1945. Bd. III. Neuere Fremdsprachen I.* Tübingen: Gunter Narr.

Christ, Herbert/Rang, Hans-Joachim (Hrsg.) (1985c). *Fremdsprachenunterricht unter staatlicher Verwaltung. 1700 bis 1945. Bd. IV. Neuere Fremdsprachen II.* Tübingen: Gunter Narr.

Christ, Herbert/Rang, Hans-Joachim (Hrsg.) (1985d). *Fremdsprachenunterricht unter staatlicher Verwaltung. 1700 bis 1945. Bd. V. Alte Sprachen.* Tübingen: Gunter Narr.

Christ, Herbert/Rang, Hans-Joachim (Hrsg.) (1985e). *Fremdsprachenunterricht unter staatlicher Verwaltung. 1700 bis 1945. Bd. VII. Der Fremdsprachenunterricht in Stundentafeln.* Tübingen: Gunter Narr.

Christ, Herbert (2002). „Formen und Funktionen des Fremdsprachenunterrichts im Europa des 20. Jahrhunderts". In: Lechner, Elmar (Hrsg.). *Formen und Funktionen des Fremdsprachenunterrichts im Europa des 20. Jahrhunderts.* Frankfurt a. M: Lang. 59-90.

Christ, Herbert (2011). „Die Stunde der Politik. Drei Beispielfälle für Versuche der staatlichen Regulierung des Fremdsprachenunterrichts". *Französisch heute.* Jg. 2. 65-74.

Christ, Ingeborg/de Cillia, Rudolf (2007). „Fremdsprachenunterricht an Schulen in deutschsprachigen Ländern". In: Bausch, Karl, Richard/Christ, Herbert/Krumm, Hans-Jürgen (Hrsg.). *Handbuch Fremdsprachenunterricht.* 5. Auflage. Tübingen: Narr. 77-86.

Christmann, Hans Helmut (1992). „Italienische Sprache und Italianistik in Deutschland vom 15. Jahrhundert bis zur Goethezeit". In: Schröder, Konrad (Hrsg.). *Fremdsprachenunterricht 1500-1800.* Wiesbaden: Harrassowitz. 43-55.

Conze, Vanessa (2005). *Das Europa der Deutschen – Ideen von Europa in Deutschland zwischen Reichstradition und Westorientierung (1920-1970).* Oldenbourg: Wissenschaftsverlag.

Detjen, Joachim (2007). *Politische Bildung. Geschichte und Gegenwart in Deutschland.* München: Oldenbourg Verlag.

Deutsche Schulkonferenzen (1972a). *Verhandlungen über Fragen des höheren Unterrichts. Berlin, 4. bis 17. Dezember 1890. Band 1.* Glashütten im Taunus: Verlag Detlev Auvermann.

Deutsche Schulkonferenzen (1972b). *Verhandlungen über Fragen des höheren Unterrichts. Berlin, 6. bis 8. Juni 1900. Band 2.* Glashütten im Taunus: Verlag Detlev Auvermann.

Dietrich, Dieter (2008). *Friedrich Althoff und das Ende des preußischen Schulstreites.* Norderstedt: Books on Demand.

Doff, Sabine (2002). *Englischlernen zwischen Tradition und Innovation. Fremdsprachenunterricht für Mädchen im 19. Jahrhundert.* München: Langenscheidt. .

Doff, Sabine (2008). *Englischdidaktik in der BRD 1949 – 1989. Konzeptuelle Genese einer Wissenschaft im Dialog von Theorie und Praxis.* München: Langenscheidt.

Dorfeld, Karl (1905). „Französischer Unterricht – geschichtlicher Abriß". In: Rein, Wilhelm (Hrsg.). *Encyklopädisches Handbuch der Pädagogik.* Bd.3. 2. Aufl. Langensalza: Beyer. 1-31.

Dorner, Bruno (1995). „Italienisch am Gymnasium – ein Musterbeispiel für den Aufstieg einer Sprache als Unterrichtsgegenstand". *SchulVerwaltung Bayern.* Jg. 9. 327-331.

Edelmayer, Friedrich (2004). „Die spanische Monarchie der Katholischen Könige und der Habsburger (1474-1700)". In: Schmidt, Peer. *Kleine Geschichte Spaniens.* Stuttgart: Reclam. 123-207.

Eder, Franz X. (2006). „Historische Diskurse und ihre Analyse – eine Einleitung". In: Eder, Franz X. (Hrsg.). *Historische Diskursanalysen. Genealogie, Theorie, Anwendungen.* Wiesbaden: VS Verlag für Sozialwissenschaften. 9-23.

Eibach, Joachim/Lottes, Günther (Hrsg.) (2006). *Kompass der Geschichtswissenschaft.* Göttingen: Vandenhoeck & Ruprecht.

Fabian, Bernhard (1983). „Englisch als neue Fremdsprache des 18. Jahrhunderts". In: Carpenter, Kenneth (Hrsg.). *Books and Society in History.* New York: Bowker. 178-196.

Flechsig, Karl-Heinz (1962). *Die Entwicklung des Verständnisses der neusprachlichen Bildung in Deutschland.* Göttingen.

Forster, Peter (1982). *The Esperanto Movement.* The Hague: Mouton.

Franzbach, Martin/Navarro, José María (1966). „Bedeutung und Situation des Spanischunterrichts in Vergangenheit und Gegenwart". *Die Neueren Sprachen.* Jg. 15. 420-425.

Führ, Christoph (1970). *Zur Schulpolitik der Weimarer Republik. Die Zusammenarbeit von Reich und Ländern im Schulausschuß (1919-1923) und im Ausschuß für das Unterrichtswesen (1924-1933).* Weinheim: Julius Beltz Verlag.

Führ, Christoph (1997). „Die preußischen Schulkonferenzen von 1890 und 1900. Ihre bildungspolitische Rolle und bildungsgeschichtliche Bewertung". In: Führ, Christoph. *Bildungsgeschichte und Bildungspolitik. Aufsätze und Vorträge.* Frankfurt am Main: Böhlau. 69-110.

Fürnrohr, Walter (1991). „Gesamtdarstellung". In: Liedtke, Max (Hrsg.). *Handbuch der Geschichte des bayerischen Bildungswesens. Geschichte der Schule in Bayern – Von den Anfängen bis 1800.* Bd.1. Bad Heilbrunn: Julius Klinkhardt. 633-656.

Fuhrmann, Manfred (2001). *Latein und Europa. Geschichte des gelehrten Unterrichts in Deutschland: von Karl dem Großen bis Wilhelm II..* Köln: DuMont.

Gnutzmann, Claus/Königs, Frank (2010). „Von gestern – und doch für heute und morgen relevant". *Fremdsprachen Lehren und Lernen*. Jg. 39. 5-12.

Gorini, Umberto (1997). *Storia die manuali per l'apprendimento dell'italiano in Germania (1500-1950)*. Frankfurt am Main: Peter Lang.

Guichard, Pierre (2004). „Die islamischen Reiche des spanischen Mittelalters (711-1492)". In: Schmidt, Peer. *Kleine Geschichte Spaniens*. Stuttgart: Reclam. 77-103.

Haack, Gustav (1937). „Hamburg und die Entwicklung des spanischen Unterrichts an den höheren Schulen Deutschlands". In: Baumgarten, Fritz et al.. *Ibero-Amerika und die Hansestädte. Die Entwicklung ihrer wirtschaftlichen und kulturellen Beziehungen*. Hamburg: Ibero-Amerikanisches Institut. 69-92.

Haenicke, Gunta (1978). *Zur Geschichte der Anglistik an deutschsprachigen Universitäten*. Augsburg: Universität.

Hamann, Bruno (1993). *Geschichte des Schulwesens*. 2. Aufl. Bad Heilbrunn: Julius Klinkhardt.

Hampsher-Monk, Iain (1998). „Speech Acts, Languages or Conceptual History?". In: Hampsher-Monk, Iain/Tilmans, Karin/van Vree, Frank (Hrsg.). *History of Concepts – Comparative Perspectives*. Amsterdam: Amsterdam University Press. 37-50.

Hampsher-Monk, Iain (2006). „Neuere angloamerikanische Ideengeschichte." In: Eibach, Joachim/Lottes, Günther (Hrsg.). *Kompass der Geschichtswissenschaft*. 2. Aufl. Göttingen: Vandenhoeck & Ruprecht. 293-306.

Haslinger, Peter (2006). „Diskurs, Sprache, Zeit, Identität". In: Eder, Franz X. (Hrsg.). *Historische Diskursanalysen. Genealogie, Theorie, Anwendungen*. Wiesbaden: VS Verlag für Sozialwissenschaften. 27-50.

Hellmuth, Eckhart/Ehrenstein, Christoph von (2001). „Intellectual History Made in Britain: Die Cambridge School und ihre Kritiker". *Geschichte und Gesellschaft*. Jg. 27. Vandenhoeck & Ruprecht. 149-172.

Hengesbach, Joseph (1934). „Julius Ostendorf". In: Bömer, Aloys/Leunenschloß, Otto/ Bauer, Johannes (Hrsg.). *Westfälische Lebensbilder*. Bd. 3. Münster: Aschendorff. 434-447.

Herrlitz, Hans-Georg/Hopf, Wulf/Titze, Harmut/Cloer, Ernst (2009). *Deutsche Schulgeschichte von 1800 bis zur Gegenwart*. 5., aktualisierte Auflage. Weinheim: Juventa.

Herrmann, Ulrich (1991). „Pädagogisches Denken und Anfänge der Reformpädagogik." In: Berg, Christa (Hrsg.). *Handbuch der deutschen Bildungsgeschichte, Bd. IV, 1870-1918*. München: C.H. Beck. 147-178.

Hinrichs, Peter/Kolboom, Ingo (1977). „Frankreichforschung – eine deutsche Wissenschaft". In: Nerlich, Michael (Hrsg.). *Kritik der Frankreichforschung. 1871-1975*. Karlsruhe: Argument Verlag. 168-187.

Hübner, Walter (1933). *Didaktik der neueren Sprachen.* Frankfurt: Diesterweg. Nachdruck 1965.

Hüllen, Werner (2000). „Ein Plädoyer für das Studium der Geschichte des Fremdsprachenunterrichts". *Zeitschrift für Fremdsprachenforschung.* Jg. 11. 31-39.

Hüllen, Werner (2005). *Kleine Geschichte des Fremdsprachenlernens.* Berlin: Erich Schmidt Verlag.

Hufeisen, Britta (2010). „Sprachenfolge". In: Barkowski, Hans/Krumm Hans-Jürgen (Hrsg.). *Fachlexikon Deutsch als Fremd- und Zweitsprache.* Tübingen: Francke. 297-298.

Ibero-Amerikanisches Institut (IAI) (2007). „Brücke zwischen den Welten. 75 Jahre Ibero-Amerikanisches Institut". URL: http://www.iai.spk-berlin.de/fileadmin/dokumenten bibliothek/ Bruecke_zwischen_den_Welten.pdf (letzter Zugriff: 20.8.2012).

Jäger, Siegfried (2004). *Kritische Diskursanalyse: Eine Einführung.* 4., unveränderte Auflage. Münster: Unrast Verlag.

Jeismann, Karl-Ernst (1987a). „Zur Bedeutung der ‚Bildung' im 19. Jahrhundert." In: Jeismann, Karl-Ernst/Lundgreen, Peter (Hrsg.). *Handbuch der deutschen Bildungsgeschichte, Bd. III, 1800 – 1870.* München: C.H. Beck. 1-21.

Jeismann, Karl-Ernst (1987b). „Das höhere Knabenschulwesen." In: Jeismann, Karl-Ernst/Peter Lundgreen (Hrsg.). *Handbuch der deutschen Bildungsgeschichte, Bd. III, 1800 – 1870.* München: C.H. Beck. 152-180.

Jung, Rudolf (1985). „Die deutschen Schulprogramme. Erinnerungen an eine fast vergessene Publikationsform". In: *300 Jahre Bibliothek Gymnasium Wellburg.* Wellburg. 86-95. URL: http://geb.uni-giessen.de/geb/volltexte/2007/4694 (letzter Zugriff: 20.8.2012).

Junker, H.P. (1904). „Englischer Unterricht, geschichtlicher Abriß". In: Rein, Wilhelm (Hrsg.). *Encyklopädisches Handbuch der Pädagogik.* Bd. 2. 2. Aufl., Langensalza: Hermann Beyer & Söhne. 406-421.

Kalkhoff, Alexander (2010). *Romanische Philologie im 19. und frühen 20. Jahrhundert. Institutionengeschichtliche Perspektiven.* Tübingen: Narr.

Keller, Reiner (2006). „Wissen oder Sprache? Für eine wissensanalytische Profilierung der Diskursforschung". In: Eder, Franz X. (Hrsg.). *Historische Diskursanalysen. Genealogie, Theorie, Anwendungen.* Wiesbaden: VS Verlag für Sozialwissenschaften. 51-69.

Keller, Reiner (2007). *Diskursforschung. Eine Einführung für SozialwissenschaftlerInnen.* 3., aktualisierte Auflage. Wiesbaden: VS Verlag für Sozialwissenschaften.

Killmann (1908). "Schulprogramme". In: Rein, Wilhelm (Hrsg.). *Encyklopädisches Handbuch der Pädagogik*. Bd. 7. 2. Aufl., Langensalza: Hermann Beyer & Söhne. 250-262.

Kirsch, Hans-Christian (1979). *Bildung im Wandel – Schule gestern, heute und morgen*. Düsseldorf: Econ Verlag.

Klippel, Friederike (1994). *Englischlernen im 18. und 19. Jahrhundert. Die Geschichte der Lehrbücher und Unterrichtsmethoden*. Münster: Nodus.

Klippel, Friederike (2000). "Zum Verhältnis von altsprachlicher und neusprachlicher Methodik im 19. Jahrhundert". *Zeitschrift für Fremdsprachenforschung*. Jg. 11 (1). 41-61.

Klippel, Friederike (2010). "Sprache, Literatur, Lehrerbildung: die Leistungen von Ludwig Herrig und Hermann Breymann im Prozess der Professionalisierung im 19. Jahrhundert". *Fremdsprachen Lehren und Lernen*. Jg. 39. 40-52.

Knabe, K. (1908). "Reformschulen". In: Rein, Wilhelm (Hrsg.). *Encyklopädisches Handbuch der Pädagogik*. Bd. 7. 2. Aufl. Langensalza: Hermann Beyer & Söhne. 351-371.

Kössler, Franz (1987). *Verzeichnis von Programm-Abhandlungen deutscher, österreichischer und schweizerischer Schulen der Jahre 1825-1918*. 4 Bände. München: Saur.

Kolb, Eberhard (2010). *Deutschland 1918-1933. Eine Geschichte der Weimarer Republik*. München: Oldenbourg.

Kraul, Margret (1984). *Das deutsche Gymnasium 1780 – 1980*. Frankfurt am Main: Surkamp.

Kroymann, Maren/Ostermann, Dorothea (1977). "Beitrag zur Untersuchung des Französischunterrichts von 1914-1945". In: Nerlich, Michael (Hrsg.). *Kritik der Frankreichforschung. 1871-1975*. Karlsruhe: Argument Verlag. 144-167.

Kuhfuß, Walter (1976a). "Frühformen des Französischunterrichts in Deutschland – Beiträge zur ersten Ausweitungsphase organisierter französischer Sprachunterweisung (1554-1618)". In: Haarmann, Harald/Värri Haarmann, Anna-Liisa (Hrsg.). *Sprachen und Staaten*. Teil 1. Hamburg: Stiftung Europa-Kolleg. 323-348.

Kuhfuß, Walter (1976b). "Die Rezeption der romanischen Philologie in den Programmabhandlungen der Höheren Schulen im 19. Jahrhundert". In: Niederehe, Hans-Josef/Haarmann, Harald (Hrsg.). *Im Memoriam Friedrich Diez – Akten des Kolloquiums zur Wissenschaftsgeschichte der Romanistik*. Amsterdam: Benjamins. 327-355.

Kunz, Lothar (1981). "Reformerische und restaurative Tendenzen der schulpolitischen Auseinandersetzungen zur Zeit der Weimarer Republik". In: Dithmar, Reinhard/Willer, Jörg (Hrsg.). *Schule zwischen Kaiserreich und Faschismus*. Darmstadt: Wissenschaftliche Buchgesellschaft. 125-153.

Landwehr, Achim (2008). *Historische Diskursanalyse*. Frankfurt/Main: Campus Verlag.

Lehberger, Reiner (1986). *Englischunterricht im Nationalsozialismus*. Tübingen: Stauffenburg Verlag.

Lehberger, Reiner (1989). „Neusprachlicher Unterricht in der NS-Zeit". In: Diethmar, Reinhard (Hrsg.). *Schule und Unterricht im Dritten Reich.* Neuwied: Luchterhand. 117-134.

Lehberger, Reiner (2007). „Geschichte des Fremdsprachenunterrichts bis 1945". In: Bausch, Karl, Richard/Christ, Herbert/Krumm, Hans-Jürgen (Hrsg.). *Handbuch Fremdsprachenunterricht.* 5. Auflage. Tübingen: Narr. 609-614.

Liedtke, Max (1993). „Gesamtdarstellung". In: Liedtke, Max (Hrsg.). *Handbuch der Geschichte des bayerischen Bildungswesens. Geschichte der Schule in Bayern – Von 1800 bis 1918.* Bd. 2. Bad Heilbrunn: Julius Klinkhardt. 11-133.

Lottes, Günther (1996). „'The State of Art' – Stand und Perspektiven der ‚intellectual history'". In: Kroll, Frank-Lothar (Hrsg.). *Neue Wege der Ideengeschichte.* Paderborn: Schöningh Verlag. 27-45.

Lottes, Günther (2006). „Neue Ideengeschichte". In: Eibach, Joachim/Lottes, Günther (Hrsg.). *Kompass der Geschichtswissenschaft.* 2. Aufl. Göttingen: Vandenhoeck & Ruprecht. 261-269.

Lovejoy, Arthur O. (1938). „The historiography of ideas". *Proceedings of the American Philosophical Society.* Jg. 78. 529-543.

Ludwig, Karl-Heinz (Hrsg.) (1981). *Technik, Ingenieure und Gesellschaft: Geschichte des Vereins Deutscher Ingenieure 1856-1981.* Düsseldorf: VDI-Verlag.

Lundgreen, Peter (1980). *Sozialgeschichte der deutschen Schulen im Überblick. Teil 1: 1770-1918.* Göttingen: Vanderhoek und Ruprecht.

Lundgreen, Peter (1981) *Sozialgeschichte der deutschen Schulen im Überblick. Teil 2: 1918-1980.* Göttingen: Vanderhoek und Ruprecht.

Mair, Walter (1981). *Fremdsprachenunterricht – wozu? Historische und methodologische Überlegungen zur Situation der Sprachdidaktik.* Tübingen: Narr.

Mangold, W. (1902). „Der Unterricht des Französischen und Englischen". In: Lexis, Wilhelm (Hrsg.). *Die Reform des höheren Schulwesens in Preußen.* Halle a. S.: Verlag der Buchhandlung des Waisenhauses. 191-226.

Manzmann, Anneliese (Hrsg.) (1983). *Geschichte der Unterrichtsfächer.* Bd. 1. München: Kösel.

Martinez, Hélène/Reinfried, Marcus (Hrsg.) (2006). *Mehrsprachigkeitsdidaktik gestern, heute und morgen: Festschrift für Franz-Joseph Meißner zum 60. Geburtstag.* Tübingen: Narr.

Matthiessen, Kjeld (1979). „Altsprachlicher Unterricht in Deutschland". In: Gruber, Joachim/Maier, Friedrich (Hrsg.). *Fachdidaktisches Studium in der Lehrerbildung. Alte Sprachen 1.* München. 143-178.

Matthiessen, Kjeld (1983). „Historische Perspektiven zum altsprachlichen Unterricht in den Fächern Latein und Griechisch". In: Manzmann, Anneliese (Hrsg.). *Geschichte der Unterrichtsfächer.* Band 1. München: Kösel-Verlag. 143-178.

Mehdorn, Margarete (2009). *Französische Kultur in der Bundesrepublik Deutschland. Politische Konzepte und zivilgesellschaftliche Initiativen.* 1945-1950. Köln: Böhlau.

Meinecke, Friedrich (1924). *Die Idee der Staatsräson in der neueren Geschichte.* München: Oldenbourg.

Meinert, Hermann (1956). „Adickes, Franz". In: *Neue Deutsche Biographie* 1. 67. [Onlinefassung]. URL: http://www.deutsche-biographie.de/sfz35114.html (letzter Zugriff: 20.8.2012).

Meißner, Franz-Joseph/Reinfried, Marcus (Hrsg.) (1998). *Mehrsprachigkeitsdidaktik: Konzepte, Analysen, Lehrerfahrungen mit romanischen Sprachen.* Tübingen: Narr.

Messer, August (1901). *Die Reformbewegung auf dem Gebiete des preußischen Gymnasialwesens von 1882 bis 1901.* Leipzig: Teubner.

Meyer, Ruth (1977). „Das Berechtigungswesen in seiner Bedeutung für Schule und Gesellschaft im 19. Jahrhundert". In: Herrmann, Ulrich (Hrsg.). *Schule und Gesellschaft im 19. Jahrhundert.* Weinheim: Beltz Verlag. 371-383.

Müller, Detlef (1977a). *Sozialstruktur und Schulsystem. Aspekte zum Strukturwandel des Schulwesens im 19. Jahrhundert.* Göttingen: Vanderhoek und Ruprecht.

Müller, Detlef/Zymek, Bernd (1987). *Sozialgeschichte und Statistik des Schulwesens in den Staaten des Deutschen Reichs, 1800 -1945.* Bd. II. Göttingen: Vanderhoek und Ruprecht.

Müller, Sebastian (1977b). „Mittelständige Schulpolitik. Die Rezeption des Überfüllungsproblems und Bildungsbürgertum am Ende des 19. Jahrhunderts". In: Herrmann, Ulrich (Hrsg.). *Historische Pädagogik. Zeitschrift für Pädagogik.* 14. Beiheft. 79-97.

Müller, Sebastian (1985). *Die Höhere Schule Preußens in der Weimarer Republik. Zum Einfluß von Parteien, Verbänden und Verwaltung auf die Schul- und Lehrplanreform 1919-1925.* 2. Aufl. Weinheim: Beltz Verlag.

Mugdan, Joachim/Paprotté, Wolf (1983). „Zur Geschichte des Faches Englisch als Exempel für eine moderne Fremdsprache". In: Manzmann, Anneliese (Hrsg.). *Geschichte der Unterrichtsfächer.* Bd. 1. München: Kösel-Verlag. 65-93.

Neumeister, Hermann (1999). „Italienischunterricht in Deutschland samt einiger historischer Spuren". *Mitteilungen des Studiengangs Deutsch-Italienische Studien. Studi Italo-Tedeschi.* Nr. 3. 22-56.

Niederehe, Hans-Josef (1992). „Die Geschichte des Spanischunterrichts von den Anfängen bis zum Ausgang des 17. Jahrhunderts." In: Schröder, Konrad (Hrsg.). *Fremdsprachenunterricht 1500-1700.* Wiesbaden: Otto Harrassowitz. 135-155.

Nipperdey, Thomas (1990). *Deutsche Geschichte. 1866-1917. Band 2: Machtstaat vor der Demokratie.* München: C.H. Beck.

Nipperdey, Thomas (1994). *Deutsche Geschichte. 1866-1918. Band 1: Arbeitswelt und Bürgergeist.* München: C.H. Beck.

Ostermeier, Christiane (2008). „Französisch statt Latein: Der Reformplan Julius Ostendorfs (1823-1877)". In: Doff, Sabine/Hüllen, Werner/Klippel, Friederike (Hrsg.). *Visions of Languages in Education.* Berlin: Langenscheidt. 157-168.

Ostermeier, Christiane (2012). „Mehrsprachigkeit an den Reformschulen des 19. Jahrhunderts". In: Fäcke, Christiane/Martinez, Hélène/Meißner, Franz-Joseph (Hrsg.). *Mehrsprachigkeit: Bildung – Kommunikation – Standards.* Stuttgart: Klett. 208-220.

Overhoff, Jürgen (2004a). „Quentin Skinners neue Ideengeschichte und ihre Bedeutung für die historische Bildungsforschung". *Jahrbuch Historische Bildungsforschung.* Bd. 10. Bad Heilbrunn: Julius Klinkhardt. 321-336.

Overhoff, Jürgen (2004b). *Die Frühgeschichte des Philanthropismus (1715-1771). Konstitutionsbedingungen, Praxisfelder und Wirkung eines pädagogischen Reformprogramms im Zeitalter der Aufklärung.* Tübingen: Max Niemeyer.

Palonen, Kari (2003). *Die Entzauberung der Begriffe. Das Umschreiben der politischen Begriffe bei Quentin Skinner und Reinhart Koselleck.* Münster: LIT.

Paulsen, Friedrich (1921). *Geschichte des gelehrten Unterrichts auf den deutschen Schulen und Universitäten vom Ausgang des Mittelalters bis zur Gegenwart.* Bd. 2. 3. Aufl. Berlin: Walter de Gruyter & Co.

Pocock, John (1971). „Languages and their Implications. The Transformation of the Study of Political Thought". In: Pocock, John. *Politics, Languages, and Time. Essays on political Thought and History.* 2. Aufl. Chicago: University of Chicago Press. 3-41.

Pocock, John (1981). „The Reconstruction of Discourse: Towards a Historiography of Political Thought". *Modern Language Notes.* Jg. 86. 959-980.

Pocock, John (1985). „The State of the Art. Introduction." In: Pocock, John. *Virtue, Commerce, and History.* Cambridge: Cambridge University Press. 1-34.

Pocock, John (1987). „The Concept of Language and the ›métier d'historien‹: Some Considerations on Practice". In: Pagden, Anthony (Hrsg.). *The Languages of Political Theory in Early-Modern Europe.* Cambridge: Cambridge University Press. 19-38.

Preuße, Ute (1988). *Humanismus und Gesellschaft – Zur Geschichte des altsprachlichen Unterrichts in Deutschland von 1890 bis 1933.* Frankfurt am Main: Peter Lang Verlag.

Raddatz, Volker (1977). *Englandkunde im Wandel deutscher Erziehungsziele.* Kronberg: Scriptor Verlag.

Raddatz, Volker (2001). „Englandkunde im Spannungsfeld von Schule und Gesellschaft". In: Dithmar, Reinhard/Schwalb, Angela (Hrsg.) (2001). *Schule und Unterricht in der Weimarer Republik.* Ludwigsfelde: Ludwigsfelder Verlagshaus. 85-94.

Reichshandbuch der Deutschen Gesellschaft: Das Handbuch der Persönlichkeiten in Wort und Bild (1931). Bd. 1. Berlin: Deutscher Wirtschaftsverlag

Reimann, Daniel (2009). „Zur Entwicklung des schulischen Italienischunterrichts". In: Reimann, Daniel. *Italienischunterricht im 21. Jahrhundert. Aspekte der Fachdidaktik Italienisch.* Stuttgart: Ibidem-Verlag. 13-52.

Rein, Wilhelm (1903-1911) (Hrsg.). *Encyklopädisches Handbuch der Pädagogik.* 11 Bände. 2. Aufl. Langensalza: Hermann Beyer & Söhne.

Reinfried, Marcus (2001). „Französischunterricht im Dritten Reich: Rahmenbedingungen, Inhalte, Unterrichtsmethoden". In: Dithmar, Reinhard/Schmitz, Wolfgang (Hrsg.). *Schule und Unterricht im Dritten Reich.* Ludwigsfelde: Ludwigsfelder Verlagshaus. 125-151.

Reinfried, Marcus (2008). „Der Unterricht des Französischen in Deutschland". In: Kolboom, Ingo/ Kotschi, Thomas/Reichel, Edward (Hrsg.). *Handbuch Französisch. Sprache, Literatur, Kultur, Gesellschaft.* 2. Aufl. Berlin: Erich Schmidt. 143-154.

Reinfried, Marcus (2011). Französischunterricht im Dritten Reich: durchdrungen von Nazi-Ideologie?". *Französisch heute.* Jg. 2. 74-86.

Reinhardt, Karl (1902). „Die Reformanstalten." In: Lexis, Wilhelm (Hrsg.). *Die Reform des höheren Schulwesens in Preußen.* Halle a. Saale: Verlag der Buchhandlung des Waisenhauses. 328-342.

Rethwisch, C. (1902). „Geschichtlicher Rückblick". In: Lexis, Wilhelm (Hrsg.). *Die Reform des höheren Schulwesens in Preußen.* Halle a. Saale: Verlag der Buchhandlung des Waisenhauses. 1-34.

Richter, Melvin (1991). „Zur Rekonstruktion der Geschichte der Politischen Sprachen: Pocock, Skinner und die Geschichtlichen Grundbegriffe". In: Bödeker, Hans Erich/ Hinrichs, Ernst (Hrsg.). *Alteuropa – Ancien Régime – Frühe Neuzeit: Probleme und Methode der Forschung.* Stuttgart: Friedrich Frommann Verlag. 134-174.

Rülcker, Tobias (1969). *Der Neusprachenunterricht an höheren Schulen. Zur Geschichte und Kritik seiner Didaktik und Methodik.* Frankfurt: Diesterweg.

Sánchez Pérez, Aquilino (1992). *Historia de la enseñanza del español como lengua extranjera.* Madrid: Sociedad General Española de Librería.

Sauer, Helmut (1968). *Fremdsprachen in der Volksschule. Untersuchungen zur Begründung des Englischunterrichts für alle.* Hannover: Hermann Schroedel.

Schalk, Helge (1997/98). „Diskurs. Zwischen Allerweltswort und philosophischem Begriff". *Archiv für Begriffsgeschichte.* Jg. 40. 56-104.

Schmeding, Otto (1956). *Die Entwicklung des realistischen höheren Schulwesens in Preußen bis zum Jahre 1933 mit besonderer Berücksichtigung der Tätigkeit des Deutschen Realschulmännervereins*. Köln: Pick.

Schmoldt, Benno (1978). „Die Richertsche Schulreform in schulgeschichtlicher Perspektive". *Pädagogische Rundschau*. Jg. 32. 437-451.

Schmoldt, Benno (1981). „Die Bedeutung der 'Richertschen' Schulreform für die Entwicklung des 'Höheren Schulwesens' im deutschen Reich und nach 1945". In: Dithmar, Reinhard/Willer, Jörg (Hrsg.). *Schule zwischen Kaiserreich und Faschismus*. Darmstadt: Wissenschaftliche Buchgesellschaft. 155-175.

Schmoldt, Benno (1989). *Zur Geschichte des Gymnasiums*. Baltmannsweiler: Schneider.

Schmoldt, Benno (2001). „Schule und Unterricht im allgemeinbildenden Schulwesen der Weimarer Republik unter besonderer Berücksichtigung der Entwicklung in Berlin". In: Dithmar, Reinhard/Schwalb, Angela (Hrsg.). *Schule und Unterricht in der Weimarer Republik*. Ludwigsfelde: Ludwigsfelder Verlagshaus. 9-26.

Schorn-Schütte, Luise (2006). „Neue Geistesgeschichte." In: Eibach, Joachim/Lottes, Günther (Hrsg.). *Kompass der Geschichtswissenschaft*. 2. Aufl. Göttingen: Vandenhoeck & Ruprecht. 270-292.

Schröder, Konrad (1979). „Zur historischen Entwicklung des Schulfaches Englisch. Ein chronologischer Überblick." In: Walter, Gertrud/Schröder, Konrad (Hrsg.). *Fachdidaktisches Studium in der Lehrerbildung. Englisch*. München: Oldenbourg. 241-263.

Schröder, Konrad (1989). „Über Volkshaß und über den Gebrauch einer fremden Sprache. Zur historischen Dimension des Schulsprachenstreits Englisch – Französisch, unter besonderer Berücksichtigung der nach-Napoleonischen Zeit". In: Kleinschmidt, Eberhard (Hrsg.). *Fremdsprachenunterricht zwischen Sprachenpolitik und Praxis. Festschrift für Herbert Christ zum 60. Geburtstag*. Tübingen: Narr. 58-70.

Schröder, Konrad (2010). „Zur Begründung des Englischlernens in Deutschland des 18. Jahrhunderts". *Fremdsprachen Lehren und Lernen*. Jg. 39. 13-25.

Sikosek, Marcus (2006). *Die neutrale Sprache. Eine politische Geschichte des Esperanto-Weltverbundes*. Bydgoszcz: Skonpres.

Skinner, Quentin (1969). „Meaning and understanding in the history of ideas". In: Tully, James (1988) (Hrsg.). *Meaning and Context. Quentin Skinner and his Critics*. Princeton: Princeton University Press. 29-67.

Skinner, Quentin (1978). *The Foundations of Modern Political Thought*. 2 Bde. Cambridge: Cambridge University Press.

Skinner, Quentin (1988). „A reply to my critics". In: Tully, James (Hrsg.). *Meaning and Context. Quentin Skinner and his Critics*. Princeton: Princeton University Press. 231-288.

Solle, Stefan (2008). *Kampf um Europa – Die Paneuropa-Konzeption des Grafen Richard Nikolaus Coudenhove-Kalergi und ihre ideengeschichtlichen Wurzeln*. Saarbrücken: VDM Verlag.

Stauber, Reinhard (2010). „Bayern und Italien – Aspekte ihrer Beziehungen in der Neuzeit". In: Riepertinger, Rainhard (Hrsg.). *Bayern – Italien*. Augsburg: Haus der bayerischen Geschichte. 38-49.

Steinhilb, Manfred (1985). *Spanischunterricht in Deutschland. Entwicklung und gegenwärtiger Stand seiner Institutionen*. Heidelberg: Groos.

Strauss, Anselm/Corbin, Juliet (1996). *Grounded Theory. Grundlagen Qualitativer Sozialforschung*. Weinheim: Beltz Verlag.

Strehlow, Felicitas (2010). „Nationale Erziehung im Englischunterricht: Ein Paradoxon?". *Fremdsprachen Lehren und Lernen*. Jg. 39. 53-67.

Struckmann, Caspar (1999). „Schulprogramme und Jahresberichte: Zur Geschichte einer wenig bekannten Schriftenreihe". URL: http://www.fachportal-paedagogik.de/hbo/hbo_set.html?Id=70_(letzter Zugriff: 20.8.2012).

Tenorth, Heinz-Elmar (1989). „Pädagogisches Denken". In: Langewiesche, Dieter/Tenorth, Heinz-Elmar. *Handbuch der deutschen Bildungsgeschichte, Band V, 1918-1945*. München: C.H. Beck. 111-153.

Trabant, Jürgen (2001). „Xenophobie als Unterrichtsfach. Das kulturkundliche Prinzip im Fremdsprachenunterricht und seine Folgen für das Fach Französisch". In: Diethmar, Reinhard/Schwab, Angela (Hrsg.). *Schule und Unterricht in der Weimarer Republik*. Ludwigsfelde: Ludwigsfelder Verlagshaus. 95-110.

Tröhler, Daniel (2004). *Republikanismus und Pädagogik. Pestalozzi im historischen Kontext*. Bad Heilbrunn: Julius Klinkhardt.

Tully, James (1988). „The pen is a mighty sword: Quentin Skinner's analysis of politics". In: Tully, James (Hrsg.). *Meaning and Context: Quentin Skinner and his Critics*. Princeton: Princeton University Press. 7-25.

Ullrich, Richard (1908). *Programmwesen und Programmbibliothek der höheren Schulen in Deutschland, Österreich und der Schweiz*. Berlin: Weidmannsche Buchhandlung.

Varnhagen, Hermann (1893). *Systematisches Verzeichnis der Programmabhandlungen*. 2. Auflage. Leipzig: Koch. Neudruck New York 1968.

Voigt, Burkhard (1986). „Spanisch im Hamburger Oberbau – ein Fach im ideologischen Aufwind?". In: Lehberger, Reiner/de Lorent, Hans-Peter (Hrsg.). *‚Die Fahne hoch' - Schulpolitik und Schulalltag in Hamburg unterm Hakenkreuz*. Hamburg: Ergebnisse Verlag. 76-90.

Voigt, Burkhard (1991). „Spanischunterricht in Geschichte und Gegenwart". *Hispanorama*, Jg. 59. 124-132.
Voigt, Burkhard (1998). „Zur Geschichte des Spanischunterrichts in Deutschland". In: Voigt, Burkhardt (Hrsg.). *Spanischunterricht heute. Beiträge zur spanischen Fachdidaktik*. Bonn: Romanistischer Verlag. 23-52.
Waldeck, August (1902). „Der Unterricht im Lateinischen". In: Lexis, Wilhelm (Hrsg.). *Die Reform des höheren Schulwesens in Preußen*. Halle a. Saale: Verlag der Buchhandlung des Waisenhauses. 138-156.
Waldinger, Karl-Georg (1981). „Zur Geschichte eines Unterrichtsfachs: Italienisch". *Italienisch*. Jg. 5. 43-54.
Walter, Anton von (1977). *Bibliographie der Programmschriften zum Englischunterricht*. Augsburg: Universität.
Walter, Anton von (1980). „Sprachunterricht oder Geistesbildung? Bildungspolitische Entwicklung auf das Schulfach Englisch im 19. Jahrhundert". *Die neueren Sprachen*. Jg. 79, Heft 2. 174-187.
Walter, Anton von (1982). *Zur Geschichte des Englischunterrichts an höheren Schulen. Die Entwicklung bis 1900 vornehmlich in Preußen*. Augsburg: Universität.
Weller, Franz-Rudolf (1980). „Skizze einer Entwicklungsgeschichte des Französischunterrichts in Deutschland bis zum Beginn des 19. Jahrhunderts". *Die Neueren Sprachen*. Jg. 79. 135-161.
Wespy, L. (1924): „Höhere Knabenschulen." In: Brix, Josef et al. (Hrsg.). *Handwörterbuch der Kommunalwissenschaften*. Bd. 3. Jena: Gustav Fischer. 723-748.
Wiese, Ludwig (1902). *Das höhere Schulwesen in Preußen*. Bd. 4. Berlin. Wiegant & Grieben.
Wilamowitz-Möllendorff, Ulrich von (1902). „Der Unterricht im Griechischen". In: Lexis, Wilhelm (Hrsg.). *Die Reform des höheren Schulwesens in Preußen*. Halle a. Saale: Verlag der Buchhandlung des Waisenhauses. 157-176.
Wilkens, Cl. (1903). „Dänisches Schulwesen". In: Rein, Wilhelm (Hrsg.). *Encyklopädisches Handbuch der Pädagogik*. Bd. 1. 2. Aufl., Langensalza: Hermann Beyer & Söhne. 931-979.

Zapp, Franz Josef/Schröder, Konrad (1983). *Deutsche Lehrpläne für den Fremdsprachenunterricht 1900-1970. Ein Lesebuch*. Augsburg: Universität.
Ziegerhofer-Prettenthaler, Anita (2004). *Botschafter Europas. Richard Nikolaus Coudenhove-Kalergi und die Paneuropa-Bewegung in den zwanziger und dreißiger Jahren*. Wien: Böhlau.

Zymek, Bernd (1989). „Schulen". In: Langewiesche, Dieter/Tenorth, Heinz-Elmar (Hrsg.). *Handbuch der deutschen Bildungsgeschichte, Band V, 1918-1945*. München: C.H. Beck. 155-208.

ibidem-Verlag
Melchiorstr. 15
D-70439 Stuttgart
info@ibidem-verlag.de

www.ibidem-verlag.de
www.ibidem.eu
www.edition-noema.de
www.autorenbetreuung.de

www.ingramcontent.com/pod-product-compliance
Lightning Source LLC
Chambersburg PA
CBHW072122290426
44111CB00012B/1745